# 한·일 상호간 集團居住地의 역사적 연구

## - 미래 지향적 한일관계의 提言 -

김현구 외

景仁文化社

* 이 저서는 2007년 정부(교육인적자원부)의 재원으로 한국연구재단의 지원을 받아 수행된 연구임(KRF-2007-321-A00014)

# 차    례

# 총 론

# 김현구, 「한·일 상호간 集團居住地의 역사적 연구 - 미래지향적 한일관계의 提言」

## Ⅰ. 머리말

한국과 일본은 오랫동안 다양한 형태의 교류관계를 맺어 왔다. 문물 교류·교역 등 우호적인 관계와 전쟁·갈등 등 대립관계가 시대 상황에 따라 다양한 형태로 전개되었던 것이다. 이러한 교류 과정에서 양국인 사이의 집단 이주도 매 시기마다 다양하게 이루어졌다.

한국과 일본의 '집단거주지'에 거주하는 외국인에 관해서는 많은 연구가 이루어졌다. 그러나 '집단거주지'에 대한 지금까지의 연구는 주로 권력에 의한 '통제'와 '관리'라는 관점에서 이루어져 왔다. '통제'와 '관리'라는 관점에서 바라보면, 집단거주지의 외국인은 현지 사회의 질서에 반할 위험성이 큰 존재로 이해되기 쉽다. 집단거주지 사람들의 행동을 반사회적인 것으로 이해하는 구조, 즉 대립구도만이 부각되는 것이다. 그 결과 실제로 그 곳에 살았던 사람들의 실상을 제대로 파악하기 어렵게 된다.

따라서 집단거주지 거주민들에 대한 '통제'와 '관리'의 관점에서 벗어나, 현지인들의 '교류'와 '공존'이라는 관점에서 연구가 이루어져야할 필요성이 있다. '교류'와 '공존'의 관점에 설 때, 상대국에 거주하는 사람들은 어떤 이유로 건너가게 되었으며, 어떠한 생활을 영위했는지, 또 현지인들과 이주민들은 어떠한 방식으로 교류·소통하였는지 등을 규명할 수 있기 때문이다.

이 책은 한·일 상호간의 집단거주지를 통시적인 방법에 의거하여 역사적으로 규명했다. 본 연구는 다음과 같은 의도와 목적이 있다.

기원전 3세기 야요이(彌生)시대 이래 한·일 교류의 역사는 2300년이 넘는다. 그런데 한·일 교류의 역사는 고대의 경우 도래인과 임나일본부의 문제, 중세의 경우 외교적인 고립정책과 왜구의 문제, 근세의 경우 조선통신사라는 평화사절과 임진왜란이라는 살육의 기억, 근대의 경우 근대화라는 미명 아래 서로 상반된 기억을 가졌던 조선인과 일본인들의 존재라는 正과 負의 유산이 함께 존재했다.

그러나 한·일 간의 우호와 갈등은 어느 시대건 공통적으로 존재해 왔다. 이러한 역사의 흔적 중에는 상호 간에 집단으로 거주하던 사람들이 존재했다. 이 사람들은 양국의 역사에 존재했던 우호와 갈등의 산물이었고, 그 기억의 수혜자이며 피해자이기도 했다.

이들의 존재 양태를 규명하는 일은 미래 한·일 관계의 새로운 패러다임 구축에 도움이 될 것이다. 그리고 한·일 상호 간의 '집단거주지'와 거기에 존재했던 흔적을 '교류'와 '공존'을 통해 탐색하는 작업은 궁극적으로 도래할 동아시아세계의 블록화를 이해하는 단초가 될 수 있을 것이다.

1부의 공동 연구에서는, 일본 내 한국인 '집단거주지'에 대한 역사적 고찰을 통해 시대별, 지역별로 '교류'와 '공존'의 방식이 어떻게 이루어져 갔는가 하는 점을 밝히고자 했다. 일본으로 이주한 한인들이 일본인 사회와 어떻게 상호 소통하면서 '공존'해 나갔는가 하는 점을 규명하려는 것이다.

한국 내 일본인 '집단거주지'에 대한 역사적 분석을 시도한 2부에서는, 삼국시대부터 일제강점기까지 일본인들이 한국으로 이주하여 어떻게 교류하고, 어떤 방식으로 공존했는가 하는 삶의 방식을 고찰할 것이다.


## Ⅱ. 일본 내 韓人 '집단거주지'의 역사적 연구

### 1. 고대 韓人의 일본으로의 집단 이주와 역사적 성격

고대 한인의 일본 이주에 대한 연구는 네 개의 주제로 구성되어 있다. 먼저 김현구는 「고대 일본의 渡日 韓人集團에 대한 정책」에서 고대 일본으로 건너간 韓人集團에 대해 일본 국가가 어떠한 정책을 취했는가 하는 점을 분석하였다. 일본열도에서 살아간 한인 집단의 삶의 모습을 직접 살펴볼 수 있는 자료는 많지 않지만, 그들에 대한 일본 국가의 정책을 보여주는 자료는 적지 않게 남아있다. 따라서 일본열도에서 살아가던 한인 집단의 모습을 그들에 대한 일본의 정책을 통해서 살펴보고 있다.

고대 渡日 韓人들에 대한 일본의 정책은 시대 상황에 따라 달라졌다. 이들에 대한 정책은 크게 세 단계로 나눠볼 수 있다. 1단계는 고구려 광개토왕(391~412)의 남정에서 시작된 장수왕(413~491)의 남하정책으로 5세기 초 대량 도일한 한인들에 대한 정책이라고 할 수 있다. 2단계는

663년 백제부흥운동군과 이들을 지원하던 일본군이 백촌강 싸움에서 신라·당연합군에게 패배한 뒤 일본으로 대거 망명한 백제의 지배층에 대한 정책이다. 그리고 3단계는 1·2단계의 한반도 정세에 의해서 도일한 집단에 대한 정책과는 달리 壬申亂(672년)을 통해서 등장한 강력한 황권이 기존의 한인들에 대해서 취한 정책이다.

고대 도일 한인들에 대한 일본의 정책은 문화 수준의 차이나 일본의 정치 상황에 의해서 결정되었다. 5세기 초 고구려의 남하정책에 의해 도일한 한인들은 선진 기술의 소유자들이었으므로 고대국가로 발전하고 있던 일본은 그들을 체제의 바탕으로 삼았다. 그리고 6세기말 백제멸망에 따라 도일한 망명 백제인들은 백촌강싸움에서 함께 싸운 운명공동체였으므로 壬申亂을 앞 둔 天智政權은 그들을 체제의 근간으로 삼았다. 그러나 천지정권을 타도하고 등장한 天武政權은 황친정치를 이루기 위해서 한인들을 변방 동국에 이주시킴으로써 정치적으로 완전히 배제시킨다.

두 번째로, 서보경은 「渡倭한 百濟系 韓人과 河內」에서 5세기때 백제왕족이 일본의 河內로 이주한 배경과 경위, 특징을 고찰하였다. 우선 昆支와 池津媛·酒君을 통해 도왜한 백제 왕족의 움직임을 살펴보고 있다. 그들은 모두 도왜한 백제계 한인의 집거지역인 河內와 깊은 관계를 맺고 있었다.

그렇다면 도왜한 百濟系 韓人이 하내 지역에 집단 거주하게 된 이유는 무엇인가. 이것은 民의 발산 주체인 백제와 수용 주체인 倭 관계에 기인하는 문제였다. 5세기대 河內의 개발과 경영은 왜 정권의 현안 가운데 하나였다. 따라서 왜가 대규모 개발에 필요한 선진적 토목기술을 백제에 요청한 결과, 하내 지역에 대대적인 백제인의 이주가 단행된다. 또한 주군이나 곤지는 백제가 왜와의 동맹관계를 관리하는 河內의 방식이

었던 '왕족외교'의 일환으로 도왜한 뒤, 하내 지역에 集居한 백제인을
관리하는 역할도 담당했다.

다음으로 백제가 행한 열도로의 民 유출은 어떤 의미에서는 일정 지
역에 자국의 백성을 안치시키는 이른바 '徙民'의 한 형태였다는 것이다.
그런데 5세기때에 진행되던 사민은 6세기 중반 敏達朝가 되면 제동이
걸린다. 이것은 筑紫에 대량의 사민을 통해 이른바 '新國'을 건설하겠다
는 백제의 요청이 거부된 일련의 사실에서 확인된다. 사민에 대한 제동
은 物部氏의 반대에 기인한 것이었다.

그런데 이 사건 이후에 物部氏가 밀려나고 蘇我氏가 집권하면서 백
제와의 관계도 다시 긴밀해졌지만, 신국 건설 논의는 다시 입론되지 않
는다. 6세기 왜 정권은 중앙으로 권력을 일원화하는 데 박차를 가하고
있었다. 이러한 측면에서 보면 백제 왕족이 열도에서 직접적으로 백제
인을 통솔하는 행위, 나아가서는 백제가 직접적으로 열도에 거주하는
백제계 민들에 대해서 영향력을 행사하는 행위에 대해 제재를 가할 수
밖에 없었던 것이다. 따라서 5세기에 하내 지역으로 이주한 백제인 문제
는 民을 발산한 주체인 백제와 수렴한 주체인 왜국 사이의 이해관계의
합치가 만들어낸 현상이라고 할 수 있다.

세 번째로, 박찬홍은 「7세기 백제인의 이주와 서일본지역의 朝鮮식
山城」에서, 660년 백제의 멸망과 663년의 백제부흥운동의 좌절 이후 서
일본지역으로 이주한 백제인과, 그들이 주체가 되어 쌓았던 조선식 산
성에 대해 검토하였다. 서일본 지역에 집중적으로 분포하고 있는 좁은
의미의 조선식 산성은 7세기 후반부터 말까지 축성된 것이다. 663년 백
제부흥군과 일본의 연합군이 白江 전투에서 신라·당나라 연합군에게 패
배함으로써 백제는 완전히 멸망하였고, 일본은 당나라와 신라 연합군의
침략 위협에 직면하게 되었다. 일본으로서는 방위체제를 급속히 정비해

서 여기에 대비해야 했다.

664년 對馬島·壹岐島·筑紫國 등에 防人과 烽火를 두고, 筑紫에 水城을 쌓은 것을 시작으로 699년 12월 三野城·稻積城 두 성을 쌓을 때까지 築城과 城의 수리가 계속 되었고, 천황의 巡幸도 이루어졌다. 이들 성들을 통틀어 조선식 산성이라고 부른다. 이들 성은 짧은 시기에 축성·수리되었다는 특징이 있다.

이들 성이 축성된 기록과 고고학 조사 결과를 검토하면, 大馬 → 壹岐 → 북부 九州로 이어지는 방위망과 북부 九州 → 下關 → 瀨戶內海 → 畿內로 이어지는 방위체제를 이루고 있다. 즉 664·665년의 방어시설들은 모두 대륙에서 瀨戶內海로 들어가는 길목에 자리하고 있다. 667년 이후에는 瀨戶內海의 요충지인 讚吉國의 屋島城과, 難波에서 大和로 넘어가는 고개에 자리잡은 倭國의 高安城 등에 성을 쌓은 것이다.

그 가운데 665년 長門國에 성을 쌓은 達率 答㶱春初, 筑紫國에 大野城과 椽城을 쌓은 達率 憶禮福留, 達率 四比福夫 등은 모두 백제가 멸망한 뒤 망명한 이주민이었다. 達率은 백제 관등의 제2위였고, 중앙의 행정관일 뿐만 아니라 산성으로 요새화된 지방의 군사조직인 五方의 長이었다. 이들은 모두 병법에 뛰어났다고 기록되어 있다. 다른 조선식 산성의 축성과 수리에도, 백제의 이주민들이 깊숙이 관여하고 있었을 것이다. 이들 조선식 산성은 산성의 유형면, 이중 외곽, 石材 이용법, 版築공법, 산성 배치 등을 비교할 때 백제산성이 기본모델이 되었음은 당연한 결과였다.

그런데 668년 고구려 멸망 후 고구려 부흥군과 당나라 군의 전쟁, 그리고 676년까지 이어진 당나라와 신라의 전쟁 등으로 일본에 대한 당나라와 신라의 위협은 차츰 약화되어 갔다. 따라서 일본측의 대비는 699년까지 이어지다가, 701년 이후에는 近畿와 瀨戶內海에서 성을 폐지하게 되었다. 그리고 671년 당나라 사신이 일본을 방문하고, 672년에는 일본과 신라의 국교도 재개되었다.

네 번째로, 송완범은 「日本律令國家의 百濟郡·高麗郡·新羅郡에 보이는 交流와 共存」에서 7세기 후반 이래 일본 열도에 나타난 백제군·고려군·신라군의 동태를 분석하였다.

지금까지 한반도와 일본열도 간의 인간집단의 왕래에 대한 기존의 연구는 '통제'와 '관리'라는 시점에서 주로 분석해 왔다. 이러한 시점은 아무래도 외부에서 온 인간에 대해 중앙집권국가의 시선에서 복속하는 대상으로서 인식하는 것이고, 또 이를 상하관계 속에서 파악하려는 의도가 강하게 내포되어 있다. 하지만 고대 한반도와 일본열도 간에 발생한 수많은 인간왕래의 역사에는 '통제'와 '관리'만이 아닌 '교류'와 '공존'의 역사도 동시에 존재했다. 따라서 '교류'와 '공존'의 역사에 대해 살펴보고자 하는 것을 목적으로 하고 있다.

특히 7세기 후반 동아시아 동란과 궤를 같이 하여 발생한 백제와 고구려의 멸망에 의한 '교류'와 '공존'에 초점을 맞추고 있다. 이 시기의 인적교류와 공존의 대상이 되었던 사람들은 이전의 '도래인'이나 '귀화인'으로 불렸던 사람들과는 성격이 달랐다. 왜냐하면 '도래인' 혹은 '귀화인'들로 불렸던 사람들은 본국으로 돌아가기도 하고 다시 돌아오기도 하는 사례가 있었지만, 본국이 망한 구백제인, 구고구려인들은 돌아갈 곳이 없는 망국민이었기 때문이다.

백제와 고구려의 멸망에 의해 생겨난 많은 유민들을 포섭한 고대일본은 이전과는 질적으로 다른 국가체제를 정비하기 시작했다. 소위 '율령국가'였다. 한반도의 '유민'들은 '율령국가'의 편제아래 생활하지 않으면 안 되는 존재가 되었지만, 한편으로는 '율령국가'도 '유민'들의 특수성에 대해 충분히 인지하고 있었다. 그래서 한반도 '유민'들을 포섭하

는 방법으로 '집단거주(集團居住)' '집단이주(集團移住)' '집단사성(集團
賜姓)'이라는 자국민들과는 다른 특별한 지배체계를 운용하고 있다. '율
령국가'는 한반도로부터의 사절이 오는 길목에는 한반도 출신의 '유민'
들을 격리시키는 처사를 시행한 것으로 보아 그들과 한반도와의 연계성
에 대해서도 의식하고 있었다.

7세기말 이후 일본열도에는 셋쓰국(攝津國) 나니와(難波)의 '백제군',
가와치국(河內國) 가타노(交野)의 '백제사', 간토(關東)의 '고려군'과 '신
라군'이라는 한반도인의 '집단거주지'가 생겨나기 시작한다. 일본고대국
가의 완성인 '율령국가'의 국내 행정체제의 한 단계인 '군(郡)'에 한반도
3국의 이름을 따서 한반도유민들을 '집단거주' '집단이주' '집단사성'이
라는 자국민들과는 다른 특별한 지배체계 속에 위치시키고 있다는 것은
고대일본에서의 새로운 '교류'와 '공존'의 사례였다고 할 수 있다.

그러나 '율령국가'의 입장뿐만이 아니라 '백제군' '고려군' '신라군'
이라는 '집단거주지'의 입장으로부터도 살펴보아야 할 점은 차후의 과
제로 남겨 놓고 있다.

## 2. 고려인·조선인의 일본으로의 집단 이주와 역사적 성격

중근세의 고려인·조선인이 일본으로 집단 이주한 양상을 분석한 연
구는 두 가지 주제로 구성되어 있다. 먼저 김보한은 「중세 일본 표류민·
피로인의 발생과 거류의 흔적」에서 송상인의 집단거주지와 표류민과 피
로인 송환의 사회적·경제적 의미, 피로인 집단거류의 문제, 그리고 피로
인 송환을 통해서 송환자들이 얻게 되는 경제적 이익 등을 일본사적 시
각에서 검토하였다. 11~12세기 동아시아 세계는 송의 교역시스템이 중
심을 이루고 있었다. 따라서 일본의 경우 九州 북부지역에서는 송 상인
을 중심으로 고려 상인의 왕래도 빈번하게 이루어지고 있었다.

 당시 일본은 대외무역에서 博多에 鴻臚館이라는 국가영빈관을 두고 외국상인들이 일본을 방문하였을 때 숙박하면서 거래하게 하는 공무역의 거점으로 운용하였다. 그러나 공정가격으로 운용하는 무역조건을 기피하려는 송 상인은 不輸不入의 특권을 가진 장원의 항구에 입항하였고, 장원영주나 莊官들과 공공연히 밀무역을 시도하였다.

 따라서 博多, 平戶, 坊津 등지에 송 상인이 장기간 거주하게 되었다. 이를 계기로 장원영주와 莊官들은 직접 해외무역을 시도하였는데, 조악한 선박건조 기술과 항해지식으로 인해서 송과는 직접 교역하지 못하고 고려를 대상으로 교역을 시작하게 되었다.

 고려 초기 일본 상인들이 입국한 일차적 목적은 교역을 통한 경제적 이득에 있었다. 그러나 일본상선의 입국이 뜸해지면서 대신 金州의 客館에 매년 1회에 2척의 진봉선이 왕래하도록 허락받게 되었다. 진봉무역은 교역의 창구 역할을 맡게 되었다. 그러나 진봉은 제한규정에 따라 통제받고 있었다. 따라서 일본은 고려 표류민의 적극적인 송환을 통해서 고려 조정의 환심을 사려했다. 송환에 대한 반대급부로 예물을 하사받는 경우까지도 있었기 때문이다.

 고려 표류민이 일본의 각지에 표착하는 경우 그 대부분이 대마도를 경유해서 송환되는 것이 통례였다. 표류민의 송환은 일본 각지 → 大宰府 → 對馬島 → 金州 → 東南海船兵部部署(慶州, 金州)라는 관청간의 경로를 경유하고 있었다. 따라서 대마도가 일본의 대 고려 교섭의 전진기지로서 중요한 역할을 하고 있었다. 이러한 경향은 이후 고려와 조선에 계승되어 사신왕래와 왜구의 금압에서도 그 비중이 증대되어 갔다. 또한 대마도가 고려의 왜구 금압 요구에 적극적인 자세를 보여준 이유도 경제 욕구를 충족시켜 주는 진봉관계가 존재하고 있었기 때문이었다.

13세기 중반까지 일본의 금구 협조와 표류민 송환은 매우 적극적이었다. 그런데 표류민에 관한 기사는 몽골의 일본 침입 이후 볼 수 없게 된다. '異國征伐'과 대단위 토목공사의 동원 과정에서 표류민의 문제는 부차적인 문제로 취급될 수밖에 없었고, 고려의 표류민이 존재했다고 하더라도 과거처럼 우호적으로 송환되는 일은 기대할 수 없었기 때문이다.

14세기에 접어들면서 고려의 존립을 위태롭게 만드는 왜구가 두드러지게 발생한다. 특히 1375년 今川了俊에 의한 少貳冬資의 살해사건은 九州의 분열과 재지이탈 세력을 양산하였고, 이들이 1370년대 중반 이후에 왕성하게 활동하는 왜구의 주체세력이 되었다. 약탈품의 경제적 가치 이외에 추가로 인신납치라는 극단적인 방법을 선택하는 자들이었다. 그 결과로 13세기 중반까지 존재했던 표류민의 송환이 사라지고, 1370년대에 들어 피로인 송환으로 바뀌기 시작한다. 이러한 현상은 재화를 빼앗아가는 '물질약탈 왜구'에서 고려인을 납치하는 '인신납치 왜구'로 전환하는 사실과 밀접한 관련이 있다.

고려의 금구사신들이 피로인의 송환교섭을 위해서 자주 파견되는 곳이 대마도를 경유하여 今川了俊이 권력을 장악하고 있는 九州의 大宰府였다. 大宰府의 북쪽 해안에 위치한 博多는 전통적으로 鴻臚館이 설치되어 있는 교역의 중심지였고, 피로인에 대한 정보가 집적되는 경제, 정치, 외교의 중심지였다. 따라서 표류민과 피로인들이 장단기간 거류지가 博多와 平戶, 坊津, 敦賀 등 과거 송 상인의 거주지에 존재하였을 것으로 보인다.

두 번째로 윤유숙은 「근세초 西日本지역 '조선인 집단거주지'에 관하여」에서 조선전기 서일본지역으로 집단 이주한 조선인들의 동태를 추적하였다. 서일본 지역은 조선 침략에 참가한 다이묘들이 많았던 만큼 일본의 다른 지역에 비해 상대적으로 피로인의 숫자도 많았고, '일본에서의 정주' 내지는 집단거주의 길을 택한 조선인의 숫자도 많았다. 실제로 서일본 지역에는 피로인이 집단으로 거주하는 마을인 '唐人町', '高麗町', '高麗村'이 곳곳에 존재했다.

조선인 마을은 '단순한 조선인의 집단거주지'와 '특정한 업종에 종사하는 조선인들의 집단거주지'로 대별된다. 서일본 지역에 존재하던 모든 해당 지역을 검토한 것이 아니기 때문에 단순 일반화하기 어려운 부분이 있지만 적어도 여기에서 다룬 경우에 한정해 볼 경우 이들 집단거주지가 반드시 번권력에 의해 인위적, 혹은 강제적으로 형성되었다고는 보기 어렵다.

추측하건대 피로인 1세대의 시점에서 서로가 동족이라는 심리적인 유대감이나 동업 종사자라는 공통점을 기반으로 자연스럽게 집단으로 거주하는 현상이 생기고, 그러한 과정에서 당시 번권력이 추진하던 상공업 정책과 맞물려 특정한 기능 집단으로 인정받는 수순을 밟았다. 도공, 두부생산자, 상인 집단으로서의 존속이 바로 '특정한 업종에 종사하는 조선인들의 집단거주지'에 해당될 것이다. 그들은 특수한 기능 집단이라는 측면에서 일정한 공적 지위를 부여받고 예우를 받았으며, 특수한 기능 집단으로서의 성격을 갖지 않는 나가사키의 경우에도 조선계 주민들에게만 강요된 특별한 법제적 제재를 찾을 수는 없다.

집단으로 거주하는 조선인 내지는 조선계 주민의 일본 사회에서의 법적, 사회적인 지위 및 공권력에 의한 사회적인 차별의 문제를 보다 총체적으로 선명하게 그려내기 위해서는 향후 해당 지역의 번정 사료 등에 관한 심층적인 검토가 필요할 것이다.

## 3. 일제시대 한국인의 일본으로의 집단 이주와 역사적 성격

근대 한국인의 일본이주는 한 개의 주제로 구성되어 있다. 방광석은

「1920～1930년대 간토(關東)지역 '재일조선인' 사회의 형성과 지역사회」
에서, 1920～1930년대의 도쿄, 가나가와 등 간토지역을 대상으로 재일조
선인의 집단거주지를 중심으로 조선인노동자의 노동상황, 주거상황, 생
활실태 등을 재구성하였다. 재일조선인 사회의 형성과 구조, 지역사회와
의 대립과 갈등의 측면이 아니라 교류와 공존이라는 측면에서 접근했다.

　간토지역의 재일조선인 사회는 1923년 간토대지진 이후 본격적으로
형성되었다. 20년대 초까지는 고학생이나 남성 단신노동자로 구성되어
있었는데 20년대 중반부터 순수 노동자와 가족세대가 늘면서 도쿄 주변
의 중소영세공장지역과 슬럼지역에 200～300명 규모의 조선인 밀집지가
나타났다. 1930년대에는 좀 더 규모가 큰 집단거주지로 발전했지만 특정
지역인구의 절대다수를 차지하지는 못하고 고립 분산적으로 존재했다.

　간토지역의 재일조선인은 대부분 노동자이며 일본인 보다 열악한 상
황에서 생활해야만 했다. 조선인노동자는 일본인노동자에 비해 노동조
건이 나빴기 때문에 수입도 20%에서 30% 정도 적었다. 어려운 생활 속
에서 근검절약해 남은 돈을 저축하거나 조선의 가족에게 송금하였다.
일본인 고용주의 입장에서 본다면 조선인노동자의 근무태도는 양호했는
데 근속일수가 짧고 자주 전직하는 것이 문제였다. 육체노동에서는 일
본인 보다 우수했고 업무에 숙달되면 생산량도 증가했다고 한다.

　1920년대 후반부터 재일조선인의 정주가 진전됨에 따라 상호부조,
빈곤자구제, 직업소개 등을 목적으로 한 조선인 단체가 각지에서 만들
어졌다. 이들 활동을 통해 재일조선인은 강한 사회적 결합을 유지하면
서 지역사회의 일본인과 대립 또는 우호관계를 맺어갔다. 그러면서 일
본인과의 접촉도 자연히 늘어났다. 조신인과 일본인이 생활상 가장 충
돌한 것은 주택임차문제였다. 또 위생을 둘러싸고도 때때로 마찰이 일
어났으나 일본인과 조선인의 사이가 좋은 사례도 많이 있다. 그러나 주

택문제 등으로 조선인 거주지는 일본인 거주지역과 차단되어 있어 활발한 교류 없이 전반적으로 소원한 관계를 유지했다고 할 수 있다.

## Ⅲ. 한국 내 倭人·日本人 '집단거주지'의 역사적 연구

### 1. 고대 倭人의 한반도 집단 이주와 역사적 성격

고대 왜인의 한국 이주에 대한 연구는 세 가지 주제로 구성되어 있다. 먼저 송완범은 「韓半島南部 倭人의 殘像」에서, 한반도 남부의 전방후원분에 대한 분석을 통해 한반도에 남아 있는 왜인들의 자취를 추적하였다. B.C. 3세기부터 시작된 야요이(彌生)시대는 일본열도의 문화발달 단계에서 처음으로 한반도남부에서 사람들의 대량 이주가 확인된다. 이후 한반도와 일본열도 사이에는 여러 민족들이 혼거하는 복잡한 양상을 띠게 된다.

인간의 이동을 보는 시점은 이제까지의 상하관계 속에서 살펴보는 국민국가적 입장보다는 '人'과 '物'의 이동에 대한 복안적 시점이 필요할 것이다. 그리고 지금까지의 '人'과 '物'의 이동에 관한 설명은 고대 한반도에서 일본열도로의 이동만 중시한다거나 그 반대의 입장이 거의 대부분이었다고 할 수 있었다. 그러나 금후에는 이동하는 사람들의 존재 성격이 중시되어야 할 것이다.

과거 한일관계에 대한 연구는 대부분 한반도 남부에서 왜인이 활동한 것은 사실인가. 그리고 만약 왜인들의 활동이 사실이라면 그들의 성격은 무엇인가에 집중되었다. 그리고 한반도 남부에서 활동한 왜인의 흔적으로서 전방후원분의 존재가 중시되어 왔다. 그런데 근래 영산강 유역에서 전방후원분이 잇따라 발견되면서 이를 바탕으로 한반도 남부에서 활동한 왜인의 성격에 대해 좀 더 다면적으로 검토하고 있다.

다음으로 서보경은 「達率 日羅를 통해 본 倭系百濟官僚」에서, 『日本書紀』 敏達朝에 등장하는 達率 日羅의 소환 기사에 대한 분석을 통해 왜계백제관료의 형성과 소멸에 관한 문제를 검토하였다. 日羅의 활동기는 宣化~敏達天皇 치세기에 해당된다. 이때 열도 내부는 일반적으로 왜왕을 중심으로 한 정치·외교권의 일원화가 이루어지기 이전 시기로 간주된다.

火葦北國에 주거를 둔 일라의 백제 파견은 宣化朝에 臣屬 관계를 맺고 있던 大伴金村大連에 의해서 이루어졌고, 일라는 백제에 체류하며 달솔까지 승진했다. 일라를 비롯한 왜계백제관료는 大伴·物部씨 등으로 대표되는 기내의 유력 씨족들이 적극적으로 발생시킨 인물(군)이다. 이러한 현상은 왜왕권의 호족에 대한 통제의 미숙함과 유력호족들의 선진문물에 대한 욕구 등이 중요한 배경을 이루고 있었던 것이다.

한편 일라의 소환에는 민달조 조정에서 物部씨와 대립하던 蘇我씨도 관여하고 있다. 표면적으로는 新國 문제가 일라의 소환을 초래한 것으로 되어 있지만 실상은 筑紫 지역을 둘러싼 物部·蘇我氏 간의 세력 확대가 그 배경으로 작용했는데 이는 多重의 신속관계를 지양하려는 蘇我씨로 대표되는 왜 왕권이 新國 문제를 구실로 일라를 소환한 뒤, 일라의 살해 사건 발생을 계기로 하여 倭系百濟官僚 자체의 소멸을 시도해 나간 것이다.

세 번째로, 박찬홍은 「백제 聖王·威德王代의 倭系百濟官僚」에서 6세기 전반 흠명천황기에 등장하여 민달천황기까지 나타나는 倭系百濟官僚의 존재 양태와 역사적 성격에 대해 종합적으로 고찰하였다.

왜계백제관료는 '혈연적 또는 지역적으로 倭 계통의 인물로서 백제의 관등을 수여 받고 백제를 위해서 일했던 관료'로서, 기본적으로 백제에만 소속된 관료이다.

왜계백제관료는 모두 『일본서기』에만 보인다. 백제 관등 표기가 기록에 보이는 인물로 한정할 경우, 紀臣 奈率 彌麻沙, 物部 施德 麻奇牟, 上部 德率 科野次酒, 物部連 奈率 用奇多, 許勢 奈率 奇麻, 物部 奈率 奇非, 上部 奈率 科野新羅, 上部 奈率 物部烏, 達率 日羅 등의 9명이다. 위덕왕대에 보이는 日羅를 제외하면 대개 성왕 때의 인물이고, 특히 흠명천황 2~15년(541~554) 즉 성왕 19~31년 사이에 활동하였다.

왜계백제관료가 되었던 성씨는 物部氏, 紀氏, 科野氏, 許勢氏 등으로 몇몇 씨족에 한정되어 있고, 그 가운데 物部氏가 가장 많다. 소속 部는 上部가 많고, 官等은 위덕왕대의 日羅만 達率(2등)이고 德率(4등) 1인, 奈率(6등) 6인, 施德(8등) 등으로 대체로 중급 관료로 임명되었다.

왜계백제관료가 이른바 한반도 征討에 참여했던 호족의 자손으로부터 발생했다는 주장도 있지만 따르기 어렵다. 왜계백제관료는 大和정권과는 별도로 畿內를 중심으로 한 유력한 豪族세력이 직접 파견하여 백제관료로 발탁되었다.

5세기 백제는 왕족을 보내, 백제에서 河內에 집단으로 이주한 백제인들을 직접 통제하였다. 아마도 왜계백제관료를 파견한 호족은 이들 백제인 집단 이주세력과 밀접한 관련을 가지고 있었던 것으로 추측된다. 왕족을 보내 일본열도로 집단 이주한 백제인을 통제하고 있던 거주지가, 威德王 때 九州 筑紫에 건설하려고 했던 新國이었을 것이다.

성왕대 왜계백제관료는 백제에서 선진문물을 가져다 소속 호족에게 제공해주고, 대신 그 호족으로부터 군사적 지원을 제공받을 수 있게 하는 역할을 수행했다. 이것이 이른바 傭兵관계인데, 왜계백제관료는 이러한 용병관계를 중간에서 매개하는 역할을 하였다.

6세기 후반 대화정권의 정치세력이 蘇我氏 중심으로 재편되면서 왜계백제관료는 더 이상 공급원을 상실하게 되었으며, 583년 達率 日羅가 사망하고 九州에 건설하려던 新國이 좌절되면서 왜계백제관료는 소멸하였다.

## 2. 고려·조선시대 일본인의 한반도 집단 이주와 역사적 성격

고려·조선시대 일본인의 한국 이주에 대한 연구는 두 가지 주제로 구성되어 있다. 먼저 김보한은 「고려와 조선 전기 왜인 집단거주지의 형성과 운영」에서, 고려시대와 조선전기에 걸쳐 이주한 왜인들의 집단거주지를 분석하였다.

고려 초기에 북쪽으로부터 상당수의 야인투화인이 존재하였다. 고려는 그들에게 초기부터 관직을 주고 토지를 지급하면서 고려인과 공존할 수 있는 집단거주의 공간을 제공하고 있었다. 다시 말해서 투항해 오는 야인을 적극 수용하고 체계적으로 관리하고 있었다.

한편 『고려사』에는 왜인이 1056년(문종 10)과 1267년(원종 8)에 금주(金州)에 거주하기 시작한 것으로 되어 있다. 반면에 1260년(원종 원년) 제주도에서 송 상인들과 왜인들이 수시로 왕래하는 데 대해서 비상사태로 대처하여야 한다고 논의하는 내용이 보인다. 왜인에 대한 포용뿐만이 아니라 경계가 함께 이루어지고 있었음을 알 수 있다.

그런데 몽고와 고려의 일본침입으로 한동안 뜸했던 왜인의 집단거주가 고려말인 1360년대부터 조선 전기까지 자주 등장한다. 왜인투화는 임시 거처나 피난처를 구하려는 의도였던 것으로 생각된다. 따라서 고려의 대응은 거주지를 분산해서 임시 거주를 허가하는 정도의 소극적인 배려뿐이었다.

조선 초기에 접어들면서 투화왜인의 상황은 일변한다. 즉 왜인의 투화 빈도와 그 수가 고려시대와 비교가 될 수 없을 만큼 한순간에 증가하고 있다. 그 이유는 조선의 대 투화왜인의 정책과 밀접하게 관련되어 있다. 조선의 세종은 1419년(세종 원년) 대마도의 宗俊에게 투화에 큰 공이 있는 자에게는 벼슬을 주고 적은 자에게는 백성이 되게 해주겠다고 설득하고 있다. 또한 투화 왜인에게 높은 관직과 재물을 하사할 뿐만 아니라 본향을 하사하는 경우도 있었다.

한편 조선은 투화왜인에 대한 통제와 견제를 위해서 조선내 여러 섬에 거주하는 왜인과 일찍이 투화해서 사는 왜인이 사사로이 소식을 통하는 것을 금지시키고 있었다. 그런데 통제 받는 조선에서 오히려 투화왜인이 다수 발생하는 이유는 무엇이었는가.

첫째는 피난처로서 조선을 선택하였기 때문이다. 1437(세종 19) 宗貞盛이 대마도의 백성 26명이 배를 훔쳐 도망하여 조선에 정박하고 있으니 속히 돌려보낼 것을 청하고 있다.

둘째, 투화왜인들이 얻을 수 있는 경제적 이득 때문이었다. 조선은 투화왜인에게 다양한 지원을 실시하고 있었다. 또한 투화왜인은 조선의 적극적인 정착지원에도 불구하고 밀매를 하기도 하였다.

따라서 왜인이 조선에 투화하여 삼포(三浦)에 집단거주하는 목적은 피난처로서 '삶의 터전'과 '경제적 이득'을 확보하는 것이었다고 생각된다. 그럼에도 조선이 이들을 회유하고 포용해야만 했던 이유는 통제 불가능한 왜구세력을 통제 가능한 왜인으로 유인하기 위해서였다. 이런 면에서 삼포는 왜구세력 또는 일본 상인들에게는 최상의 인센티브를 제공받는 '피난처'로 기능하고 있었다고 할 수 있다. 즉 삼포는 왜구와 왜인상인에게 본국 내의 동조세력과 일족의 삶을 안정적으로 유지할 수 있는 경제력을 제공해 주는 삶의 공간이었다.

다음으로 윤유숙은 「年中行事와 儀式으로 본 근세 왜관」에서 왜관에서 행해지던 각종 연중행사의 종류와 실태 및 조일 양국 간의 일상적인 접촉 양상을 검토하였다. 또한 이와 관련된 조선정부의 관여 혹은 조선 인과의 교류여부 등을 규명하면서 在館 일본인들의 실질적, 구체적인 생활상을 '교류'와 '공존'이라는 시점에서 밝혔다.

왜관은 본래 조선전기부터 도항해온 일본인을 수용하고 접대하기 위해 만들어진 일종의 客館으로써, 일본인의 정주를 위한 시설은 아니었다. 조선후기가 되어서도 왜관(두모포왜관, 초량왜관)의 본질적인 성격에는 변함이 없으나 對 조선 무역과 외교업무를 수행하기 위해 조선에 건너온 대마번인들이 일정기간 체재하는 유일한 공간이었다는 점에서 형태상 조선내의 '일본인 집단거주지'로 규정할 수 있을 것이다.

왜관의 일본인(대마번인)은 衣食住 측면에서 기본적으로 일본식의 생활을 영위하면서 請負商人 등을 통해 본국으로부터 일상생활에 필요한 물품을 조달했다. 조선과의 공식적인 외교, 무역업무 이외에 일상생활은 일본식으로 영위되었으므로 館守(왜관을 통괄)의 지휘 하에 왜관 내에서는 당시 일본사회 또는 대마번이라는 지역사회에서 행해지던 연중행사가 1년 내내 재연되었다.

연중행사로는 매년 정초가 되면 '年始의 御祝儀'를 비롯하여 七夕, 세가키, 古館 묘소 참배, 名日宴, '壁書의 낭독' 등이 행해졌고 관련된 행사 시에 관내의 東向寺에서 佛事가 행해졌다. 그 외에도 왜관에서는 왜관의 일본인과 조선의 관리 또는 일반 조선인 사이에 다양한 교류와 접촉이 있었다. 명절 또는 신임 관수 부임시 행해지던 양국 간의 선물 증답을 비롯하여 일반 조선인의 왜관 구경, 의학기술의 교류, 대마번 범법자의 조선에서 처형 등을 들 수 있다. 이러한 행위는 통교규정에 제시되어 있지 않거나 또는 규정상 금지사항인데도 불구하고 왜관 측과 조선의 관리 간에 상호 승인을 통한 관례로 정착한 것으로 볼 수 있을 것이다.

## 3. 근대 일본인의 한반도 집단 이주와 역사적 성격

근대 일본인의 한국 이주에 대한 연구는 1개의 주제로 구성되어 있다. 방광석은 「한국병합 전후 서울의 '재한일본인' 사회와 식민권력」에서, 1910년을 전후한 일본인 거주지의 동태와 성격을 분석하였다. 한국병합 이전의 일본인 거류지는 치외법권이 인정되는 한국 내의 '외국'으로, 그곳에 거주하는 일본인은 본국의 지시를 받는 영사를 통한 규제 하에 자신들의 사회를 만들어갔다.

개항 후 한국 내 일본인 거류지에 대한 선행연구는 개항기 일본인 거류지 설치문제에 관한 연구, 사회경제사적 관점에서 재한일본인 사회를 실증적으로 검토한 연구, 식민지화의 기반으로 일본인 거류지를 파악한 연구, 거류민 자치기구의 양태와 성격을 밝힌 연구 등으로 대별할 수 있지만, 일본정부의 정책과 거류민의 대응에 관해서는 충분한 연구가 이루어지지 못했다.

본 연구는 연구대상을 서울의 거류지로 한정해서 '거류지규칙'(1887)이 제정되는 초기 일본인 거류지사회의 발전 양태를 고찰하고, 이후 '거류민단법'(1905)의 성립과 한국병합 이후 거류민단이 해체될 때까지 일본정부, 통감부, 총독부와 일본인 거류민 사이의 교섭과 대항과정을 분석함으로써, 일본의 한국식민지화 과정에서 빚어지는 식민권력과 거류민 사이의 협력과 갈등의 구조를 살핀 것이다.

먼저 일본인의 서울 거주가 법적으로 허락되는 1885년 이후 서울의 '재한일본인' 사회의 형성과정과 居留民總代役場(1885), 居留民役所(1901), 民團役所(1905)로 이어지는 거류지 자치기구가 어떻게 만들어지고 운용되었는지에 대해 살펴보았다. 서울의 일본인 거류지는 다른 지역과 마찬가지로 거류지가 확장되어가는 과정에서 자치기구가 형성 발전되었다. 일본영사관은 거류민사회를 효과적으로 통제하기 위해 거류민 자치기구의 구성을 적극적으로 장려했다. 1880년대 후반 거류지의 조직에 관한 규정이 마련되었고 거류지 행정에 관한 의결기관인 거류민회도 조직되었다. 초기 거류지 자치기구의 주된 공공사업은 소학교 건축과 교사 장려, 도로정비와 수도공사, 병원, 소방서, 신사 등의 관리였으며 거류민에게서 걷는 세금으로 운영되었다.

다음으로 러일전쟁 이후 '재한일본인' 사회가 급격히 팽창되는 과정에서 거류민들이 추진한 자치기구의 법인화운동과 거류민단법의 성립과정을 추적하였다. 러일전쟁 이후 서울 거주 일본인이 급격히 증가해 1906년 만 명을 넘어섰다. 일본정부가 한국으로의 이민을 적극적으로 장려한 결과이다. 이에 따라 자본력과 조직력을 지닌 기업가와 군인, 관리, 대륙낭인 등이 대거 渡韓했고 거류민의 직업도 다양해졌다. 거류지의 구조변화와 거류민사회의 팽창으로 거류민회는 운영 범위를 넓혀 예산을 늘리고 도로 개수, 소학교, 병원, 시장, 공원, 묘지 등의 공공시설 신축, 개선사업을 적극적으로 추진했다. 이러한 상황 속에서 거류민 자치기구를 법인화하는 거류민단법안이 일본 의회에서 가결되었다. 거류민 자치기구의 법인화는 일본의 행정권력을 합법적으로 한국에 강제 적용해 거류민에게 일본 국내와 같은 권리를 보장한 것이다. 이를 통해 거류민단은 법인단체로 국비에 의한 운영보조, 세금의 강제적 징수 등이 가능해져 재정적 기반을 확보할 수 있었다. 그러나 한편으로 통감부의 직접적 통제 아래에 놓이게 되었기 때문에 '자치'를 지향하는 거류민사회는 통감부와 대립이 심화 되었다.

마지막으로 통감부 시기 이후 한국병합 직후 거류민단이 해체되는 과정에서 나타나는 통감부, 총독부의 거류민 통제, 그에 대한 '재한일본인' 사회의 반발을 살펴보았다. 통감부는 한국통치를 원활히 하고 통감부의 권위를 확보하기 위해 불량일본인을 단속했다. 나아가 1910년 한국병합이 이루어지자 총독부는 거류민단을 해체시켜 지방행정기관에 편입하기로 결정했다. 서양 국가들의 거류지를 폐지하는 것과 맞물려 일본의 거류민단도 더 이상 남겨둘 수 없었으며 한국 거주 일본인에게 한국인과 같은 법제를 적용시킴으로써 식민통치에 대한 비판을 희석시키려는 의도도 포함되어 있었다. 물론 거류민단의 해체로 공공재산을 몰수당하고 기존의 특권을 잃게 되는 거류민들은 거세게 반발했다. 그러나 한반도에 특권적 거류지를 인정하지 않겠다는 식민정책 앞에 그들의 주장은 받아들여지지 않았고 결국 1914년 거류민단은 해체되고 말았다.

## Ⅳ. 맺음말

한국과 일본은 오랫동안 다양한 형태의 교류관계를 맺어 왔고, 그 교류 과정에서 양국인 사이에 집단 이주도 매 시기마다 다양하게 이루어졌다. 한국과 일본의 '집단거주지'에 거주하는 외국인에 관한 기존의 연구는 권력에 의한 '통제'와 '관리'라는 관점에서 이루어졌다. 그 결과 집단거주지의 외국인은 현지 사회의 질서에 위협적인 존재로 이해되어 왔다. 본 연구는 집단거주지에 살았던 사람들의 실상을 제대로 파악하기 위해, '통제'와 '관리'가 아니라, 현지인들과 '집단거주지' 거주민들의 '교류'와 '공존'이라는 관점에서 고찰하고자 하였다. '교류'와 '공존'의 관점에 설 때, 상대국에 거주하는 사람들은 어떤 이유로 건너가게 되었으며, 어떠한 생활을 영위했는지, 또 현지인들과 이주민들은 어떠한 방식으로 교류·소통하였는지 등을 규명할 수 있다.

2년 과제로 진행된 본 연구는 고대에서 근대에 걸쳐 6개의 주제로 나누어 한일 상호간 이주민의 거주지를 분석하였다. 1차 연도에는 한반도에서 일본으로 이주한 이주민의 집단거주지를 연구하였다. 한국에서 일본으로의 이주는 당시 한국과 일본의 관계나 한국의 정세에 따라서 여러 가지 형태로 이루어졌다. 그리고 이주민들은 그들의 도일성격이나 일본의 국내 사정에 의해 현지 생활이나 현지인들과의 교류·소통의 형태도 각각 달랐다. 그러나 교류·소통하면서 새로운 공동체를 이루어 나갔다는 점은 부인할 수 없는 사실이었다.

2차 연도에서는 일본에서 한국으로 이주한 집단 이주민의 거주지를 연구하였다. 일본에서 한반도로의 집단 이주는 한반도에서 일본으로의 이주와는 달리 일본의 국내 사정이나 한국과 일본의 정치적 요인에 따라서 이루어졌다는 데 그 특징이 있었다. 그러나 한국으로 이주한 일본인들이 한국인들과 교류·소통하면서 새로운 공동체를 만들어 나갔다는 면에서는 일본으로 이주한 한국인들과 다름이 없었다.

본연구를 통해서 집단거주지에 거주하는 외국인을 '관리'와 '통제'만이 아니라 '교류'와 '공존'의 시각으로 볼 수 있음을 확인했다. 따라서 본연구가 미래 한·일 관계의 새로운 패러다임 구축이나 머지 않아 도래할 동아시아세계의 불록화에 적지 않을 도움이되리라고 확신한다. 그러나 한정된 자료와 시간적 제약 때문에 집단거주민들의 법적, 사회적 지위 및 공권력에 의한 통제나 사회작인 차별 등 정밀한 문제들을 밝히지 못한 점은 아쉬움으로 남는다. 보다 정밀한 연구는 금후의 과제로 삼고자 한다.

# 제1부

# 일본 내 韓人 '집단거주지'의
# 역사적 연구

# 1. 고대 일본의 渡日 韓人集團에 대한 정책[*]

김 현 구[**]

## Ⅰ. 머리말

오늘날 세계를 리드하는 곳은 EU라고 생각된다. 역사적으로 보면 인류는 인종이나 이념, 지역적인 문제 등을 둘러싸고 분쟁을 거듭해왔다. 그러나 오늘날 EU는 그들을 극복하고 하나의 공동체를 향해서 나가고 있기 때문이다. 이런 면에서는 시차는 있겠지만 한국이 속한 동아시아도 하나의 공동체를 향해 나가지 않을 수 없으리라고 생각된다. 동아시아의 중심축을 이루고 있는 한·중·일 삼국간의 깊어져 가고 있는 상호무역의존도가 이를 잘 입증하고 있다고 생각된다.

현재 동아시아에서는 인적·물적·문화적 교류가 활발하게 이루어지고 있다. 그 결과 각국은 이미 다문화사회에 진입하고 있으며 외인집단과

---

* 『史叢』73(2011년)에 기게재됨
** 고려대 명예교수

의 '공존'이라는 현실적 문제에 직면하고 있다. 일찍부터 지정학적 관계로 한인들은 일본열도에 건너가서 일본인들과 공존한 경험이 있고, 일본인들도 한반도에 와서 한인들과 공존한 경험이 있다. 그런데 일본열도에 건너간 한인 집단이 규모나 횟수에서 한반도에 건너온 일본인들에 비해 월등하다. 따라서 외인집단과의 공존이라는 면에서는 먼저 일본열도에 집단으로 이주한 한인들의 모습을 살펴볼 필요가 있다고 생각된다. 그런데 일본열도에서 집단으로 거주한 한인 집단의 원형은 고대에서 찾을 수 있다. 고대 일본열도에서 거주한 한인 집단의 모습을 검토하고자 하는 이유가 여기에 있다.

고대에는 기록의 주체가 주로 지배층이었다. 그 결과 일본열도에서 살아간 한인 집단의 삶의 모습을 직접 살펴볼 수 있는 자료는 많지 않지만 그들에 대한 국가의 정책을 보여주는 자료는 적지 않게 남아있다. 따라서 일본열도에서 살아가던 한인 집단의 모습을 그들에 대한 일본의 정책을 통해서 살펴볼 수 있다고 생각된다.

고대 도일 한인들에 대한 일본의 정책은 시대적 상황에 따라 달라졌다. 도일 한인들에 대한 정책은 크게 세 단계로 나눠볼 수 있다. 1단계는 고구려 광개토왕(391~412)의 남정[1]에서 시작된 장수왕(413~491)의 남하정책으로 5세기 초 대량 도일한 한인들에 대한 정책이라고 할 수 있다. 2단계는 663년 백제부흥운동군과 이들을 지원하던 일본군이 백촌강 싸움에서 신라·당연합군에게 패배한 뒤 일본으로 대거 망명한 백제의 지배층에 대한 정책이다. 그리고 3단계는 1·2단계의 한반도 정세에 의해서 도일한 집단에 대한 정책과는 달리 壬申亂(672)을 통해서 등장한 강력한 황권이 기존의 한인들에 대해서 취한 정책이다.

---

1) 「광개토왕릉비문」 396년, 400년조 및 주 8) 참조.

## Ⅱ. 도일 한인

고대 한반도에서 일본열도에 건너간 한인들의 호칭에 대해서는 많은 논란이 있어왔다. 그들에 관한 연구는 일본에서 먼저 시작되었다. 따라서 그들의 호칭에 대해서도 먼저 일본에서 논란이 일기 시작했다. 일본 학계에서는 『일본서기』등 고대의 자료를 바탕으로 그들에 대해서 일찍부터 '歸化'이라는 용어를 사용해왔다. 일반적으로 이민족에 대해서는 '귀화'라는 용어가 다른 용어에 비해 보다 적절하다고 생각되어왔다. 그런데 '歸化'와 유사한 의미를 가진 용어로는 '歸義', '歸德', '來服', '徠服', '來歸', '歸朝', '來投', '奔入', '乞屬' 등의 한자용어가 있다.

그러나 중국에서는 외국에서 온 이민족에 대한 조치가 제도화되고 법령화됨에 따라 唐의 律令에서 그들에 대해서 '귀화'보다는 주로 '歸朝', '投化'라는 말을 사용했다는 것이다. 따라서 '귀화'는 '歸朝', '投化'와 같은 의미라고 할 수 있다. 그리고 고대의 '귀화'는 오늘날 국제법상의 '귀화'라는 용어에 대단히 가깝다고 할 수 있다. 그런데 '귀화'는 『史記』를 비롯한 중국의 史書에 가장 먼저 등장하는 용어로 유교적 덕치사상과 중화사상이 드러나 있다는 것이다.[2]

한편 관찬 사서인 『日本書紀』(720)에는 8세기 이전 한반도에서 일본열도로 이주한 사람들에 대해서 대체로 '歸化'라는 표현을 사용하고 있다. 그런데 『日本書紀』는 지배체제의 확립을 목적으로 서술되었으므로 당의 중앙집권적 율령국가에 있어서의 덕치주의 중화주의 의식을 그대로 답습했고, 지배체제의 정당화 내지는 강화를 위해서 허구조작 전승 미화 문장윤색이 가해졌다는 것이다. 그런데 일본의 養老令(718)도 지배

---

2) 全海宗, 「韓國と日本の古代史における '歸化'について」 『朝鮮學報』 70, 1974.

체제의 확립을 목적으로 만들어졌으므로 唐令을 모방하면서 '歸朝'를 '귀화'로 표현하면서 그 의미를 덕화 또는 왕화에 귀의하는 뜻으로 사용했다는 것이다.

그러나 일찍부터 『日本書紀』 등에 보이는 '귀화'의 예는 덕치주의 사상에 의해서 작위 윤색되었으므로 그 표현이 부당하다는 주장이 있었다.[3] 上田正昭(1976, 『歸化人』, 中央公論社)도 일본 고대법정신에는 '귀화'라는 개념은 王化思想을 전제로 하고 있었는데 『日本書紀』 등에 보이는 '귀화인'은 『令義解』나 『令集解』[4]에 보이는 것처럼 皇化를 쫓아온 사람만 있는 것도 아니므로 '귀화인'이라는 용어를 모든 외래인에게 적용할 수는 없음을 지적하고 있다. 그리고 율령에 의한 토지·인민에 대한 국가적인 지배질서가 확립되기 전에는 고대법에서 의미하는 관념 자체가 성숙되지 않았고 일반민중 사이에서 그런 식별이 있었는지조차 의심스럽다는 면에서도 '귀화'라는 용어의 부당성을 지적하고 있다. 그럼에도 불구하고 오늘날 일본 학계의 논문이나 저서들이 대부분 '귀화인'이라는 표현을 사용하고 있다는데 문제의 심각성이 있다.[5] 더구나 본 연구는 한국과 일본 사이 외국인의 '집단거주지'를 권력에 의한 '통제'나 '관리'라는 관점이 아니라 '교류'와 '공존'이라는 관점에서 살펴보려는데 그 목적이 있다. 이런 면에서도 한반도에서 일본열도에 건너간 사람

---

3) 全海宗, 「韓國と日本の古代史における '歸化'について」 『朝鮮學報』 70, 1974.
4) 주 51) 참조.
5) 上田正昭, 『歸化人』, 中央公論社, 1976 : 關晃, 『歸化人』, 至文堂, 1977 : 今井啓一, 『歸化人と東國』, 綜藝會, 1977 : 平野邦雄, 「8, 9世紀における歸化人身分の再編」 『歷史學研究』 292號, 1964 : 管野和太郎, 「我國の商工階級と歸化人」 『經濟史研究』 29號, 1922.
   이외의 저서나 논문들도 대부분 '귀화인'이라는 용어를 사용하고 있는데 대표적으로 今井啓一(『歸化人と東國』, 綜藝會, p.15, 1977)는 일본 고대에 있어서 '귀화'의 의미를 '國風을 仰慕하고 皇化에 복종하여 그들의 풍습을 새롭게 한다'라고 규정하고 있다.

들을 『日本書紀』에 보이는 것처럼 '귀화'라고 표현할 수는 없다고 생각
된다.

한편 『播磨國風土記』(8세기 초)와 『古事記』(712)에서는 한반도에서
일본열도에 건너간 한인들에 대해서 '渡來'라는 용어를 사용하고 있다.[6]
그러나 '도래'는 단순히 바다를 건너갔다는 사실 자체를 나타낸 것으로
상호간의 주체성을 전제로 한 '교류'와 '공존'이라는 본연구의 의도에
배치된다. 따라서 '도래'도 적합한 용어하고는 할 수 없다.

본 연구는 한반도에서 일본열도에 건너가 일본인들과 '교류'하면서
'공존'한 한인들을 연구의 대상으로 하고 있다. 그들은 앞선 문화를 가
지고 일본열도에 건너가서 그 특성을 보존하면서 일본인들과 '교류'하
면서 '공존'했던 사람들이다. 따라서 일본열도에 건너가 주체성을 가지
고 살아간 한인들이라는 의미에서 그들을 '도일 한인'이라는 용어로 표
현할 수 있지 않을까 생각된다.


## Ⅲ. 5세기 초 고구려의 남하정책에 의해 도일한 한인 들에 대한 정책


「應神紀」 14년(403) 是歲條에는 弓月君이 백제에서 인부 120현의 사
람들을 데리고 도일한 것으로 되어 있다.[7] 그리고 同20년(409) 9월조에
는 倭漢直의 시조 阿知使主가 17현의 사람들을 데리고 도일한 것으로

---

6) 『播麻國風土記』 揖保郡 揖保里條 및 『古事記』 應神天皇條. 많은 민간전승을 포함
   하고 있는 『播麻國風土記』는 8세기 초에 성립된 것으로 생각된다.
7) 「應神紀」 14년(403)조. "弓月君自百濟來歸. 因以奏之曰, 臣領己國之人夫百二十縣
   而歸化. ……"

되어 있다.[8] 그런데 「광개토왕릉비문」에는 그 직전인 396년 광개토왕이 백제를 정벌하고, 400년에는 군대를 보내어 왜를 '任那加羅'까지 추적하게 한 것으로 되어있다.[9] 그 직후 한인들이 대거 도일한 것으로 되어 있다. 따라서 5세기 초 한인들의 도일은 고구려의 남정에서 촉발되었음을 알 수 있다.

倭漢氏의 시조 阿知使主가 데리고 갔다는 17縣 사람들의 후손은 漢人설을 주장하고 있다.[10] 그러나 실상은 백제 내지는 한반도 남부에서 도일한 것으로 생각된다.[11] 그들의 17縣이라는 숫자를 그대로 믿을 수는 없지만 그 자손인 坂上大忌寸刈田麻呂等이 '凡高市郡內者, 檜前忌村及十七縣人夫滿地而居. 他姓名十一二焉'[12] 라고 한 사실로 보아 그 숫자의 많음은 짐작할만하다.

倭漢氏는 高市郡의 대부분을 점유하면서 발전하고 있었는데 한국어의 '村長'에서 유래하는 '村主'姓을 30개 이상이나 남기고 있다. 따라서 倭漢氏는 畿內의 高市郡을 중심으로 집단을 이루면서 거주하고 있었음을 알 수 있다. 한편 倭漢氏는 品部(관청에 소속되어 있던 기술자 집단)의 관장자에 많이 임명되었고, 伴造(황실소유의 기술자들을 세습적으로 관장 통솔하던 중하층의 중앙호족)로서의 지위를 확립하고 있었다. 아마도 '人民男女皆有才藝'로 알 수 있듯이 한반도의 선진적인 기술을 소지

---

8)「應神紀」20년(409) 9월조. "倭漢直祖阿知使主, 其子都加使主, 並率己黨類十七縣, 而來歸焉."

9) 永樂 6년조의 "王躬率○軍討滅殘國軍○○○攻取壹八城 …… (중략) …… 以殘主○逼獻○男女生口一千人細布千匹○歸王自誓從今以後永爲奴客太王" 및 10년조의 "敎遣步騎五萬 往救新羅 從男居城 至新羅城 倭滿其中 官軍方至 倭賊退 …… (중략) …… 背急追至任那加羅從拔城." 참조.

10)『續日本紀』延歷 4년 6월조. "板上大忌寸刈田麻呂等上表言. 臣等本是後漢靈帝之曾孫阿智王之後也. …… 阿智王 …… 出行帶方 …… 歸化來朝."

11) 上田正昭,『歸化人』, 中央公論社, 1976.

12)『續日本紀』寶龜 3년 4월조.

하고 있었으므로 중하층 호족의 지위가 주어졌던 것이 아니었는가 생각된다.[13]

그들은 정치적으로는 주로 당시 최대권력자였던 蘇我씨 전위대의 역할을 하고 있었다. 예를 들면 592년 漢直駒의 蘇我씨를 비판했던 崇峻天皇 살해사건,[14] 蘇我씨를 무너트린 645년 乙巳의 변 때 東漢直 일파의 改新세력에 대한 저항,[15] 645년 倭漢文直麻呂 등의 蘇我씨 외손 古人皇子의 난 합류,[16] 677년 천무천황의 東漢氏에 대한 경고[17] 등에서 확인된다. 倭漢氏가 蘇我씨의 전위대 역할을 한 것은 그들이 蘇我씨와 같은 백제계라는 특수성에서 비롯된 면도 없지 않다고 생각되지만[18] 어떻든 그들이 권력의 핵심에 서 있었음을 시사하고 있다. 倭漢氏는 畿內에 거주하면서 야마토 정권의 일익을 담당하고 있었던 것이다.

弓月君이 백제에서 데리고 간 집단으로 되어 있는 秦氏는 秦 시황제의 자손을 칭하고 있지만[19] 사실은 신라에서 건너갔다는 사실이 고고학적으로 입증되었다.[20] 일본진출 당시 秦氏집단이 120현에 이르렀다는

---

13) 「雄略紀」16년 10월조 "詔桑漢部定其伴造者 賜姓曰直." 및 『續日本記』延歷 4년 6월조 "板上大忌村刈田麻呂等上表言. …… 於是是阿智王奏請曰. …… 臣舊居在於出行帶方人民男女皆有才藝.". 關晃, 1977, 『歸化人』, 至文堂. 참조.
14) 『日本書紀』崇峻天皇 5년 11월조. "馬子宿禰 …… 乃使東漢直駒殺于天皇"
15) 『日本書紀』皇極天皇 4년 6월조. "大臣蝦夷於是 漢直等總聚眷屬還甲持兵 將助大臣處設軍陣."
16) 『日本書紀』孝德天皇 大化 원년 9월 戊辰조. "古人皇子, 與蘇我田口臣川掘. …… 倭漢文直麻呂, 朴市秦造田來津謀反"
17) 『日本書紀』天武天皇 6년 6월조. "詔東漢直等曰. 汝等黨之自本犯七不可也. 是以從小墾田御世至于近江朝. 常以謀汝等爲事. 今當朕世. 將責汝等不可之狀以隨犯應罪. 然頓漢直之氏, 故降大恩以原之, 從今以後, 若有犯者. 必八不放之例"
18) 김현구, 「백제의 木滿致와 蘇我滿智」『일본역사연구』25, 2007 : 김현구, 『고대한일교섭사의 제문제』, 일지사, 2010.
19) 『新撰姓氏錄』左京諸蕃조. "大秦公宿禰, 出自秦始皇帝三世孫孝武王也. …… 男融王(一云弓月君) 率百二七縣 百姓歸化. 獻金銀玉帛等物."
20) 上田正昭(『歸化人』, 中央公論社, 1976, p.27)는 '秦'의 원의는 'ハタ'이고, 신라어의

숫자는 신뢰하기 어렵다. 그러나 雄略朝(456~479) 때에는 '秦氏의 民이 92部 18670人'이었다고 되어있고,[21] 欽明朝(540~571) 때에는 '7053호' 였다[22]고 되어 있는 것으로 보아 그 수를 짐작할 만하다. 이 숫자는 약 2세기 후인 養老연대(717~723)의 인구에 비교해 보아도 일본 전체인구의 28분의 1에 해당하는 숫자이기 때문이다.[23]

秦氏는 초기에는 大和國 津間腋地(葛上郡)를 중심으로 畿內 제국에 분포하고 있었다.[24] 특히 京都분지에서는 鴨川·桂川에 걸친 범람평야의 개척에 주력하면서 확고하게 부와 세력을 쌓아 올린 후 국가재정에 두각을 나타내고 있었다.[25] 弓月君의 자손이라는 秦酒公[26]은 5세기 중반 百八十種의 勝[27]을 거느리고 양잠·견직에 종사하여 막대한 양을 貢上한 것으로 되어 있다.[28] 그는 雄略朝 때에 생겨난 大藏의 장관으로 활약했고[29], 秦大津父는 欽明天皇의 총애를 받아 '近侍者'로서 크게 부를 이루

---

'ハタ'는 '海'를 의미하는 것으로 그들이 한반도에서의 건너간 외래인으로 한반도 남부와의 교섭 과정에서 건너갔음을 밝히고 있다. 그리고 平野邦雄(「秦氏の硏究 (二)」『史學雜誌』70-4, 1961, p.66)은 고고학적으로 그들이 신라에서 건너간 사람들임을 밝히고 있다.

21) 『新撰姓氏錄』 山城國 諸蕃조. 秦忌寸條 "得秦民九十二部一萬八千六百七十人."
22) 「欽明紀」 卽位前紀 8월조. "編貫戶籍. 秦人戶數惣七千五十三戶."
23) 橋本克彦, 「大化前後の歸化人政策と其活動」『中央大學文學部紀要』 第三號, 1955. '欽明朝 때 秦氏 일족을 7053호라고 한다면 令制의 50호 1향으로 계산했을 때 141향이 되는데 養老年代 전국향수 4012와 비교하면 28분의 1이 된다'는 것이다.
24) 『新撰姓氏錄』 山城國 諸蕃 秦忌寸조. "賜大和津間腋上地居之焉." 『新撰姓氏錄』 左京諸蕃上 大秦公宿禰조. "秦氏, 分置諸郡, 卽使養蠶絹織貢之."
25) 平野邦雄, 「八九世紀における歸化人の役齒」『歷史學硏究』292호, 1962, p.4 : 家永三郎, 「飛鳥·白鳳文化」『日本歷史』 2, 岩波書店, 1962, p.95 참조.
26) 주 14), 참조.
27) 村主에서 유해하는 가바네(姓)의 일종으로 주로 한반도계의 소호족이 칭하고 있었다.
28) 『日本書紀』 雄略天皇 15년조. "詔聚秦民賜於秦酒公. 公仍領率百八十種勝, 奉獻庸調絹縑. 充績朝廷"
29) 『新撰姓氏錄』 山城國 諸蕃 秦忌寸조. "是時始置大藏官員, 以酒爲長官."

었다.[30] 『上宮聖德法王帝說』에 인용된 「天壽國繡帳」의 감독자 椋部秦久
麻의 '椋部'는 '藏部'로 재정과 관계가 있는 인물임을 알 수 있다.(椋과
藏은 일본어로 음이 같다) 그리고 聖德太子의 재정적 후원자로 廣隆寺
를 지은 秦河勝은 대표적인 인물로 그 세력이 대단하였음은 '其家富
饒…., 是國家之寶也'[31]를 통해서도 짐작할 수 있다. 7세기 이후에도 재
정과 관계를 맺고 있던 秦氏는 무수히 많다.[32] 秦氏도 畿內에 거주하면
서 양잠과 견직이라는 선진 기술을 바탕으로 官司制의 중심에서 야마토
정권의 일익을 담당하고 있었던 것이다. 그러나 倭漢氏가 주로 정치적
으로 두각을 나타내고 있었다면 秦氏는 주로 재정관계에서 두각을 나타
내고 있었다고 할 수 있다.

　5세기 초 고구려의 남하정책에 의해 도일한 한인들은 주로 畿內에 거
주했다는데 그 특징이 있다. 그리고 선진 기술을 바탕으로 야마토 정권
의 일익을 담당하는 정권의 주체였다고 할 수 있을 것이다.[33]

## Ⅳ. 7세기 말 백제멸망에 따른 도일 한인들에 대한 정책

　『日本書紀』 天智天皇(662~671) 2년(663) 9월 丁巳조에는 '백제의 주
유성이 비로소 당에게 항복했다. 이때 나라사람들이 서로 "주유가 항복

---

30) 『日本書紀』 欽命天皇卽位前紀조. "天皇寵愛大津父子 …… 今近侍優寵日新. 大致
　　饒官"
31) 『聖德太子傳曆』 推古天皇 12년 8월조.
32) 平野邦雄(「秦氏の研究」, 『史學雜誌』70-3·4, 1961, p.46)은 7세기에 국가 재정을 담
　　당한 秦氏를 秦前廣橋 등 10인을 들고 있다.
33) 집단적으로 이주한 倭漢氏나 秦氏이외에 당시 개별적으로 많은 한인들이 일본열
　　도로 건너간 것으로 되어 있다. 그들에 대한 구체적인 예는 김현구, 「大和政權의
　　對'日本進出韓人'政策考」, 고려대학교 대학원 석사논문, 1979 참조.

했으니, 일이 어찌할 수 없게 되었다. 백제의 이름이 오늘에 끊어지게
되었다. …다만 禮城에 가서 일본의 군장들과 만나 서로 현 상황에서 긴
요한 것을 도모할 수밖에 없다."라고 하였다. 드디어 처음부터 枕服岐城
에 있던 처자들로 하여금 나라를 떠나려는 마음을 알게 하였다. …일본
의 수군 및 佐平余自信, 達率木素貴子, 谷那晉首, 億禮福留과 국민들이
禮城에 이르렀다. 다음날 배를 띄워 비로소 일본으로 행했다.'[34]라고 되
어 있어서 백촌강 싸움[35]에서 패배한 뒤 佐平余自信, 達率木素貴子, 谷

---

34) " …… 百濟周柔城, 始降於唐. 是時國人相謂之曰, 周柔城降矣. 事无奈何.百濟之名,
絶于今日. …… 但可往於데禮城. 會日本軍將等, 相謀事機所要. 遂敎本在枕服岐城
之妻子等, 令知去國之心. …… 甲戌, 日本船師, 及佐平余自信·達率木素貴子·谷那
晉首·億禮福留, 并國民等, 至禮城. 明日, 發船始向日本."

35) 660년 9월 의자왕이 당으로 끌려간 뒤 백제부흥운동군이 일본에 구원을 청한다.
이에 일본이 파견한 백제구원군과 백제부흥운동군이 신라·당의 연합군과 663년
8월 27, 28 양일에 걸쳐친 백촌강에서의 싸움에서 패배하게 된다. 이 싸움을 일본
에서는 일반적으로 백촌강싸움이라고 일컫는다. 한국에서는 백강구싸움이라고 일
컸기도 하지만 구체적인 장소를 명기한 『일본서기』의 '백촌강'을 바탕으로 '백촌
강싸움'으로 명명하는 것이 옳지 않을까 생각된다.
우선 일본에서의 주요 연구 성과는 다음과 같다. 鬼頭淸明, 『白村江 : 東アジアの
動亂と日本』, 敎育社, 1981 ; 森公章, 『「白村江」以後 : 國家危機と東アジア外交』,
講談社, 1998 을 위시해, 주요 성과로는 中村修也著, 『白村江の眞實 : 新羅王·金
春秋の策略』, 吉川弘文館, 2010 ; 小林惠子, 『白村江の戰いと壬申の亂 : 唐初期の
朝鮮三國と日本』, 現代思潮社, 1987 ; 熊谷公男, 『大王から天皇へ』, 講談社, 2008 ;
森公章, 『遣唐使と古代日本の對外政策』, 吉川弘文館, 2008 ; 豊田泰, 『白村江の戰
い·元寇·秀吉の朝鮮侵攻』, 文芸社, 2007; 森公章, 『東アジアの動亂と倭國』, 吉川弘
文館, 2006; 仁藤敦史, 『女帝の世紀 : 皇位繼承と政爭』, 角川書店, 2006; 井上秀雄,
『古代朝鮮』, 講談社, 2004; 井上光貞, 『飛鳥の朝廷』, 講談社, 2004; 森公章, 『倭國
から日本へ』, 川弘文館, 2002; 부르스바톤(ブルース·バートン), 『國境の誕生 : 大宰
府から見た日本の原形』,日本放送出版協會, 2001; NHK取材班,『その時歷史が動い
た』, KTC中央出版, 2005; 笠井倭人, 『古代の日朝關係と日本書紀』, 吉川弘文館,
2000; 鈴木治, 『白村江 : 古代日本の敗戰と藥師寺の謎』, 學生社, 1999; 遠山美都男,
『「日本書紀」はなにを隱してきたか?』, 洋泉社, 1999; 坂本太郎, 『日本書紀』, 岩波書
店, 1995; 夜久正雄, 『白村江の戰 : 七世紀·東アジアの動亂』, 國民文化硏究會,

那晉首, 億禮福留 등 백제의 지배층이 대거 도일한 것으로 되어 있다. 그들은 일본열도 내에서 구체적으로 주거지가 확인되는 숫자만도 3000

---

1974; 鬼頭淸明, 『大和朝廷と東アジア』, 吉川弘文館, 1994; 倉住靖彦, 『古代の大宰府』, 吉川弘文館, 1985; 「角川日本地名大辭典」編纂委員會, 『角川日本地名大辭典』, 角川書店, 1991; 古田武彦, 『法隆寺の中の九州王朝』, 朝日新聞社, 1985; 川喜田二郎, 『素朴と文明』, 講談社, 1987; 古都大宰府を守る會, 『大宰府の歷史』, 西日本新聞社, 1987; 鈴木英夫, 「百濟の役」, 黛弘道編 『戰亂の日本史 1 中央集權國家への道』, 第一法規出版, 1988; 遠山美都男, 『白村江—古代東アジア大戰の謎—』, 講談社, 1997, 森公章, 「白村江の戰をめぐる倭國の外交と戰略」, 『東アジアの古代文化』 110, 2002 등이 있다.

그리고 한국에서의 연구 성과는 다음과 같다. 연구서는 노중국, 『백제부흥운동사』, 일조각, 2003; 변인석, 『백강구전쟁과 백제·왜관계』, 한울아카데미, 1994 가 있으며, 연구 논문으로는 김현구, 「일본의 위기와 팽창의 구조 - 633년 백촌강(白村江) 싸움을 중심으로 -」, 『문화사학』, 2006; 「백강전쟁과 그 역사적 의의」, 백강전쟁 1340주년 국제학술심포지엄자료집, 『백제부흥운동과 백강전쟁』 공주대학교 백제문화연구소, 2003; 「특집 - 한, 일 역사교류의 어제와 오늘 : 동아시아 세계와 백촌강싸움 - 야마토 정권의 출병 준비 과정을 중심으로 -」, 동국대학교일본학연구소 『일본학』, 2001; 「백촌강싸움 직후 일본의 대륙관계의 재개 - 신라와의 관계를 중심으로 -」, 『일본역사연구』, 1998 등이 있다. 또 백강전쟁1340주년 국제학술심포지엄자료집에는 『백제부흥운동과 백강전쟁』 중의 한승, 「당조대백제적전쟁(唐朝對百濟的戰爭): 배경여성질(背景與性質)」; 이도학, 「백제 조국회복전쟁기의 몇 가지 쟁점 검토」; 심정보, 「백강에 대한 연구현황과 문제점」; 新川登龜男, 「白村江の戰い と古代の東アジア」; 佐藤信, 「白村江の戰いと倭」 등이 있다.

그 외에도 송완범, 「'白村江싸움'과 倭-東아시아세계의 재편과 관련하여」, 『한국고대사연구』 45, 2007; 연민수, 「고대 한일관계사의 쟁점과 사료 -임나문제와 백강전투를 중심으로-」, 『일본역사연구』, 2003; 이재석, 「백제 부흥 운동과 야마토 정권」, 『사총』, 2003; 변인석, 「백강구전쟁을 통해서 본 고대 한일관계의 접점 - 백강 백강구의 역사지리적 고찰을 중심으로 -」, 『동양학』, 1994 : 변인석, 「7세기 중엽 백강구전 (白江口戰) 있어서의 일본의 패인에 관한 고찰 -「일본서기 (日本書紀)」 소재의 패적기록을 (敗績記錄) 중심으로 -」, 『동방학지』, 1992; 심정보, 「중국 측 사료를 통해 본 백강 (白江) 의 위치문제」, 제1회 환황해 (環黃海) 한중교섭사 연구 심포지움-역사고고학부문 『진단학보』, 1988 등이 있다. 이상의 연구사 정리는 송완범, 「'백촌강 싸움'과 '임신의 난」, 김준엽선생 기념서편찬위원회 편, 『동아시아 국제관계사』, 아연 출판부, 2010, pp.131-132 참조.

여인을 넘고 있다.[36]

망명 백제인들이 도일 직후 어디에 거주했는지는 알 수가 없다. 그러나 도일 4년 후인 667년 近江천도를 전후해서 天智政權이 그들을 집단적으로 이주시키는 기록이 보인다. 천도를 앞둔 665년에는 백제남녀 400여명을 田을 주어 近江國神箭郡에 이주시키고[37] 천도 이듬해인 668년에는 3년간의 관식을 지급하여 백제인 남녀 2000여인을 東國(近江)에 이주시고 있다.[38] 그리고 669년에는 佐平余自信·佐平鬼室集斯 등 남녀 700여인을 近江國 蒲生郡에 이주시키고 있다.[39] 그 숫자는 3000인을 넘고 있다.

망명 백제인들의 이주지는 모두 667년 천도를 한 近江國이라는 특징이 있다. 더욱이 佐平余自信 등을 이주시킨 蒲生郡은 별궁터로 물색되었던 곳이기도 하다. 그런데 蒲生郡의 별궁터와 함께 高安城을 수축하고 長門城을 쌓는 등 당의 침입에 대비한 일련의 방어체제가 갖추어지는 것으로 보아[40] 망명 백제인들의 近江 이주는 近江朝의 체제를 보위하기 위한 조치가 아니었는가 생각된다. 망명 백제인들의 近江 이주가 체제를 보호하기 위해서였음은 660년 백제가 보낸 唐浮 100여인은 近江이 아닌 美濃國에 배치한 사실에서도 엿볼 수 있다.[41]

---

36) 후술함.
37) 『日本書紀』天智天皇 4년 2월조. "復以百濟百姓男女四百餘人, 居于近江國神前郡. …… 是月, 給神前郡百濟人田."
38) 『日本書紀』天智天皇 4년 10월조. "以百濟男女二千餘人居于東國. 凡不擇緇素, 起發亥年, 至于三歲, 竝賜官食."
    여기서 近江이 東國의 범주에 들어감은 橋本克彦, 「大化前後の 歸化人政策と其活動」 『中央大學文學部紀要』第三號, 1955 참조.
39) 『日本書紀』天智天皇 8년 是歲월조. "又以佐平餘自信·佐平鬼室集斯等, 七百餘人 遷居近江國蒲生郡."
40) 『日本書紀』천지천황 9년 2월조. "天皇幸蒲生郡匱迋野, 而觀宮地. 又高安城, 積穀 與鹽. 又築長門城一 …… "
41) 『日本書紀』제명천황 6년 10월조. "百濟佐平鬼室福信遺佐平貴智等, 來獻唐浮一百

한편 天智政權이 망명 백제인들을 체제의 근간으로 삼으려 했음은 그들에 대한 인적 등용을 통해서도 엿볼 수 있다. 天智政權은 처음으로 학교를 창설하고[42] 鬼室集斯를 그 學頭에 임명한 것을 필두로 671년에는 망명 백제인들에게 대거 위를 하사하고 있다. 佐平余自信과 沙宅紹明에게는 法官大輔, 達率谷那晉首·木素貴子·憶禮福留·答㶱春初는 병법, 贊波羅·金羅金須·鬼室集信·達率德頂上·吉大尙은 解藥, 許率母는 五經, 角福牟는 陰陽 담당하게 하고, 그 외 達率 등 50여인에게도 위를 수여하고 있다.[43]

天智政權은 663년 백촌강싸움에서 패배한 뒤 672년 壬申亂으로 몰락한다. 따라서 672년 壬申亂을 앞 둔 천지정권이 의지할 수 있는 확실한 세력이 백촌강에서 함께 싸운 망명 백제인들이었다고 생각된다. 近江 천도를 전후해서 망명 백제인들을 近江으로 이주시키고 그들을 중용한데는 여기에 그 원인이 있었던 것이 아니었는가 생각된다. 망명 백제인들은 天智政權을 지탱하는 기둥이었다고 할 수 있다.

## V. 도일 한인들에 대한 672년 임신란 이후의 정책

天武天皇(672~685)은 天智天皇 사후 그 아들 大友皇子와 후계다툼으로 672년 壬申亂[44]을 통해서 집권한 뒤 강력한 황친정치를 시행했던 인

---

餘人. 今美濃國不破, 片縣二郡唐人等也.". 동 7년 11월조. "或本云, 辛酉年, 百濟佐平福信所獻唐浮一百六口. 居于近江國墾田."
42) 『懷風藻』 서문 "淡海先帝之受命也 …… 爰則建庠序."
43) 『日本書紀』 천지천황 10년 정월 辛亥조.
44) 壬申년(672) 6월 天智天皇의 아들 大友皇子와 동생 大海人皇子 사이의 황위계승을 둘러싼 약 1개월에 걸천 내란으로 大海人皇子가 승리하여 천황(天武天皇)위에

물이다. 그의 방침은 持統(690~696)·文武天皇(697~714)에 의해서 그대
로 답습되었다.[45] 따라서 672년 壬申亂 이래 나라(奈良)시대(710~784)

---

오르게 된다. 天武天皇은 내란을 통해서 정권을 장악했으므로 강력한 황친정치를
펴게 된다.

일본에서의 연구 성과는 早川万年, 『壬申の亂を讀み解く』, 吉川弘文館, 2009; 小林
惠子, 『白村江の戰いと壬申の亂 : 唐初期の朝鮮三國と日本』, 現代思潮社, 1987; 遠
山美都男, 『古代の皇位繼承 : 天武系皇統は實在したか』, 吉川弘文館, 2007; 井上光
貞, 『飛鳥の朝廷』, 講談社, 2004; 笠原英彦, 『歷代天皇總覽 : 皇位はどう繼承された
か』, 中央公論新社, 2001; 足利健亮先生追悼論文集編纂委員會, 『地図と歷史空間 :
足利健亮先生追悼論文集』, 大明堂, 2000; 山本幸司, 『天武の時代 : 壬申の亂をめぐ
る歷史と神話』, 朝日選書, 1995; 鈴木治, 『白村江 : 古代日本の敗戰と藥師寺の謎』,
學生社, 1999; 遠山美都男, 『「日本書紀」はなにを隱してきたか?』, 洋泉社, 1999; 直木
孝次郎, 『壬申の亂』, 塙書房, 1961; 都出比呂志, 田中琢, 『權力と國家と戰爭』, 小學
館, 1998; 直木孝次郎, 『壬申の亂』, 塙書房,1992; 三浦昇, 『敵見たる虎か吼ゆると :
壬申の亂を步く』, 實業之日本社, 1976; 星野良作, 『壬申の亂』, 吉川弘文館, 1973;
中津攸子, 『万葉集で讀む古代爭亂』, 新人物往來社, 1986; 星野良作, 『壬申の亂硏
究の展開』, 吉川弘文館, 1997; 遠山美都男, 『壬申の亂 : 天皇誕生の神話と史實』,
中央公論社, 1996;記紀万葉を語る會, 『日本古代の政治と文學』, 靑木書店, 1956; 奈
良國立文化財硏究所飛鳥資料館, 壬申の亂, 奈良國立文化財硏究所飛鳥資料館, 1987;
竹越与三郎, 『二千五百年史』, 講談社, 1990; 龜田隆之, 『壬申の亂』, 至文堂, 1961;
水野祐, 『非情の世紀 : 壬申の亂外史』, 早稻田大學出版部, 1994; 西鄕信綱, 『壬申
紀を讀む : 歷史と文化と言語』, 平凡社, 1993; 齋宮歷史博物館, 『大來皇女と壬申の
亂 : 齋宮をめぐる人々』, 齋宮歷史博物館, 1991; 小笠原好彦, 『勢多唐橋 : 橋にみる
古代史』, ロッコウブックス, 1990; 星野良作, 『壬申の亂』,吉川弘文館, 1978; 田中卓,
『壬申の亂とその前後』,國書刊行會, 1985; 吉野裕子, 『持統天皇 : 日本古代帝王の呪
術』, 人文書院, 1987; 大久保利謙, 『田口鼎軒集』, 筑摩書房, 1977; 北山茂夫, 『壬
申の內亂』, 岩波書店, 1978 등이 있다. 그 외에도 倉本一宏, 『壬申の亂を步く』, 吉
川弘文館, 2007; 倉本一宏, 『壬申の亂』, 吉川弘文館, 2007 이 편리하다.

반면 한국에서의 연구 성과는 윤영수, 「시본인마려(柿本人麻呂)에 있어서의 '임신
의(壬申) 난(亂)'과 천무조(天武朝)」, 한국일본학회 『일본학보』, 1996; 김광래, 「'임
신(壬申)의 난'에 있어서 신라의 역할」, 한국일어일문학회 『일어일문학연구』, 1987
등의 일본 문학에 관한 연구가 대부분이다. 이상의 연구사 정리는 송완범, 주 35)
의 전게 논문, pp.133-134 참조.

45) 持統天皇은 天武天皇의 황후이고, 文武天皇은 손자이다.

초까지 한인에 대한 정책은 天武天皇에 의해서 수립 계승되었다고 할
수 있다. 天武天皇의 황친정치는 한인에 대한 정책에도 큰 변화를 일으
킨다.  天武天皇은 壬申의 난(672)에서 한반도계의 도움을 적지 않게 받
았다. 처음부터 그의 편에 서서 활약한 한반도계 인물로는 書首根摩呂·
書直智德·調首淡海·黃書造大伴 등이 있고, 뒤에 참여한 인물로는 大藏
直廣隅·坂上直國麻呂·難波吉士三綱  坂上直熊毛·漢直·秦造熊·坂上直老
등을 들 수 있다. 그럼에도 불구하고 天武天皇은 정권이 안정되자 東漢
直등을 통하여 '詔東漢直等曰 汝等黨族之自体犯不可也 是以從小墾田御
世至于近江朝常以謀汝等爲事 今當朕世 將責汝等不可之狀 以隨犯應罪
然頓不欲絶漢直之氏 故降大恩以原之 從今以後若有犯者 必入不赦之例'[46]
로 東漢씨 일족에게 강력한 경고를 발한다. 이는 아마도 東漢直駒의 崇
峻天皇 살해사건,[47] 乙巳의 변 때 東漢直 일파의 개신에 대한 저항,[48]
古人皇子의 난 때 倭漢文直麻呂 등의 합류,[49] 등 정치적인 큰 사건에 언
제나 東漢씨가 간여했던 사실을 지칭한 것으로 그들의 지나친 정치 참
여를 경고한 것이 아닌가 생각된다. 일본사상 일개 씨족을 상대로 천황
이 이런 경고를 발한 일은 전무후무한 일이라고 할 수 있다. 이런 경고
는 곧 도일 한인들에 대한 구체적인 정책으로 나타난다.

　壬申亂 3년 뒤인 675년(天武 5) 5월의 칙 중에서 '禁南淵山 細川山
竝莫蒭薪'라는 대목이 있는데 이는 飛鳥川 상류인 南淵川과 細川의 수
원보존을 위한 것으로 일찍부터 이곳에 거주하고 있었던 백제계를 대상
으로 한 것이다.[50] 한편 養老令[51]에는 '當大路近側 不得置當方蕃人 及

---

46) 주 12) 참조.
47) 주 9) 참조.
48) 주 10) 참조.
49) 주 11) 참조.
50) 주 31), 橋本克彦의 전게논문. 참조.
51) 律令國家의 기본법전으로 718년 大寶令(701)을 개수한 것으로 757년부터 시행되

畜同色奴婢'라 하여 蕃人들 즉 도일 한인들을 노비와 같이 취급하여 대로변에 거주하지 못하게 하는 노골적인 차별 조치를 규정하고 있다.[52] 大寶令[53])에도 '化外人 於寬國附貫安置'[54]라고 하여 이들을 오지인 寬國에 배치하는 규정이 있다. 전대의 한인들에 대한 조치와 비교하면 판이한 조치라고 할 수 있다.

684년(天武13) 10월에 새로 정한 8색의 성은 율령정부의 관인서용의 기초가 되었고.[55] 이후 호족들에 대한 대우의 척도로서 정치활동과도 중요한 관계가 있다. 그런데 도일 한인계에서는 東漢氏, 西漢氏, 秦氏, 西文氏 만이 겨우 4위 忌村의 성을 받았을 뿐 이었다.[56] 그리고 뒤에는 倭漢·東漢이라는 말도 거의 사용되지 않았으며 단순히 文忌村, 坂上忌村이라고 칭해지다가 나라시대(710~784)에 들어갈 무렵에는 文·坂上 등 유력한 씨성들도 완전히 율령체제에 편입되어 기껏해야 5위까지 밖에는 올라가지 못하고 대개 중하위 정도에 머물렀다.[57] 황권이 강화되면서 도일 한인들에 대해서 단계적으로 정치적·사회적 지위를 약화시키는 정책을 취해나간 것으로 생각된다. 이런 경향은 도일 한인들에 대한 이주 정책에서도 나타난다.

먼저 임신난 이후 도일 한인들의 이주에 대한 잔존 기록을 보면 다음과 같다.

---

었다.
52) 『令義解』卷十雜令 第三蕃使往還條.
53) 701년에 제정되어 757년 養老令이 시행되기까지 율령국가의 기본법이 되었다.
54) 『令義解』卷二. 戶令 第八沒落外蕃條.
55) 『日本書紀』天武天皇 13년 10월조. "詔曰, 更改諸氏之族姓. 作八色之姓. 以混天下萬民. 一曰眞人 …… 四曰忌寸 …… 七曰連."
56) 『日本書紀』天武天皇 14년 6월조. "大倭連 …… 倭漢連 河內漢直 秦連 …… 書連 幷十一氏則賜姓曰忌寸."
57) 關晃, 전게서. p.76 참조.

1) 684년(天武 13년) 백제에서 간 僧尼 및 俗人 남녀 13인을 武藏國에 안치함.[58]

2) 687년(持統 원년)에는 고구려에서 간 56인을 常陸國, 14인의 신라을 下毛野國, 신라승니 및 백성 남녀 22인을 武藏國에 거주하게 함.[59]

3) 688년 백제 敬須德那利을 甲斐國에 이주시킴.[60]

4) 669년에는 신라인을 下毛野國에 거주시킴.[61]

5) 690년에는 신라에서 간 12인을 武藏國에 거주시킴.[62]

6) 690년 2월 신라인 50인,[63] 백제인 21인 이주.[64]

7) 690년에 신라에서 건너간 사람들을 下毛野에 거주하게 함.[65]

이상 壬申亂 이후 한인들의 이주지를 보면 하나같이 東國으로 되어 있다는데 그 특징이 있다.[66] 그런데 당시에 도일한 한반도계뿐만 아니라 이미 정주하고 있던 한반도계도 東國으로 집단 이주시키고 있다. 716년에는 駿河 相模 上總 下總 常陸 下野 등 7국의 고려인 1799인을 武藏으로 옮겨서 高句麗郡을 설치한 것으로 되어 있다.[67] 그리고 시대는 떨어지지만 758년에는 신라인들을 武藏國으로 옮겨 新羅郡을 설치하고 있다.[68] 따라서 東國에 고구려군과 신라군을 설치하고 이미 일본열

---

58) 『日本書紀』 天武天皇 13년 5월조 “化來百濟僧尼及俗人, 男女幷二十三人, 皆安置于武藏國.”

59) 『日本書紀』 持統天皇 원년 3·4월조 “以投化高麗五十六人居于常陸國 …… 以投化新羅人十四人, 居于下毛野國. 夏四月 …… 投化新羅僧尼及百姓男女二十人, 居于武藏國.”

60) 『日本書紀』 持統天皇 2년 5월조. “以百濟敬須德那利移甲斐國”

61) 『日本書紀』 持統天皇 3년 4월조. “以投化新羅人居于下毛野”

62) 『日本書紀』 持統天皇 4년 2월조. “以歸化新羅韓那許滿等十二人, 居于武藏國”

63) 『日本書紀』 持統天皇 4년 2월조. “新羅沙門詮吉 級飡北助知等五十人歸化”

64) 『日本書紀』 持統天皇 4년 5월조. “百濟男女二十一人歸化”

65) 『日本書紀』 持統天皇 4년 8월조. “歸化新羅人等居于下毛野國”

66) 6번의 경우는 거주지가 표시되어 있지 않지만 앞뒤의 이주지가 모두 東國인 점으로 보아 東國에 틀림없으리라고 생각된다.

67) 『續日本紀』 元正天皇 2년 5월조. “比駿河 甲斐 相模 上總 下總 常陸 下野七國高麗人千七百九十九人遷于武藏, 始置高麗郡焉.”

도에 정착해 있던 한반도인들을 그곳에 이주시킨 정책은 당시 산발적으로 도일하던 한반도계를 동국에 안치시키는 정책과 궤를 같이 한 것으로 생각된다.[69]

　　당시 東國은 개척중인 변방이었다. 따라서 이전에 대부분 畿內지역에 거주하면서 체제의 일익을 담당하거나 기둥 역할을 하던 사실과 비교해 보면 그 생활환경이 열악해진 것은 말할 나위도 없고 정치적으로도 완전히 변방으로 밀려났음을 알 수 있다. 시대는 뒤지지만 820년 遠江과 駿河에 배치되어 있던 신라인들의 반란은 이런 불만이 축적되어 나타난 결과라고 할 수 있을 것이다.[70]

## Ⅵ. 맺음말

　　고대 일본의 도일 한인들에 대한 정책은 3단계로 나눌 수 있다.

　　첫째는 5세기 초 고구려의 남하정책에 따른 도일 한인들에 대한 정책이다. 그들은 전란을 피해서 도일한 사람들로 수적으로 가장 많았다. 그들은 집단으로 촌락을 이루면서 집거했다는 특징을 가지고 있다. 그러나 선진기술을 가지고 있었으므로 品部나 伴造로서 중간 호족층을 이루고 있었던 것으로 생각된다. 따라서 고대국가로 발전하고 있던 야마토 정권은 그들을 체제의 바탕으로 삼았던 것으로 생각된다.

---

68) 『續日本紀』天平寶字 2年(758) 8월 甲戌조. "歸化新羅僧三十二人. 尼二人. 男十九人. 女二十一人. 移武藏國閑地. 於時. 始置新羅郡焉."

69) 백제군은 8세기 초 攝津國에 설치된 것으로 생각되지만 이는 이주가 아니라 이미 백제인들이 집단적으로 거주하는 지역에 백제군을 설치했다는 면에서 고구려군이나 신라군과는 성격이 다르다고 생각된다.

70) 上田正昭, 전게서, p.176 참조.

둘째는 663년 백제의 멸망에 따라 도일한 한인들에 대한 정책이다. 그들은 백제부흥운동군을 지원하기 위해서 온 일본군을 따라서 도일한 세력들로 백제의 지배층이 주류를 이루고 있었던 것으로 생각된다. 그런데 663년 백제를 지원하기 위해서 지원군을 파견했던 天智政權은 672년 壬申亂으로 무너진다. 따라서 壬申亂을 앞두고 있던 天智政權은 백촌강에서 함께 싸운 망명 백제인들을 체제의 근간으로 삼을 수밖에는 없었다. 667년 近江 천도를 전후해서 망명 백제인들을 近江지역으로 이주시키고 그들을 중용한 것은 여기에 그 원인이 있었던 것이다. 이런 면에서는 망명 백제인들은 처음부터 天智政權과 운명을 같이 할 수밖에 없었던 세력이었다고 할 수 있을 것이다.

셋째는 672년 壬申亂 이후의 한인에 대한 정책은 새로이 이주하는 한인들에 대한 정책이 아니라 이미 일본열도에 정주하고 있던 한인들에 대한 정책의 변화라는 면에서 이전과는 다르다고 할 수 있다. 그런데 壬申亂에 의해서 등장한 天武政權은 天智政權을 타도하고 들어선 정권인 만큼 망명 백제인들을 체제의 근간으로 삼았던 天智政權의 한인에 대한 정책과는 처음부터 다를 수밖에는 없었다. 따라서 한인들을 변방 東國에 이주시키거나 배치시킴으로서 체제에서 완전히 탈락시켰다고 할 수 있다.

고대 도일 한인들에 대한 일본의 정책은 문화적 수준의 차이나 일본의 정치적 상황에 의해서 결정되었던 것이 아니었는가 생각된다. 5세기 초 고구려의 남하정책에 의해 도일한 한인들은 선진 기술의 소유자들이었으므로 고대국가로 발전하고 있던 일본은 그들을 체제의 바탕으로 삼았다. 그리고 6세기말 백제멸망에 따라 도일한 망명 백제인들은 백촌강 싸움에서 함께 싸운 운명공동체였으므로 壬申亂을 앞 둔 天智政權은 그들을 체제의 근간으로 삼았다. 그러나 天智政權을 타도하고 등장한 天

武政權은 황친정치를 이루기 위해서 한인들을 변방 동국에 이주시킴으로써 정치적으로 완전히 배제시킨 것이 아닌가 생각된다.

# 2. 渡倭한 百濟系 韓人과 河内*
## －百濟王族의 渡倭와 관련하여－

서 보 경**

## Ⅰ. 머리말

일본열도 각지에는 渡倭[1]한 韓人의 자취가 고문헌이나 고고학 자료의 형태로 남아 있다. 특히 그 흔적은 5세기 이후가 되면 급격히 증가하였으며, 열도의 제도·건축·의상·의식 등 다양한 분야에 영향을 남긴 것으로 간주된다.[2]

그런데 이와 같은 '인간의 이동'에 관한 문제는 주로 정치적인 입장

---

* 『史叢』68(2009년)에 기게재됨
** 고려대학교 동아시아문화교류연구소 연구교수

1) 한반도에서 渡海한 韓人을 지칭하는 용어에 관한 포괄적인 정리는 김기섭의 「5세기 무렵 백제 渡倭人의 활동과 문화 전파」(『왜5왕 문제와 한일관계』한일관계사연구논집 2, 경인문화사, 2005, 222-223쪽)를 참조하기 바람.
2) 平野邦雄, 『大化前代政治過程の研究』, 吉川弘文館, 1985 ; 山尾幸久, 「河内飛鳥と渡來氏族」『古代を考える河内飛鳥』, 吉川弘文館, 1989 ; 이도학, 「백제문화의 일본 전파」『백제의 역사』, 공주대학교 백제문화연구소, 1995.

에서 해석되는 경향이 강했다. 이것은 한반도에서 일본열도로 혹은 열도에서 반도를 향한 인간과 문화의 이동이 상대 지역(국가)에 대한 '進出'과 '支配'라는 정치사적인 시각과 착종되면서 과도하게 문제시 된 것을 의미한다.3) 따라서 열도로 이주한 사람들은 어떠한 이유로 도해했는지. 열도에서는 어떠한 생활을 영위하고 살았는지. 또 장기간에 걸쳐 열도에서 생활하는 가운데 소위 '母文化圈'과는 어떠한 관계를 유지했는가 하는 등의 문제는 그다지 언급되지 않았다.

그런데 기존의 '지배'와 '피지배' 논리에 매몰되어서는 한반도와 열도 간에 전개된 인적·물적인 이동 현상을 객관적이고 유기적으로 설명해 내기 어렵다. 그래서 이 글에서는 왜국과 우호적인 기조를 유지한 것으로4) 이해되는 백제인의 열도로의 이동 문제에 초점을 맞추고 위에서 언급한 문제들을 살펴보고자 한다. 이 경우, 어느 일국의 입장이 아니라 民을 발산한 백제와 이를 수렴한 왜 양국의 입장을 함께 고려하며 이동에 관한 문제를 검토해 보고자 한다. 단, 이주한 사람들이 장기에 걸친 왜국 생활 속에 '모문화권'과는 어떠한 관계를 유지했나 하는 문제는 직접적인 상황을 전하는 문헌 사료를 찾기 어려운 것이 현실이다. 이에 백제에서 파견된 왕족들의 활동 근거지를 규명하여 이주한 백제계 한인과 모문화권과의 관계를 타진하는 방식으로 검토를 진행하고자 한다. 이러

---

3) 倭의 한반도 남부에 대한 정치·군사적 지배를 통한 한반도 계통 문화인들과 기술자들의 공납이라는 관점에 입각한 연구(上田正昭,『歸化人』中公新書 70 中央公論社, 1965 ; 井上滿郞,「古代史のなかの渡來人」『古代豪族と朝鮮』京都府京都文化博物館編, 新人物往來社, 1991 ; 鈴木靖民,「倭國と東アジア」『倭國と東アジア日本時代史』2, 吉川弘文館, 2002)와 故國과 分國의 입장에서 도왜와 이주 문제를 설명하고자 하는 연구(金錫亨,『初期朝日關係史』림창식편, 사회과학출판사, 1966 [(朝鮮史研究會編,『古代朝日關係史』, 勁草書房, 1969])가 그 대표적인 사례이다.

4) 정효운은 집단적인 이주와 외교적 파견을 가능하게 하는 요소로 양국의 우호적인 관계 유지와 양자 간의 이해관계의 일치를 들고 있다(정효운,「百濟와 倭의 문화교류 양상에 관한 일고찰」『일어일문학』31 대한일어일문학회, 2006, 282-284쪽).

한 작업이 5세기대의 백제와 왜 양국 관계를 보다 객관적이고 입체적으로 이해하기 위한 하나의 단초를 제공해 줄 것이라 기대하는 바이다.

## Ⅱ. 渡倭한 百濟 王族과 河内

### 1. 昆支의 후예와 下内

곤지는 한반도에서 일본열도로 도해하여 장기간 체류했을 뿐만 아니라, 그의 후손이 열도에 남아 열도인으로 살아간 것으로 간주되는 대표적 인물이다. 따라서 그가 열도로 건너간 상황과 열도에서 그의 후예가 활동 근거지로 삼고 있던 지역에 대한 검토를 통해 그의 활동 내용을 재조명해 보고자 한다. 관련 사료는 다음과 같다.

> 가-1) 5년 여름 4월에 백제의 加須利君(가스리노키시)[蓋鹵王이다]은 池津媛(이케쓰히메)을 태워 죽였다는 소식을 전해듣고[適稽女郞이다.] 논의하여 "과거에 여인을 바쳐 采女(우네메)로 삼았다. 그런데 이미 예의를 잃어서 우리나라의 이름을 실추시켰다. 앞으로는 여인을 바치지 말라."고 하였다. 그리고, 아우 軍君(코니키시)[昆支다.]에게 "너는 일본으로 가서 천황을 섬겨라"라고 말하였다(『日本書紀』 雄略天皇 5월조)[5]
>
> 2) 가을 7월에 軍君이 왕경에 들어왔다. 이미 5명의 아들이 있었다.[百濟新撰에는 "辛丑年에 蓋鹵王이 아우 昆支君을 보내어, 大倭에 가서 천왕을 모시며 兄王의 수호를 닦게 하였다."고 한다.](『일본서기』 웅

---

[5] <五年>夏四月, 百濟加須利君,[蓋鹵王也.] 飛聞池津媛之所燔殺, [適稽女郞也.] 以籌議曰, 昔貢女人爲采女. 而旣無禮, 失我國名. 自今以後, 不合貢女. 乃告其弟軍君[昆支也.]曰, 汝宜往日本以事天皇. 軍君對曰, 上君之命不可奉違. 願賜君婦, 而後奉遣. 加須利君則以孕婦, 嫁與軍君曰, 我之孕婦, 旣當産月. 若於路産, 冀載一船, 隨至何處, 速令送國. 遂與辭訣, 奉遣於朝.(『일본서기』 雄略天皇 5년 4월조)

략천황 5년 7월조)[6]

3) 23년 여름 4월에 백제 文斤王이 죽었다(薨). 天王은 昆支王의 다섯 아들 가운데 두 번째인 末多王이 어리지만 총명하여 칙을 내려 內裏로 불렀다. 친히 머리를 어루만지며 타이름을 은근하게 하며 그 나라(백제)의 왕이 되게 하였다. 이에 兵器를 주고 아울러 筑紫國의 군사 500명을 보내어 본국까지 호송하게 하였다. 이가 東城王이다.(『일본서기』 웅략천황 23년 4월조)[7]

위 사료 가-2)에 따르면 軍君 즉 곤지[8]는 461년경에[9] 왜에 도착한 것으로 이해된다. 단 그가 왜에서 활동한 내용이나 백제로 돌아간 일련의 내용은 『일본서기』에는 기재되어 있지 않다. 이에 비해 『삼국사기』에는 그의 도왜와 관련된 기사는 보이지 않지만, '문주왕 3(477)년에 王弟 곤지가 백제 조정에서 內臣佐平 직을 역임하다 사망하였다.'[10] 기사가 확인된다. 따라서 양 기록에 따르면, 곤지는 461년경에 출국하여 477년 이전 어느 시점에 귀국한 것으로 이해된다.

---

6) <五年>秋七月, 軍君入京. 旣而有五子.[百濟新撰云, 辛丑年, 蓋鹵王遣弟昆支君, 向大倭, 侍天王. 以脩兄王之好也.](『일본서기』 웅략천황 5년 7월조)

7) 二十三年夏四月, 百濟文斤王薨. 天王, 以昆支王五子中, 第二末多王, 幼年聰明, 勅喚內裏. 親撫頭面, 誡勅慇懃, 使王其國. 仍賜兵器, 并遣筑紫國軍士五百人, 衛送於國. 是爲東城王.(『일본서기』 웅략천황 23년 4월조)

8) 軍君(昆支)는 『삼국사기』에서는 蓋鹵王의 아들로 되어 있지만, 『일본서기』에서는 개로왕의 아우라고 기록하고 있어 차이를 보인다. 이 문제는 5세기 후반의 백제 왕 계보를 해명하는 과정에서 곤지와 개로왕의 관계는 개로왕과 곤지·문주왕은 부자 관계가 아닌 형제 관계였다(연민수, 「5세기 후반 백제와 왜국」, 『日本學』 13, 1994[앞의 책, 399-411쪽])는 것이 일반적인 통설이 되고 있다.

9) 『일본서기』 웅략천황 5년 7월조 분주 기사에는 『百濟新撰』에는 '辛丑年' 즉 461년에 蓋鹵王이 昆支를 왜국에 보낸 것으로 나와 있다. 이것은 『일본서기』 기년으로도 461년에 해당되기 때문에 곤지의 도왜는 461년의 일이라 간주되고 있다(이재석, 「5세기말 昆支의 渡倭 시점과 동기에 대한 재검토」, 『百濟文化』 30, 2001, 21-22쪽).

10) <三年>夏四月 拜王弟昆支爲內臣佐平·秋七月 內臣佐平昆支卒(『삼국사기』 백제 본기 문주왕 3년 4월·7월조)

또한 가-1)에 따르면 雄略天皇 2년 7월에 백제에서 파견한 池津媛이 화형에 처해진 사건11)으로 인하여 곤지의 도왜가 이루어진 것으로 기재되어 있다. 부언하자면, 백제에서 왜 왕권에 여자를 보내는 상황에 문제가 발생하였기 때문에, 이제부터는 남자로 바꾸어 곤지를 파견한다는 것이다.

그러나 곤지가 파견되기 이전에도 아신왕이 태자인 전지(直支)를 왜에 파견한12) 바 있으므로, 곤지 이전에도 남자가 왜에 파견된 사례는 존재하였다. 더구나 채녀는 일본열도에서 지방 호족이 천황에 대한 복속의 증표로 일족의 여자를 궁중에 들여보내어 천황을 섬기게 한 데서 유래한 것이다.13) 따라서 채녀를 바친다는 것은 백제의 왜에 대한 복속을 전제로 한 표현인 셈이다. 또한 『일본서기』에는 '先王=아신왕'에 의해 파견된 직지(腆支)14)와 '兄王=개로왕'에 의해 파견된 昆支가 모두 '往日本以事天皇'을 목표로 도왜한 인물이라 기재되어 있다. 결국 『일본서기』는 직지와 곤지를 모두 '先王·兄王'을 대신한(身代) 존재 즉 '質子'의 개념으로 기술하고 있음을 알 수 있다.

요컨대 『일본서기』 편자는 백제의 왕족 내지 왕족에 준하는 여인이 왜로 보내진 경우=采女의 파견, 백제의 왕족 남자가 왜에 보내진 경우=質子의 파견이라고 기재한 것이다. 그러나 이러한 質子의 파견이 곧

---

11) 百濟池津媛 違天皇將幸 婬於石川楯[舊本云 石河股合首祖楯] 天皇大怒 詔大伴室屋大連 使來目部張夫婦四支於木 置假庪上 以火燒死[百濟新撰云 己巳年 蓋鹵王立 天皇遣阿禮奴跪 來索女郎 百濟莊飾慕尼夫人女 曰適稽女郎 貢進於天皇](『일본서기』 웅략천황 2년 7월조)

12) 百濟辰斯王立之 失禮於貴國天皇 故遣紀角宿禰 羽田矢代宿禰 石川宿禰 木菟宿禰 嘖讓其无禮狀 由是 百濟國殺辰斯王以謝之 紀角宿禰等 便立阿花爲王而歸(『日本書紀』 應神天皇 3년 是歲條)

13) 門脇禎二, 『采女(うねめ)-獻上された豪族の娘たち』 中公新書 73, 中央公論社, 1965, 45쪽.

14) 以脩先王之好也(『일본서기』 應神天皇 8년 3월조 분주 『百濟記』에 인용)

上下·臣屬 관계로 연결될 성질의 것이 아니라는 것은 이미 지적된 바 있다.[15] 따라서 곤지의 파견이 池津媛의 죽음과 연관된 것으로 기재되어 있지만, 이 내용이 사실을 반영한 것이라 이해하기는 어렵다.

그렇다면 곤지는 왜 渡倭하게 된 것인가. 이 문제는 개로왕대의 백제와 왜국의 관계를 연구하는 데 있어 핵심적인 주제로 논의되어 왔다. 도왜의 이유를 설명함에 있어서는 개별 연구자 간에 약간의 차이를 보인다. 그러나 당시 상황을 설명할 때는 일반적으로 백제와 고구려와의 대립 국면을 근거로 하여 '곤지의 도왜가 왜국에 군사 원조를 요청하기 위한 것'이라 한다.[16]

이러한 논리에 따른다면, 475년 백제가 고구려의 공격을 받아 도읍이 함락되고 국왕이 사망하는 위기에 처했을 때, 왜국은 동맹국을 위해 군사를 파견해야 마땅하다. 그러나 477년경에는 곤지가 백제 조정에 이미 돌아와 있었지만, 그의 귀국을 전후한 시기에 왜군이 도해하여 고구려군과 직접 교전한 기록은 찾기 어렵다. 또한 왜의 움직임만이 아니라 백제와 신라의 움직임을 통해 보더라도 왜국이 백제의 동맹국으로 활동했다고 간주하기는 어렵다. 즉 개로왕은 왕성이 함락될 위기에 처하자 文周에게 명하여 신라에 구원을 요청하게 하였고[17] 문주는 신라로부터 1만의

---

15) 羅幸柱, 「古代朝日關係における質の意味」『史觀』 134, 1996, 6-7쪽.
16) 이기백, 「熊津時代 百濟의 支配勢力」『百濟研究』9, 1978 ; 노중국, 「百濟王室의 南遷과 支配勢力의 變遷」『韓國史論』4, 1979(『百濟政治史研究』, 일조각, 1988) ; 양기석, 「熊津時代의 百濟 支配層研究」『史學志』14, 1980 ; 鈴木靖民, 「東アジア諸民族の國家形成と大和王權」『講座日本歷史』1 原始·古代, 東京大學出版會, 1984 ; 山尾幸久, 『古代の日朝關係』, 塙書房, 1989.
17) 二十一年秋九月 麗王巨璉帥兵三萬 來圍王都漢城 王閉城門 不能出戰 麗人分兵爲四道夾攻 又乘風縱火 焚燒城門 人心危懼 或有欲出降者 王窘不知所圖 領數十騎出門西走 麗人追而害之…乃授兵於帥臣 近蓋婁聞之 謂子文周曰 予愚而不明 信用姦人之言 以至於此 民殘而兵弱 雖有危事 誰肯爲我力戰 吾當死於社稷 汝在此俱死無益也 盍避難以續國系焉 文周乃與木劦滿致祖彌桀取[木劦祖彌皆複姓隋書以木劦

군사를 얻어 귀국하였다.[18] 이러한 정황은 고구려를 상대로 한 백제와 신라의 동맹이 활발히 기능한 것으로 볼 수 있는 반면 왜와의 동맹이 활성화되어 있었다고 보기 어렵게 한다.

요컨대 백제 개로왕대는 신라와의 동맹을 통해 對高句麗戰의 활로를[19] 찾기 시작했을 뿐만 아니라, 다원적인 외교망을 구축한 시기였다.[20] 따라서 곤지의 도해 목적을 청병사로만 국한하여 설명하는 관점은 재고의 여지가 있다. 이러한 내용은 별고에서 상세히 논한 바 있기에 이 글에서는 더 이상의 언급은 피하고자 한다.

다만, 이 글에서 필자가 주목하고자 하는 바는 위의 가-2)에 기재된 곤지가 도왜 시에 5명의 아들을 대동한 상태였다는 점과 가-3)에 전해지는 다섯 아들 가운데 둘째 아들인 末多[21]가 귀국하여 백제의 동성왕이 되었다는 점이다. 그렇다면 곤지의 나머지 아들들도[22] 곤지가 귀국할 때 혹은 말다(문주)[23]가 귀국할 때 모두 귀국한 것인가. 이 문제는 열도

---

爲二姓 未知孰是]南行焉(『삼국사기』백제본기 개로왕 21년 9월조)

18) 蓋鹵在位二十一年 高句麗來侵圍漢城 蓋鹵嬰城自固 使文周求救於新羅 得兵一萬廻 麗兵雖退城 城破王死 遂卽位 性柔不斷 而亦愛民 百姓愛之 冬十月 移都於熊津(『삼국사기』백제본기 문주왕 원년조)

19) 森公章, 「百濟の對高句麗戰と倭國」『東アジアの動亂と倭國』戰爭の日本史 1, 吉川弘文館, 2006, 97-104쪽.

20) 졸고, 「5세기의 高句麗와 倭國-宋書 倭國傳의 倭王武 上表文에 나타난 '고구려정토' 문제를 중심으로-」『百濟研究』43 忠南大學校 百濟研究所, 2006, 8-10쪽 ; 졸고, 「百濟의 同盟 形成과 管理-『宋書』에 보이는 倭王의 都督百濟軍事號 요청과 관련하여-」『日本研究』35, 한국외국어대학 일본연구소, 2008, 28-31쪽.

21) 『일본서기』무열천황 4년조에는 末多王이라 한다. 『삼국사기』에는 牟大·牟摩라 하는데, 동성왕의 이름이다. 『南齊書』열전 백제전에는 牟大로, 『삼국유사』의 餘大는 왕의 姓인 夫餘씨와 왕의 이름인 모대를 略하여 쓴 것으로 보인다(이병도, 『國譯 三國史記』, 을유문화사, 1977, 399쪽 주 2).

22) 곤지의 체류 기간을 최장으로 잡을 경우 16년에 이르므로, 그 사이 열도에서 태어난 인물이 존재했을 가능성도 부정하기는 어렵다.

23) 末多王은 이름이 牟大이며 謚號가 東城王(재위:479-501)이다. 그가 곤지의 둘째

내에서 곤지를 선조라 칭하는 일군의 세력이 존재했음을 나타내는 사료
가 전해지고 있으므로, 곤지의 아들 가운데 그대로 열도에 체류한 사람
이 존재했을 가능성은 충분하다 할 것이다. 관계 자료는 다음과 같다.

> 나-1) 百濟國主 比有王의 아들 琨伎王에서 나온다.(『新撰姓氏錄』 河內國諸
>    蕃 飛鳥戶造條)24)
>  2) 左京人 造兵司少領史 正六位上 飛鳥戶造禰道에게 百濟宿禰의 姓을
>    내렸는데 그는 백제국 琨伎의 후예이다.(『日本三代實錄』6 淸和天皇
>    貞觀 4[862]년 7월 28일 乙未條)25)
>  3) 右京人 外從五位下 行主計助飛鳥戶造豊宗 등 남녀 8명에게 御春朝臣
>    의 姓을 내렸다. 그 선조는 백제국인 琨伎로부터 비롯된다.(『日本三
>    代實錄』7 청화천황 정관 5[863]년 8월 17일 丁丑條)26)

위 사료 나-1)은 飛鳥戶造씨가 '곤지왕27)을 出自로 한다.'는 내용을
전하고 있다.28) 飛鳥戶(아스카베)의 氏名은 安宿戶·安宿·飛鳥部라고도
한다. 飛鳥戶造씨 일족은 하내국 安宿郡 및 高安郡에 본관을 가진 사람

---

아들임은 위 본문(가-3)의 기사를 통하여 알게 된 것이며 『삼국사기』 百濟本紀에
는 담력이 남보다 뛰어났으며, 특히 활을 잘 쏘았다고 한다. 즉위 후 신진세력을
등용하여 정국 완정을 도모하고 왕권 강화를 추진함으로써 웅진시대 백제 중흥의
토대를 닦은 왕으로 평가받고 있다(노중국, 위의 책, 146-161쪽).
24) 飛鳥戶造. 出自百濟國主比有王男琨伎王也.(『新撰姓氏錄』 河內國諸蕃 飛鳥戶造條)
25) 左京人造兵司少領史正六位上飛鳥戶造彌道賜姓百濟宿禰. 百濟國琨伎之後也.(『日本
  三代實錄』6 淸和天皇 貞觀 4년 7월 28일 乙未條)
26) 右京人外從五位下行主計助飛鳥戶造豊宗等男女八人賜姓御春朝臣. 其先出自百濟國
  人琨伎也.(『日本三代實錄』 7 청화천황 정관 5년 8월 17일 丁丑條)
27) 곤지는 『일본서기』에는 軍君·昆支王, 『백제신찬』에는 昆支君, 『신찬성씨록』에는
  琨伎王 등으로 표기되어 있다.
28) 『신찬성씨록』에 飛鳥戶造氏의 始祖로 등장하는 인물로는 백제 比有王(毗有王)과
  琨伎王(昆支) 그리고 末多王(東城王) 등이 있는데, 이는 비유왕-곤지-동성왕으로
  계보 상으로 이어진다는 직계관념에 기인한 것이다(연민수, 『고대한일관계사』 도
  서출판 혜안, 1998, 421쪽 주 42).

들로 이 씨족의 本據는 安宿(飛鳥戶)郡이라 간주된다.[29] 그리고 나-2)·3)
은 비조호조씨의 일족으로 御春朝臣·百濟宿禰로 賜姓된 인물들이 곤지
를 그 선조라 칭하고 있음을 보여준다. 따라서 河內 飛鳥 지역에 곤지를
선조라 칭하는 일군의 세력이 존재한 것은 분명한 사실이다.

또한 河內國 安宿郡에는 昆支를 神으로 삼아 제사하는 飛鳥戶神社가
존재한다. 더구나 그 주변 구릉에는 이른바 飛鳥千塚이라 칭해지는 백
여기의 고분군의 존재가 확인된 바 있다. 이 고분군은 6세기부터 7세기
에 걸친 시기에 조영된 것으로, 횡혈식석실분을 중심으로 한 분묘군이
나. 조영의 주체는 곤지의 후예인 飛鳥戶造氏라 한다.[30]

그리고 일본 최고의 횡혈식석실분이 河內 飛鳥 지역인 栢原 고정전
산 유적에서 확인된 바 있다. 석실의 구조는 가락동 백제고분과 동일하
다고 간주되며, 무녕왕릉의 청동제 초두와 거의 동일한 제품이 출토되
어 그 피장자가 백제계통이라 추정되고 있다.[31] 따라서 하내 비조의 문
화가 백제색이 농후한 문화라는[32] 지적은 타당하다 할 것이다.

더구나 인간 집단이 동일한 지역에 적어도 2세대 이상 생활을 영위
하게 되면 기본적으로 네 종류의 유적을 후세에 전할 가능성이 높다고
한다. 첫째가 주거지로 구성된 집락이나 도시 등의 유적이고, 둘째가 생
산유적, 셋째가 신앙관계 유적이고 마지막으로 들 수 있는 것이 고분군
을 비롯한 묘지유적이다.[33] 이러한 관점에서 하내 비조 지역에 전해지
는 문헌과 유물상 등을 고려하면, 곤지의 후예가 하내 비조 지역을 중심

---

29) 岸俊男, 「日本における'戶'の源流」『日本古代籍帳の研究』, 塙書房, 1973, 31-39쪽 ;
   佐伯有淸, 『新撰姓氏錄の研究』 考證篇 第5, 吉川弘文館, 1983, 470-471쪽.
30) 山尾幸久, 앞의 책, 138-139쪽.
31) 양기석, 「古代 韓日關係史 硏究와 武寧王陵」『百濟硏究』 특집호, 1982, 64-69쪽.
32) 山尾幸久, 위의 책, 138쪽.
33) 森浩一, 「群集墳と古墳の終末」 岩波講座『日本歷史』 2 古代 2, 岩波書店, 1975,
   90-91쪽.

으로 활동한 것은 분명한 사실이라 여겨진다.

## 2. 酒君·昆支와 河內

곤지의 경우 『일본서기』에 도왜 사실만 전해질 뿐, 그의 열도에서의 행적을 보여주는 자료를 찾기 어렵다. 따라서 그의 후예에 관한 기록을 근거로 하여, 곤지의 활동 영역을 추론해 보면 곤지 역시 후예들이 주거지인 河內 飛鳥 지역과 무관하다고 보기는 어려울 것이다.

그렇다면 곤지는 왜 大和가 아닌 河內 지역을 활동 무대로 삼았던 것인가.[34] 이 문제 역시 직접적으로 곤지의 움직임을 설명해주는 사료가 보이지 않는다. 이에 『일본서기』에 전해지는 5세기에 백제에서 열도로 건너간 백제 왕족 酒君[35]에 관한 기사를 검토하여, 백제의 왕족들이 어느 지역을 기반으로 활동했나 하는 문제를 살펴보고자 한다. 주군의 도왜에 관한 기사는 다음과 같다.

> 다 이 때 백제의 왕족인 酒君이 無禮하게 행동하였으므로 紀角宿禰(기노쓰노스쿠네)는 백제의 왕을 질책하였다. 그러자 백제왕은 두려워하며 쇠사슬로 주군을 묶어 襲津彦(소츠비코)에게 딸려 보내었다. 주군은 (도해하여) 와서 곧 石川錦織首許呂斯(이시카와노니시코리노오비토코로시)의 집으로 도망가 숨었다. (주군이) 속여 말하기를, "천황은 이미 나의 죄

---

34) 鄭載潤은 곤지가 백제 주민을 통솔·관리하여 도래인 집단의 장으로서 지위를 보장받는 등 왜 왕권에 협력하고 이들의 힘을 이용하여 백제를 구원하려는 임무를 수행했다(정재윤, 「熊津時代 百濟 政治史의 展開와 그 特性」, 서강대학교 대학원 박사논문, 1999, 29-30쪽)고 보고, 山尾幸久와 이도학은 하내의 비조에 정착하여 일본열도 내 백제귀족들의 경제적 기반을 흡수·관리했다(山尾幸久, 앞의 책 (1989), 136-139쪽 ; 이도학, 『백제 고대국가 연구』, 일지사, 1996, 199·203쪽)고 설명한다.

35) 『新撰姓氏錄』에 右京諸蕃 刑部·同 和泉諸蕃 百濟公·六人部連 등의 姓氏가 '出自 百濟國酒王也'라 기재되어 있어 酒君의 世系를 이해하는 데 참고가 된다.

를 용서하였다. 그러므로 그대에게 의지하여 살고 싶다."고 하였다. 오
랜 뒤에 천황은 드디어 그의 죄를 용서하였다.(『일본서기』 仁德天皇
41년 3월조)[36]

위의 기사는 백제의 무례가 원인이 되어 발생한 일련의 사건을 기술
하고 있다.[37] 『일본서기』에 나오는 백제의 '無禮' 기사[38]는 왜국이 한반
도를 번국으로 간주하는 관념에 기초한 『일본서기』 편자의 작문이라 간
주된다.[39]

이러한 평가는 타당하지만, 주군이라는 인명을 『일본서기』 웅략천황
15년조[40]에 나오는 秦氏의 인명인 '秦公酒(하다노사케노키미)'와 같다고
간주하는 것은[41] 문제가 있다고 생각된다. 웅략천황 15년조는 '禹都万

---

36) 是時, 百濟王之族酒君无禮. 由是, 紀角宿禰訶責百濟王. 時百濟王悚之, 以鐵鎖縛酒
   君, 附襲津彦而進上. 爰酒君來之, 則逃匿于石川錦織首許呂斯之家. 則欺之曰, 天皇
   旣赦臣罪. 故寄汝而活焉. 久之天皇遂赦其罪.(『일본서기』 인덕천황 41년 3월조)

37) 『일본서기』 신공황후·응신천황대와는 달리 인덕천황대는 기재된 사건의 연대를
   확정할 만한 한국·중국 측 자료가 거의 보이지 않고 있는 있어 정확한 연대 비정
   이 어렵다.

38) 『일본서기』에 나오는 백제의 '無禮' 관련 기사로는 다음과 같은 예가 있다. 첫째
   응신천황 8년 3월조의 분주(百濟記云 阿花王立無禮於貴國 故奪我枕彌多禮 及峴
   南·支侵·谷那·東韓之地 是以 遣王子直支于天朝 以脩先王之好也), 둘째 응신천황
   25년조(주 12번 사료 참조), 셋째 인덕천황 41년 3월조(위 기사), 넷째 웅략천황
   5년 4월조(가-1) 사료 참조). 이들 기사는 도왜 자체가 '無禮'를 '謝罪'하는 하나의
   수단으로 수술되어 있다. 이는 왜의 백제 지배 논리에 기초한 『일본서기』의 표현
   방식의 하나이다.

39) 津田左右吉, 「百濟に關する日本書紀の記載」『古事記及び日本書紀の研究』, 岩波書店,
   1924, 585쪽 ; 坂本太郎 外 校注, 『日本書紀』上 日本古典文學大系 67, 岩波書店,
   1969, 408쪽 두주 8 ; 池內宏, 「日本書紀の應神天皇ないし武烈天皇の間における半
   島の記事 其一」『日本上代史の一研究』, 中央公論美術出版社, 1970, 118-119쪽.

40) 十五年, 秦民分散. 臣連等各隨欲駈使. 勿委秦造. 由是秦造酒甚以爲. 憂. 而仕於天
   皇. 天皇愛寵之. 詔聚秦民賜於秦酒公. 公仍領率百八十種勝. 奉獻庸調御調也絹縑.
   充積朝庭. 因賜姓曰禹豆麻佐.[一云禹豆母利麻佐. 皆盈積之貌也.](『일본서기』 웅
   략천황 15년조)

佐(우즈마사)'를 賜姓 받은 유래를 설명하는 秦(太秦;우즈마사)氏의 씨명 유래 전승 기사이다. 사료에 등장하는 秦公酒(秦造酒)는 웅략조에 180部를 이끌고 조정의 調·庸을 공납했다는 인물이다. 이 인물과 주군(사케노키미)의 이름이 음운 상으로 일치한다는 점에 근거하여 동일인의 전승 기사라 간주하였다.[42]

그러나 진씨는 弓月君을 조상으로 하는 씨족으로, 백제에서 도래하여 山背 지역(현재 京都)에 정착한 씨족이다.[43] 山背는 주군의 활동 지역과도 거리가 있다. 이 문제는 뒤에서 자세히 언급하고자 한다.

또한 주군에 관한 일화는 仁德天皇 43년 9월조에도 보인다. 이 기사에는 주군의 활동 내용이 비교적 구체적으로 기술되어 있으므로, 이를 통해 酒君의 도왜 문제를 다시 한번 면밀히 살펴보고자 한다.

> 라- 依網屯倉(요사미노미야케)에 있는 阿弭古(아비코)가 기이한 새를 잡아서 천황에게 바치며 "신은 항상 그물을 쳐서 새를 잡는데 아직까지 이와 같은 새는 잡아 보지 못했습니다. 그러므로, 기이하게 생각되어 이것을 바칩니다."라고 말하였다. 천황이 주군을 불러 새를 보이며 "이것이 무슨 새인가."라고 물었다. 주군이 "이와 같은 새는 백제에 많이 있습니다. 길들여 사람을 따르게 할 수 있습니다. 또한, 빨리 날아서

---

41) '弓月君-秦氏-酒君-襲津彦'으로 연결되는 전승 상의 인물로 비정하였다(津田左右吉, 위의 책, 584-585쪽).

42) 주군은 『新撰姓氏錄』 右京諸蕃 刑部와 和泉國諸蕃 百濟公·六人部連條에 百濟國酒王과의 관계가 보이는 것이 전부여서, 그 世系가 명확치 않은 인물이다. 단 『新撰姓氏錄』 和泉國諸蕃 百濟公條(「出自百濟國酒王也.」)와 六人部連條(「百濟公同祖 酒王之後也.」)에 주왕으로부터 나왔다는 백제공씨에 관한 기재가 보인다. 또한 百濟公氏에 관한 기사는 左京諸蕃下의 百濟公條(「出自百濟國都慕王廿四世孫汶淵王也.」)에 나오는 것과 右京諸蕃下의 百濟公條(「因鬼神感和之義. 命氏謂鬼室. 廢帝天平寶字三年. 改賜百濟公姓.」)에 나오는 系統의 百濟公氏를 들 수 있다(佐伯有淸, 『新撰姓氏錄の硏究』 考證篇 第5(286-781, 300-869), 第6(330-1057, 331-1058), 吉川弘文館).

43) 김은숙, 「일본고대문화와 한국계 '도래인'」 『역사산책』, 1991, 46-47쪽.

온갖 새들을 잡습니다. 백제인들은 이 새를 俱知[이것은 지금의 매이
다.]라 부릅니다."라고 답하였다. 이에 (그 새를) 주군에게 주어 길들
이게 하였는데 얼마 지나지 않아 길들일 수 있었다. 그래서 주군은
가죽으로 만든 낚싯줄을 그 발에 매고 작은 방울을 꼬리에 달아서 팔
뚝 위에 올려놓고 천황에게 바쳤다. 이날 百舌鳥野(모즈노)에 행차하
여 사냥을 하였다. 그때 꿩이 많이 날아올랐는데, 매를 놓아 잡도록
하니 잠깐 사이에 수십 마리의 꿩을 획득하였다.(『일본서기』 인덕천황
43년 9월조)44)

위 사료에는 천황과 주군이 기이한 새 즉 매의 명칭과 사육법에 관해
묻고 답한 내용이 기재되어 있다. 이 기사에 이어 同 是月條에도 매 사
육과 관련된 '鷹甘部' 설치 기사가 기재되어 있다.45) 따라서 위의 사료
는 응감부 설치 기원 기사로 배치된 내용이라46) 간주되었다.

그런데 주군이 활동한 것으로 여겨지는 5세기 대에 백제에 매와 관
련된 문화가 성행하고 있음을 보여주는 사료가 『삼국사기』에서 확인되
고 있다. 이 점에 착안하여 매 사냥 문화가 백제에서 왜로 전해졌을 가
능성을 추론해 보고자 한다. 관련 사료는 다음과 같다.

　　마-1) 아신왕[혹은 阿芳이라고도 한다.]은 枕流王의 元子이다. 처음에 漢城
　　　　別宮에서 출생하였는데 밤에도 神光이 빛났고 장성함에 성질이 호탕
　　　　하고 인품이 뛰어났다. 매를 풀어 놓고 말을 타고 사냥하기를 즐겼
　　　　다(『삼국사기』 백제본기 아신왕 원년조)47)

---

44) 依網屯倉阿弭古, 捕異鳥, 獻於天皇曰, 臣每張網捕鳥, 未曾得是鳥之類. 故奇而獻之.
　　天皇召酒君示鳥曰, 是何鳥矣. 酒君對曰, 此鳥之類, 多在百濟. 得馴而能從人. 亦捷
　　飛之掠諸鳥. 百濟俗號此鳥曰俱知.[是今時鷹也.] 乃授酒君令養馴. 未幾時而得馴. 酒
　　君則以韋緡著其足, 以小鈴著其尾, 居腕上, 獻于天皇. 是日, 幸百舌鳥野而遊獵. 時
　　雌雉多起. 乃放鷹令捕. 忽獲數十雉.(『일본서기』 인덕천황 43년 9월조)
45) 甫定鷹甘部. 故時人號其養鷹之處, 曰鷹甘邑也(『일본서기』 인덕천황 43년 9월 是
　　月條)
46) 井上光貞, 『日本古代國家の研究』, 岩波書店, 1965, 59-60쪽.

마-2) 사자를 신라에 파견하여 양마 2필을 보냈다. 9월에 또 흰매를 보냈다.
(『삼국사기』 백제본기 비유왕 8년 2월조)[48]

위 사료 마-1)은 아신왕 원년(392)조에 실린 것으로 아신왕이 말을 타
고 매사냥 하는 것을 즐겼다는 내용이다. 그리고 마-2)는 비유왕 8(434)
년에 백제가 신라와의 교섭을 진행하면서 좋은 말과 흰매를 보내며 우호
적인 관계를 맺고자 노력한 모습이 보인다. 이러한 양국 관계는 바로 전
년인 433년에 백제가 신라에게 화호를 요청한[49] 것은 양국 관계가 새롭
게 진전되는 계기를 마련한 사건으로 평가되고 있다.[50] 따라서 마-2)는
바로 이러한 시기에 백제가 신라에 보낸 예물[51] 가운데 하나로 '매'[52]가
등장한다는 점에 주목하고자 한다.

---

47) [阿莘王[或云阿芳] 枕流王之元子 初 生於漢城別宮 神光炤夜 及壯志氣豪邁 好鷹
馬(『삼국사기』 백제본기 아신왕 원년조)

48) 『삼국사기』 신라본기 눌지마립간 18년 2월조(十八年春二月 百濟王送良馬二匹 秋
九月 又送白鷹)에 상응한 기사가 보인다.

49) <七年>秋七月 遣使入新羅請和(『삼국사기』 백제본기 비유왕 7년 7월조)

50) 신라와 백제 간의 교섭은 433년 백제가 신라에게 和好를 요청하자 신라가 이를
받아들이면서 이루어졌다(金秉柱, 「羅濟同盟에 관한 연구」『韓國史研究』 46 韓國
史研究會, 1984, 26-29쪽). 이렇게 시작된 양국의 관계는 5세기 중엽이 되면 실질
적으로 백제와 신라가 고구려를 공동의 적으로 삼고 전투를 수행할 정도로 강화
되어 간다(鄭雲龍, 「5~6世紀 新羅 對外關係史 研究」 고려대학교 대학원 박사논
문, 1996, 105쪽). 이러한 상황 변화에 주목하면, 백제와 신라가 교섭을 시작한
433년부터 공동으로 군사작전을 전개하기 시작한 455년 이전 어느 시기에 백제
와 신라 간에 동맹이 형성되었을 것이라 여겨진다.

51) 『삼국사기』 백제본기 근초고왕 23(368)년 3월조(二十三年春三月丁巳朔 日有食之
遣使新羅 送良馬二匹)에도 백제가 신라에게 양마를 보낸 사례가 있고, 『일본서기』
應神天皇 15년 8월조(百濟王遣阿直伎 貢良馬二匹)에도 백제가 외국에 말을 보낸
기사가 전해진다.

52) 백제와 매의 상관관계에 대해서 살펴본 조법종은 '鷹準·鷹遊'라는 매를 매개로 한
표현이 삼한 문화와의 관련 속에 나타난 백제의 別稱임을 규명하여 백제 사회에
서 '매'가 가진 현실적이고 상징적인 의미를 구명한 바 있다(조법종, 「百濟 別稱
鷹準考」『韓國史研究』 66, 1989, 15-19쪽).

　요컨대 마-1)과 2) 사료를 통해 『삼국사기』 백제본기의 아신왕(재위:392～405)과 비유왕(재위:427～455) 시대에는 백제에 매사냥과 관련된 문화가 정착하였음을 알 수 있다. 더구나 백제가 동맹국 신라에게 말과 매를 보낸 사례에 기초해 본다면, 오랜 동맹국인 왜국에 매를 보냈을 가능성은 충분하다.

　또한 5세기에 백제의 왕족이 倭로 건너간 사례는 酒君의 파견을 전후하여 『일본서기』 응신천황 39년조의 백제 直支王 妹 新齊都媛[53)]·웅략천황 2년조의 池津媛[54)]·適稽女郎 등의 예가 계속적으로 보인다. 물론 直支王(腆支王)은 『일본서기』에는 응신천황 25년[55)]에 이미 사망한 것으로 기재되어 있다. 따라서 同 39년조에 王妹를 파견했다는 기사에 등장하는 직지왕은 비유왕의 誤記라고 이해하는 견해[56)]가 일반적이다. 그런데 新齊都媛과 適稽女郎·池津媛을 어떠한 관계로 파악할 것인가 하는 문제는 여전히 논란거리이다. 적계여랑을 신제도원이라 보기도 하고[57)] 適稽女郎과 新齊都媛은 인명 표기가 완전히 다르므로, 동일인이라 속단하기 어렵다고 보기도 한다.[58)] 그러나 이들의 관계를 어떻게 이해하더라도, 백제로부터 왕족 혹은 이에 준하는 인물들이 5세기를 통해 지속적으로 열도로 이동한 것은[59)] 틀림없는 사실이라 여겨진다.

---

53) 三十九年春二月, 百濟直支王, 遺其妹新齊都媛以令仕. 爰新齊都媛, 率七婦女, 而來歸焉.(『일본서기』 응신천황 39년 2월조)

54) 이른바 ‘池津媛 화형 사건’과 관계된 대상은 석천을 본거로 하는 씨족이라 추정되는 석천순(石川楯;이시카와노타테)이다. 석천순은 인덕천황 41년조의 石川錦織首와 같이 하내의 석천군을 본거로 한 씨족(日本古典文學大系 『日本書紀』 上, 462쪽 두주7.)이라는 점은 백제에서 파견된 왕족(이에 준하는 인물)들과 하내 지역의 관계에 대해 시사하는 바 있다.

55) 百濟直支王薨 卽子久爾辛立爲王(『일본서기』 응신천황 25년조)

56) 三品彰英, 1962, 『日本書紀朝鮮關係記事考證』上, 吉川弘文館, 260쪽.

57) 池內宏, 앞의 책, 121쪽.

58) 이근우, 앞의 논문, 102쪽.

59) 백제가 4세기 말에 왜국에 전지를 파견한 이래 멸망 시기에 이르기까지 지속적으

이러한 상황을 통해 볼 때, 주군의 도왜 이유로 제시된 '無禮' 운운하는 내용은 『일본서기』 편자의 작문이라 하더라도, 그가 백제 왕족의 한 사람으로 도왜한 사실과 매와 관련된 일련의 전승까지 부정할 필요는 없을 것이다.

더구나 사료 라)에는 주군이 천황의 매 사육과 관련된 것에 대한 자문 역할을 수행한 존재였음을 시사하는 내용도 보인다. 이것은 『일본서기』 효덕천황 백치 원년 2월조에 연호 개정에 관련된 일화[60]에 등장하는 百濟君의 역할과도 유사하다.[61]

이러한 검토 결과에 따르면, 백제는 아신왕이 태자인 전지를 왜에 파견하여 동맹을 맺은 이래 왕족을 열도에 파견·체류하게 함으로써 양국의 관계를 친밀하게 유지하고자 했던 것이다.[62] 또한 이러한 백제의 인적인 네트워크 형성 작업이 새로운 문물의 전래 즉, 백제 왕실과 지배층이 향유하던 문화가 왜 왕실에 직접적으로 전해지는 하나의 루트가 되기도 했던 것이다.[63] 이러한 관점에서 보면 주군과 매사냥에 관한 기사는 백제 왕실과 지배층이 향유하던 문화가 왜 왕실에 전해진 사례의 하나로 이해할 수 있을 것이다.

그렇다면 백제에서 도왜 한 이후 주군은 어느 지역을 근거로 활동한

---

로 왕족을 파견하였다. 백제의 외교 일선에 왕족을 투입하는 외교활동을 '왕족외교'라 칭하며 백제 외교의 하나의 특질이라 설명한다(연민수, 「백제의 대왜외교와 왕족」, 『百濟研究』 27, 1997[『고대한일관계사』, 도서출판 혜안, 1998, 454쪽]).

60) 穴戶國司草壁連醜經. 獻白雉曰, 國造首之同族贄. 正月九日, 於麻山獲焉. 於是, 問諸百濟君. 百濟君曰, 後漢明帝永平十一年, 白雉在所見焉 云云(『일본서기』 孝德天皇 백치 원년 2월조)

61) 백제 왕족들이 왕족 외교의 일환으로 도왜하여 장기간 체류하며 천황의 자문 역할을 담당하는 등 양국 관계 형성에 영향을 미쳤다(鈴木靖民,「7世紀東アジアの動亂と變革」『新版 古代の日本-アジアからみた古代日本-』, 角川書店, 1992, 278쪽).

62) 김현구 외, 앞의 책, 202쪽.

63) 졸고, 앞의 논문(2008), 21쪽.

것인가. 인덕천황 41년조 3월조(사료 다)에는 '주군이 도해한 뒤 석천금
직수허려사의 집에서 기거한 것'으로 되어 있다. 따라서 주군과 석천금
직수허려사(石川錦織首許呂斯)[64]와의 관계를 주목하지 않을 수 없다. 석
천금직수허려사는 河內의 石川郡을 본거로 하는 백제계 씨족으로 추정
되는 인물이다.[65] 그러므로 주군의 열도에서의 생활이 하내 석천의 백
제계 세력과 무관하지 않았을 것이라 여겨진다.

요컨대 5세기대 백제에서 파견된 주군과 곤지의 활동 무대를 검토해
본 결과, 이들이 대화가 아닌 하내 지역과 보다 깊은 연관을 가지고 활
동하였음을 확인할 수 있었다.


## Ⅲ. 百濟人의 徙民과 河內


고대 사적에 나타난 河內[66]와 그 주변 일대의 전체 씨족 구성을 검
토한 연구 결과[67]에 따르면, 하내 지역에는 백제인들이 집단적으로 거
주하였던 것으로 이해된다. 따라서 이 장에서는 도왜한 百濟系 韓人의
이른바 '河內 集居'의 전제가 되는 백제인의 하내 이주 문제를 살펴보

---

64) 『住吉神代記』에는 「山預石川錦織許呂志奉仕山名所在. 號曰兄山·天野·橫山·錦織·
   石川·葛城·音穗·高向·華村·二上山等」이라 되어 있고, 「嶺東方頭杖立在二處. 石
   川錦織許呂志·忍海刀自等 爭論水別」이라 기재되어 있다.

65) 坂本太郎 外 校注, 앞의 책, 408쪽 두주 10.

66) 大化改新 이전의 하내(河內;가와치)는 攝津과 和泉을 포함하는 광범위한 지역을
   가리키는 명칭이었다.(小野正敏外, 2007, 『歷史考古學大辭典』, 吉川弘文館, 67쪽)
   본고에서는 이른바 『古事記』와 『日本書紀』에서 '凡河內'라 칭하는 지역을 검토의
   대상으로 삼고자 한다.

67) 김은택, 『고대일본 기나이지방의 조선계통문벌들에 관한 연구』, 사회과학출판사
   (백산자료원), 1993, 95-107쪽 ; 이도학, 위의 논문(1995), 344쪽.

고자 한다.

우선 국가(지역) 간의 인간의 이동은 어느 시대 어느 사회를 막론하고 존재한다. 즉 하나의 민족 또는 동일한 문화적인 관습을 보유한 집단(사회)이 다른 문화권으로 이동하는 흐름은 과거는 물론이고, 현재에도 진행 중이며 앞으로도 계속될 것임에 틀림이 없다.

그렇다면 '母文化圈'과의 결별 내지 고립을 선택한 이주는 왜 진행되는 것인가. 특히 전근대 농경사회에서의 移住者는 문자 그대로 생업의 근간이 되는 토지에 대한 개척 즉 더 많은 수확을 얻기 위해 비옥한 땅을 찾아 고향을 떠나는 사람을 가리킨다. 이와 같은 일반론적인 관점에서 5세기 백제 사회에 나타난 民의 他國으로의 이동 문제를 먼저 살펴보자.

우선 작황의 불황으로 인한 주변국으로의 이동 사례가『삼국사기』에 여러 차례 발견되고 있어 이를 기초로 하여 백제에서 타국으로 향한 민의 이동 상황이 연구되었다.[68] 삼국시대에 국가 간에 발생한 주민 이동의 양상은 정치적 이유에 따른 개인적인 행동을 제외하면, 기근 발생에 따른 재난 상황을 극복하기 위한 방편으로 진행된 이동이 대부분을 차지한다.[69] 더구나 5세기는 백제만이 아니라 소위 동북아시아 전체가 만성적인 전란 상태에 놓여 있던 때였다.

결국 가뭄이나 홍수와 같은 天災나 人災 즉 민에게 부과된 과중한 각

---

68) 이호영,「韓國 古代社會의 災害와 貧民策」『史學志』5 단국대학교 사학회, 1971 ; 이덕희,「『三國史記』에 나타난 天災地變記事의 성격」『東方學志』23·24, 1980 ; 김영관,「三國時代 徙民의 政治的 性格」단국대학교 대학원 석사학위 논문, 1993 ; 조법종,「百濟社會의 流亡民과 盜賊의 政治的 性格에 대한 檢討」『百濟研究』27, 1997 ; 김영하,「三國時代 領域統制와 管理」『韓國古代 社會의 軍事와 政治』, 고려대학교 민족문화연구원, 2002 ; 박현숙,「백제 한성시기 流民의 발생과 對民支配의 양상」『선사와 고대』17, 2007.
69) 조법종, 위의 논문, 98쪽.

종 조세나 군역이나 부역 등의 징수에 따른 복합적인 재앙들이 민의 이
주를 부추기는 원인으로 작용한 것으로 이해된다. 단, 이와 같은 상황에
서 타국으로의 이주한 경우, 이주자들은 기존의 생활근거지 이동에 따
른 기존의 共同體의 不在와 생산 활동의 기반인 토지를 소유하지 못한
상황에 의거하여, 오히려 기존의 사회적 위치보다도 더욱 저열한 수준
의 존재로 몰락할 가능성이 매우 높은 존재가 되었다.[70]

한편 다른 나라로의 이동이 이주자 본인의 의지 보다는 국가의 의지
에 기초한 경우가 있다. 즉 피지배자 집단을 일정한 목적 하에 일정한 지
역으로 생활 근거지를 옮기게 하는 '徙民'에 의거한 이동이 존재한다.[71]

위와 같이 다양한 이유로 발생한 백제에서 타국을 향한 인간의 이동
문제는 주로 백제에서 고구려나 신라로의 이주 문제가 중심이 되었다.
그러나 이 글에서는 백제에서 한반도 내부가 아닌 일본열도로 이동한
인간의 움직임을 살펴보고자 한다.[72] 특히 河內 지역과 같이 百濟系 韓
人이 집거한 지역을 검토의 대상으로 삼을 경우, 이동이 개인의 자유의

---

70) 조법종, 「韓國古代奴婢의 發生 및 存在樣態에 對한 考察」『百濟文化』 22, 1992,
24-46쪽.

71) 『삼국사기』에 등장하는 사민의 사례는 크게 다음과 같은 범주로 나눌 수 있다. 첫
째 적대 세력을 그 세력 기반에서 유리시켜 왕권을 강화하고자 하는 경우, 둘째
중앙의 친왕세력을 일정 지역에 사민을 통해 왕권을 확대하고자 하는 경우, 셋째
역역을 동원하기 위해 사민이 이루어진 경우를 들 수 있다(김영관, 위의 논문,
48-49쪽).

72) 일본열도로 건너간 백제인에 관한 연구는 주로 일본인 학자들에 의해 귀화인 연
구의 일부로써 연구의 대상이 되어 왔다(關晃, 『歸化人』, 至文堂, 1966 ; 今井啓,
「歸化人と系郡·郡領平」 『朝鮮學報』 43, 朝鮮學會, 1967 ; 野邦雄, 『歸化人と古代
國家』, 吉川弘文館, 2007). 또한 시기 면에 있어서는 백제 멸망 이후를 중심으로
하여, 백제에서 열도로 건너간 遺民과 왜 조정과의 관계(石上英一, 「古代東アジア
地域と日本」 『展望日本歷史 律令國家』 6, 東京堂出版, 1987 ; 박윤선, 「渡日 百濟
遺民의 活動」 『숙명한국사론』 2, 숙명여자대학교 한국사학과, 1996 ; 송완범, 「日
本律令國家의 改賜姓政策에 대하여-반도의 유민을 중심으로-」 『日本歷史硏究』
22, 2005 등)가 주된 연구의 대상이 되고 있다.

지에 의한 것이든, 백제 왕권의 의지에 기초한 것이든 이들을 수용하는
왜 왕권의 양해가 필요한 것임은 두 말할 필요도 없는 것이다. 그렇다면
왜 왕권은 어떠한 필요에 의해 하내 지역에 백제인의 이주를 허용한 것
인지가 문제가 된다.

   우선 하내지역은 수로가 불안정하여 강이 자주 역류하는 등 수해가
자주 발생한 지역으로 알려져 있다. 이로 인한 水災를 예방하기 위해 진
행된 제방 축조의 사례로 들 수 있는 것이 茨田堤[73]의 축조 공사이다.
大阪府 門眞市에 위치한 茨田堤는 淀川과 그 분지인 古川을 낀 지형에
조영하여, 수량을 조절할 수 있게 한 대공사라 간주된다. 이 둑의 축조
연대는 5~7세기로 추정되는데, 축조 방식이 벽골제와 유사하여 백제인
에 의해 축조되었을 것이라 한다. 더구나 『일본서기』에 등장하는 저수
지 축조 기사는 河內와 大和 지역에 집중되어 있는데,[74] 이러한 저수지
축조에 백제인들이 축적한 수리공학적인 기술이 영형을 미쳤음은 '韓人
池·百濟池'라는 이름의 저수지가 남겨진 데서도 잘 드러난다.[75] 또한 大
阪府 八尾市에 위치한 龜井 유적은 5세기 말에서 6세기 초라는 구체적인

---

73) 又將防北河之澇, 以築茨田堤. 是時, 有兩處之築而乃壞之難塞. 時天皇夢, 有神誨之
日, 武藏人强頸·河內人茨田連衫子[衫子, 此云芺呂母能古.]二人, 以祭於河伯, 必
獲[1]塞. 則覓二人而得之. 因以, 禱于河神. 爰强頸泣悲之, 沒水而死. 乃其堤成焉. 唯
衫子取全匏[1]兩箇, 臨于難塞水. 乃取兩箇匏, 投於水中, 請之曰, 河神崇之, 以吾爲
幣. 是以, 今吾來也. 必欲得我者, 沈是匏而不令泛. 則吾知眞神, 親入水中. 若不得
沈匏者, 自知僞神. 何徒亡吾身. 於是, 飄風忽起, 引匏沒水. 匏轉浪上而不沈. 則滻
滻汎以遠流. 是以, 衫子雖不死, 而其堤亦成也. 是因衫子之幹, 其身非亡耳. 故時人
號其兩處, 曰强頸斷間·衫子斷間也.(『일본서기』 인덕천황 11년 10월조)

74) 상고 시대에 있어 池溝의 구축은 이른 시기부터 국가적 사업으로 진행되어 여러
차례의 개보수 과정을 거치며 원래 상태를 규명하기 어렵다는 면이 존재한다(末
永雅雄, 『池の文化』百花文庫 21, 創元社, 1947, 61쪽.). 그러나 고고학적으로도
古市大溝 등을 근거로 하여 5세기대에 河內 평야가 본격적으로 개발되기 시작하
였다는 것은 일반적으로 인정되고 있다(森浩一, 앞의 논문, 99쪽.).

75) 이도학, 앞의 논문(1995), 348쪽.

축조시기가 밝혀진 바 있는데, 이 유적은 백제의 敷葉공법을 사용한 것이 확인되고 있어 백제인에 의해 축조되었을 것이라 설명되고 있다.[76]

이더구나 열도의 건전농업은 관개용 저수지를 필요로 하는데, 이러한 기술을 가진 백제계 한인들의 움직임이 농업 생산 증가에 주도적인 역할을 한 것으로 평가되고 있다.[77]

따라서 기존의 연구에서 지적하고 있듯이 도왜한 백제인들이 5세기 이래 하내 지역의 개발에 상당히 기여한 것은 분명한 사실이라 여겨진다. 바꾸어 말하자면, 하내 평야의 개발과 그로 인한 농업생산력의 발달은 왜 왕권의 물적인 토대를 확고히 다지는 기능을 하였던 것이다.

이러한 하내 지역에서의 백제인의 활동은 곧 5세기대 河内의 개발과 경영이 왜 왕권의 현안 가운데 하나였음을 시사해 준다. 따라서 왜 왕권의 하내 개발에 대한 필요는 동맹 관계를 형성하고 있던 백제 왕권에게 대규모 개발에 필요한 선진적 토목기술과 이를 몸에 익힌 인간들의 왜국 행을 요청하게 만든 것이다. 또한 왜 왕권의 요청을 받은 백제는 동맹 관계를 관리하는 차원에서 이를 수락하며 백제인을 徙民한 것이라 여겨진다.[78]

또한 築堤 공사는 물론이고 농사 기술 등은 단기간에 기술을 전수하고 돌아갈 수 있는 사안이 아니다. 따라서 일정 기간 거주하며 기술 이

---

76) 小山田宏一, 「古代河內の開發と渡來人」『古代の河內と百濟』, 2002, 94-96쪽.

77) 수리시설의 확보를 통해 常濕田을 乾田으로 만든 결과 농업 생산력을 단위 면적당 종전보다 3배나 증가하게 만들어 농업혁명이 이루어졌다(飯沼二郎, 「5世紀における農業革命」『日本のなかの朝鮮文化』20, 1973, 58-59쪽.).

78) 시기 면에서는 좀 떨어져 있기는 하지만, 백제가 일본열도에 백제의 백성을 안치시키는 이른바 백제의 '徙民' 문제가 논의된 것은『일본서기』민달천황 12년 시세조(又奏言, 百濟人謀言, 有船三百. 欲請筑紫. 若其實請, 宜陽賜予. 然則百濟, 欲新造國, 必先以女人小子載船而至. 國家, 望於此時, 壹伎·對馬, 多置伏兵, 候至而殺. 莫翻被詐. 每於要害之所, 堅築壘塞矣)에서도 확인된다.

전을 담당한 것으로 이해된다. 그런데 문서 행정이 완비되어 가기 이전 시기의 관인을 제외한 일반 민의 움직임은 사료에 남기 어렵다. 따라서 사민된 이주민들의 생활상을 구체적으로 파악하기는 어렵다. 더구나 고 기록에 의거한다 하더라도 남아 있는 사료를 통해 그들의 생활상을 직접 설명하는 데는 한계가 따른다.

단, 河內 지역이 한반도에서 이주한 사람들이 전체 주민의 36%를 차지하고 그 가운데 백제계가 64%를 차지한다는 통계[79]에 따르면, 새로운 세상에서의 생활은 동족이나 동향인들의 集居 현상을[80] 더욱 촉진했을 것이라는 추론은 가능할 듯하다.

한편 사민된 백제인에게는 과연 어떠한 삶의 조건이 부여되었을까. 백제와 고구려의 멸망 이후 일본열도에로 이주한 유민들에게 율령세제 상의 특전이 부여된 사례가 존재한다. 이와 같은 사례에 비추어 본다면 여러 가지 선진지식을 몸에 익힌 이주민들에 대해서는 세제상으로 어떠한 특전이 부여되지 않았을까 생각된다.[81] 더구나 5세기대의 백제인의 이동은 왜측의 요청에 의거한 것이었기에, 백제에서 고구려나 신라 지역으로 이주한 사례와는 달리 이들에게는 일정한 생활조건이 보장되었을 것이다.[82]

또한 사민이 이루어진 5세기는 열도에 중앙집권적인 지배가 뿌리를

---

79) 이도학, 위의 논문, 344쪽.

80) 한반도와 열도 간의 교역루트가 다원화되면서 백제인의 열도로의 이동이 자연스럽게 활발해지는 것도 역사적인 추세였다(우재병, 2002, 「4-5世紀 倭에서 加耶·百濟로의 交易루트와 古代航路」『湖西考古學』6·7합집, 198-199쪽.)

81) 이근우, 「日本列島의 百濟 遺民에 대하여」『韓國古代史研究』23, 2001, 37쪽.

82) 『일본서기』천무천황 10년 8월 丙子條(丙子, 詔三韓諸人曰, 先日復十年調稅既訖. 且加以, 歸化初年俱來之子孫, 並課役悉免焉.) 등 백제와 고구려의 멸망 이후 일본열도에로 이주한 유민들에게 율령세제 상의 특전이 부여된 사례가 존재한다. 이러한 사례에 입각해보면, 5세기에 백제에서 왜국으로 건너와 완전히 새로운 환경에 적응해야 하는 민들에게도 다양한 혜택이 주어졌을 것이라 여겨진다.

내리기 이전 시기이다. 따라서 고대 사회에서 일반적으로 행해진 일족의 우두머리를 매개로 한 지역 통제라는 통치 시스템이 적용되었을 것이다. 이러한 관점에서 본다면, 하내 지역에 사민된 백제인들은 하내 지역에 근거지를 두고 활동한 왕족인 주군이나 곤지 그리고 그의 후예의 통솔 하에 있었다고 여겨진다. 따라서 하내 지역에 거주한 백제인은 모국의 왕족이나 그 후예의 관리를 받으며 모문화권과도 동시에 연결된 존재였다고 이해할 수 있다.

요컨대 5세기대 백제의 열도로의 사민은 앞에서도 살펴보듯이, 왜국의 요청에 따라 이루어진 것이었다. 이러한 움직임은 왜 왕권의 하내 개발 인력의 필요와 백제의 왜국과의 우호적인 기조의 지속적인 유지 즉 동맹 관계를 관리한다는 필요가 맞아 떨어진 결과 나타난 현상이었던 것이다.[83]

그러나 왜 왕권은 6세기를 통해 중앙으로 권력을 일원화하는 데 박차를 가하였다. 이러한 관점에서 본다면, 백제 왕족이 열도에서 직접적으로 백제인을 통솔하는 행위와 이를 통해 백제가 직접적으로 열도에 거주하는 백제계 민들을 지배하는 이른바 백제의 하내 지역에 대한 사민과 왕족의 통솔이라는 '5세기적인 시스템'은 6세기 이후가 되면 변화를 맞이할 수밖에 없는 성격의 것이었다 생각된다.[84]

---

83) 6세기 후반이 되면 백제 이외에도 신라와 고구려 그리고 중국과도 교섭을 진행하게 된다. 이러한 문물 수용 루트의 다변화 역시 백제와 왜 관계에 상당한 영향을 미쳤을 것이라 이해된다. 자세한 내용은 별고에서 다루고자 한다.

84) 왜 왕권은 6세기 초에 磐井의 난을 진압하면서 九州 지역에 대한 지배는 물론이고 일본열도 내에서 패권을 장악해 나가고 있었다(吉田晶, 1975,「古代國家の形成」岩波講座『日本歷史』2 古代 2, 岩波書店, 49-50쪽 ; 篠川賢, 1985,『國造制の成立と展開』, 吉川弘文館, 57-74쪽.). 따라서 왜 왕권은 6세기를 통해 중앙으로의 권력 집중에 박차를 가하고 있었다. 이러한 측면에서 보면 6세기 중반 이후가 되면 이른바 '兩屬' 관계적 속성을 지닌 대상, 예컨대 백제 왕족(후예)을 통해 모국과 연결된 사민 된 백제인과 소위 倭系百濟官僚와 같이 왜와 백제 양쪽을 기반으로

## Ⅳ. 맺음말

검토의 결과로 맺음말을 대신하고자 한다. 우선 昆支와 酒君 관계 기사를 통해 도왜한 백제 왕족의 움직임을 살펴보았다. 주군은 大和가 아닌 河內 石川 지역을, 곤지는 河內 飛鳥 지역을 근거지로 활동하는 등 도왜한 백제 왕족은 모두 도왜한 백제계 한인의 집거지역인 河內와 깊은 관계를 맺고 있었다.

그렇다면 도왜한 百濟系 韓人이 하내 지역에 집단 거주하게 된 이유는 무엇인가. 이것은 民의 발산 주체인 백제와 수용 주체인 倭 관계에 기인하는 문제였다. 우선 하내 지역에서의 백제인의 활동을 전하는 문헌·고고학적 자료에 기초하면, 5세기대 河內의 개발과 경영이 왜 왕권의 현안 가운데 하나였다. 왜가 대규모 개발에 필요한 선진적 토목기술을 백제에 요청한 결과, 하내 지역에 대대적인 백제인의 徙民이 단행된 것이다. 또한 주군이나 곤지는 백제가 왜와의 동맹관계를 관리하는 하나의 방식이었던 '왕족외교'의 일환으로 도왜한 존재임은 분명하다. 그러나 이들은 천황이나 호족들과 우호적인 관계를 맺는 것만이 아니라, 하내 지역을 기반으로 활동하며, 이 지역에 집단 거주하고 있던 백제인을 관리하는 역할도 담당하고 있었다.

그러나 백제 왕족이 열도에서 직접적으로 백제인을 통솔하는 행위, 즉 백제가 사민한 민을 도왜한 왕족을 통해 지배하는 구조는 왜 왕권이 중앙으로 권력을 집중하고 일원화하는데, 성공하는 시점이 되면 부정될 수밖에 없는 한계를 지닌 것이었다. 따라서 하내 지역으로 이주한 백제인 문제는 5세기라는 시대적인 특성에 기초하여 民을 발산한 주체인 백

---

활동한 존재는 불필요한 존재로 인식될 수밖에 없었을 것이다.

제와 수렴한 주체인 왜국 간의 이해관계 면에서의 합치가 만들어낸 현상이라 할 수 있다.

# 3. 7세기 백제인의 이주와 서일본지역의 朝鮮式 山城

박 찬 흥*

## Ⅰ. 머리말

서일본 지역에 집중적으로 분포하고 있는 조선식 산성은 7세기 후반의 매우 짧은 시기에 축성되었다. 특히 663년 백제부흥군과 일본의 연합군이 신라·당나라 연합군과의 전쟁에서 패한 뒤, 天智 3년(664)부터 9년(670) 사이에 급속히 축성되었다. 對馬島에서 北九州, 瀨戶內海를 거쳐 高安山에 이르기까지의 요충지에 만들어진 조선식 산성은 백제 유민 출신들의 지휘 아래 축성되었다.

지금까지 조선식 산성에 대해서는 크게 두 가지 방향에서 연구가 이루어져왔다. 하나는 고고학적 관점에서 산성 자체의 유구를 조사하여 그 구조적 특질을 밝혀내거나, 백제 산성과 비교, 분석하는 연구이다.[1]

---

* 고려대 아세아문제연구소 연구교수

조선식 산성 전반에 대해 총체적으로 고찰한다는 점에 대해서는 긍정적
이지만, 조선식 산성의 축성 과정과 배경을 계기적으로 살펴보는 데에는
미흡한 면이 있다. 특히 축성부터 폐지에 이르는 기간 동안의 대외관계
변화와 관련시켜 고찰하는 데에는 이르지 못한 듯하다. 고고학적 관점에
서 남아 있는 유구를 종합적으로 분석하려는 연구였기 때문인 듯하다.

또 다른 하나는 백제유민의 일본 이주와 정착이라는 관점에서 이루
어진 연구이다. 백제가 패망한 이후 이주한 백제 유민의 활동을 분석하
는 과정에서 조선식 산성을 축성하는데 관여한 백제 유민에게 관심을
기울인 연구들이다. '渡來人' 또는 '歸化人'이라는 관점에서 진행된 일
본인들의 연구2)와 일본열도로 이주한 백제 유민들을 종합적으로 고찰
한 한국인의 연구3)에서 언급되었는데, 대부분 조선식 산성에 관여한 백
제유민에 대해 간단히 지적하는 정도였다.

본고에서는 이러한 연구성과를 기반으로, 조선식 산성이 축성될 때부
터 폐지에 이르기까지를 몇 개의 시기로 구분하여 고찰하고자 한다. 특
히 일본의 대외관계 변화와 관련해서, 天智天皇代와 天武·持統天皇代,
그리고 文武天皇代 이후로 구분하여 고찰하려고 한다. 먼저 2장에서는
조선식 산성 전반의 특징과 분포 등에 대해 정리를 하고, 조선식 산성을
축성하게 된 대내외적인 배경을 검토하겠다. 3장에서는 天智천황대에

---

1) 李進熙,「朝鮮と日本の山城」『城』, 社會思想社, 1977 ; 小田富士雄,『小田富士雄著
   作集. 5 : 九州古代文化の形成, 下卷 : 歴史時代, 韓國篇』, 學生社, 1985 ; 葛原克
   人,「朝鮮式 山城」『日本の古代國家と城』, 新人物往來社, 1994 ; 西谷正,「朝鮮式
   山城」『岩波講座 日本歴史』3(古代 2), 岩波書店, 1994 ; 小田富士雄,「日本에 있
   는 朝鮮式 山城의 調査와 成果」『高句麗研究』8, 1999
2) 關 晃,『歸化人-古代の政治·經濟·文化を語る-』, 至文堂, 1965 ; 上田正昭,『歸化人』,
   中央公論社, 1965 ; 今井啓一,『歸化人の研究』, 綜藝社, 1972 : 關 晃,『古代の歸
   化人』(關晃著作集 第三卷), 吉川弘文館, 1996
3) 박윤선,「渡日 百濟遺民의 活動」『淑明韓國史論』2, 1996 ; 李根雨,「日本列島의
   百濟 遺民에 대하여」『한국고대사연구』23, 2001

조선식 산성이 축성되어 가는 과정과 그 의미를 분석하면서, 축성을 지휘했던 달솔 출신의 백제 유민들에 대해 좀더 면밀하게 추적해보고, 이어 4장에서는 天武~元正天皇代 대신라·대당관계의 변화와 조선식 산성의 수리 및 폐지를 상호 관련시켜 검토하고자 한다.

## II. 조선식 산성의 축조와 축성 배경

663년 9월, 백제 부흥군과 일본군의 연합군이 백강 하구에서 당나라와 신라의 연합군에게 대패함으로써, 백제는 완전히 멸망하였다. 백제부흥군을 구원하기 위해 군대를 파견했던 일본 天智천황은 664년 防人과 烽火를 설치하고 筑紫에 水城을 쌓았는데, 이후 天智 9년(670)에 이르기까지 築城 및 城의 修理가 계속 이어지고 있다. 이것이 이른바 조선식 산성이다.

이 시기에 서일본 지역에 집중적으로 축성·수리된 산성들의 祖型이 백제 산성에 있었기 때문에 조선식 산성이라고 부르고 있다4). 다음의 사료 A-2.에서 보는 것처럼 이들 성을 쌓을 때 백제계 이주세력이 지도하고 있음을 볼 때, 조선식 산성의 원형은 백제산성인 점은 당연하겠지만, 고고학적으로도 양자는 많은 공통점을 가지고 있다고 지적되어 왔다.

조선식 산성인 筑紫의 大野城과 백제 산성은 여러 가지 공통점을 가지고 있다. 먼저 산성의 유형 면에서 대야성을 비롯한 조선식 산성은 대부분 공주 웅진성[공산성]·靑馬산성처럼 包谷式 산성이고, 성곽의 구조가 공주 공산성이나 부여 부소산성과 같이 이중 외곽이다. 또, 자연석과

---

4) 李進熙, 1977, 앞의 책, 235~242쪽. ; 小田富士雄, 1985, 앞의 책, 36~47쪽. ; 葛原克人, 1994, 앞의 책, 93~132쪽. ; 西谷正, 1994, 앞의 책, 283~302쪽.

잡석, 割石 등을 이용하는 石材 이용법이 웅진성·黃山城과 같고, 부여 羅城 등과 같이 版築公法을 공통적으로 사용하고 있으며, 산성 배치면에서 볼 때 大宰府 방위망과 웅진성이 유사하다. 그 외에 城內에 창고군이 있는 점도 공통적이다.[5]

이들 조선식 산성을 정리하면 아래 【표 1】과 같고, 그 분포 위치를 그림으로 나타내면 【그림 1】과 같다.

【표 1】 조선식 산성의 일람표[6]

| 명칭 | 소재지 | 舊國名 | 標高 (m) | 全周 (km) | 水門 | 城門 | 備考 |
|------|--------|--------|---------|----------|------|------|------|
| 金田城 | 長岐縣 下縣郡 美津島町 | 對馬 | 276 | 2.2 | 3 | 3 | |
| 怡土城 | 福岡縣 絲島郡 前原町 | 築前 | 415 | | 4 | 3 | 奈良朝築城 |
| 大野城 | 福岡縣 粕屋郡 宇美町 | 築前 | 410 | 6.5 | 1 | 4 | |
| 水 城 | 福岡縣 大宰府市 | 築前 | 34 | 1.2 | | 2 | 평지성 |
| 基肄城 | 佐賀縣 三養基郡 基山町 | 築前·備前 | 415 | 4.4 | 1 | 3 | |
| 鞠智城 | 熊本縣 鹿本郡 菊鹿町 | 肥後 | 160 | 3.5 | 1 | 3 | |
| 三野城 | 九州(?) | 築前(?) | | | | | |
| 稻積城 | 九州(?) | 築前(?) | | | | | |
| 長門城 | 山口縣 下關市 주변 | 長門 | | | | | |
| 常 城 | 廣島縣 芦品郡 新市町 | 肥後 | 500 | 3.0 | | | |
| 茨 城 | 廣島縣 福山市 | 肥後 | | | | | |
| 屋嶋城 | 香山縣 高松市 | 讚岐 | 280 | | | | |
| 高安城 | 大阪府 八尾市 | 河內·大阪 | 488 | | | | |

5) 延敏洙, 「「西日本 지역의 朝鮮式 山城과 그 性格」『韓國古代史論叢』8, 1996, 356~ 360쪽.
6) 延敏洙, 1996, 앞의 논문, 363쪽에서 재인용하였고, 몇 곳을 첨가, 수정하였다.

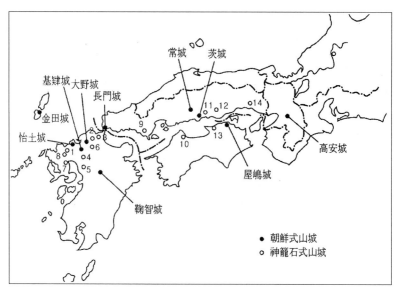

**【그림 1】 조선식 산성 분포도[7]**

천지천황이 조선식 산성을 축조한 이유는 기본적으로 당나라와 신라의 공격 위협 때문이었다. 문무왕 11년(671)에 설인귀에서 보낸 答書에서 "소식을 들으니 '당나라가 배를 수리하는 것은 겉으로는 왜국을 정벌한다고 하지만 실제는 신라를 치고자 하는 것이다'하여, 백성들이 그말을 듣고 놀라고 두려워서 불안해하였다"[8]고 하는 것을 보면, 당나라가 일본을 공격할 계획이라는 말은 널리 알려져 있었던 듯하다. 따라서 일본은 당나라의 침공 위협에 매우 긴장하고 있었을 것이고, 이에 대한 대비책으로 조선식 산성을 쌓았다고 할 수 있다.

이에 대해 조선식 산성을 쌓기 시작하였던 664년 웅진도독부에서 郭

---

7) 延敏洙,『古代韓日交流史』, 혜안, 2003, 352쪽에서 인용.
8) "又通消息云 國家修理船艘 外託征伐倭國 其實欲打新羅 百姓聞之 驚懼不安"(『三國史記』卷7 文武王 11년[671])

務悰을 파견하는 등 일본이 방비 시설을 갖추는 동안 당나라와 일본 간의 교섭 기록이 빈번히 진행된 반면 신라와의 접촉은 없었다는 점을 근거로, 당나라보다는 신라의 위협에 대비하기 위해서 조선식 산성을 쌓았다는 견해도 있다9). 물론 당나라보다는 신라가 보다 직접적으로 일본을 위협하는 존재였겠지만, 일본에게는 당나라 또한 일본을 위협하는 존재로 인식되었다. 당나라에 대한 일본의 이러한 긴장은 大寶 원년(701)까지 이어졌다고 보아야 할 것이다10). 적어도 백강 전쟁에서 패한 직후인 674년 시점에서는 당나라와 신라 연합군의 일본 침공을 두려워하고 있었을 것이고, 여기에 대비하기 위해 조선식 산성을 축성했을 것이다.

한편, 일본 내부적인 측면에서 보면, 당시 天智천황은 본인이 주도했던 백제구원군 파견이 실패로 돌아간 뒤 실패에 대한 정치적 책임을 져야하는 상황이었다. 天智는 권력을 유지하기 위한 방편으로 군사적 긴장을 지속시켜 국내의 분열을 피하고 大和조정의 대외관계를 자신의 손으로 재건해야했고, 그 방법이 대외적 위협을 빌미로 조선식 산성을 지속적으로 축조하는 것이었다.11)

결국, 天智천황은 당면한 당나라와 신라의 위협에 군사적으로 대비하면서, 동시에 내부적으로는 군사적 긴장을 조성하여 권력을 강화하려는 이중의 목적을 가지고 조선식 산성을 축조하였다고 할 수 있다.

---

9) 李道學, 「熊津都督府의 支配 조직과 對日本政策」, 『白山學報』 34, 1987, 101~109쪽.
10) 棚橋利光, 「白村江戰後の唐の脅威」, 『皇學館論叢』 13-5(통권 76), 1980, 35쪽.
11) 鬼頭淸明, 『白村江-東アジアの動亂と日本-』, 敎育社, 1981, 169~170쪽.

# Ⅲ. 天智天皇代 조선식 산성의 축조와 백제 유민

## 1. 조선식 산성의 축조

천지천황대 조선식 산성의 축성은 664년 水城의 축성부터 시작하여 670년 高安城 수리에 이르기까지 지속적으로 이루어졌다. 관련 기록을 정리하면 아래와 같다.

> A-1. (天智 3년[664]) 이해에 對馬島·壹岐嶋·筑紫國 등에 防人과 烽火를 설치하였다. 또한 筑紫에 큰 방죽[大堤]를 쌓아서 물을 저장하고, 水城이라 이름을 붙였다.[12]

> 2. (天智 4년[665]) 가을 8월 達率 答㶱春初를 보내 長門國에 성을 쌓게 했다. 達率 憶禮福留, 達率 四比福夫를 筑紫國에 보내 大野城과 椽城 두 城을 쌓았다.[13]

> 3. (天智 6년[667] 11월) 이달, 倭國의 高安城, 讚吉國 山田郡의 屋嶋城, 對馬國의 金田城을 쌓았다.[14]

> 4. (天智 8년[669]) 가을 8월 己酉日에, 天皇이 高安의 嶺에 올라가서, 의논하여 城을 수리하고자 하였으나, 백성[民]이 피곤함을 불쌍히 여겨 중지하고 만들지 않았다. 당시 사람들이 감동하고 감탄하여 말하기를 "이것은 곧 仁愛의 德이니 관대하지 않은가?"하였다고 한다. ……

---

12) "是歲 於對馬嶋·壹岐嶋·筑紫國等 置防與烽 又於筑紫 築大堤 貯水 名曰水城"(『日本書紀』권27 天智天皇 3년[664] 是歲)
13) "秋八月 遣達率答㶱春初 築城於長門國 遣達率憶禮福留·達率四比福夫於筑紫國 築大野及椽二城"(같은 책, 天智天皇 4년[665])
14) "是月 築倭國 高安城·讚吉國 山田郡 屋嶋城·對馬國 金田城"(같은 책, 天智天皇 6년[667] 11월)

이해 겨울, 高安城을 수리하고, 畿內의 田稅를 거두었다.15)

　　5. (天智 9년[670]) 2월 戶籍을 만들어, 盜賊과 浮浪을 엄단하였다. 이때
　　　 天皇이 蒲生郡匱迮野에 행차하여 궁궐터를 관람하였다. 또 高安城을
　　　 수리하여 穀과 鹽을 쌓아두었다. 또 長門에 城 하나, 筑紫에 城 둘을
　　　 쌓았다.16)

　조선식 산성에 관한 가장 이른 기사는 天智 3년(664)년의 기록이다
(사료 A-1.) 對馬島·壹岐嶋·筑紫國 등에 防人과 烽火를 설치하면서, 筑
紫에 水城을 쌓았다. 防人이란 邊境의 守備를 담당하는 병사를 말한다.
養老令「軍防令」의 규정에는 諸國의 軍團의 병사들 가운데 선발하여 筑
紫에 파견하여 防備하게 하였고, 3년마다 交替하였다고 한다. 그런데 이
들 병사들은 주로 東國에서 차출되었다고 한다17). 또, 烽火 또는 烽燧란
횃불과 연기로서 급한 소식을 전하는 것을 말하는데, '烽' 역시 養老令
「軍防令」에 이에 관한 규정이 마련되어 있다.

　그리고 水城은 大宰府를 방어하기 위해 서북쪽에 쌓은 성으로 전체
길이는 1.2㎞ 정도이다. 이듬해에 축성한 大野城과 椽城과 함께 大宰府
를 방어하는 성이다. 對馬島·壹岐嶋·筑紫國의 기존 방어시설에 防人을
배치하고, 만일의 상황에 대비해서 烽燧도 설치하면서, 특별히 大宰府가
있는 筑紫에는 급한대로 방죽을 쌓아 만든 水城을 축성했던 것이다.

　이것은 아마도 제대로 된 성을 쌓을 수 없는 급박한 상황에서, 일본
열도로 들어오는 입구인 對馬島 → 壹岐嶋 → 筑紫國으로 이어지는 침

---

15) "秋八月丁未朔己酉 天皇登高安嶺 議欲修城 仍恤民疲止而不作 時人感而歎日 寔乃
　　仁愛之德不亦寬乎 云々 …… 是冬 修高安城收畿內之田稅 于時災斑鳩寺"(같은 책,
　　天智天皇 8년[669])
16) "二月 造戶籍 斷盜賊與浮浪 于時 天皇幸蒲生郡匱迮野 而觀宮地 又修高安城 積穀
　　與鹽 又築長門城一 筑紫城二(같은 책, 天智天皇 九年[670]"
17) 岸俊男,「防人考-東國と西國-」『日本古代政治史硏究』, 塙書房, 304~306쪽.

입로를 차단하려고 했기 때문인 듯하다. 즉 기존 방어시설에 외적을 막는 병사를 배치하면서 동시에 침입을 알리는 봉화를 설치했고, 또 방죽을 쌓아 물을 막아서 만든 水城을 大宰府 옆에 만듦으로써 우선 급한 대로 筑紫의 大宰府를 지킬 수 있도록 한 것이다.

이어서 이듬해인 天智 4년(665)에 長門國과 椽城[=基肄城]·大野城을 쌓았다. 長門國에 쌓은 城은 정확한 위치는 알 수 없지만, 九州에서 瀨戶內海로 들어오는 길목인 下關市 부근에 있었던 것은 분명하다. 동시에 大宰府를 앞뒤에서 지킬 수 있는 椽城[=基肄城]과 大野城을 축성하였다. 백제 유민인 達率 憶禮福留와 達率 四比福夫의 탁월한 지휘 아래 축성된 이들 성은 자연의 山들이 천연적인 要害를 이루고 있어, 인공적 防衛시설과 자연히 일체가 되어 일조의 羅城을 형성하고 있다[18]. 특히 大野城과 水城은 福岡 쪽에서 쳐들어오는 외적을 水城에서 막고, 大宰府 주변의 관인과 주민은 大野城 에 들어가서 농성하는 계획은 바탕으로 양자가 서로 연계된 방위시설이었다[19]. 筑紫의 大宰府에 대한 방어를 강화하면서, 瀨戶內海로 들어오는 길목을 차단하기 위해서 長門國에 성을 쌓은 것이다.

백제 유민인 達率 答㶱春初와 達率 憶禮福留·四比福夫가 이들 성의 축성을 지휘했다는 점이 주목된다.

이어 天智 6년(667) 11월에는 高安城, 屋嶋城, 金田城을 쌓았다(사료 A-3). 對馬國에 쌓은 金田城은 해상에서 쳐들어오는 적의 습격을 감시해서 大宰府에 통보하는 것과 동시에 역습도 가능한 전략기지였다.[20] 對

---

18) 石松好雄, 「大宰府と朝鮮式山城」 『古代日本と朝鮮の都城』, ミネルヴァ書房, 2007, 211~212쪽.

19) 小田富士雄, 「日本에 있는 朝鮮式 山城의 調査와 成果」 『高句麗研究』 8, 1999, 611쪽.

20) 小田富士雄, 1999, 앞의 논문, 627쪽.

馬國에 防人과 烽의 기능을 겸하면서 역습도 가능한 성을 쌓은 것이다. 屋嶋城은 지금은 튀어나온 반도이지만 본래는 완전한 섬이었다. 瀨戶內海의 길목을 장악할 수 있는 요충지이다. 또 高安城은 大和와 河內의 國境에 있는 高安山 주변에 돌로 쌓은 성이다.

같은 해 3월 近江으로 수도를 옮긴 뒤, 對馬國과 瀨戶內海의 주요 요충지, 그리고 도성 바로 앞의 高安城을 쌓은 것이다. 養老 3년(719) 12월에 폐지된 茨城·常城도 이 시기에 함께 쌓았을 가능성이 크다. 두 성 모두 瀨戶內海를 지나갈 때 屋嶋城에 이르기 전에 있는 要地에 위치했기 때문이다. 아마도 이 무렵이 되면 對馬國 → 北九州 → 瀨戶內海 → 高安城에 이르는 중요한 거점에 있는 산성들은 모두 축조가 완료되었을 것이다.

이 이후에는 高安城에 대한 修理와 창고 건축에 집중하고 있다. 고구려가 멸망한 668년 이후인 天智 8년(669) 8월에 高安城을 수리하려다가 民이 피곤하여 그만두었다고 한다. 하지만, 같은 해 겨울에 高安城을 수리하고 畿內의 田稅를 거두었다는 기록을 보면 高安城 수리는 결국 진행되었다고 할 수 있다. 이때 高安城 수리의 구체적인 내용은 畿內의 田稅를 거두었다는 점과 연계시키면, 아마도 高安城 안에 田稅를 저장할 수 있는 창고시설물을 건축했던 것이라고 추측할 수 있다. 670년 2월에 "高安城을 수리하여 穀과 鹽을 쌓아두었다"고 하였으니, 穀과 鹽이 곧 畿內에서 거두어들인 田稅였던 것이다. 672년 임신의 난 때 高安城의 창고가 불에 탔다고 하는데, 아마도 이때 건축된 창고였을 것이다.

한편 670년 2월에 "또 長門에 城 하나, 筑紫에 城 둘을 쌓았다"는 기록은 天智 4년 8월조의 기록이 다시 기재된 것이다.[21]

---

21) 坂本太郎·家永三郎·井上光貞·大野晋 校注, 『日本書紀』 下, 岩波書店, 1965, 579~580쪽.

671년 이후 天智천황이 돌아간 뒤 조선식 산성을 새로 쌓았다는 기록은 더 이상 보이지 않고, 修理나 천황의 행차 기록만 등장한다. 天武天皇代부터는 일본의 대외관계가 새로운 방향으로 전개되었기 때문이다.

## 2. 조선식 산성과 백제 유민

天智 4년(665) 8월에 長門國과 筑紫國에서 성을 쌓는 것을 지휘한 사람은 백제 유민인 達率 答㶱春初와 達率 憶禮福留·四比福夫였다. 達率은 백제의 제2위 관등이다. 『周書』·『北史』 백제전에 따르면, 달솔의 정원은 30명이었다. 중앙과 지방의 五部, 五方의 장관은 달솔 가운데 임명하였는데, 특히 五方은 중국의 都督과 같은 軍管區的 성격을 가지고 있었다.[22] 方城은 험준한 산세를 이용하고 그 주위를 돌로 쌓고 병력을 주둔시키고 있었다. 달솔관은 중앙의 행정관으로서 뿐만 아니라 산성으로 요새화된 지방의 군사조직인 五方의 長으로서도 지위를 차지하고 있었다. 백제의 군사조직 가운데 武將 중의 武將이라고 할 수 있는 자리를 차지하고 있는 것이다. 따라서 군사 및 축성과 관련된 풍부한 지식과 경험을 가지고 있는 달솔관이 일본의 산성 축조에 발탁된 것은 지극히 당연하다고 할 수 있다[23]. 그리고 이들이 달솔이라는 백제 관등을 계속 가지고 있었다는 점은 天智천황대에 백제 유민에 대해 일정한 대우를 하고 있었음을 반영해준다.

答㶱春初의 '答㶱'은 複姓으로서 '答本'이라고도 한다. 答㶱春初는 天智 10년(671)에 15位인 大山下를 수여받는데, '兵法에 익숙하였다'고 한다.[24] 병법에 익숙하였던 만큼 당연히 築城 능력도 탁월했을 것으로 추

---

22) "王所都 又爲五部 皆達率領之 …… 又有五方 若中夏之都督 方皆達率領之"(『翰苑』 권30 蕃夷部 百濟조 인용 『括地志』)

23) 笠井倭人, 「古代文獻に現われた城-特に西日本を中心として-」『城』, 社會思想社, 24～ 25쪽. ; 延敏洙, 1996, 앞의 논문, 355쪽.

측할 수 있다. 751년 淡海三船 등이 편찬했다고 하는 『懷風藻』에 따르면, 沙宅紹明·吉太(大)尙·許率母·木素貴子 등의 백제 유민 등과 함께 天智천황의 아들 大友皇子(646~672년)로부터 '學士'로서 賓客의 禮를 받았다고 한다.

아마도 答㶱春初는 친백제적인 天智天皇과 大友皇子에게 여러 백제 유민 출신들과 함께 특별한 대우를 받았던 듯하지만, 이후의 행적은 알수가 없다. 다만, 天智천황이 죽은 뒤 발생한 壬申의 亂(672년) 때, 즉 大友皇子와 大海人皇子[＝天武천황]의 전쟁이 일어났을 때, 大友皇子의 賓客으로서 '兵法에 익숙'했던 答㶱春初도 大友皇子 측의 지휘관으로 전쟁에 참여했을 것으로 보는 편이 자연스러울 것이다. 전쟁이 大海人皇子의 승리로 끝났으므로, 答㶱春初는 아마도 전사했거나, 쫓겨 갔을 것이므로 더 이상 기록에 나타날 수는 없었을 것이다.

같은 姓을 가진 인물로는 答㶱陽春이 있는데, 聖武天皇 神龜 원년 4월(724)에 麻田連이라는 姓을 하사 받았다[25]. 『新撰姓氏錄』「右京諸蕃」에는 「麻田連 出自百濟國朝鮮王淮也」라고 하여, 백제 출신임을 기록하고 있다. 같은 '麻田連' 姓을 가진 인물로는 麻田連金生, 麻田連眞淨, 麻田連犭田賦 등이 있다.[26] 또 答㶱과 같은 '答本'姓의 인물로 答本忠節이 있다. 答本忠節은 侍醫였는데, 757년 橘朝臣奈良麻呂의 난 때 逆徒의 한

---

24) "是月 以大錦下授佐平餘自信沙宅紹明[法官大輔] 以小錦下 授鬼室集斯[學職頭] 以大山下 授達率谷那晉首[閑兵法] 木素貴子[閑兵法] 憶禮福留[閑兵法] 答㶱春初[閑兵法] 㶱日比子贊波羅金羅金須[解藥] 鬼室集信[解藥] 以小山上 授達率德頂上[解藥] 吉大尙[解藥] 許率母[明五經] 角福牟[閑於陰陽] 以小山下 授餘達率等 五十餘人 童謠云 多致播那播 於能我曳多曳多 那例例騰母 陀麻爾農矩騰岐 於野兒弘儞農俱"(『日本書紀』 권27 天智天皇 10년[671] 1월)

25) "(五月) 辛未 從五位上薩妙觀 賜姓河上忌寸 …… 正八位 答本陽春麻田連"(『續日本紀』 권9 聖武天皇 神龜 원년 5월[724])

26) 靑木和夫·稻岡耕二·笹山晴生·白藤禮幸 校注, 『續日本紀』 二, 岩波書店, 1990, 512쪽.

사람으로 지목되었던 인물이었다.27) '荅本'家가 8세기 중엽에 醫師 집안
이었음을 알려준다. 단 麻田連이라는 姓을 쓰고 있지 않다는 점에서,
"(荅炑과는) 계통을 달리하지 않을까"라는 견해도 있으나,28) 같은 성씨
로 보아도 좋을 것이다.

憶禮福留는 663년 9월 백제부흥군이 백강 전쟁에서 패배한 뒤 余自
信 등과 함께 일본으로 망명할 때 함께 온 백제 유민이었다29). 아마도
끝까지 당나라·신라 연합군과 싸운 인물이었다고 할 수 있다. 天智 10
년(671)에 荅炑春初와 함께 大山下를 수여받는데, 마찬가지로 '兵法에
익숙하였다'고 한다. 憶禮는 憶賴라고도 하는데, 憶賴子老라는 인물이
淳仁천황 天平寶字 5년(761)에 石野連이라는 姓을 하사 받았다.30)『新撰
姓氏錄』「左京諸蕃下」에는, 石野連은 백제 近速王의 孫인 憶禮福留의
後裔라고 하였다. 憶禮福留는 荅炑春初와는 달리 임신의 난을 무사히 지
나가 많은 후손을 남겼던 듯하다.

四比福夫 또한 백제 유민 출신이다. 姓인 四比는 백제의 수도였던 泗
沘라는 지명에서 유래한 것인지도 모르겠다31). 聖武天皇 神龜 원년 4월
(724)에 후손인 四比忠勇이 椎野連이라는 姓을 하사 받았는데32), 그 이
상은 추적하기 어렵다.

---

27)  福原榮太郎, 「橘奈良麻呂の變における荅本忠節をめぐって」『續日本紀研究』 200,
    1978, 112~121쪽. ; 李根雨, 「日本列島의 百濟 遺民에 대하여」『한국고대사연구』
    23, 2001, 42쪽.
28) 青木和夫·稲岡耕二·笹山晴生·白藤禮幸 校注, 1990, 앞의 책, 512쪽.
29) "甲戌 日本船師 及佐平餘自信·達率木素貴子·谷那晉首·憶禮福留 幷國民等 至於弓
    禮城 明日 發船始向日本"(『日本書紀』 권27 天智天皇 2년[663] 9월)
30) "庚子 百濟人余民善女等四人 賜姓百濟公 …… 憶賴子老等卌人石野連"(『續日本紀』
    권23 淳仁天皇 天平寶字 5년[761] 3월)
31) 小島憲之·直木孝次郎·西宮一民·藏中進·毛利正秀 校注·譯,『日本書紀』3, 小學館,
    1998, 267쪽.
32) "(五月) 辛未 從五位上薩妙觀 賜姓河上忌寸 …… 正七位 四比忠勇椎野連"(『續日
    本紀』 권9 聖武天皇 神龜 원년 5월[724])

이들 외에 조선식 산성을 쌓는 데에 관여한 백제 유민은 더 이상 기록에 보이지 않는다. 하지만, 축성된 기록에는 보이지 않지만 후대에 三野城, 稻積城, 茨城, 常城 등의 조선식 산성이 나오는 점으로 보아 이 성들을 축성할 때에도 백제계 유민이 관여했을 것으로 추측할 수 있다. 그 경우, 天智 10년(671) 1월, 憶禮福留·答㶱春初와 함께 大山下의 관위를 받았던 谷那晉首와 木素貴子 또한 조선식 산성의 축성에 관여했을 것으로 보아도 좋을 것이다. 이들은 憶禮福留·答㶱春初와 마찬가지로 達率이면서 '兵法에 익숙했다'고 하므로, 이러한 추측은 크게 틀리지 않을 것이다. 특히 木素貴子는 答㶱春初와 함께 大友皇子에게 賓客의 禮를 받았던 인물로서, 答㶱春初와 함께 정치적 운명을 같이 했을 것이다.

결국, 조선식 산성의 축조에 관여했던 인물들은 모두 달솔 관등을 가졌고 병법에 조예가 깊은 인물들이었다고 할 수 있다. 天智에게 등용되어 大山下의 관위를 수여 받았다가, 天智가 돌아간 뒤 정치적으로 제거 또는 소외되기도 했다.

## Ⅳ. 天武 ~ 元正天皇代 대외관계와 조선식 산성

### 1. 天武·持統天皇代 對新羅關係와 조선식 산성

天武·持統天皇代에는 조선식 산성에 대한 기사가 對新羅關係의 추이에 따라 변화하고 있다. 천무천황 때에는 2건의 기록밖에 보이지 않는다.

B-1. (天武天皇 4年[676] 2月) 丁酉일(23일)에 天皇이 高安城에 행차하였다.[33]

---

33) "丁酉 天皇幸於高安城"(『日本書紀』 권29 天武天皇 4年[675] 2月)

2. (天武天皇 8年[680] 11月) 이 달에 龍田山과 大坂山에 처음으로 關을
설치하였다. 이어서 難波에 羅城을 쌓았다.[34]

天武 4년 高安城에 행차했고, 4년 뒤인 680년에는 大和와 河內의 경
계에 있는 요충지인 龍田山과 大坂山에 關을 설치하고, 이어서 難波에
羅城을 쌓았다. 모두 수도의 방비를 강화한 것이라고 판단된다. 關이란
군사나 교통상의 요충지에 설치하여 통행자를 검사·억지하던 시설로서,
養老「軍防令」 등에 규정이 보인다.

하지만, 對馬國에서 筑紫, 瀨戶內海에 이르는 지역에 있는 조선식 산
성에 대한 수리나 축성 기록은 전혀 보이지 않는다. 이것은 天武천황대
에 이르러 신라와의 대외관계가 매우 밀접해졌기 때문이다. 이미 天智
7년(668) 신라 사신 金東嚴이, 8년(669) 9월에는 督儒가 일본에 사신으
로 파견되어 양국 간의 교섭이 재개되었고, 天武천황 대에는 신라에서
15회, 일본에서 5회 사신을 파견하였다.[35] 신라와 일본의 관계가 매우
우호적이었다고 할 수 있다. 따라서 신라의 위협을 전제로 축성되었던
조선식 산성은 필요하지 않게 되었던 것이다. 다만, 임신의 난과 같은
권력투쟁을 겪었기 때문인지 수도에 대한 방비를 강화하는 방편에서 高
安城과 그 일대에 대한 관심을 기울였던 듯하다.

그런데 持統 3년(689) 9월에 다시 筑紫에 사람을 파견하여 新城을 살
펴보게 하는 일이 발생하였고, 또 10월에는 천황이 高安城에 행차하였다.

C-1. (持統 3년[689]) 9월 己丑일(10일)에, 直廣參石上朝臣麻·直廣肆石川朝
臣蟲名 등을 筑紫에 파견하여 位記를 지급하여 보내주었다. 또 新城
을 살펴보았다. ……

---

34) "是月 初置關於龍田山·大坂山 仍難波築羅城"(같은 책, 天武天皇 8년[680] 11월)
35) 延敏洙,「統一期 新羅와 日本關係」『강좌 한국고대사』 4, 가락국사적개발연구원,
2003, 263~268쪽.

겨울 10월 庚申일(11일)에, 천황이 高安城에 행차하였다.[36]

여기서의 新城은 아마도 筑紫에 있는 성으로 이해하는 것이 옳을 것
이다. 筑紫의 新城이란 大宰府 주위에 쌓았던 水城, 大野城, 椽城을 가리
킨다고 보는 것이 일반적인 듯하다[37]. 당시에는 天武천황대와 마찬가지
로 신라와의 사신 왕래가 꾸준히 이어지고 있었던 때였다. 갑자기 持統
3년 9월에 筑紫의 水城, 大野城, 椽城을 살펴보게 되었던 것은 신라와의
관계가 잠시 어긋났기 때문이었다. 持統 2년(688) 天武天皇의 喪을 알리
기 위해 신라에 파견된 喪告使의 관등이 낮다는 이유로 신라에서 거절
당하고, 이어 689년 5월에는 신라의 弔使가 관등인 낮다고 되돌려 보냈
던 것이다[38].

이에 대해 천무천황이 돌아가고 지통천황이 즉위하는 과정에서 신라
가 지지했던 大津 皇子가 사망했기 때문이라는 견해가 있는데[39], 흥미
있는 해석인 듯하다. 어떻든 신라와 일본의 관계가 잠시나마 소원해졌
고, 그로 인해 筑紫의 관리들에게 位記를 보내주면서 筑紫의 조선식 산

---

36) "九月庚辰朔己丑 遣直廣參石上朝臣麿·直廣肆石川朝臣蟲名等於筑紫 給送位記 且
監新城 …… 冬十月庚戌朔庚申 天皇幸高安城"(같은 책, 권30 持統 3년[689])

37) 坂本太郎·家永三郎·井上光貞·大野晋 校注, 『日本書紀』下, 岩波書店, 1965, 500쪽.

38) "五月癸丑朔甲戌 命土師宿禰根麻呂 詔新羅弔使級湌金道那等曰 太政官卿等 奉勅
奉宣 二年 遣田中朝臣法麻呂等 相告大行天皇喪 時新羅言 新羅奉勅人者 元來用蘇
判位 今將復爾 由是 法麻呂等 不得奉宣赴告之詔 若言前事者 在昔難波宮治天下天
皇崩時 遣巨勢稲持等 告喪之日 翳湌金春秋奉勅 而言用蘇判奉勅 卽違前事也 又於
近江宮治天下天皇崩時 遣一吉湌金薩儒等奉弔 而今以級湌奉弔 亦違前事 又新羅
元來奏云 我國 自日本遠皇祖代 竝舳不干檝 奉仕之國 而今一艘 亦乖故典也 又奏
云 自日本遠皇祖代 以淸白心仕奉 而不惟竭忠宣揚本職 而傷淸白 詐求幸媚 是故
調賦與別獻 竝封以還之 然自我國家遠皇祖代 廣慈汝等之德 不可絶之 故彌勤彌謹
戰戰兢兢 修其職任 奉遵法度者 天朝復廣慈耳 汝道那等 奉斯所勅 奉宣汝王"(『日
本書紀』권30, 持統天皇 3년[689])

39) 金善淑, 「羅唐戰爭 前後 新羅·日本間 對外關係의 推移와 그 背景」『日本學』23,
동국대, 2004, 226~229쪽.

성들을 점검했던 것 같다. 한 가지 더 관심을 끄는 것은 조선식 산성을
관찰하는 관리가 백제계 유민이 아니라는 점이다. 이제는 더 이상 조선
식 산성의 수리 및 관리와 관련해서 백제 유민이 등장하지 않는 것이다.
이와같이 약간의 갈등이 있었지만, 신라와 일본의 관계는 더 이상 큰 충
돌로 확대되지 않고 마무리가 되었던 듯하다.

## 2. 文武~元正天皇代의 대외관계와 조선식 산성의 폐쇄

7세기 말에 들어서 신라와 일본의 관계는 우호적인 상태가 유지되었
고, 서로 간의 사신 왕래도 빈번하였다. 그 과정에서 결국 조선식 산성
은 점차적으로 폐지되었다.

> D-1. (文武 2년[698] 5월) 甲申일(25일)에, 大宰府에 令을 내려 大野城·基
> 肆城·鞠智城의 3城을 수리하도록 하였다. ……
> (8월) 丁未일(20일)에, 高安城을 수리하였다[天智天皇 5년에 쌓은 성
> 이다].40)
> 2. (文武 3년[699]) 9월 丙寅일(15일)에 高安城을 수리하였다. ……
> (12월) 甲申일(4일)에, 大宰府로 하여금, 三野城과 稻積城 두 성을 수
> 리하게 하였다.41)

> E-1. (文武天皇 大寶 원년[701] 8월) 丙寅일(26일)에, 高安城을 폐하고, 그
> 舍屋과 쌓아놓은 雜物들은 大倭國과 河內國의 2國으로 옮겨 저장하게
> 하였다. 諸國으로 하여금 衛士를 더 차출하여 衛門府에 배속시켰다.42)
> 2. (元明天皇 和銅 5년[712] 정월) 壬辰일(23일)에, 河內國 高安烽을 폐

---

40) "(五月) 甲申, 令大宰府繕治大野·基肆·鞠智三城 …… (八月) 丁未 修理高安城[天
智天皇五年築城也]"(『續日本紀』 권1 文武天皇 2년[698])
41) "九月丙寅 修理高安城 …… (十二月) 甲申 令大宰府 修三野稻積二城"(같은 책, 文
武天皇 3년[699])
42) "(八月) 丙寅 廢高安城 其舍屋雜儲物 移貯于大倭河內二國 令諸國加差衛士 配衛門
府焉"(『같은 책, 권2 文武天皇 大寶 원년[701])

하고, 처음으로 高見烽과 大倭國 春日烽을 설치하여 平城으로 통하게
하였다. ……

(8월) 庚申일(23일)에 高安城에 행차하였다.[43]

3. (元正天皇 養老 3년[719] 12월) 戊戌일(15일)에, 備後國 安那郡의 茨
城과 葦田郡의 常城을 폐지하였다.[44]


文武天皇 2년(698) 5월에 大宰府로 하여금 九州의 大野城・基肄城(＝
椽城)・鞠智城을 수리하도록 하였고, 이듬해에는 다시 大宰府로 하여금
三野城과 稻積城 두 성을 수리하도록 하였는데, 그 이유는 분명하지 않
다. 697년 10월 신라의 사신이 와서 이듬해 698년 2월에 돌아갔고, 700
년 5월 일본에서는 遣新羅使가 파견되었다가 10월에 귀국하였다. 바로
이듬해인 701년 1월 遣唐使 使節團이 구성되어 10월에 당나라에 들어갔
다. 700년의 遣新羅使는 아마도 701년의 遣唐使를 준비하기 위한 것이
었는지도 모르겠다. 즉 신라가 당나라와 일본의 관계개선을 주선한 것
이다. 그렇다면, 698년과 699년 大宰府 주변의 성들을 수리하도록 한 것
은, 당나라나 신라의 위협 때문이 아니라 대당관계를 개선하고 원활하
게 하기 위해서 大宰府를 강화하기 위한 방편이었을 가능성이 크다.

결국 견당사가 파견된 701년 8월 수도를 방어하기 위해 축성된 高安
城이 폐지되기 이르렀다. 당나라와 신라 두 나라의 위협이 완전히 사라
졌음을 알리는 상징으로, 조선식 산성의 중심이라고 할 수 있는 高安城
이 폐지된 것이다. 그리고 712년에는 高安山에 설치되었던 烽火도 폐지
되고 말았다. 이어 瀨戶內海의 교통로를 지켰던 茨城과 常城 마저 그 기
능을 정지함으로써 조선식 산성은 역사 속으로 사라지고 말았다.

---

43) "(正月) 壬辰 廢河內國高安烽 始置高見烽及大倭國春日烽 以通平城也 …… (八月)
庚申 行幸高安城"(같은 책, 권5 元明天皇 和銅 5년[712])
44) "(十二月) 戊戌 停備後國安那郡茨城 葦田郡常城"(같은 책, 권8 元正天皇 養老 3년
[719])

조선식 산성의 소멸은 일본과 신라, 일본과 당나라의 대외관계가 우호적으로 바뀌었다는 것을 말해주며, 일본 내부에서 백제계 유민의 위상이 그만큼 변화 또는 약화되었음을 반영하는 것이라고 할 수 있다.


## V. 맺음말


서일본 지역에 집중적으로 분포하고 있는 조선식 산성은 7세기 후반부터 말까지 축성된 것이다. 663년 백제부흥군과 일본의 연합군이 白江 전투에서 신라·당나라 연합군에게 패배함으로써 백제는 완전히 멸망하였고, 일본은 당나라와 신라 연합군의 침략 위협에 직면하게 되었다. 일본으로서는 방위체제를 급속히 정비해서 여기에 대비해야 했다.

664년 對馬島·壹岐島·筑紫國 등에 防人과 烽火를 두고, 筑紫에 水城을 쌓은 것을 시작으로 699년 12월 三野城·稻積城 두 성을 修繕할 때까지 築城과 城의 수리가 계속 이어졌고, 천황의 巡幸도 이루어졌다. 이들 성들을 통틀어 조선식 산성이라고 부른다. 이들 성은 짧은 시기에 축성·수리되었고, 그 祖型이 백제 산성이었다는 특징이 있다.

이들 성이 축성된 기록과 고고학적 조사 결과를 검토하면, 對馬 → 壹岐 → 北九州로 이어지고, 北九州 → 下關 → 瀬戸內海 → 畿內로 이어지는 방위체제가 있었음을 알 수 있다. 즉, 664년·665년의 방어시설들은 모두 대륙에서 瀬戸內海로 들어가는 길목에 자리하고 있고, 667년 이후에는 瀬戸內海의 요충지인 讚吉國의 屋島城과, 難波에서 大和로 넘어가는 고개에 자리잡은 倭國의 高安城 등에 성을 쌓은 것이다.

그 가운데 665년 長門國에 쌓은 쌓은 達率 答炑春初, 筑紫國에 大野城과 橡城을 쌓은 達率 憶禮福留, 達率 四比福夫 등은 모두 백제가 멸망

한 뒤 망명한 이주민이었다. 達率이 백제 관등의 제2위였고, 중앙의 행정관일 뿐만 아니라 산성으로 요새화된 지방의 군사조직인 五方의 長이었다. 이들은 모두 병법에 뛰어났다고 기록되어 있다. 다른 조선식산성의 축성과 수리에도, 멸망당한 백제의 이주민들이 깊숙이 관여하고 있었을 것이다. 이들 조선식산성은 산성의 유형면, 이중 외곽, 石材 이용법, 版築 공법, 산성 배치 등을 비교할 때 백제산성이 기본모델이 되었음은 당연한 결과였다.

671년 당나라 사신이 일본을 방문하고, 672년에는 신라와 일본의 국교도 재개되었다. 이어 668년 고구려의 멸망과 고구려 부흥군과 당나라군의 전쟁, 676년까지 이어진 당나라와 신라의 전쟁 등으로 당나라와 신라의 위협은 차츰 약화되어 갔다. 持統천황 때 신라와의 갈등이 잠시 있었지만 곧 우호적인 관계가 지속되었다. 그럼에도 불구하고 일본측의 대비는 699년까지 이어지다가, 701년 견당사가 파견된 이후 당나라와 신라의 위협이 완전히 사라졌음을 인식하자 近畿와 瀨戶內海에 남아 있는 조선식 산성을 모두 폐지하게 되었다.

# 4. 日本律令國家의 百濟郡·高麗郡·新羅郡에 보이는 交流와 共存*

송 완 범**

## Ⅰ. 머리말

4세기에 한반도와 일본열도와의 교섭이 시작된 이래 양 지역사이에는 '도래인(渡來人)' 혹은 '귀화인(歸化人)'이라 불리는 인적교류가 존재했다. 일본학계에서 먼저 주목하기 시작했던 '도래인' 혹은 '귀화인'은 대개 한반도를 주된 무대로 하는 대륙으로부터 일본열도로의 인간집단의 왕래를 의미하는 것이었다. 이러한 인적교류의 표현으로서의 '도래인' 혹은 '귀화인'의 사용에는 아직도 많은 논의가 있는 것이 사실이지만,[1] 어찌되었든 일본사학계가 고대의 일본열도로 흘러들어온 외부인들

---

* 『史叢』 68(2009년)에 기게재됨
** 고려대학교 일본연구센터 HK교수
1) 關晃, 『歸化人』, 至文堂, 1956 참조. 上田正昭; 『歸化人』, 中央公論社, 1966 참조; 平野邦雄, 『歸化人と古代國家』, 吉川弘文館, 2007(1993 초판) 1-10쪽 참조.

을 역사상의 개념으로 정리하고자 노력했던 표현의 하나인 것만은 분명
하다 하겠다.

그런데 한반도와 일본열도 간의 인간집단의 왕래에 대한 기존의 연
구는 '통제'와 '관리'라는 시점에서 주로 분석해 왔던 것이 아닌가 생각
한다. 이는 아무래도 외부로부터의 인간에 대해 중앙집권국가의 시선에
서 복속하는 대상으로서의 인식하는 것이고, 또 이를 상하관계 속에서
파악하려는 의도가 강하게 내포되어 있었다고 할 수 있다. 하지만 고대
한반도와 일본열도 간에 발생한 수많은 인간왕래의 역사에는 '통제'와
'관리'만이 아닌 '교류'와 '공존'의 역사도 동시에 존재했을 것이다. 이
러한 지역을 넘어 이동한 인간들의 '교류'와 '공존'의 역사에 대해 살펴
보고자 하는 것이 본연구의 과제이다.

특히 본인이 담당하고자 하는 주제는 7세기후반의 동아시아 동란과
궤를 같이 하여 발생한 백제와 고구려의 멸망에 의한 '교류'와 '공존'의
역사이다. 이 시기의 인적교류와 공존의 대상이 되었던 사람들은 이전
의 '도래인'이나 '귀화인'으로 불렀던 사람들과는 성격이 다르다고 할
수 있다. 왜냐하면 '도래인' 혹은 '귀화인'으로 불린 사람들은 본국으로
다시 돌아가기도 다시 돌아오기도 하는 사례가 있었지만, 본국이 망한
옛 백제인, 옛 고구려인들은 이제 돌아갈 곳이 없는 망국민이었던 것이
다. 이들을 이전 시대의 '도래인' 혹은 '귀화인'과는 구별하는 의미에서
'유민'이라 부르기로 한다.[2]

백제와 고구려의 멸망에 의해 생겨난 많은 유민들을 포섭한 고대 일
본은 이전과는 질적으로 다른 국가체제를 정비하기 시작했다. 구체적으
로는 '왜'에서 '일본'으로, '대왕'에서 '천황'으로의 국호와 군주호의 변

---

2) 송완범, 「동아시아세계 속의 '백제왕씨'의 성립과 전개」, 『百濟硏究』44, 충남대학
교 백제연구소, 2006 참조.

경3)에서 알 수 있듯이 이전과는 다른 국가체제를 '율령국가'라 부르고 있다. 이제 한반도의 '유민'들은 '율령국가'의 편제아래 생활하지 않으면 안 되는 존재가 되었지만, 한편으로는 '율령국가'도 '유민'들의 특수성에 대해 충분히 인지하고 있었다. 그래서 한반도 '유민'들을 포섭하는 방법으로 '집단거주' '집단이주' '집단사성'이라는 자국민들과는 다른 특별한 지배체계를 운용하고 있다.4) 또 '율령국가'는 한반도로부터의 사절이 오는 길목에는 한반도 출신의 '유민'들을 격리시키는 처사를 시행하는 것으로 보아 그들과 한반도와의 연계성에 대해서도 의식하고 있는 것을 알 수 있다.5)

7세기말 이후 일본열도에는 셋쓰(攝津)국 나니와(難波)의 '백제군', 가와치국(河內)국 가타노(交野)의 '백제사', 간토(關東)의 '고려군'과 '신라군'이라는 한반도인의 '집단거주지'가 생겨나기 시작한다. 일본 고대 국가의 완성인 '율령국가'의 국내 행정체제의 한 단계인 '郡'에 한반도 3국의 이름을 따서 한반도 유민들을 '집단거주(集團居住)' '집단이주(集團移住)' '집단사성(集團賜姓)'이라는 자국민들과는 다른 특별한 지배체계 속에 위치시키고 있는 것은 고대 일본에서의 새로운 '교류'와 '공존'의 사례라고 생각한다. 다만, 이러한 '집단거주지'의 역사적 의미에 대해 살펴볼 때, '율령국가'의 입장뿐만이 아니라 '백제군' '고려군' '신라군'이라는 '집단거주지'의 입장으로부터도 살펴보고자 한다. 이렇게 하는 것에 의해 본 과제의 키워드인 '교류'와 '공존'이 단선적이 아닌 복안적인 관점에서 얻어질 것이기 때문이다.

---

3) 森公章, 「天皇号の成立をめぐって-君主号と外交との關係を中心として-」, 『古代日本の對外認識と通交』, 吉川弘文館, 1998 참조.
4) 송완범, 「일본율령국가의 개사성정책에 대하여」, 『日本歷史研究』22, 2005 참조.
5) 雜令29, 「蕃使往還條」 참조.

## Ⅱ. 고대의 '이방인'

우선, 한일 간의 집단거주지의 문제에 들어가기에 앞서 그 집단거주지에 실제로 거주했던 다수의 거주자들의 문제를 생각할 필요성을 느낀다. 고대의 동아시아에는 어느 하나의 국가의 영역을 넘어 다른 지역과 교류하는 많은 사람들이 존재했을 것이다. 이들이 자신의 지역을 넘어 다른 지역과 교류할 때에는 많은 이유가 있었을 것인데, 그 이유에는 자신의 이익을 쫓아 이동하는 경우도 있었을 것이고, 또 다른 경우로는 어쩔 수 없는 상황 하에서의 이주도 있었을 것이다. 전자의 자발적인 경우도 후자의 부득이한 경우도 모두 교류의 범주에 들어간다고 생각한다.[6] 이러한 이해에 서자면 한일 간의 집단거주지를 이루는 대상인 이방인(異邦人)들은 '동아시아의 이방인'이라는 좀 더 큰 관점에서 이해할 필요가 있을 것이다. 또 이 이방인은 이민족(異民族)의 다른 표현으로도 사용하더라도 무방할 것이다.

그럼 일본고대의 이방인 혹은 이민족에는 어떠한 사람들이 존재하였을까? 우선 7세기말에 성립된 고대일본의 완성된 국가형태인 율령국가의 이방인 혹은 이민족이라면, 8세기 고대일본의 공식 사서인 『속일본기(續日本記)』에 나오는 '하야토(隼人)'와 '에미시(蝦夷)'가 들어질 수 있다.[7] 하야토는 규슈(九州) 남쪽, 지금의 가고시마(鹿兒島)현에 살았던 사

---

6) 최근 '교류'를 키워드로 한 최신 연구 성과는, 小林昌二·小嶋芳孝編,『日本海域歷史大系』(全5卷), 淸文堂, 2005 가 상세하다. 그 중에서도 특히 고대편인 1, 2권을 참조.

7) 하야토에 대해서는, 井上辰雄『隼人と大和政權』, 學生社, 1974 참조. 에미시에 대해서는, 今泉隆雄, 「律令國家とエミシ」,『新版古代の日本9 東北·北海道』, 角川書店, 1992 ; 熊田亮介「蝦夷世界の形成と成熟」, 小林昌二·小嶋芳孝編, 『日本海域歷史大系 古代編Ⅱ』, 淸文堂, 2005, 11-36쪽 참조.

람들이고, 에미시는 지금의 도호쿠(東北) 이북을 중심으로 살았던 사람들이다. 야마토(大和)지역을 중심세력으로 성장한 율령국가는 하야토와 에미시를 천황의 질서 밑에 복속해야 할 이방인(이민족)으로 여겼던 것이다.[8] 8세기 이후로도 율령국가는 끊임없이 실질적인 복속을 위해 많은 노력을 경주한다.[9]

다음으로는 율령국가 이전의 이방인 혹은 이민족에 대해 살펴보자. 율령국가 이전에는 한반도의 여러 지역, 즉 백제·고구려·신라·가야 지역에서 이주한 사람들이 해당할 것이다. 한반도인들의 일본열도로의 집단이주가 집중적으로 나타난 시기는 BC3세기부터 3세기라고 구분되는 야요이(彌生)시대를 시작으로, 4세기말 5세기 초, 5세기말 6세기 초, 7세기말이라고 이야기된다.[10] 너무 먼 야요이시대는 차치하고라도 4세기말 5세기 초, 5세기말 6세기 초의 두 시기는 중국대륙에서의 세력 변화와 연동하여 발생한 고구려의 남하 정책과 맞물려있다. 그리고 마지막 7세기말은 백제와 고구려의 멸망이라는 동아시아의 동란과 연결된다.

그렇다면 일본열도 내에서의 이방인 혹은 이민족이라면, 7세기후반부터 시작된 율령국가의 성립 이전에는 한반도를 중심으로 한 일본열도 밖으로부터 이주한 사람들이 주로 해당하는 것이다. 그에 비해 율령국가 이후라면 일본열도 안의 하야토와 에미시, 그리고 한반도로부터의 이주민이 해당한다고 할 수 있을 것이다. 이렇게 고대일본의 이방인 혹은 이민족을 정의했을 때, 고대일본의 내적 구성은 다민족국가였음이 확인된다.

---

8) 하야토의 율령국가에 대한 반란과 그 진압을 둘러싼 사정에 관해서는 문무천황 4년(700), 대보2년(702), 화동6년(713), 양노4년(720)의 『續日本紀』의 해당 기사를 참조.
9) 에미시의 중앙정부에의 편입 과정을 둘러싼 논고로는, 熊谷公男 『古代の蝦夷と城柵』 吉川弘文館, 2004 참조.
10) 주 1) 참조.

또 이러한 사실은 고대의 신라 내부에는 중국인·고구려인·백제인 등등이 혼재하고 있다는 기사[11]를 떠올릴 때, 비단 이러한 다민족성은 일본열도 내의 문제만은 아니었을 것이라는 것은 상상하기에 어렵지 않다. 다만, 본고가 대상으로 하는 일본열도 내에서의 이방인 혹은 이민족이란 7세기 중엽 이후의 동아시아의 혼란과 이로 말미암아 발생한 한반도로부터의 유민임을 확인해 두면서 다음으로는 유민의 특성에 주목해 보고자 한다.

유민의 대표적 특성으로 들 수 있는 것은 다음의 집단거주·집단이주·집단사성의 세 가지이다. 먼저, 집단거주의 흔적인 집단거주지의 실례를 들어 보자. 일본 열도 내에 존재했던 한반도 출신 유민들의 집단거주지에는 만들어진 시기 별로 백제군, 고려군, 신라군이 존재했음이 사료 상에 확인된다.

【사료1】『日本書紀』天智天皇3年(664) 3月条,
◆ 三月。以百済王善光王等居于難波.

【사료2】『続日本紀』延暦10年(791) 8月壬子≪24日≫条,
◆ 壬子。摂津国百済郡人正六位上広井連真成賜姓連。

【사료3】『続日本紀』霊亀2年(716) 5月辛卯(16日)条,
◆ 辛卯。以駿河·甲斐·相摸·上総·下総·常陸·下野七国高麗人千七百九十九人,
遷于武蔵国, 置高麗郡焉.

【사료4】『続日本紀』天平宝字2年(758) 8月癸亥≪24日≫条,
◆ 癸亥。帰化新羅僧卅二人。尼二人。男十九人。女廿一人。移武蔵国閑地。
於是。始置新羅郡焉.

【사료5】『続日本紀』宝亀11年(780) 5月甲戌≪11日≫条,
◆ 甲戌。左京人従六位。下莫位百足等一十四人。右京人大初位下莫位真士麻
呂等一十六人並賜姓清津造。左京人従六位上斯■行麻呂賜姓清海造。右京
人従七位下燕乙麻呂等一十六人並賜姓御山造。正八位上韓男成等二人賜姓
広海造。武蔵国新羅郡人沙良真熊等二人賜姓広岡造。摂津国蝦嶋郡人韓人

---

11) 『隋書』신라전 참조.

稲村等一十八人賜姓蝦津造.

이상의 【사료1】과 【사료2】로부터는 백제인들의 집단거주지가 확인
되는데, 특히 【사료1】은 백제왕인 선광왕이 당시 왜국의 정치와 경제
의 중심지인 나니와에 거주하고 있는 것을 알 수 있다. 나니와는 아스카
(飛鳥)와 더불어 이전부터 왜왕들의 정치적 중심지로서의 궁(宮)이 조영
되어 있던 곳 이었다12) 해서, 나니와(難波)에 백제 유민들의 중심지가
만들어졌을 가능성은 그리 어렵지 않게 추측할 수 있는데, 근래의 고고
학적 성과는 그러한 추측이 틀리지 않았음을 증명하고 있다.13) 또 【사
료3】으로부터는 고려인들의 집단거주지인 고려군이, 【사료4】와【사료
5】로부터는 신라인들의 집단거주지인 신라군이 존재했었음이 명확하게
확인된다고 할 수 있다.

다음은 집단이주의 기사이다. 【사료1】과 【사료2】로부터는 백제 유
민의 중심이 상당한 기간 동안 나니와, 요컨대 셋쓰(攝津)국에 소재14)하
고 있었던 것을 알 수가 있다. 즉, 이 지역으로부터 백제군의 이동이 아
직 확인되지 않고 있다. 하지만 후술하는 것처럼【사료6】 ~ 【사료8】과
후술하는【사료16】 ~ 【사료18】로부터 비로소 백제유민의 중심지가
셋쓰국에서 가와치국으로 이동한 것이 확인된다.

또 【사료3】으로부터는 고려군을 만들 때에 여러 지역에 살고 있던
사람들을 집단으로 이주시켜 고려인 거주의 중심으로서 고려군을 만들
고 있는 것을 알 수 있다.

마지막으로 신라군은 【사료4】에 의하면 【사료3】의 예에서 보이는

---

12) 송완범, 「고대일본의 궁도(宮都)에 대하여」『신라문화제학술논문집(동아시아 도성
   과 신라왕경의 비교연구)』29, 경주시 신라문화선양회, 2008 참조.
13) 古市晃, 「細工遺跡」, 『木簡研究』 20, 1998, 74-76쪽 참조.
14) 續日本記 5, 506페지 주10 참조.

것처럼 무사시(武藏)국의 근방에 거주하던 신라인들을 모아 신라인의 집
단거주지로서 만들고 있는 것을 알 수 있고, 【사료5】는 그 때 만들어진
신라군의 존속을 확인할 수 있다.

　그 외에도 다음과 같은 기사들에 집단이주의 사실이 보인다.

　　【사료6】『日本書紀』天智天皇4年(665) 2月是月条,
　◆ 是月。勘校百済国官位階級。仍以佐平福信之功。授鬼室集斯小錦下。≪其
　　　本位達率。≫復以百済百姓男女四百余人居于近江国·前郡。
　　【사료7】『日本書紀』天智天皇5年(666) 是冬条,
　◆ 以百済男女二千余人居于東国。凡不択緇素。起癸亥年至十三歳並賜官食。
　　【사료8】『日本書紀』天智天皇8年(669) 是歳条,
　◆ 是歳。遣小錦中河内直鯨等使於大唐。又以佐平余自信。佐平鬼室集斯等。男
　　　女七百余人遷居近江国蒲生郡。又大唐遣郭務悰等二千余人。

　　【사료6】과 【사료8】이 오우미(近江)지역이라는 점, 그리고 【사료7】
이 도고쿠(東國)지방이라는 지역적 차이는 있을지라도 모두 한반도 출신
유민들의 집단이주라는 사실은 궤를 같이 한다. 이러한 한반도 유민의
집단이주를 다시금 잘 보여주는 사료가 다음의 【사료9】이다.

　　【사료9】『日本後紀』延暦18年(799) 12月甲午(5日)条,
　◆ 甲戌。甲斐国人止弥若虫。久信耳鷹長等一百九十人言。己等先祖。元是百
　　　済人也。仰慕聖朝。航海投化。即天朝降綸旨。安置摂津職。後依丙寅歳
　　　正月十七日格。更遷甲斐国。自爾以来。年序既久。伏奉去天平勝宝九歳
　　　四月四日勅称。其高麗百済新羅人等。遠慕聖化。来附我俗。情願改姓。
　　　悉聴許之。而已等先祖。未改蕃姓。伏請蒙改姓者。賜若虫姓石川。鷹長
　　　等姓広石野。
　　　又信濃国人外従六位下卦婁真老。後部黒足。前部黒麻呂。前部佐根人。
　　　下部奈弖麻呂。前部秋足。小県郡人无位上部蜩人。下部文代。高麗家
　　　継。高麗継楯。前部貞麻呂。上部色布知等言。己等先高麗人也。小治
　　　田。飛鳥二朝庭時節。帰化来朝。自爾以還。累世平民。未改本号。伏望

依去天平勝宝九歳四月四日勅。改大姓者。賜真老等姓須須岐。黒足等姓
蜆岡。黒麻呂姓村上。秋足等姓篠井。蜆人等姓玉川。文代等姓清岡。家
継等姓御井。貞麻呂姓朝治。色布知姓玉井。

이 사료에는 전반부에 백제계 유민의 후손이, 후반부에 고려계 유민
의 모습이 보인다. 【사료9】의 특징은 뭐니 뭐니 해도 660년의 백제왕권
의 멸망과 663년의 백촌강싸움의 패배에 의한 백제의 완전 멸망[15], 668
년의 고구려 멸망 이후, 130여년이 지난 8세기말의 시점에서도 천황으
로부터 성을 받는 사성의 당사자들이 자신의 출신을 정확하게 기억하고
있었다고 하는 것은 유민세계의 집단거주와 집단이주에 따른 옛 기억의
보존이었을 것이다. 또 이 기사에서 특기할 점은 백제유민들을 셋쓰시
키(攝津職)에 안치(安置)했다는 점이다.

셋쓰시키가 사료 상에 처음 등장하는 것은 677년(천무6) 10월이고 또
그것이 폐지되는 것은 환무천황이 헤이안쿄(平安京)로 천도하는 793년
이지만, 셋쓰시키의 임무가 일반적인 지방관의 임무인 인구의 관리, 산
업의 장려, 징세 업무 등만이 아니라 배와 수로를 관리한다든가 외국사
신 접대 업무에까지 미친 것으로 보아 다이카(大化)전대의 나니와쓰(難
波津)의 업무를 계승한 기관이었던 셈이다.[16]

이러한 외교와 교통의 요충지를 담당하는 셋쓰시키에 백제유민들을
안치하는 업무를 맡겼다고 하는 것은 【사료1】의 '以百濟王善光王等居
于難波'의 배경 설명으로서 매우 중요한 것이라 하지 않을 수 없다. 또
위의 '後依丙寅歳正月卅七日格'의 병인년을 천지5년의 666년이라 한다
면, 나니와에 집단으로 거주하던 백제유민들은 다시 이주할 때도 집단
으로 이주하고 있었던 것을 알 수 있다. 그렇다면 당시의 나니와는 백제

---

15) 송완범, 「'백촌강싸움'과 왜」, 『韓國古代史研究』45, 1975 참조.
16) 利光三津夫, 「攝津職の研究」, 『律令及び令制の研究』, 名著普及會, 1988 참조.

유민들을 통할하며 여러 지역으로 다시 내보내고 있었던 센터 구실을 하고 있던 셈이다.

마지막으로 유민의 세 번째 특징인 집단사성에 대해서이다.[17] 근래에 「蕃姓」과 「和姓」[18] 이라던가, 「新來渡來人」과 「渡來系和姓者」[19] 나 「我俗」과 「蕃俗」[20] 등의 개념을 사용하여 전시대의 귀화자와 백제·고구려멸망에 의해 이주한 사람들이 율령국가에서 귀화자로 된 경우와의 구별의 필요성이 지적되고 있다.[21]

8세기의 반도계 유민에 대한 개사성[22] 예는 양노3년7월, 신귀2년6월, 신귀2년7월, 천평승보2년5월, 천평승보2년8월, 천평보자2년6월, 천평보자2년8월, 천평보자3년12월, 천평신호월년12월, 천평신호2년2월, 천평신호2년10월, 천평신호2년12월, 신호경운2년2월, 신호경운2년3월, 신호경운2년11월, 신호경운3년6월, 신호경운3년10월, 보귀원년4월, 보귀원년11월, 보귀원년11월, 보귀7년12월, 보귀8년정월, 보귀8년3월, 천응원년6월, 연력2년4월 등처럼 많은 횟수를 기록하고 있다. 이러한 활발한 개사성의 예로부터는 역시 한반도계 유민들을 일본 내부로 포섭해 가려는 율령국가의 의도와 방침을 엿볼 수 있다.

다음으로는 각 관청에 근무하는 한인부(韓人部)의 사람들에게 성명을

---

17) 주 4 전게논문 참조. 그 외에 사성에 대한 일반적인 이해에 관해서는 阿部武彦 「上代改賜姓の範囲について」, 『日本古代の氏族と祭祀』, 吉川弘文館, 1984 ; 喜田新六, 「八色之姓制定以後における賜姓の意義」, 「姓の性格の変化と氏族の分合」, 『中央大學文學部紀要』14, 20 ; 熊谷公男, 「位記と定姓」, 『續日本紀研究』183 참조.

18) 義江明子, 「律令制下の公民の姓秩序」, 『史學雜誌』84-12, 1975 참조; 伊藤千浪, 「律令制下での渡來人賜姓」, 『日本歷史』442, 1985 참조.

19) 菅澤庸子, 「8世紀における新來渡來人の改賜姓について」, 『世界人權問題研究所センター紀要』4, 1997 참조.

20) 田中史生, 「律令國家と蕃俗」『日本古代國家の民族支配と渡來人』校倉書房, 1997 참조.

21) 주 1의 平野邦雄 저서 참조.

22) 정진아, 「헤이안 초기의 도래계 관인의 사성」『일본역사연구』28, 2008, 5-10쪽 참조.

내린다고 하는 사료가 보인다.[23] 여기의 한인부라고 하는 것은 어떠한 것이었을까. 그 것은 다름 아닌 7세기말, 왜(일본)로 건너간 반도유민 속에서의 관위를 가진 자들을 가리키는 집단(有位者集團)을 가리키는 말이다. 그들에 대한 사성의 실태는 약 100여일 후의 사료[24]로부터 알 수 있는 것이다.[25]

이 한인부 중 관위를 가진 자들에 대한 정리가 다음의 표 1 이다.

表1;『続日本紀』神亀元年五月辛未条의 개사성유민의 후예[26]

| 번호 | 舊姓·출신 | 新姓 | 이름 | 위계 |
|---|---|---|---|---|
| 1 | 薩 | | 妙觀 | 從五位上 |
| 2 | 王·高 | 河上忌寸 | 吉勝 | 從七位下 |
| 3 | 高·高 | 新城連 | 正勝 | 正八位上 |
| 4 | 高·高 | 三笠連 | 益信 | 從八位上 |
| 5 | 吉·百 | 男拺連 | 宜 | 從五位上 |
| 6 | 吉智·百 | 吉田連 | 首 | 從五位下 |
| 7 | 都能·百 | 吉田連 | 兄麻呂 | 從五位下 |
| 8 | 賈·百 | 羽林連 | 受君 | 正六位下 |
| 9 | 樂浪·百 | 神前連 | 河內 | 正六位下 |
| 10 | 四比·百 | 高丘連 | 忠勇 | 正七位上 |

---

23) 『續日本紀』神龜元年(724)2月甲午(4日)條
    又官官仕奉韓人部一人二人 <爾>, 其負而可仕奉姓名賜.
24) 『續日本紀』神龜元年(724)5月辛未(13日)條
    從五位上薩妙觀賜姓河上忌寸. 從七位下王吉勝新城連. 正八位上高正勝三笠連. 從八位上高益信男拺連. 從五位上吉宜, 從五位下吉智首幷吉田連. 從五位下 * 兄麻呂羽林連, 正六位下賈受君神前連, 正六位下樂浪河內高丘連, 正七位上四比忠勇椎野連, 正七位上莉軌武香山連, 從六位上金宅良·金元吉幷國看連, 正七位下高昌武殖槻連, 從七位上王多宝蓋山連, 勳十二等高祿德清原連, 无位狛祁乎理和久, 古衆連. 從五位下吳肅胡明, 御立連. 正六位上物部用善物部, 射園連. 正六位上久米奈保麻呂久米連, 正六位下賓難大足長丘連, 正六位下胛巨茂城上連, 從六位下谷那庚受難波連, 正八位上答本陽春麻田連.
25) 전게의 伊藤千浪 논문; 菅澤庸子 논문; 주 4)의 전게 논문 참조.
26) 菅澤庸子 논문 9쪽의 표를 참조하여 약간 수정한 것으로 주 4)의 전게 논문 25-26쪽 참조.

| | | | | |
|---|---|---|---|---|
| 11 | 荊·百 | 椎野連 香山連 | 軌武 | 正七位上 |
| 12 | 金·新 | 國看連 | 宅良 | 從六位上 |
| 13 | 金·新 | 國看連 | 元吉 | 從六位上 |
| 14 | 高·高 | 殖槻連 | 昌武 | 正七位下 |
| 15 | 王·高 | 蓋山連 | 多賓 | 從七位上 |
| 16 | 高·高 | 清原連 | 祿德 | 勳十二等 |
| 17 | 狛·高 | 古衆連 | 祁乎理和久 | 無位 |
| 18 | 吳肅·高 | 御立連 | 胡明 | 從五位下 |
| 19 | 物部·百 | 物部射園連 | 用善 | 正六位上 |
| 20 | 久米·百 | 久米連 | 奈保麻呂 | 正六位上 |
| 21 | 賓難 | 長丘連 | 大足 | 正六位下 |
| 22 | 脾 | 城上連 | 巨茂 | 正六位下 |
| 23 | 谷那·百 | 難波連 | 康受 | 從六位下 |
| 24 | 答本·百 | 麻田連 | 陽春 | 正八位上 |

(출신의 百, 高, 新은 각각 百濟·高句麗·新羅를 가리킨다)

神龜元年(724)의 사성은 백제·고구려멸망후의 도래인으로서 본국에서 높은 지위와 뛰어난 재능을 가진 자 및 그 자손이 도래 씨의 성을 가진 채로 일본에서 관인으로서 조정에 출사하고 있던 때에 그 들에게 사성을 명하는 조(詔)가 내려지고 일본적인 성으로 변화하였다고 이해될 수 있다고 한다.[27] 즉, 그 들의 대부분이 백제와 고구려멸망에 휩쓸려 왜에 건너 온 반도유민의 후예들이다. 그 후 천평연간에도 반도유민의 후예들을 대상으로 한 소규모의 사성은 계속되어졌다.[28]

그 후 천평보자연간에는 반도유민의 후예에 관해 대규모의 개·사성 기사가 존재한다. 보자연간은 『속일본기』 이외에도 『신찬성씨록(新撰姓氏錄)』 서문에 유민의 후예들에의 개·사성기사가 보인다.[29] 즉, 천평보자연간의 '씨족지(氏族志)'와 연력18년(799)의 '씨족본계장(氏族本系帳)'

27) 전게의 伊藤千浪 논문 26쪽 참조.
28) 『續日本紀』天平5년(733)6월조, 동6년(734)9월조, 동19년(747)6월조, 天平勝宝2년(750)정월조 참조.
29) 佐藤宗諄,「菅野氏の系譜」,『奈良女子大學文學部研究年報』30, 1986 참조.

은 개사성에 의해 씨성의 혼란과 계보의 사칭이 보이기 때문에 이를 바로잡기 위한 총정리라는 측면에서 『신찬성씨록』을 만들게 되었다는 것이다. 또 이 책의 구성은 '황별(皇別)' '신별(神別)' '제번(諸蕃)'의 순으로 각각 335씨족, 404씨족, 443씨족 해서 모두 1182씨족이 배열되어 있는데, '황별(皇別)' '신별(神別)' '제번(諸蕃)'의 구분과 배열에는 천황과의 친소관계가 바탕에 있다.

다음으로는 반도유민들의 후예들이 원한다면 사성한다고 하는 매우 관대한 정책이 보이고 있다.[30] 비록 천황의 고유권한 속에 성을 내리는 일이 포함되어있다는 점으로 생각하더라도 원하는 바대로 사성한다고 하는 정책은 전무후무한 정책이었다. 이 정책은 4년 후 파격적이라고 말할 수 있을 정도의 대규모 개·사성기사의 출현을 초래한다.[31]

이를 알기 쉽게 표로 정리하면 다음과 같다.

---

30) 『續日本紀』 天平宝字元年(757)夏4月辛巳(4日)
　　 其高麗·百濟·新羅人等, 久慕聖化. 來附我俗, 志願給姓, 悉聽許之. 其戶籍, 記无姓 及族字, 於理不穩. 宜爲改正.
31) 『續日本紀』 天平宝字5年(761)3月庚子(15日)條
　　 百濟人余民善女等四人賜姓百濟公. 韓遠智等四人中山連. 王國嶋等五人楊津連. 甘良東人等三人淸篠連. 刀利甲斐麻呂等七人丘上連. 戶淨道等四人松井連. 憶賴子老等＊一人石野連. 竹志麻呂等四人坂原連. 生河內等二人淸湍連. 面得敬等四人春野連. 高牛養等八人淨野造. 卓杲智等二人御池造. 延爾豊成等四人長沼造. 伊志麻呂福地造. 陽麻呂高代造. 烏那龍神水雄造. 科野友麻呂等二人淸田造. 斯臘國足二人淸海造. 佐魯牛養等三人小川造. 王宝受等四人楊津造. 荅他伊奈麻呂等五人中野造. 調阿氣麻呂等廿人豊田造. 高麗人達沙仁德等二人朝日連. 上部王虫麻呂豊原連. 前部高文信福当連. 前部白公等六人御坂連. 後部王安成等二人高里連. 後部高吳野大井連. 上部王弥夜大理等十人豊原造. 前部選理等三人柿井造. 上部君足等二人雄坂造. 前部安人御坂造. 新羅人新良木舍姓縣麻呂等七人淸住造. 須布呂比滿麻呂等十三人狩高造. 漢人伯德廣足等六人雲梯連. 伯德諸足等二人雲梯造.

表 2 『続日本紀』天平宝字五年三月庚子条의 개사성유민의 후예[32)]

|  | 旧姓 | 新姓 | 名 | 人数 | 出自 |
|---|---|---|---|---|---|
| 百 1 | 余 | 百濟公 | 民善女 | 4 人 | 百濟 |
| 2 | 韓 | 中山連 | 遠智 | 4 | |
| 3 | 王 | 楊津連 | 國嶋 | 5 | |
| 4 | 甘良 | 淸篠連 | 東人 | 3 | |
| 5 | 刀利 | 丘上連 | 甲斐麻呂 | 7 | |
| 6 | 戸 | 松井連 | 淨道 | 4 | |
| 7 | 億賴 | 石野連 | 子老 | 4 1 | |
| 8 | 竹志 | 坂原連 | 麻呂 | 4 | |
| 9 | 生 | 淸瑞連 | 河內 | 2 | |
| 10 | 面 | 春野連 | 得敬 | 4 | |
| 11 | 高 | 淨野連 | 牛養 | 8 | |
| 12 | 卓 | 御池造 | 杲智 | 2 | |
| 13 | 廷爾 | 長沼造 | 豊成 | 4 | |
| 14 | 伊志 | 福地造 | 麻呂 | | |
| 15 | 陽 | 高代造 | 麻呂 | | |
| 16 | 烏那 | 木雄造 | 瀧神 | | |
| 17 | 科野 | 淸田造 | 友麻呂 | 2 | |
| 18 | 斯臘 | 淸海造 | 國足 | 2 | |
| 19 | 佐魯 | 小川造 | 牛養 | 3 | |
| 20 | 王 | 楊津造 | 賓受 | 4 | |
| 21 | 荅他 | 中野造 | 伊奈麻呂 | 5 | |
| 22 | 調 | 豊田造 | 阿氣麻呂 | 2 0 | |
| 高23 | 達沙 | 朝日連 | 仁德 | 2 | 高句麗 |
| 24 | 上部王 | 豊原連 | 虫麻呂 | | |
| 25 | 前部高 | 福当連 | 文信 | | |
| 26 | 前部 | 御坂連 | 白公 | 6 | |
| 27 | 後部王 | 高里連 | 安成 | 2 | |
| 28 | 後部高 | 大井連 | 吳野 | | |
| 29 | 上部王 | 豊原造 | 弥夜大理 | 1 0 | |
| 30 | 前部 | 柿井造 | 選理 | 3 | |
| 31 | 上部 | 雄坂造 | 君足 | 2 | |
| 32 | 前部 | 御坂造 | 安人 | | |
| 新33 | 新良木舍姓 | 淸住造 | 縣麻呂 | 7 | 新羅 |
| 34 | 須布呂比 | 狩高造 | 滿麻呂 | 1 3 | |
| 漢35 | 狛德 | 雲梯連 | 廣足 | 1 6 | 唐 |
| 36 | 伯德 | 雲梯造 | 諸足 | 2 | |

그런데 위의 사료들과 표를 보자면, 백제왕족의 성인 「余」씨만이 「公」으로 변하고 있다. 또 「連」과 「造」의 사이에는 서열관계가 존재한다.[33] 나아가 「公」·「連」·「造」의 순으로 서열이 일정함을 유지하고 있다는 점이다. 그렇다고 한다면 한반도 본국에서의 상하질서가 유민발생의 시점에서부터 한 세기를 지난 시점에서도, 또 이국땅에서도 그대로 반영되어 있었다고 하는 것이 된다. 다시 말하자면 반도계 유민의 사회내부에서의 구조적인 특성, 즉 본국에서의 상하서열관계가 집단이주와 집단거주 생활 속에서 계속하여 유지되고 있었다고 하는 것이다.[34] 그 외에도 【사료9】가 집단 개·사성의 한 예로서도 지적할 수 있을 것이다.

이상으로 고대 동아시아의 이방인 혹은 이민족 중의 한 형태이며, 일본열도 내의 이방인의 예로서 7세기말 이후 대규모로 발생한 한반도 유민의 존재에 주목해 보았다. 그 결과, 유민들은 율령국가의 체제하에서 집단으로 거주하며, 집단으로 이주하며, 또 집단으로 사성을 받고 있는 것을 확인할 수 있었다. 요컨대, 이러한 유민의 특징들은 본 과제가 추구하려고 하는 일본 내 집단거주지의 교류와 공존의 증거인 것이 확인되었다고 말할 수 있을 것이다.


## Ⅲ. '백제군'과 일본율령국가


【사료1】과 【사료2】의 기사를 보는 한, 백제유민의 중심지가 셋쓰국의 나니와에 그대로 존속하고 있음은 이미 지적한 대로이다. 그렇다면

---

32) 주 4)의 전게 논문 28-29쪽을 참조.
33) 전게의 伊藤千浪 논문 참조.
34) 본문 【사료6】 참조. 그 외에도 『日本書紀』天智10年(671)671正月是月條도 참조; 주 4) 논문 참조.

그 바뀐 시점은 언제였고, 백제군은 이후 어떠한 위치에 있었던가를 살펴보고자 한다.

백제유민의 집단이주의 시점에 대해서는 의견이 갈리고 있다.[35] 먼저 집단이주의 시점을 750년경이라 하고 그 중심인물은 백제왕경복이라고 하는 설[36]이 있는 반면, 집단이주의 시기는 간무(桓武)천황 때라고 하고 그 주동자는 백제왕명신이라고 하는 의견이 있다.[37]

최근 고고학적 성과를 원용한 古市晃씨의 견해에 의하면 750년 근방설에 무게가 실리고 있는 것 같다.[38] 씨에 따르면 백제왕씨가 본거를 정한 나니와의 백제군 근방은 근세까지는 야마토가와(大和川)와 요도가와(淀川)가 합류하는 지점으로 수해가 일어나기 쉬운 지역이었다고 한다.

그런데 다음의 【사료10】를 보면 '큰 비로 제방이 붕괴되었다'고 기록되어 있다.

【사료10】『続日本紀』天平勝宝2年(750) 5月辛亥≪24日≫條,
　◆　辛亥。震中山寺。塔幷歩廊尽焼。京中驟雨。水潦汎溢。又伎人。茨田等堤往往決壞。

이 붕괴된 제방의 위치는 현재의 오사카(大坂)시 히라노(平野)구와 기타카와치(北河內)의 요도가와 유역에 만들어진 제방이라고 비정되고 있다. 즉, 이 추측이 정확하다고 한다면 요도가와에서 야마토가와 유역에 이르는 넓은 범위의 지역이 대규모의 침수를 당했다고 하는 것이 된다.

다음은 백제유민의 대표선수였던 백제왕경복의 홍전[39]이다. 이를 통

---

35) 송완범, 「나라시대의 백제왕씨의 사회와 문화적 특성」, 『일본언어문화』10, 2007 참조.
36) 今井啓一, 『百濟王敬福』, 綜芸舍, 1965 참조.
37) 枚方市史編纂委員會編, 『枚方市史』2, 194-195쪽 참조.
38) 古市晃, 「百濟王氏と百濟郡」, 森浩一ほか編, 『検証 古代日本と百濟』, 大巧社, 2003년, 177쪽 참조.

해 백제유민의 모습을 짐작해 볼 수 있을 것이다. 백제왕경복이 이 시기에 갑자기 가와치의 가미(河內守)에 임명되고 있는 배경에는 이 자연재해와 밀접한 관련이 있었던 것은 아닌가 여겨진다고 한다. 다시 말하면 이 수해에 의해 나니와의 백제군에 살고 있다가 갑자기 옛 거처를 잃은 백제유민들이 가와치의 책임자가 된 경복을 따라 가와치국의 가타노(交野) 지방으로 집단이주를 했다고 하는 것이다. 그 뿐만 아니라 현재의 히라카타(枚方)시에 현존하는 백제사의 창건이 나라시대 중후반이라고 하는 고고학적 성과[40]와 합치하고 있는 점도 이 설에 힘을 보태고 있다.

이상에 의해 백제왕씨가 셋쓰국 나니와의 동북쪽으로 약20킬로미터 정도 떨어진 가와치국의 가타노로 집단이주를 하는 것은 750년경이고, 당시의 실력자 백제왕경복이 그 일을 추진했다고 하는 것을 알 수 있다.

그럼, 가와치의 백제유민의 집단거주지에 대해 알아보자. 【사료2】의 연력10年 근방의 기사와 비슷한 시기의 【사료12】과 【사료13】의 기사에는 백제악[41]이 펼쳐지고 있다. 이러한 예능이 펼쳐진 무대로서는 바로

---

39) 『續日本紀』 天平神護2年(766) 6月壬子(28日) 條,

　　刑部卿從三位百濟王敬福薨.其先者出自百濟國義慈王,高市岡本宮馭宇天皇御世, 義王遣其子豊璋王及禪廣王入侍.泪于後岡本朝廷,義慈王兵敗降唐. 其臣佐平福信,剋復社稷,遠迎豊璋, 紹興絶統. 豊璋纂其之後, 以讒橫殺福信. 唐兵聞之, 復攻州柔. 豊璋与我救兵拒之. 救軍不利. 豊璋乘船, 遁于高麗. 禪廣因不歸國. 藤原朝廷賜号曰百濟王, 卒贈正廣參. 子百濟王昌成, 幼年隨父歸朝, 先父而卒. 飛鳥淨御原御世, 贈小紫. 子郞虞, 奈良朝廷從四位下攝津亮. 敬福者, 即其第三子也.

　　放縱不拘. 頗好酒色. 感神聖武皇帝殊加寵遇. 賞賜優厚. 時有士庶來告淸貧. 每仮他物. 望外与之. 由是. 頻歷外任. 家无余財. 然性了辨. 有政事之量. 天平年中. 仕至從五位上陸奧守. 時聖武皇帝造盧舍那銅像. 冶鑄云畢. 塗金不足. 而陸奧國馳驛. 貢小田郡所出黃金九百兩. 我國家黃金從此始出焉. 聖武皇帝甚以嘉尙. 授從三位. 遷宮內卿. 俄加河內守. 勝宝四年拝常陸守. 遷左大辯. 頻歷出雲。讚岐。伊予等國守。神護初。任刑部卿。薨時, 年六十九.

40) 山野万喜夫·瀨芳則編, 『百濟王神社と特別史跡百濟寺跡』, 百濟王神社, 1975 참조.

41) 荻美津夫, 『日本古代音樂史論』, 吉川弘文館, 1977 참조 ; 동, 『古代中世音樂史の研究』, 吉川弘文館, 2007 참조 ; 金善民, 早大博士學位請求論文, 『日本古代國家と

【사료11】에 나오는 가타노 지방의 백제사를 빼놓고는 이야기할 수 없을 것이다.

> 【사료11】『続日本紀』延暦2年(783) 十月庚申≪十六≫
> ◆ 庚申。詔免当郡今年田租。国郡司及行宮側近高年。并諸司陪従者。賜物各有差。又百済王等供奉行在所者一兩人。進階加爵。施百済寺近江播磨二国正税各五千束。授正五位上百済王利善従四位下。従五位上百済王武鏡正五位下。従五位下百済王元徳。百済王玄鏡並従五位上。従四位上百済王明信正四位下。正六位上百済王真善従五位下。
>
> 【사료12】『続日本紀』延暦6年(787) 10月己亥(20日)条,
> ◆ 主人率百済王等奏種種之楽。授従五位上百済王玄鏡·藤原朝臣乙叡並正五位下、正六位上百済王元真·善貞·忠信並従五位下、正五位下藤原朝臣明子正五位上、従五位下藤原朝臣家野従五位上、无位百済王明本従五位下。
>
> 【사료13】『続日本紀』延暦10年(791) 10月己亥(12日)条,
> ◆ 右大臣率百済王等、奏百済楽。授正五位下藤原朝臣乙叡従四位下、従五位下百済王玄風·百済王善貞並従五位上、従五位下藤原朝臣浄子正五位下、正六位上百済王貞孫従五位下。

즉, 이러한 행위가 펼쳐진 무대는 간무천황이 자주 행행했던 가타노일 가능성이 크다. 그 이유는 가타노에서 행해졌던 유렵(遊獵)[42]을 생각한다면, 간무천황이 가타노에 있었던 백제유민들의 집단거주지를 방문할 때에 백제왕씨에 의한 백제악 혹은 백제무의 연주와 피로가 행해졌을 가능성이 크기 때문이다. 그리고 이러한 백제계유민세력에 대해 노고를 치하하는 입장에서 간무는 【사료12】~【사료14】과 같은 백제왕씨에 대한 서위(叙位)를 반복했던 것은 아닐까 생각된다.[43]

이상으로 본장에서는 백제군이라는 백제유민의 집단거주지에 초점을

---

渡來文化』1999 참조.
42) 秋吉正博, 『日本古代養鷹の研究』, 思文閣出版, 2004, 第3章 참조.
43) 村尾次郎, 『桓武天皇』, 吉川弘文館人物叢書, 1996 新裝版 참조; 林 睦朗, 『桓武朝論』, 雄山閣出版, 1994 참조.

맞추어 백제유민의 거점이 이동하고 있는 것을 사료 상에서 확인하고, 그 시기를 나라시대 중반기로 특정해 보았다. 이러한 집단거주지의 이주는 백제왕씨의 실력자인 경복에 의해 주도되었다고 보는 것이 무난함도 알 수 있었다. 또 헤이안(平安)경에의 천도를 시작으로 헤이안시대를 열었던 간무천황이 백제유민의 본거지였던 가타노에 자주 행차하고 있는 것으로 보아 백제유민에 대한 사성과 작위의 수여 장소도 가타노일 가능성이 많음에 주목하였다. 결국, 백제군이라는 백제유민들의 집단거주지도 율령국가와의 사이에서 있었던 교류와 공존의 흔적임을 확인할 수 있었다.

다음으로는 고구려유민의 집단거주지와 일본율령국가에 대해 살펴보기로 한다.


## Ⅳ. '고려군'과 일본율령국가


다음은 나라조정이 동해 연변에 분산되어 있던 고구려계 유민들을 집단적으로 모아 한 곳에 이주시켰다는 기사에 대해서 분석한다.(【사료 3】 참조) 도카이도(東海道) 지방에 산개하고 있던 약 2000人의 고구려계 유민의 후예들을 동국의 무사시국에 모아 고려군을 창설한 목적은 무엇보다도 동국의 개발에 있었던 것일 것이다.[44] 나라시대에는 이처럼 고구려계 유민들을 통제하고 관리하는 시스템으로서 지역에 새롭게 군을 만드는 방법을 채용했다고 생각한다.[45]

---

44) 서국의 개발에 대해서는 大津透, 「近江と古代國家」, 『律令國家支配構造の研究』, 岩波書店, 1993年. 초출은 1987年.

45) 백제군은 『속일본기』延曆10년 8월조, 고려군은 동 靈龜2년 5월, 延曆8년 10월, 신

그럼, 이러한 고구려유민[46]과 그들의 집단거주지인 고려군을 대표하는 가장 중심적인 존재로는 누가 있었을까. 먼저, 고려왕이라고 등장하는 고려 약광(若光)이라는 인물에 대해 알아보자. 약광이라는 이름은 『일본서기』 천지5年(666)10月己未(26日)條에 「玄武若光」이라고 해서 보이고 있는데, 【사료14】에 보이는 고려왕약광과 현무약광이 동일인인가 아닌가에 대해서는 이전부터 논의가 있어왔다.[47] 고려왕이라는 호칭이 이곳 한 번밖에 쓰인 일이 없는데다 그 존속기간도 너무 짧았기 때문에, 고려왕은 비슷한 성격의 백제왕씨와는 외양은 같아도 그 질량 모두가 다른 것이다. 하지만 율령국가의 입장에서 보자면 이 양사는 한반도 출신의 유민들을 관리하는 역할을 하기를 바랐던 것이라는 면에서는 공통점을 갖는다고 할 수 있을 것이다.

【사료14】 『続日本紀』 大宝3年(703) 4月乙未(4日)条,
◆ 從五位下高麗若光賜王姓

다음으로는 고려복신[48]이라는 인물이 있는데, 고려복신은 백제왕씨

___

라군은 천평보자2년 8월조, 宝龜11년 5월조 참조.
46) 주 4)의 논문 참조.
47) 古典文學大系 『日本書紀』下, 364쪽 주 26)참조.
48) 고려복신의 경력은 주 4)의 전게 논문 39-40쪽 참조. 그리고 이 표의 아라비아수자는 『大日本古文書』의 권─쪽을 의미한다.

| 연 도 | 내 용 |
|---|---|
| 709 | 탄생 |
| 716 | 고려군 건군 |
| 729 | 内竪所, 右衛士大志 |
| 738 | 종5위하 |
| 739 | 정5위하, 春宮亮 |
| 743 | 肖奈王姓 |
| 747 | 정오위상 |
| 748 | 종4위하, 紫微中台少弼 |

에 있어서 백제왕경복처럼 큰 존재감을 보이는 인물이다.

【사료15】『続日本紀』延暦8年(789) 10月乙酉(17日)条,

◆ 散位従三位高倉朝臣福信薨. 福信武蔵国高麗郡人也. 本姓肖奈. 其祖福徳属
唐将李勣抜平壌城. 来帰国家. 為武蔵人焉. 福信, 即福徳之孫也. 小年随伯
父肖奈行文入都. 時与同輩. 晩頭往石上衢, 遊戯相撲. 巧用其力, 能勝其敵.
遂聞内裏. 召令侍内竪所, 自是著名. 初任右衛士大志, 稍遷, 天平中, 授外
従五位下, 任春宮亮. 聖武皇帝, 甚加恩幸. 勝宝初, 至従四位紫微少弼. 改
本姓賜高麗朝臣, 遷信部大輔. 神護元年, 授従三位, 拝造宮卿, 兼歴武蔵・
近江守. 宝亀十年, 上書言, 臣, 自投聖化, 年歳已深. 但雖新姓之栄, 朝臣
過分. 而旧俗之号, 高麗未除. 伏乞, 改高麗以為高倉. 詔許之. 天應元年,
遷弾正尹, 兼武蔵守. 延暦四年, 上表乞身, 以散位帰第焉. 薨時, 年八十一.

복신은 고구려멸망과 함께 조부인 복덕이 왜에 도래하고 있었던 것
에 의해 복신이 태어난 곳은 무사시(武藏)국이었다. 또 본성이 초내[49]

| | |
|---|---|
| 749 | 고려조신성 |
| 750 | 미농국사解, 3-390 |
| 756 | 동대사헌물장 4-119 |
| 757 | 4-177,179 13-207,4-187 4-223 |
| 758 | 정4위하, 4-239 |
| 759 | 신라군 건군 |
| 760 | 무사시국에서 은몰전900정 |
| 762 | 信部大輔 |
| 763 | 4-193 |
| 765 | 但馬守 |
| 767 | 종3위 |
| 770 | 造宮卿但馬守 |
| 771 | 조궁경무사시守 |
| 773 | 무사시국을 동해도로 |
| 776 | 조궁경 |
| 779 | 조궁경으로 오우미守 |
| 781 | 고창조신 |
| 783 | 광인천황의 山作司 |
| 785 | 彈正尹으로 무사시수 |
| 789 | 종3위로 무사시수, 나이 81세로 사망 |

인 점으로 보아 고구려 5부의 한 곳의 출신이었던 것도 알 수 있다. 그리고 그는 연력8년에 죽을 때 향년 81세였는데 태어난 해는 708년에 해당한다. 또 708년은 위의 【사료3】의 무사시국에 고려군이 만들어지기 8년 전에 해당하기 때문에 「고려복신」이 태어난 당시는 고려군이 없었다고 하는 것이 된다. 그리고 복신은 백제왕씨의 거주지가 서국에 있었던 것에 비해, 보다 훨씬 열악한 동국 지역에서 자신의 세력을 유지하고 있었던 것을 알 수 있다. 한편, 백제유민의 중심 경복과 고려유민의 중심적 존재인 복신이 둘 다 모두 『엔기시키(延喜式)』에 있는 대국(大國)인 가와치와 무사시에 각각 배치되고 있는 점은 원래 대국의 가미(守)에 친왕 클래스가 임명되고 있는 원칙50)이 있는 것으로 보아 거의 비슷한 대접을 받고 있었던 것은 아닌가 하는 점도 지적할 수 있겠다.

나아가 복신이 고구려 유민계씨족의 본거지인 무사시국에서 771년과 785년에 무사시국의 최고 책임자를 반복하고 있는 것은 사실이고, 이 점에 대해서는 이미 쓰치다 나오시게(土田直鎭)씨의 연구51)가 있는 것처럼 반도계유민이 자신의 연고가 있는 집단거주지에 있어서 일정의 정치적 역할을 담당하고 있었던 것을 잘 엿볼 수 있다.

이 외에도 일본의 여기저기에 고구려계 유민들과 관련이 있는 것 같은 흔적, 특히 집단거주의 흔적은 '고마'라는 같은 발음에 다른 한자로 표현되기도 한다.52) 그 예는 다음과 같다.

> 무사시국 고마군(武蔵国 高麗郡, 현 埼玉県 日高市 高麗本郷)
> 고마가와(高麗川; 埼玉県内의 하천),
> 고마(高麗)신사(현 埼玉県 日高市)

---

49) 佐伯有淸, 「背奈氏の氏族とその一族」, 『成城文芸』136, 1991, 참조.
50) 戸令2 「定郡條」참조, 『延喜式』卷22, 民部 上 참조.
51) 土田直鎭, 「武藏の國司」, 『古代の武藏を讀む』, 吉川弘文館, 1994, 초출은 1964.
52) 고마는 高麗·巨麻·巨摩·狛이라는 식으로 글자를 달리 하면서 표기되고 있다.

고마산(高麗山; 神奈川県),

고마에키(高麗駅; 西武鉄道駅),

고마가와에키(高麗川駅; JR東日本의 역),

고마데라(高麗寺; 현 京都府 木津川市),

가나가와(神奈川)현의 中郡 大磯町 高麗,

교토후(京都府) 乙訓郡 大山崎町 字大山崎小字 高麗田,

오사카후(大阪府) 大阪市 中央区 高麗橋와 東高麗橋,

가고시마(鹿児島)현의 鹿児島市 高麗町,

가이(甲斐)国 巨麻郡(현, 山梨県 巨摩地域),

가와치(河内)国 大県郡 巨麻郷,

가와치국 若江郡 巨麻郷,

도쿄토(東京都) 狛江市,

무사시국 多磨郡 狛江郷(현, 東京都 狛江市 주변),

야마시로(山城)国 相楽郡 大狛郷·下狛郷,

나가사키(長崎)현의 高麗島

그 중에서도 시나노(信濃), 가이(甲斐)의 고구려계 씨족[53]의 존재를 생각함에 있어 오사카와 가와치(河内)에 보이는 두 개의 고마(巨麻)향과 무사시 국분사(國分寺)의 흔적을 특히 눈여겨 볼 필요가 있다.[54]

이상으로 고구려유민들의 집단거주지로서 고려군의 존재와 그 책임자로서 약광과 복신, 그리고 고구려의 또 다른 표현인 '고마'에 주목해 보았다. 그 결과 이도 역시 일본율령국가 체제 내의 교류와 공존의 영역에 들어가는 사례라고 생각된다.

다음으로는 신라인들을 대상으로 한 신라군과 일본율령국가가 어떻게 상대를 이해하고 있는가를 검토하기로 한다.

---

53) 關晃,「甲斐の歸化人」,『關晃著作集』第3卷 古代の歸化人, 吉川弘文館, 1996 참조.
54) 備仲臣道,『高句麗殘照―積石塚古墳の謎』, 批評社, 2002, 제2장 참조.

## V. '신라군'과 일본율령국가

이전의 백제군과 고려군과는 달리 신라군은 조금 복잡한 감이 없지 않다. 왜냐하면 백제와 고구려는 한반도에서 이미 망국이었던 관계로 그 유민들이 일본열도로 건너온 것은 어쩌면 당연한 것인데 비해, 신라의 경우는 어엿한 독립국으로 한반도에 계속 존재했기 때문이다. 사정이 이렇다 보니 신라인들의 집단거주지여야 할 신라군의 구성원들이 궁금해진다.

그럼 신라군의 구성원들은 어떠한 사람들이었을까? 몇 가지의 선택이 가능할 것이다. 우선 첫째로, 7세기말 이전의 원래 도래계의 구신라인일 가능성. 두 번째로, 반 신라 망명인일 가능성. 세 번째로, 신라 표류민일 가능성. 마지막 네 번째로, 백제나 고구려의 옛 땅으로부터의 사람들일 가능성 등 모두 네 가지의 경우의 수가 생긴다. 지금으로서는 어느 한 경우를 특정할 수는 없지만, 전체적인 가능성으로서는 백제군과 고려군의 구성원들이 7세기말 이후에 일본에 건너온 사람들을 대상으로 하고 있는 것을 볼 때, 두 번째에서 네 번째에 해당하는 사람들일 가능성이 높아 보인다.

그럼 앞에서도 언급했던 【사료4】 【사료5】를 참고로 하여 논을 전개해 보도록 하자. 이상의 사료로부터 알 수 있는 것은 다음의 두 가지이다. 먼저 첫 번째로, 백제군이나 고려군이 7세기말엽의 율령국가 성립기나 나라시대의 초기에 만들어졌던 것에 비해, 신라군은 비교적 늦은 시기인 나라시대 후반기에 만들어지고 있는 것이 눈에 띈다. 두 번째로, 백제군이 나니와나 셋쓰, 즉 서국에 자리잡고 있는 것에 비해, 고려군과 마찬가지로 동국인 무사시에 자리를 잡고 있는 점이다. 나아가 【사료4】에 보이는 바와 같이 무사시는 당시 한지라는 표현이 있는 것처럼 아직 변경이었던 것을 알 수 있다. 이러한 변경에 당시 엄연히 존재하고 있었던 신라를 의식한 신라군을 둔다고 하는 것은 매우 특이한 경우라 할 수 있을 것이다.

당시의 중앙 정권은 후지와라노 나카마로(藤原仲麻呂)[55]를 중심으로 한 정치체제였다. 나카마로는 성무천황의 부인인 광명황후의 비호를 받아 전제에 가까운 정치를 지향하였다. 또 나카마로는 【사료4】의 약 한 달 후에 일본에 온 발해사의 보고[56]에 있었던 '안사의 난'[57]에 자극받아 '신라정벌계획'[58]을 적극적으로 추진하였던 인물이다. 이런 저런 사정에 의해 나카마로 정권에서 신라는 적국으로 취급되고 있었던 것이다. 나아가 나라(奈良)시대를 통틀어 대 신라 외교는 순탄치 않은 굴곡이 있었던 것으로 평가할 수 있다.[59]

이처럼 신라군 창건을 전후한 사정은 별로 우호적이지는 않았던 것같다. 다시 말하자면, 신라군 창건은 백제군이나 고려군과는 달리 반 신라 분위기라는 현재적 의미가 있었던 것이 아닐까. 나아가 또 신라인의 집단거주지에 옮겨진 사람들의 숫자가 74인 정도의 소수에 그치고 있는데다, 당시의 반 신라적 정서로 봐서는 실제로 신라군으로서의 의미보다는 의제적인 신라인의 집단거주지로서의 신라군에 그칠 가능성도 지적할 수 있을 것이다.

하지만, 다음의 사료가 말해주는 것처럼 미노(美濃)와 무사시의 소년들이 동원되어 신라의 언어를 배우고 있다.

---

55) 森公章, 『戰爭の日本史 1  東アジアの動亂と倭國』, 吉川弘文館, 2006 참조.
56) 『속일본기』천평보자2년(758)12월무신조, 7년(763)정월경신조 참조.
57) 布目潮渢·原益男, 『隋唐帝國』, 1997, 講談社 참조.
58) 송완범, 「8세기 중엽 '신라정토' 계획으로 본 고대일본의 대외방침」, 『일본의 대외위기론과 팽창의 역사적 구조』, 제이앤씨, 2008 참조.
59) 鈴木靖民, 『古代對外關係史の硏究』, 吉川弘文館, 1985 참조.

【사료17】『続日本紀』天平宝字5年(761) 正月乙未≪9日≫조,
◆ 乙未。令美濃。武蔵二国少年。每国廿人習新羅語。為征新羅也。

이 기사는 대 신라전쟁계획에서 등용되어질 인력을 양성하는 곳이라
는 당면의 필요성이 있었던 것을 말해주기도 하지만, 또 한편으로는 신
라의 말이나 문화를 배우는 장소로서 신라인의 집단거주지가 활용되었
던 것을 알 수 있다.

이 후 신라군의 이름이 신좌군(新座郡)으로 변하고 있는 것과 고려(고
마)군의 이름이 존속된 것에 대해, "신라의 이름이 옛 풍속이기에 헤이
안 시대 중기 이후 니이자군(新座郡)이라고 이름을 고쳤다"고 하고[60],
"고려인의 세력이 신라인 보다 강했기 때문"[61]이라 하는 등 정설은 없
다. 하지만, 1830년에 완성된『신편무사시풍토기고(新編武藏風土記稿)』
에 의하면 "시라기(新羅)가 시라자(新座)로 변하고, 다시 그 후에 니이쿠
라(新座) 혹은 니이쿠라(新倉)라고 불리게 되었다"고 한다. 구라(座)가 구
라(倉)와 통하는 예는, 고려군의 경우에서 고려에서 고창(高倉)으로 바뀐
경우[62]와도 흡사하기에『신편무사시풍토기고』설은 설득력이 있다고 보
아야 할 것이다.

이상으로, 일본율령국가 내에서의 신라군의 위치와 그 의미에 대해
살펴보았다. 그 결과, 신라군의 집단거주지로서의 신라군이 실제로 존재
하였던 것을 알 수 있었다. 그리고 그 설립과 존재의 의미에 대한 의론
의 여지는 남아 있지만, 요컨대 일본 내의 신라의 흔적, 나아가 실제로
신라어의 학습이 신라인들의 집단거주지를 중심으로 이루어진 점 등으
로 볼 때, 역시 이 신라군도 신라인의 집단거주지로서 존재하고 있었던

---

60)『新座市史』참조.
61)『朝霞市史』참조.
62) 본문의【사료15】참조.

것을 알 수 있다. 이는 또 나아가 일본율령국가의 지배체제 내의 교류와 공존의 흔적의 하나로서 평가할 수 있을 것이다.

## Ⅵ. '집단거주지'의 의미-결론에 대신하여

본고의 분석 대상은 8~9세기의 나라, 헤이안 시대에 한반도인들이 집단거주하고 있었던 지역으로 보이는 백제군, 고려군, 신라군을 일본율령국가와의 관련에 의해 살펴보고자 하는 것이다. 이에 관한 종래의 연구들은 대부분 율령국가 측의 입장을 중시한 나머지 백제군, 고려군, 신라군의 한반도계 유민들을 율령국가가 지배하고 관리하는 혹은 통제하는 시점으로만 보와 왔던 것이 사실이다.

하지만 이러한 연구에는 한반도계 유민들의 시점이 생략되어 있다고 하지 않을 수 없다. 그래서 본고는 율령국가 측의 입장과 한반도계 유민 측의 시점의 양면을 들여다보는 즉, 다시 말하자면 단선적이고 일방향적이 아닌 복안적이고 쌍방향적인 시점에 서서 백제군, 고려군, 신라군이라는 집단거주지를 살펴보아야 한다고 생각한다.

먼저 율령국가는 한반도계 유민들의 자국 내의 시스템을 인정했다. 즉, 율령국가는 백제, 고구려, 신라 내에서의 상하관계를 인정한 위에 이러한 질서를 일본 열도에서의 새로운 시스템에 적용시키려 노력했다. 이러한 실례는 한반도계 유민들의 '집단사성'의 측면에서 여실히 나타난다. 이러한 율령국가의 입장은 한반도계 유민들에 대한 본국에서의 지위를 인정하는 것이 그들에 대한 관리와 지배가 용이하다고 하는 통치 차원의 측면을 부정할 수는 없겠지만 한편으로는 일종의 교류와 공존을 시도했다는 점도 무시할 수 없을 것이다.

이러한 교류와 공존의 흔적은 한반도계 유민들의 집단거주와 집단이주에서 분명히 드러난다. 우선, 백제군에서는 간무와 가타노 지역에서의 백제왕씨들을 중심으로 한 백제계 유민들과의 접촉에서 엿볼 수 있다. 그 실례들은 가타노에서의 백제왕씨에 의해 베풀어진 백제음악과 백제무의 피로와 공연, 그리고 일종의 오락행위이면서 통치행위인 빈번한 유렵의 거행 등에서도 나타난다. 그리고 고려군에서는 고구려계 유민 중 큰 세력을 떨쳤던 복신이 연속해서 무사시국의 지방관에 연이어 취임하고 있는 것은 율령국가 측의 통치상의 필요도 있었을 것이지만 무사시국으로 집단이주를 통한 집단거주지 나름의 특수성을 인정한 결과라고 생각된다. 마지막으로 신라군은 신라어를 공유하는 신라계 유민들이 집단거주하고 있었던 집단거주지에 다름 아닌데 역시 이곳에서도 율령국가의 통치라는 측면만이 아닌 신라계 유민들과의 교류와 공존의 흔적이 보이는 것이다.

이상으로부터 율령국가 시대의 한반도계 유민들에 대한 접근은 율령국가 측만의 입장이 아닌 유민 측의 시점도 반영한 좀 더 다면적인 접근이 필요하다고 생각된다. 그 외에도 이들 유민들의 흔적을 좀 더 면밀히 보기 위해서는 지방의 시점에서 중앙의 율령국가의 통치이념을 응시하는 방법이 필요할 것이다. 이는 금후의 과제로 남기고자 한다.

# 5. 중세 일본 표류민·피로인의 발생과 거류의 흔적*

김 보 한**

## Ⅰ. 머리말

지정학적으로 현해탄이 위치한 한국과 일본 사이에는 표류민이 관한 사료가 적지 않게 나타난다. 예를 들어 『고려사』·『조선왕조실록』·『鎌倉遺文』·『吾妻鏡』에는 고려 초기 고려인의 일본 표류와 이들의 송환에 관한 기록이 다수 존재하고 있다. 그런데 여·몽원정군이 일본을 침입한 이후에 표류민 대신에 피로인(被虜人) 송환으로 바뀌는 점이 특징이다. 또한 조선 초기 이후에는 다시 표류민에서 피로인의 송환으로 다시 변화하고 있다. 따라서 시대상황을 민감하게 반영하고 있는 표류민과 피로인의 송환은 한·일 양국의 대외관계를 대변하는 주제어로 적합하다고 할 수 있다.

---

* 『사총』 68(2009년)에 기게재됨
** 단국대학교(천) 교양학부 교수

그럼에도 불구하고 피로인과 관련하여 다나카 다케오(田中健夫)는
『倭寇』에서 유구(琉球)가 조선에 통교의 메시지로 이용하였고, 전매의
대상, 노예, 전매되는 자 등의 표현을 빌려 피로인을 멸시적인 관점에서
접근하였다.[1] 또 세키 슈이치(關周一)는 반대급부로 물자를 얻을 수 있
고, 통교관계에서 권익을 얻기 위한 것이었으므로 교역의 대상(일종의
상품)이었다고 평가하고 있다.[2] 그리고 하우봉은 『조선후기의 대일관계』
에서 왜구금압과 피로인의 송환이 조선이 대일외교의 바탕에 있었고,
왜구의 평화로운 통교자 전환이라는 조선의 대일정책의 과정에서 얻는
부차적인 외교적 성과로 파악하고 있다.[3]

이처럼 기존의 연구에서는 고려 표류민의 문제는 일본이 고려와의
진봉관계를 유지하거나 고려와의 교역을 전개하기 위한 평화메시지로
평가하고, 한편으로는 왜구가 빈발하던 시기에 피로인을 외교의 성과
혹은 그 성과의 대용물로 평가하고 있을 뿐이다. 이처럼 기존의 연구자
들에 의해서 고려와 조선의 표류민과 피로인은 결코 연구의 목적이 아
니라 수단으로 인식하고 있는 듯한 인상이다.

그렇다면 기존의 연구에서 분석한 것처럼 해류에 떠내려간 표류민과
무력으로 납치된 피로인의 송환이 여·일관계의 청신호, 혹은 교역을 개
시하기 위한 조공품, 더 나아가서 고려·조선 조정의 강력한 송환 의지에
대한 성과물로 평가절하 되어야 하는가. 다시 말해서 표류민과 피로인
의 송환이 여·일의 우호적 태도가 낳은 정치적 부산물로만 이해해도 좋
은지에 대해서 의문이 생긴다. 유사 이래 동아시아의 세계는 정치적 교
섭이외에 상호이해와 공존의 틀 속에서 인적교류가 존재해 왔기 때문
에, 표류민과 피로인의 왕래를 인적 네트워크의 주체로 새롭게 정립하

1) 田中健夫, 『倭寇』(海の歴史), 教育社, 1982, 40·86쪽 참조.
2) 關周一, 『中世日朝海域史の研究』, 吉川弘文館, 2002, 44쪽.
3) 河宇鳳, 「朝鮮後期의 對日關係」, 『講座 韓日關係史』, 玄音社, 1994, 256쪽 참조.

려는 방법론적 접근이 필요하다고 생각한다.

따라서 본고에서는 표류민과 피로인 송환 문제를 주제로 고려·조선인이 납치되는 근본적인 이유와 일본 내에서 이들이 어디에 집단거류했으며, 이들이 다시 송환되는 내면적 이유를 중심으로 경제론적 시각에서 연구 주제어로 재검토할 것이다. 왜냐 하면 표류민·피로인의 납치와 송환은 대부분 일본 내부 사정의 반영이라고 볼 수 있기 때문이다. 이에 각 장에서는 송상인의 집단거주지와 표류민과 피로인 송환의 사회적·경제적 의미, 피로인 집단거류의 문제, 그리고 피로인 송환을 통해서 송환자들이 얻게 되는 경제적 가치를 중심으로 재검토해 보고자 한다.

## Ⅱ. 송 상인의 집단거주지와 일본 상선의 고려 진출

동아시아 세계의 고대는 당의 책봉체제와 송의 교역 시스템이 중심을 이루는 시기였다. 따라서 고대 말 일본의 경우에 九州 북부지역에서는 송 상인을 중심으로 고려 상인의 왕래가 빈번하게 이루어지고 있었다. 예를 들어 1085년 북송 상인 王端, 柳惢, 丁載가 博多에 와서 교역을 요청하였고, 博多, 平戶, 坊津, 敦賀 등의 항구가 붐비었는데,[4] 무역품이 시내에 넘쳐났다고 전하고 있다. 따라서 博多와 平戶島에 송 상인들의 흔적을 쉽게 찾아 볼 수 있다. 또 1159년(平治 원년)『百錬抄』의 기록에는 그 내용을 정확히 알 수 없지만 고려 상인이 播磨에 방문했었음을 알 수 있는 기록도 남아있다.[5] 이외에도 거란상인, 동남아시아의 상인들이

---

4) 中村榮孝, 「日麗關係史の硏究」(上), 1965, 17쪽 참조.
5) 『百錬抄』平治 원년(1159) 8월 2일조, "陣定. 竈門宮燒死, 並高麗國商人□□播磨
   國伊和社燒死".

일본을 대상으로 활발하게 무역활동을 전개하고 있는 것이 11~12세기의 동아시아 교역의 특징이다.

그러면 11-2세기 동아시아 세계에서 송, 고려, 거란과 실시하였던 일본의 교역 형태를 살펴볼 필요가 있다. 우선 고대 일본 조정에서 선택한 대외무역의 형태는 840년(承和 7년)『續日本後紀』의 기록에 잘 나타나 있다.6) 당시의 관례에 따라서 "人臣無境外之交" 즉 신하(人臣)인 자와는 교역할 수 없다는 일대원칙을 정해 놓고 있었다. 이후에도 이러한 원칙은 奈良시대부터 平安 전기에 걸쳐서 유지되었고 11~12세기 대외무역에서도 九州의 博多에 鴻臚館이라는 국가영빈관을 통해서 통제관리하고 있었다. 따라서 이곳은 외국상인들이 일본에 방문하였을 때 숙박하고 거래할 수 있게 허가된 공무역의 거점이었다.

이러한 공무역 통제 시스템 속에서도 일본 귀족들은 외래 물품에 대해서 강한 동경을 가지고 있었다. 송 상인들이 가지고 온 珍寶는 당연히 9세기 이후의 전례대로 大宰府 鴻臚館의 공설시장에서 大宰府의 감독을 받으며 공정가격으로 우선 진보의 소유에 강한 욕구를 가진 귀족과 京都의 궁정에 팔려 나갔다. 한편 민간에서의 판매에서도 大宰府의 공정가격에 따르지 않으면 안 되었다. 따라서 이와 같은 불리한 무역조건을 기피하려는 송 상인은 不輸不入의 특권을 가진 장원의 항구에 입항하였고, 여기에서 장원영주와 莊官들과의 공공연한 밀무역이 행해졌다. 이렇게 해서 博多, 平戶, 坊津, 有明海에 접해 있던 肥前 神崎莊 등의 항구가 밀무역항으로서 새롭게 대두되었다. 이와 더불어 博多 등지의 장관이 무역에 관여해서 상업자본을 축적하고 무역상인이 되는 일도 있었다. 또 송상인들 중에서는 博多 등지에 거주하거나 귀화하는 자도 나타

---

6) 『續日本後紀』承和 7년(840) 2월, "大宰府言 藩外新羅臣張保皐 遣使獻方物 卽從
鎭西 追却焉 爲人臣無境外之交也".

났다.[7)]

따라서 중세 이전부터 北九州지역에서는 중국(송) 상인들이 거주하는 집단거주지가 존재하였고, 이곳을 중심으로 장기간 거주하면서 무역활동을 왕성하게 전개하고 있었다. 이 같은 교역시스템은 11세기 말기부터 12세기 전기에 걸쳐서 전성기를 구가하고 있었는데, 博多에서 다량 발굴되는 도자기와 송전과 같은 유물을 통해서 입증되고 있다.[8)] 이곳은 송과 일본의 인적·물적 교류의 현장이었다.

그러나 송 상인의 잦은 왕래와 거주는 현지에서 다양한 문제를 야기시켰다. 예를 들어『靑方文書』의 기록에 따르면 송 상인은 일본에 장기 체류하면서 현지인과 결혼을 하고 그들 사이에 자식도 갖게 된다. 1161년경 구주 五島열도의 小値賀島에서 源直가 淸原三子와 이혼한 다음, 平戶島에 있던 송나라 상인 蘇 船頭의 후처를 맞아들이고 있다. 그리고 송 상인 蘇씨와 그의 후처 사이에서 낳은 아들 連을 源直가 자신에게 입적시켜 양자로 삼고 재산까지 양도하고 있다.[9)] 이 기록을 통해서 당시 송나라 상인인 蘇씨가 平戶島에서 생활기반을 갖고 장기 거주하고 있었다는 사실을 알 수 있다. 이러한 사실은 송 상인의 거류지가 平戶島에 존재하였고, 이들의 왕래와 거주가 자유롭게 이루어지고 있었다는 사실을 입증한다고 하겠다.[10)] 이처럼 일본 안에서 이방인이라고 할 수 있는 송 상인의 유산과 그 양도를 둘러싼 처리문제를 놓고 종종 소송이 발생하

---

7) 森克己,「鎌倉時代の日麗交涉」『朝鮮學報』 34, 1965, 64쪽 참조.

8) 1977년 福岡에서 지하철 공사를 하면서 博多역에서 북쪽으로 대규모 발굴이 실시된 이래 계속해서 많은 유적이 발굴되었다. 특히 福岡城 유적지에서 鴻臚館의 유적, 商人町 근처와 沙州의 해변에서 백자의 파편이 대량 발견되었다.

9)『靑方文書』安貞 2年(1228) 3月 13日, "離別三子之後, 相具平戶蘇船頭後家間, 以彼宋人子息十郎連, 稱直子息讓與之條".

10) 拙稿,「東아시아 經濟 圈域에 있어서 약탈의 주역, 海賊과 倭寇」『中國史硏究』29, 2004, 152쪽 참조.

는 경우도 있었다.

  한편 구주지역의 장원영주와 博多의 상인들에게 있어서 막대한 이익을 창출하는 밀무역은 떨칠 수 없는 유혹이었다. 그리고 장원영주와 博多의 상인들은 당시에 博多와 기타지역에 거주하면서 활동하는 송 상인들의 무역 독점을 점차 비판적으로 보기 시작했다. 따라서 이제까지의 수동적 자세에서 벗어나 무역선을 직접 건조해서 무역에 뛰어드는 적극성을 갖기 시작하였다. 그러나 무역선을 송에 보내는 일은 그리 간단하지 않았다. 왜냐하면 10세기 견당선이 폐지된 이후의 선박건조와 항해기술 수준이 더욱 열악해졌기 때문이다. 11세기 후반이 되었음에도 해외진출을 위한 무역선의 제작기술 수준은 매우 졸렬하였고, 계절풍을 이용하는 항해기술도 미숙하여 난파당하는 경우가 속출하였다. 따라서 미숙한 항해기술을 극복하기 위해서 동중국해를 횡단하는 직항로를 포기하고 어쩔 수 없이 구주에서 고려의 남해안과 서해안의 섬과 섬을 징검다리 삼아 북상하는 연안항로를 선택할 수밖에 없었다. 따라서 11세기 후반에 시작된 해외진출에서 자연스럽게 고려 해안에 표류하는 일이 자주 발생하였다. 이렇게 열악한 기술과 자연현상의 제약으로 장원영주와 博多 상인의 상선의 진출방향이 고려와의 무역으로 결정된 것은 어쩔 수 없는 일이었다.[11] 반면에 고려의 경우에는 송의 선진문물 수용에 적극적이었기 때문에 송과의 교역을 권장하고 있었다. 따라서 일본 무역에 대해서는 수동적이었으며 그다지 높은 관심을 보이지 않고 있었다. 예를 들어 고려는 송 무역선이나 송 상인이 내왕하였을 때 개경에서 직접 교역하는 형식을 취하였지만 일본의 경우에 차별을 두는 경우도 있었다. 이러한 차별에도 불구하고 우선 일본상인은 고려와의 교역을 적극적으로 추진해 나갈 수밖에 없었다. 그리고 항해의 경험이 쌓여 平

---

11) 森克己, 전게논문, 65쪽 참조.

氏정권(1167~1183) 시기에 송에 직접 항해하기 시작하였고, 가마쿠라
시대에 들어와 점차 대송무역에 비중을 두기 시작하였다.


## Ⅲ. 진봉과 고려 표류민의 송환 의도


일본 상인들의 고려를 대상으로 전개한 입국의 일차적 목적은 교역
을 통한 경제적 이득에 있었다. 물론 교역은 항해기술과 사회적 조건들
이 전제되었을 때 가능하다고 보는 것이 타당하다고 할 수 있다. 따라서
일본상선의 고려 입국도 바로 이러한 전제 조건이 갖추어졌기 때문에
진행되었다.

고려 초기 일본사신의 입국사실은 여러 차례 있었던 것으로『日本紀
略』과『高麗史』에 전하고 있다.[12] 그러나 최초로 일본 상선이 고려에
입국한 일은 1073년(문종 27) 7월의 일이다. 일본에서 王則, 貞松, 永年
등 42명이 와서 螺鈿, 鞍橋, 刀鏡 등의 여러 가지 물품을 바치고, 壹岐島
의 勾當官 藤井安國 등 33명이 와서 東宮과 여러 대신들에게 토산물을
바치려고 청하였다는 기록이 전하고 있다.[13] 이후 일본상선의 입국과
관련된 기록을 쉽게 찾을 수 있는데,『고려사』를 시작으로 고려와 일본
의 문헌과 기록상에서 일본상인이 고려에 건너온 횟수는 문종시대
(1046~1083)에 14회, 선종시대(1083~1094)에 6회, 예종시대(1105~1122)
에 2회, 의종시대(1146~1170)에 2회, 총 24회이다.[14] 일본상선의 입국

---

12)『日本紀略』承平 7년(937) 8월조 : 天慶 2년(939) 3월조 : 天祿 3년(972) 9월조 :
   天延 2년(974) 윤 10월조.『高麗史』권7 세가 권7, 문종 10년(1056) 10월조,
13)『高麗史』권9 세가 권9 문종 27년(1073) 7월조, "東南海都部署奏 日本國人王則貞
   松永年等四十二人來請進螺鈿鞍橋刀鏡匣硯箱櫛書案畵屛香爐弓箭水銀螺甲等物壹
   歧島勾當官遣藤井安國等三十三人亦請獻方物東宮及諸令公府 制 許由海道至京".

횟수는 문종시대에 가장 빈번하였고 시기가 흐를수록 점차 그 횟수가
감소하는 추세에 있었다. 이 문제와 관련하여 예종·인종 시기의 국내외
의 어수선한 분위기와,[15] 1093년에 일본인 19인 송인 20인이 승선하고
있는 海船을 체포했다는 西海道按察使의 보고에서 짐작해 볼 수 있다.

> 安西都護府 관하에 있는 延平島 巡檢軍이 海船 한 척을 포착했는데 거기
> 에는 송나라 사람 12명과 왜인 19명이 타고 있었으며 활, 화살, 칼, 갑옷, 투
> 구 등과 수은, 진주, 유황, 法螺가 적재되어 있었는바 이는 필시 그 두 나라
> 해적들이 공모하여 우리나라의 변방을 침략하려는 것이 틀림없었습니다. 그
> 들의 가진 병기와 기타 물품들은 몰수하여 해당 관서에 넘기고 체포한 해적
> 들은 嶺外로 유배하고 그 배를 잡은 순검군 군인들에게는 상을 주시기 바란
> 다고 아뢰니 왕이 그 의견을 따랐다.[16]

이 내용에서 볼 수 있듯이 延平島 巡檢軍이 근해에서 항해하던 海船
에 실려있는 활, 화살, 칼, 갑옷, 투구 등의 무기류를 보고 해적으로 의
심했던 것으로 보인다. 물론 이 시기에 고려에 침입한 일본 해적의 기록
이 남아 있지 않지만, 일본 내에서는 해적의 활동을 찾아내는 것은 그다
지 어렵지 않다. 따라서 고려 초기의 기록에 나타나지 않는다고 해서 일
본 해적의 활동이 전무했다고 단정할 수는 없다. 전통적으로 해양성이

---

14) 森克己, 전게논문 65쪽 참조. 이에 대해서 나종우는 일본 상인이 고려에 입국하는
  횟수에 대해서 문종代 14회, 선종代 6회, 예종代 1회, 의종代 2회, 총 23회로 보고
  있다(나종우, 「高麗前期의 韓日關係」『講座 韓日關係史』, 玄音社, 1994, 218쪽).
15) 나종우는 이 문제와 관련하여 예종 때에 끊임없는 여진의 침략과 여진정벌 등의
  북방 이민족에 대한 경계, 인종 때의 이자겸의 난과 묘청의 난 등 귀족 내부의
  상호 항쟁으로 국내의 어수선한 분위기 때문에 외국선의 도래가 적을 수밖에 없
  었다고 보고 있다(나종우, 전게논문, 218쪽 참조).
16)『高麗史』권10 세가 권10 선종 10년(1093) 7월조, "西海道按察使奏 安西都護府轄
  下延平島巡檢軍捕海船一艘所載宋人十二倭人十九有弓箭刀劍甲冑幷水銀眞珠硫黃
  法螺等物必是兩國海賊共欲侵我邊鄙者也 其兵仗等物請收納官所捕海賊並配嶺外賞
  其巡捕軍士 從之".

활발했던 일본에서는 고대 瀨戶내해에서 활동하던 해적에 관한 기록이
『今昔物語集』에 처음 소개되고 있다.[17] 또 이러한 해적의 해상활동의
전통은 가마쿠라시대와 무로마치시대에도 계속해서 이어지고 있는 것이
일본 해양사의 전통이다.

일본상선의 고려입국이 차츰 뜸해지면서 그것을 대신해서 진봉선이
왕래하였고, 일본과 고려와의 관계에서는 진봉무역이 대일교역의 창구
역할을 대신하고 있었다.[18] 진봉의 자세한 기록은 보이지 않지만, 그 규
모와 횟수에 대해서 이보다 훨씬 늦은 시기인 1263년(원종 4)『고려사』
기록에 나타나고 있다. 그 내용은 왜구의 출현이 잦아지자 이를 근절시
킬 목적으로 파견한 고려의 금구사신이 가마쿠라막부에 전달한 첩장에
서 확인할 수 있다. 고려 사신 洪泞와 郭王府가 금구 시절로 京都에 전
달한 서신의 내용을 살펴보도록 하겠다.

두 나라가 교통한 이래 매년 정상적인 進奉은 한 번이고, 한 번에 배는 2
척으로 결정하였는데 만일 그 밖의 배가 다른 일을 빙자하여 우리의 연해 지
방 촌락, 동리들을 소란케 할 때에는 엄격히 처벌하며 금지하기로 약정하였
다. 그런데 금년에 들어서서 2월 22일 귀국에 배 한 척이 이유 없이 우리 국
경 내의 熊神縣 안의 勿島에 침입하여 그 섬에 정박하고 있던 우리나라의 공
납물 수송선들에 실렸던 제반 화물ㅡ쌀 총 120석과 명주 총 43필을 약탈하
여 갔으며 또 橡島에 들어 와서 주민들의 의복, 식량 등 생활 필수 물자들을
모조리 빼앗아 갔으니 이러한 사실들은 원래 약정하였던 상호 교통의 본의와
대단히 위반되는 것이다. 지금 洪泞 등을 시켜 통첩을 가지고 가게 하니 공

---

17) 939년(天慶 2년) 藤原純友가 해적세력을 이끌고 반란을 일으키는데, 이 사건은
『今昔物語集』에 소개되어 있다(『今昔物語集』券25 第2「藤原純友依海賊被誅語」).
이 외에 해적의 일반적인 활동양태에 관한 기록도 있다(『今昔物語集』券28 第15
「豊後講師謀從鎭西上語」).
18) 이영은 일본 상인의 처음 입국과 다르게 진봉관계가 성립되었던 시기를 1169년
무렵부터 1266년 무렵까지로 약 1세기 동안 지속되었던 것으로 보고 있다(李領.
『倭寇と日麗關係史』, 東京大學出版會, 1999).

식통첩을 상세히 보는 동시에 사신들의 구두 전달을 잘 듣고 이전 약탈자들을 끝까지 추궁하여 찾아내어 모두 징벌 제어함으로써 두 나라 간의 화친의 도리를 공고하게 할 것을 바란다.[19]

첩장의 내용에 따르면 일본에 대해서 매년 1회에 2척의 진봉선 파견을 약정하는 기사가 보인다. 또 일본의 해적이 고려의 연안에 침입하여 소란피우는 것을 방지할 목적으로 진봉이 실시되고 있었음을 암시하는 구절도 있다. 결국 고려에게 환영받지 못하는 교역관계였기 때문에 제한규정을 두어 통제하고 있었던 것은 아니었을까 생각한다. 고려는 金州에 客館을 설치하고 대마도와의 진봉관계를 주도해 나갔다. 따라서 일본 상인들 입장에서 고려 조정에 관심을 끄는 것은 자신들의 생존 문제와 다름이 없었다. 역으로 자신들의 교역 또는 진봉 목적을 달성하기 위해서 고려 표류민의 적극적인 송환은 고려 조정의 환심을 사기에 매우 적절한 소재였음에 분명하다.

<표 1>에서 보는 바와 같이 먼저 1019년 표류민 송환은 鎭溟 船兵 都部署 張渭男이 여진 해적선 8척을 붙잡아 취조한 결과 일본인 남녀가 259명 포로로 잡혀 있음을 알고, 供驛令 鄭子良으로 하여금 일본으로 송환한 사건이었다. 이 사건 이후에 양국관계는 상당히 호전되었던 것으로 보인다. 그리고 일본에서 고려 표류민의 송환은 처음 1029년을 시작으로 꾸준히 지속되었다. 문종 시기에 가장 많은 6회에 걸친 표류민 송환이 이루어지고 있는데, 이것은 2장에서 살펴 본 고려에 입국한 일본

---

19) 『高麗史』 권25 세가 권25, 원종 4년(1263) 4월조, "自兩國交通以來歲常進奉一度船不過二艘設有他船枉憑他事濫擾我沿海村里嚴加徵禁以爲定約 越今年二月 二十二日貴國船一艘無故來入我境內熊神縣界勿島略我所泊我國貢船所載多般穀米幷一百二十石紬布幷四十三匹將去又入椽島居民衣食資生之具盡奪而去於元定交通之意甚大乖反 今遣洪泞等齎牒以送詳公牒幷聽口陳窮推上項奪攘人等盡皆徵沮以固兩國和親之義."

상선의 횟수가 문종시기에 가장 많았던 것과 관련성이 있는 것으로 생각된다. 물론 고려에서는 표류민의 송환에 대한 반대급부로 예물을 하사하는 경우가 있었다. 1049년 전례에 따라 물품을 차등 있게 하사하거나, 1160년 대마도 사절에게 예물을 후하게 하사하는 등 단 두 차례만 송환자에 대한 예우로서 예물을 하사하고 있다.[20] 고려의 기록에는 그 예물 품목이 나와 있지 않아서 정확히 알 수 없지만, 조선시대에 송환자에게 麻布·綿布·苧包·虎皮·豹皮·彩花席·朝鮮人蔘 등의 고급품을 하사한 것과는 차이가 있어 보인다. 일본의 목표가 고려와의 교역을 희망에 있다고 간파한 고려조정은 그다지 크게 신경쓰지 않았다는 증거이다. 왜냐하면 고려 초기 일본은 화려한 답례품의 양과 질보다 입항을 허락받는 것에 더 큰 비중을 두고 있었기 때문이었다.

<표 1>에서 보는 바와 같이 고려의 성립 이후에 지속적으로 고려의 표류민이 일본의 각지에 표착하는 경우, 대부분이 대마도를 경유하여 고려에 송환하는 것이 통례였다. 표류민 송환의 자세히 절차를 보면, 일본 내에서 중앙정부에 보고한 다음 大宰府와 각국의 國衙의 주도하에 송환이 행해졌다. 시기별로 차이가 나타나고 있지만, 대체로 12세기 전기까지는 일본 각지→大宰府→對馬島→金州→東南海船兵部部署(慶州, 金州)라는 관청간의 경로를 경유해서 처리하고 있었다고 생각한다.[21] 따라서 대마도가 일본의 대고려 교섭의 전진기지로서 중요한 역할을 하고 있었다. 이러한 경향은 이후에 고려와 조선으로 계승되어 사신왕래와 왜구의 금압에서도 그 비중이 증대되어 갔다.

---

20) 『高麗史』 권7 세가 권7, 문종 3년(1049) 11월조 : 권8 세가 권8, 문종 14년(1060) 7월, 참조.
21) 關周一, 『中世日朝海域史の研究』, 吉川弘文館, 2002, 60쪽 참조.

〈표 1〉 고려시대 여·일간의 표류민 송환 기록

| 일시 | 송환되는 표류민 수 | 송환자 | 출전 |
|---|---|---|---|
| 1019년(현종 10) 4월 | 해적선 8척의 일본인 259명 | 고려 | 고려사 |
| 1029년(현종 20) 7월 | 耽羅民 貞一 등 20인 | 那沙府<br>송환 or 탈출 | 고려사 |
| 1034년(長元 7) 3월 | 大隅에 표류한 고려인 | 일본 | 日本後略 |
| 1036년(정종 3) 7월 | 謙俊 등 11인 | 일본 | 고려사 |
| 1049년(문종 3) 11월 | 金孝 등 20인 | 대마도 | 고려사 |
| 1051년(문종 5) 7월 | 도피한 죄인 良漢 등 3인 | 대마도 | 고려사 |
| 1060년(문종 14) 7월 | 예성강 백성 位孝男 | 대마도 | 고려사 |
| 1078년(문종 32) 9월 | 耽羅人 高礪 등 18인 | 일본 | 고려사 |
| 1079년(문종 33) 9월 | 상인 安光 등 44인 | 일본 | 고려사 |
| 1224년(貞應 3年 2月) | 고려인과 선박 | 미송환 | 吾妻鏡 |
| 1226년(고종 13) 9월 | 표류민 | 일본 | 고려사 |
| 1243년(고종 30) 9월 | 고려 표류민 | 일본국 | 고려사<br>고려사절요 |
| 1269년(원종 10) 5월 | 제주인 | 일본 | 고려사 |
| 1389년(공양왕 1) 9월) | 永興君(王環) | 일본(?) | 고려사<br>고려사절요 |

　　이처럼 고려 초기 일본과의 관계는 해상에서 마찰 없이 비교적 평온
하게 유지되어 나가고 있었다. 다만 가마쿠라막부가 1221년「承久의 난」
을 경험하고 난 이후에, 고려에 왜구가 등장하는 것을 제외하고는 양국
간의 큰 마찰은 없었다고 볼 수 있다. 왜구의 경우만 하더라도 1223년
(高宗 10) 5월 金州 침입을 시작으로,[22] 1225년(고종 12) 4월에는 왜선
두 척이 경상도 연해에 침입했다는 기사가 있다.[23] 또 1226년(고종 13)
정월에는 경상도 연해에 침입하였을 때 고려 수군이 이를 물리쳤고,[24]

---

22) 『高麗史』권22 세가 권22, 고종 10년(1223) 5월조, "倭寇金州".
23) 『高麗史』권22 세가 권22, 고종 12년(1225) 4월조, "倭船二艘寇慶尙道沿海州縣發
　　兵悉擒之".
24) 『高麗史』권22 세가 권22, 고종 13년(1226) 정월조, "倭寇慶尙道沿海州郡巨濟縣令

1227년(고종 14) 4월에는 金州와 5월에는 熊神縣에 왜구가 출현하는 것으로 되어있다.[25]

이처럼 왜구의 출현에 당면하여 고려는 사신을 파견하고 마땅히 구주의 大宰府에 왜구의 근절을 요구하게 된다. 일본 측의 기록에서 보면 1227년(安貞 원년) 고려의 사신을 맞은 大宰少貳는 고려 사신의 면전에서 대마도의 「惡黨」 90인을 참수하여 고려사신의 요구에 적극적으로 동조하는 것으로 되어 있다.[26] 이전의 사건이지만 1152년(仁平 2) 구주 五島列島 小値賀島에서 預所와 地頭職을 맡고 있던 淸源是包가 고려 선박을 탈취하였다는 이유로 그 직을 박탈당하는 사건과도[27] 일맥상통하는 바가 있다. 이처럼 대마도가 왜구 금압의 요구에 적극적인 자세를 보여준 이면에는 경제 욕구를 충족시켜 주는 진봉관계가 존재하고 있었기 때문으로 추측된다.

그런데 1269년 일본에 표류되었다가 송환된 제주도인이 일본이 병선을 갖추어 고려 침입을 계획하고 있다는 정보를 전해주고 있다.[28] 그가 어디로 표류했고 일본 내의 어느 곳을 경유해서 송환되었는지 정확히 알 수가 없다. 제주도에서 표류했다면 구주일 것이고, 大宰府와 대마도를 경유해서 송환되었을 것으로 충분히 짐작할 수 있다. 이러한 정보의 배경에서 분석해 보면 13세기 중반 이후는 왜구가 일시적인 충동에 의

　　　陳龍甲以舟師戰于沙島斬二級賊夜遁".
25) 『高麗史』 권22 세가 권22, 고종 14년(1227) 4·5월조, "倭寇金州防護別監盧旦發兵捕賊船二艘斬三十餘級且獻所獲兵仗". "倭寇熊神縣別將鄭金億等潛伏山間突出斬七級賊遁".
26) 『百錬抄』 安貞 원년(1227) 7월 21일조.
27) 『靑方文書』 安貞 2年(1228) 3月 13日 참조 "太宰少貳資能所進嶋住人等元久二年申狀偁, 當嶋事, 是包知行之間".
28) 『高麗史』 권26 세가 권26, 원종 10년(1269) 5월조, "慶尙道按察使馳報 濟州人漂風至日本還言 日本具兵船寇我 於是遣三別抄及大角班巡戍海邊又令沿海郡縣築城積穀移彰善縣所藏國史於珍島".

해서 고려에 침입하는 것이 아니라 구주의 어디선가 눈에 띄는 큰 선박과 장비를 갖추고 장기간 항구에 정박하면서 계획적으로 준비하고 있었음을 알 수 있다.

왜구 출현과 관련하여 그 정당성을 주장하는 논리가 제기되고 있다. 몽골의 압력이 거세게 고려에 미치는 시기이고, 국력을 소진한 고려가 대일 교역을 거부함으로써 이에 대한 반작용으로 海盜로 전화되어 갔다고 보는 다나카 다케오(田中健夫)의 견해가 그것이다.[29] 이것은 일본 내에서 계획적으로 준비를 갖추어 고려에 침입하는 13세기 중반 이후의 왜구의 성향을 전혀 고려하지 않은 견해이다. 또 이것을 역설적으로 해석하면, 일본인은 교역 욕구에서 상대적으로 고려인을 앞서가고 있었으며, 아울러 고려의 교역사세에 민감하게 반응하였음을 입증하는 반증으로 이해할 수 있는 사례이다.

이처럼 13세기 중반까지 일본의 금구 협조와 표류민 송환은 매우 적극적이었다. 적어도 13세기 초기의 왜구가 여·일의 국제 관계를 크게 손상시키는 정도의 충격적인 사건이 아니었고, 이것을 해결하려는 일본의 노력이 있었다고 평가할 수 있겠다. 그런데 13세기 중엽 이후에 표류민의 송환 기사가 거의 나타나지 않는다. 본장에서는 정확한 이유를 설명하기 어렵지만, 아마도 몽골의 침입과 왜구의 본격적인 활동이 밀접하게 관련되어 있을 것으로 짐작해 볼 수 있다.

---

29) 田中健夫, 『倭寇』, 25-26쪽 참조.

## Ⅳ. 왜구의 활동과 피로인 송환의 경제적 가치

1274년과 1281년 두 차례에 걸친 몽골의 일본침입이라는 미증유의 사건은 일본열도를 충격의 도가니에 빠뜨렸다. 그러나 강력한 폭풍의 영향으로 두 차례의 침입을 무사히 막아낸 가마쿠라막부는 자신감을 갖고, 1276년과[30] 1281년[31] 고려에 반격하겠다는「異國征伐」명령을 御家人들에게 지시하였다. 그러나 기대와 달리 御家人들의 참여가 소극적이어서 본격적으로 추진되지 못하였다. 그리고「異國征伐」의 참여 대신에 博多에서 석축(石壘) 쌓는 일에 御家人을 동원함으로써 北九州 전 지역에 걸쳐서 대규모 토목공사가 진행되었다.[32] 그리고 1294년 몽골의

---

30)「追加法」473條.
　　明年三月比 可被征伐異國也 梶取·水手等 鎭西若令不足者 可省充山陰·山陽·南海
　　道等之由 被仰大宰少貳經資了 仰安藝國海邊知行之地頭御家人·本所一圓地等 兼
　　日催儲梶取·水手等 經資令相觸者 守彼配分之員數 早速可令送遣博多也者 依仰執
　　達如件.
　　　　　建治 元年(1275) 12月 8日　　　　　　　　　　　　　武藏守 在判
　　　　　　　　　　　　　　　　　　　　　　　　　　　　　　相模守 在判
　　　　　武田五郎次郎殿
　　『東寺百合文書』建治 원년(1275) 12월 8일(『鎌倉遺文』<12170>).
　　明年三月比 可被征伐異國也 梶取·水手等 鎭西若令不足者 可省充山陰·山陽·南海
　　道等之由 被仰大宰少貳經資了 仰安藝國海邊知行之地頭御家人·本所一圓地等 兼
　　日催儲梶取·水手等 經資令相觸者 守彼配分之員數 早速可令送遣博多也者 依仰執
　　達如件.
　　　　　建治 元年(1275) 12月 8日　　　　　　　　　　　　　武藏守 在判
　　　　　　　　　　　　　　　　　　　　　　　　　　　　　　相模守 在判
　　　　　武田五郎次郎殿
31)『東大寺文書』弘安 4년(1281) 8월 16일(『가마쿠라遺文』<14422>).
32)「追加法」477條.
　　異國用心事. 以山陽南海道勢 可被警固長門國也. 於地頭補任之地者 來十月中 可
　　差遣子息之由 被仰下畢. 早催具安藝國頭御家人幷本所領家一圓地之住人等 可令警
　　固長門國之狀 依仰執達如件.

세조가 죽고 여·몽 원정군의 위협이 무산되었음에도, 1272년에 공포되었던 「異國警固番役」은 막부의 명령으로 계속 유효하였다. 따라서 九州 무사들에게 석축 공사는 최대의 현안이었지만 가장 부담스러운 의무로 계속 남아 있을 수밖에 없었다.

이러한 「異國征伐」과 대단위 토목공사의 동원 과정에서 표류민의 문제는 부차적인 문제로 취급될 수밖에 없었을 것이다. 따라서 일본 내에 고려의 표류민이 존재하였다고 하더라도 과거처럼 우호적으로 송환되는 일은 기대할 수 없었다고 생각한다. 결국 <표 1>에서와 같이 표류민의 기사는 몽골의 일본 침입 이후에 어떠한 기록에서도 찾아볼 수가 없게 된 것이다.

반면에 14세기에 접어들면서 고려의 존립을 위태롭게 만드는 왜구가 두드러지게 발생한다. 특히 『高麗史』에 '경인년 이후 왜구'로 기록하고 있듯이, 1350년부터 고려에서의 왜구의 활동이 두드러진다. 그 원인은 1333년 가마쿠라막부가 멸망이후 남북조 내란이라는 60여 년간의 내부 혼란이 작용하고 있었다. 그 여파로 이웃한 고려에 남긴 물적 피해는 상상을 초월할 수준이었다. 따라서 기본적으로는 왜구가 활동하던 전(全) 시기에 왜구의 특성은 약탈물의 경제적 가치를 기대하고 만행을 저지르는 '물질약탈 왜구'의 성격을 가지고 있었다.

반면에 왜구가 격렬하게 활동하던 시기에 고려인을 납치하거나 살해하는 인적 피해도 대단하였다. 이에 대해서 『高麗史』에서는 藤經光 사건을 예로 들어 설명하고 있다.

辛禑 초기에 왜인 藤經光이 그 졸도를 데리고 와서 앞으로 상륙해서 약탈

建治 2年(1276) 8月 24 日　　　　　　　　　武藏守(義政)
　　　　　　　　　　　　　　　　　　　　相模守(時宗) 在判
武田五郎次郎(信時)殿

할 것이라고 공갈하면서 양식을 강요하였다. 조정에서는 토의해 順天, 燕岐
등지에 나누어 두고 정부 양곡으로 공급케 하면서 이에 밀직부사 金世祐를
보내 김선치에게 그들을 꾀어다가 죽이게 하였다. 김선치는 많은 주식을 준
비하고 음식을 제공한다고 유인해 살해하려 하였다. 계획이 누설되어 藤經光
은 그 졸도들을 데리고 바다를 건너 가 버리고 겨우 적 3인 만을 잡아 죽였
다. 김선치는 죄를 질까봐 겁내어 70인을 죽였다고 허위 보고하였다가 일이
발각되어 戌卒로 귀양갔다. 이때까지 왜적이 고을들을 침범하면서 사람과 마
소를 죽이지 않았는데 이로부터는 침입할 때마다 부녀자와 아이들까지 남김
없이 살해하였으므로 전라 양광도 연해 주군들은 텅 비게 되었다. 그것은 김
선치가 그들을 격노케 한 것이다.[33]


이 기사를 보면, 1375년(우왕 원년) 5월 왜인 藤經光이 무리를 거느리
고 와서 양식을 요구하며 위협하자, 고려 조정이 金先致로 하여금 그를
유인해서 살해하려 하였으나 실패한 사건임을 알 수 있다. 그 이후의 만
행에 대해서 『고려사』에서는 이것을 계기로 왜구가 부녀자와 아이를 살
해하는 등 흉폭해졌다고 기술하고 있다. 그런데 藤經光의 살해 미수사
건은 왜구에 의한 고려 전체의 약탈피해를 설명하기에는 미흡한 국지적
인 사건에 불과하였다.


〈표 2〉 고려시대 왜구의 출몰 빈도 수[34]

| | 西紀 | A | B | C | | 西紀 | A | B | C |
|---|---|---|---|---|---|---|---|---|---|
| 高宗 10년 | 1223 | 1 | 1 | 1 | 16 | 1367 | 1 | 1 | 0 |
| 12 | 1225 | 1 | 3 | 1 | 18 | 1369 | 2 | 2 | 1 |
| 13 | 1226 | 2 | 2 | 3(2) | 19 | 1370 | 2 | 2 | 2 |
| 14 | 1227 | 2 | 1 | 2 | 20 | 1371 | 4 | 4 | 1 |

---

33) 『高麗史』 권114 열전 권27, 金先致傳, "辛禑初倭藤經光率其徒來聲言將入寇恐惕之
因索糧 朝議分處順天燕歧等處官給資糧尋遣密直副使金世祐諭先致誘殺 先致大具
酒食欲因餉殺之 謀洩經光率其衆浮海而去僅捕殺三人 先致懼罪詐報斬七十餘人事
覺編配戌卒 前此倭寇州郡不殺人畜自是每入寇婦女嬰孩屠殺無遺全羅楊廣濱海州郡
蕭然一空 由先致激怒之也";『高麗史節要』 권30, 우왕 원년 5월조.

| | | | | | | | | | |
|---|---|---|---|---|---|---|---|---|---|
| 元宗 4 | 1263 | 1 | 1 | 1 | 21 | | 1372 | 19 | 11 | 10 |
| 6 | 1265 | 1 | 1 | 1 | 22 | | 1373 | 6 | 7 | 3 |
| 忠烈王 6 | 1280 | 1 | 1 | 1 | 23 | | 1374 | 12 | 13 | 10(11) |
| 16 | 1290 | 1 | 1 | 1 | 禑王 1 | 1375 | 10 | 16 | 11 (7) |
| 忠肅王10 | 1323 | 2 | 2 | 2 | 2 | | 1376 | 46 | 20 | 39(12) |
| 忠定王 2 | 1350 | 7 | 6 | 6 | 3 | | 1377 | 52 | 42 | 54(29) |
| 3 | 1351 | 4 | 3 | 4 | 4 | | 1378 | 48 | 9 | 48(22) |
| 恭愍王 1 | 1352 | 8 | 12 | 7 | 5 | | 1379 | 29 | 23 | 37(15) |
| 3 | 1354 | 1 | 1 | 1 | 6 | | 1380 | 40 | 21 | 40(17) |
| 4 | 1355 | 2 | 2 | 2 | 7 | | 1381 | 21 | 19 | 26(19) |
| 6 | 1357 | 4 | 3 | 4 | 8 | | 1382 | 23 | 14 | 23(12) |
| 7 | 1358 | 10 | 10 | 6 | 9 | | 1383 | 50 | 28 | 47(24) |
| 8 | 1359 | 4 | 5 | 4 | 10 | | 1384 | 19 | 16 | 20(12) |
| 9 | 1360 | 8 | 5 | 5 | 11 | | 1385 | 13 | 16 | 12 |
| 10 | 1361 | 10 | 4 | 3 | 13 | | 1387 | 7 | 5 | 7(4) |
| 11 | 1362 | 1 | 2 | 1 | 14 | | 1388 | 20 | 17 | 14(11) |
| 12 | 1363 | 2 | 2 | 1 | 昌王 1 | 1389 | 5 | 11 | 5 |
| 13 | 1364 | 11 | 12 | 8(10) | 恭讓王 2 | 1390 | 6 | 2 | 1 |
| 14 | 1365 | 5 | 3 | 5 (3) | 3 | | 1391 | 1 | 1 | 2 |
| 15 | 1366 | 3 | 3 | 0 | 4 | | 1392 | 1 | 2 | 1 |

오히려 1375년 8월에 일으킨 今川了俊에 의한 少貳冬資의 살해사건 이 더 크게 작용하였다고 볼 수 있다. 당시 今川了俊은 九州探題로서 자신의 권력을 강화할 목적으로 1375년 8월 少貳冬資를 살해하는데, 이것 은 九州에서 세력의 재편을 알리는 신호탄이었다. 본래 남조와 대치하 고 있던 水島 진영의 긴박한 상황에서 了俊이 冬資를 살해한 본질적인 이유는 少貳氏와의 대립관계를 종식시키고 大宰府가 위치한 筑前國의 探題의 分國化가 목표였다. 결국 이것은 了俊이 九州 전지역을 探題의 전제권력하에 領國化하려는 과정에서 일으킨 사건이었다. 따라서 <표

---

34) 졸고, 「一揆와 倭寇」 『日本歷史硏究』 10, 1999, 참조. A는 羅鍾宇의 통계 (羅鍾宇, 『韓國中世對日交涉史硏究』, 원광대학교 출판국, 1996, 126쪽). B는 田村洋幸의 통계(田村洋幸, 『中世日朝貿易の硏究』, 三和書房, 1967, 36-37쪽). C는 田中健夫의 통계(단, ( )는 수정을 한 통계임) (田中健夫, 『中世海外交涉史の硏究』, 東京大學出版會, 1957, 4쪽).

2>에서와 같이 1375년 少貳冬資가 피살당하고 그 다음해부터는 왜구의 출몰이 가히 폭발적으로 늘어나고 있다. 이는 九州에서의 정치적 혼란이 九州지역에만 국한되지 않고 고려까지도 그 영향을 미쳤음을 시사하는 것이다.[35]

今川了俊에 의한 少貳冬資의 살해사건은 九州의 분열과 재지이탈 세력을 양산하게 되었다. 이들이 1370년대 중반 이후에 왕성하게 활동하는 왜구의 주체세력이었다. 더 나아가 약탈품의 경제적 가치 이외에 추가로 인신납치라는 극단적인 방법을 선택하는 자들이었다. 그 결과로 13세기 중반까지 존재했던 표류민의 송환이 사라지고, 1370년대에 들어 피로인의 송환으로 바뀌기 시작한다. 이러한 현상은 재화를 빼앗아가는 '물질약탈 왜구'에서 고려인을 납치하는 '인신납치 왜구'로 전환하는 것과 밀접하게 관련되어 있었다. 그리고 오히려 고려의 금구 요구에 협조적이었던 今川了俊이 九州探題로 활동하던 시기(1371~1395)에 고려의 물적·인적 피해가 사실상 증가하는 것을 보아 아이러니하다.

또한 <표 3>에서 보는 바와 같이 피로인의 송환자 수도 급격히 증가하고 있다. 了俊이 자신의 지배력을 강화하는 과정에서 九州를 혼란에 빠트려서 왜구 증가의 원인을 제공하였지만, 한편으로 그는 피로인의 송환에도 적극적이었다. 예를 들어 그의 재임기간에 九州探題의 외교력을 과시할 목적으로 시도한 약 2천여 명이 넘는 피로인의 송환이 그것이다. 고려의 입장에서 본다면 그의 활동에는 이중성이 숨어 있었다. 이것을 고려 대상으로 펼친 외교권 장악을 위한 정치공작이라고 보는 표현이 지나친 것일까.

이처럼 1370년대 왜구는 모두가 '물질약탈 왜구'와 '인신납치 왜구' 인신 납치의 왜구의 성향을 띠고 있음이 분명하다. 그렇다면 왜구의 고

---

35) 拙稿, 「少貳冬資와 倭寇의 일고찰」『日本歷史研究』13, 2001, 참조.

려인 납치 목적은 무엇인가. 노동력의 필요인가 혹은 재화로 교환 가능
한 피로인의 확보였는가 등의 어떠한 가정하에서도 모두가 경제적 이득
의 창출과 관련되어 있음을 알 수 있다. 그러나 인신납치는 곡물이나 재
화와 같이 즉시 유용 가능한 현물과는 거리가 먼 이차적인 약탈 대체품
이다. 이러한 '인신납치 왜구'의 성향은 장기간의 왜구 출현으로 고려의
농촌이 피폐해지고 약탈품의 확보가 열악해진 상황에서 취한 마지막 선
택이었을 것이다.

반면 고려 조정은 피로인 송환문제에 상당한 관심과 노력을 기울였
다. 고려에서 보낸 금구 사신의 목적에는 피로인의 송환도 들어 있었다.
1378년 정몽주는 왜구에게 잡혀간 尹明, 安遇世 등과 수백명을 귀환시
키고, 다시 양반의 자제가 종이 되어 있는 것을 가엾게 여겨서 정승들에
게서 사재를 거출하여 尹明으로 하여금 백여명을 귀환시키는데 노력하
였다.[36] 조선시대에 들어오면 일본에 지불하는 표류민과 피로인의 송환
의 대가가 차이를 보이고 있다. 이에 대해서 關周一는 표류민 송환의 반
대급부로 麻布·綿布·苧包·虎皮·豹皮·彩花席·朝鮮人蔘 등의 고급품이
하사되었고, 피로인의 송환 대가로 1인당 綿布 10필을 지불하는 것을
원칙으로 하고 있었는데, 이것은 피로인을 만들어낸 책임이 일본측에
있고 이들을 송환하는 것이 당연한 일이라는 하는 조선의 인식 때문이
라고 주장하고 있다.[37] 그러나 이것은 왜구의 인신납치가 재화의 확보
에 있는 것이므로 피로인의 반대급부를 높게 책정하였을 때 오히려 왜
구의 인신납치를 촉진할 우려 때문으로 이해하는 것이 타당하지 않을까

---

36) 『高麗史』 권117 열전 권30, 鄭夢周傳, "及歸與九州節度使所遣周孟仁偕來且刷還俘
尹明安遇世等數百人　且禁三島侵掠倭人久稱慕不已　後聞夢周卒莫不嗟恍至有齋僧
薦福者　夢周憫倭賊奴我良家子弟乃謀贖歸力勸諸相各出私賞若干且爲書授尹明以遣
賊魁見書辭懇惻惻還俘百餘人　自是每明之往必得俘歸".
37) 關周一, 전게서 92쪽 참조.

생각한다.

결론적으로 왜구의 고려인 납치는 노동력의 확보(노예화) 내지는 경제적 가치의 창출에 목적이 있었던 것으로 생각된다. 따라서 고려와 조선 조정의 피로인에 대한 송환 의지가 강할수록, 그리고 피로인의 송환대가로 지급되는 반대급부가 증가할수록, 인신약탈의 악순환은 근절될 수 없었을 것이다.

<표 3> 고려 말·조선 초 피로인 송환자 수

| 일시 | 송환되는 피로인 수 | 송환자 | 출전 |
|---|---|---|---|
| 1363년(공민왕 12) 3월 | 고려 피로인 30여 구(口) | 왜국 | 고려사<br>고려사절요 |
| 1378년(우왕 4) 7월 | 포로 尹明, 安遇世 등 수 백인과 백여 명 | 九州節度使<br>今川了俊 | 고려사<br>고려사절요 |
| 1378년(우왕 4) 7월 | 피로 부녀 20여인 | 九州節度使<br>今川了俊 | 고려사<br>고려사절요 |
| 1379년(우왕 5) 7월 | 피로인 230여구 | 九州節度使<br>今川了俊 | 고려사<br>고려사절요 |
| 1382년(우왕 8) 윤2월 | 피로 남녀 150인 | 일본 | 고려사<br>고려사절요 |
| 1383년(우왕 9) 9월 | 피로 남녀 112인 | 일본국 | 고려사<br>고려사절요 |
| 1384년(우왕 10) 2월 | 피로 부녀 25인 | 왜 | 고려사<br>고려사절요 |
| 1384년(우왕 10) 8월 | 所虜 남녀 92인 | 일본국 | 고려사<br>고려사절요 |
| 1386년(우왕 12) 7월 | 所虜 150인 | 일본 博多 | 고려사<br>고려사절요 |
| 1388년(우왕 14) 7월 | 피로 250인 | 妙葩,<br>今川了俊 | 고려사<br>고려사절요 |
| 1391년(공양왕 3) 8월 | 고려 피로 남녀 68인 | 九州節度使<br>今川了俊 | 고려사<br>고려사절요 |
| 1392(태조 1) 10월 | 고려 피로민 | 筑前 | 태조실록 |
| 1393(태조 2) 6월 | 고려 피로 남녀 200여인 | 一岐 | 태조실록 |

| 1394(태조 3) 5월 | 피로 본국인 569인 | 九州節度使 今川了俊 | 태조실록 |
|---|---|---|---|
| 1394(태조 3) 7월 | 659명 | 博多 | 태조실록 |
| 1394(태조 3) 9월 | (12)명 | 琉球 | 태조실록 |
| 1395(태조 4) 4월 | 피로인구(人口) | 薩摩 | 태조실록 |
| 〃 | 피로인구(人口) | 〃 | 태조실록 |
| 1395(태조 4) 7월 | 고려 피로 남녀 570인 | 九州節度使 今川了俊 | 태조실록 |
| 1396(태조 5) 7월 | 李子英 | 일본 | 태조실록 |
| 1397(태조 6) 8월 | 피로 본국 남녀 19인, 왜 3인, 唐人 2인 | 琉球 | 태조실록 |
| 1399(성종 1) 5월 | 피로 남녀 백여 인 | 京都 | 정종실록 |
| 1400(정종 2) 8월 | 피로인 | 肥前 | 정종실록 |
| 〃 | 피로인구(人口) | 博多 | 정종실록 |

따라서 고려의 금구사신들이 피로인의 송환교섭을 위해서 자주 파견 되는 곳이 대마도를 경유하여 今川了俊이 권력을 장악하고 있는 九州의 大宰府가 될 수밖에 없었다. 大宰府의 북쪽에 해안에 위치한 博多는 전 통적으로 외국상인들의 왕래가 활발한 항구로서 鴻臚館이 설치되어 있 는 교역의 중심지였고, 피로인에 대한 정보가 집적되는 경제, 정치, 외교 의 중심지였다. 따라서 왜구가 납치한 '피로인'들이 단기간 거주하는 거 류지는 博多와 博多, 平戶, 坊津, 敦賀 등의 대송 교역이 활발하게 전개 되면서 송 상인의 거주지가 존재했던 지역을 설정하는 것이 타당하다고 생각된다. 그렇다면 피로인의 장기적인 집단거주지가 존재하지 않았던 이유는 무엇인가. 아마도 이것은 피로인을 재화로 교환할 수 있는 경제 적 가치와 노동력의 시장성 때문으로 판단된다.

## V. 맺음말

이상에서 송상인의 집단거주지와 표류민과 피로인 송환의 사회적·경제적 의미, 피로인 집단거류의 문제, 그리고 피로인 송환을 통해서 송환자들이 얻게 되는 경제적 이익을 일본사적 시각에서 검토해 보았다.

11~12세기 동아시아 세계에서는 송의 교역시스템이 중심을 이루고 있었다. 따라서 일본의 경우에 九州 북부지역에서는 송 상인을 중심으로 고려 상인의 왕래도 빈번하게 이루어지고 있었다. 일본은 대외무역에서 博多에 鴻臚館이라는 국가영빈관을 두고 외국상인들이 일본에 방문하였을 때 숙박하면서 거래하게 하는 공무역의 거점을 운용하였다. 그러나 공정가격으로 운용하는 무역조건을 기피하려는 송 상인은 不輸不入의 특권을 가진 장원의 항구에 입항하였고, 여기에서 장원영주와 莊官들과의 공공연한 밀무역을 시도하였다. 따라서 博多, 平戶, 坊津 등지에 송 상인이 장기간 거주했던 흔적이 몇 개의 문헌기록과 고고학적 유물로 남아 있다. 이후에 장원영주와 莊官들은 직접 해외무역을 시도하였는데, 조악한 선박건조 기술과 항해지식으로 인해서 송과 직접 교역하지 못하고 고려를 대상으로 교역을 시작하였다.

고려 초기 일본 상인들의 고려 입국의 일차적 목적은 교역을 통한 경제적 이득에 있었다. 그러나 일본상선의 고려입국이 차츰 뜸해지면서 그것을 대신해서 金州의 客館에 매년 1회에 2척의 진봉선이 왕래하도록 허락받았다. 진봉무역은 고려 입국을 대신에 대고려 교역의 창구 역할을 맡고 있었다. 그러나 진봉은 고려에게 환영받지 못하는 교역관계였기 때문에 제한규정에 따라 통제받고 있었다. 따라서 고려 표류민의 적극적인 송환은 고려 조정의 환심을 사기에 매우 적절한 소재였다. 그리고 고려로부터 표류민의 송환에 대한 반대급부로 예물을 하사받는 경우가 있었다.

고려의 표류민이 일본의 각지에 표착하는 경우 그 대부분이 대마도를 경유해서 고려에 송환하는 것이 통례였다. 표류민의 송환은 일본 각지 → 大宰府 → 對馬島 → 金州 → 東南海船兵部部署(慶州, 金州)라는 관청간의 경로를 경유하고 있었다. 따라서 대마도가 일본의 대고려 교섭의 전진기지로서 중요한 역할을 하고 있었다. 이러한 경향은 이후에 고려와 조선으로 계승되어 사신왕래와 왜구의 금압에서도 그 비중이 증대되어 갔다. 또한 대마도가 고려의 왜구 금압의 요구에 적극적인 자세를 보여준 이유는 경제 욕구를 충족시켜 주는 진봉관계가 존재하고 있었기 때문이었다.

13세기 중반까지 일본의 금구 협조와 표류민 송환은 매우 적극적이었고, 이것을 해결하려는 노력이 있었다. 그런데 표류민의 기사는 몽골의 일본 침입 이후에 어떠한 기록에서도 찾아볼 수가 없게 되었다. 「異國征伐」과 대단위 토목공사의 동원 과정에서 표류민의 문제는 부차적인 문제로 취급될 수밖에 없었기 때문에, 고려의 표류민이 존재하였다고 하더라도 과거처럼 우호적으로 송환되는 일은 기대할 수 없었다.

14세기에 접어들면서 고려의 존립을 위태롭게 만드는 왜구가 두드러지게 발생한다. 특히 1375년 今川了俊에 의한 少貳冬資의 살해사건은 九州의 분열과 재지이탈 세력을 양산하였고, 이들이 1370년대 중반 이후에 왕성하게 활동하는 왜구의 주체세력이었다. 약탈품의 경제적 가치 이외에 추가로 인신납치라는 극단적인 방법을 선택하는 자들이었다. 그 결과로 13세기 중반까지 존재했던 표류민의 송환이 사라지고, 1370년대에 들어 피로인의 송환으로 바뀌기 시작한다. 이러한 현상은 재화를 빼앗아가는 '물질약탈 왜구'에서 고려인을 납치하는 '인신납치 왜구'로 전환하는 것과 밀접하게 관련되어 있었다.

고려의 금구사신들이 피로인의 송환교섭을 위해서 자주 파견되는 곳이 대마도를 경유하여 今川了俊이 권력을 장악하고 있는 九州의 大宰府였다. 大宰府의 북쪽에 해안에 위치한 博多는 전통적으로 鴻臚館이 설치되어 있는 교역의 중심지였고, 피로인에 대한 정보가 집적되는 경제, 정치, 외교의 중심지였다. 따라서 표류민과 피로인들이 장단기간 거류지가 博多와 博多, 平戸, 坊津, 敦賀 등의 과거 송 상인의 거주지에 존재하였을 것으로 보는 것이 타당하다고 생각된다.

그렇다면 피로인의 장기적인 집단거주지가 존재하지 않았던 이유는 무엇인가. 역사적으로 고려 말의 왜구의 발생빈도가 어느 시기보다 두드러지지만, 피로인의 수는 오히려 왜구의 약탈 빈도수가 줄어드는 조선 초에 오히려 증가하고 있다. 이는 일본의 송환 의지와 밀접하게 연결되어 있었을 것으로 추측된다.

그 이유를 몇 가지 정리해 보면, 첫째로 조선의 대외정책이 對일본 유화정책으로 전환함에 따라서, 九州探題가 피로인의 송환에 적극 참여하였다는 점이다. 둘째로 여말선초에 활동하던 왜구의 수가 줄고 자신들의 본거지에 정착하면서 현지의 노동력이 포화상태에 빠졌다는 점이다. 셋째로 임진왜란 때에 피납된 도공(陶工)의 높은 기술수준과 비교했을 때, 고려 피로인은 더 이상 매력을 끌지 못하는 노동력의 질 때문이었다는 점 등이다.

이상에서 13세기를 중심으로 고려와 조선 초의 표류민과 피로인을 통해서 당시 일본에서의 표류민과 피로인의 거류 흔적을 더듬어 보았지만, 14세기 중반 이후의 미흡한 부분에 대해서는 지면상 다음 과제로 미루고자 한다.

# 6. 근세초 西日本 지역 '조선인 집단거주지'에 관하여*

윤 유 숙**

## Ⅰ. 머리말

근세 일본사회에 조선인이 정주하게 된 발단은 임진왜란 시에 일본
군에 의해 연행된 조선인 전쟁포로 즉 '피로인(被虜人)'[1]의 존재에서 유
래한다. 피로인에 관한 선행 연구[2]로는 사츠마번(薩摩藩)의 집단거주 정

---

 * 『사총』 68(2009년)에 기게재됨
 ** 동북아역사재단 연구위원

 1) 피로인이란 본래 조선 문헌에 사용된 사료 용어이다. 그들이 '임란 중에 일본군에
 의해 납치된 민간인 전쟁포로'라는 성격을 표현한다는 측면에서 현재 韓日 양국
 학계에서는 '피로인(被虜人)'을 역사용어로 사용하고 있다. 1990년대 일본학계 일
 각에서 이들 피로인을 '近世初期渡來朝鮮人'이라 표현한 예가 있으나 일본학계
 (특히 古代史 부문)에서 본시 '渡來人'이란 자주적인 의지로 집단 도래한 사람들
 을 의미하므로 임진왜란으로 발생한 피로인을 근세의 도래인으로 표현하는 것은
 적절하지 않다고 생각된다.
 2) 조선인 피로인에 관한 대표적인 연구로는 다음과 같다. 內藤雋輔, 『文祿慶長にお
 ける被虜人の研究』, 東京大學出版會, 1976 ; 丸茂武重, 「文祿、慶長の役に於ける朝

책 하에서 생활하던 조선인 陶工 연구(현재 가고시마현 나에시로가와 마을[苗代川村])가 가장 선구적이라 할 수 있다. 이후 주로 조선통신사의 피로인 쇄환활동을 다룬 논고 속에서 일본 근세사회에 정착한 조선인이 언급되거나, 또는 그들의 사회적인 존재 형태를 규명한 연구 성과 등이 최근 들어 나오고 있다. 그러한 성과로써 특정 지역을 대상으로 하여 집중적으로 검토한 것도 확인되지만 개개인의 사례를 개별적으로 소개하는 형태가 주류를 이루고 있다. 따라서 사츠마번의 조선인 陶工 집주촌을 제외한, 일반 피로인으로 구성된 집단거주지의 분포 및 실태에 관해서는 현재까지도 기초적인 연구가 부족한 상황이라고 할 수 있다.

조선 침략에 참가한 다이묘들이 많았던 서일본 지역, 예를 들어 규슈(九州), 주고쿠(中國), 시코쿠(四國)일수록 다수의 조선인을 납치했다고

---

鮮人抑留に關する資料」,『國史學』61, 1953 ; 鶴園裕대표,『日本近世初期における渡來朝鮮人の研究一加賀藩を中心に一』, 1990年度科學研究費補助金研究成果報告書, 1991 ; 村井早苗,「朝鮮生まれのキリシタン市兵衛の生涯」, 今谷明・高利彦編『中近世の宗敎と國家』, 岩田書院, 1998 ; 中村質,「壬辰丁酉倭亂の被虜人の軌跡一長崎在住者の場合一」,『韓國史論』22, 1992 ; 仲尾宏,「壬辰・丁酉倭亂の朝鮮人被虜とその定住・歸國」『朝鮮通信使と壬辰倭亂』, 明石書店, 2000 ; 米谷均,「近世日朝關係における戰爭捕虜の送還」『歷史評論』595, 1999 ; 同「朝鮮通信使と被虜人刷還活動について」『對馬宗家文書 第Ⅰ期 朝鮮通信使 記錄別冊』, ゆまに書房, 1999 ; 同「17세기 日・朝관계에서의 피로인의 송환 -惟政의 在日쇄환활동을 중심으로-」, 사명당기념사업회편『사명당과 유정』, 지식산업사, 2000 ; 高橋公明,「異民族の人身賣買一ヒトの流通一」荒野泰典・石井正敏・村井章介編『アジアのなかの日本史2』, 東京大學出版會, 1992 ; 민덕기,「납치된 조선인들은 일본에서 어떻게 살았을까」한일관계사학회편『한일관계2천년 보이는 역사, 보이지 않는 역사 근세』, 경인문화사, 2006 ; 同「임진왜란 중에 납치된 조선인 문제」한일관계사연구논집편찬『임진왜란과 한일관계』, 경인문화사, 2005 ; 同「임진왜란에 납치된 조선인의 귀환과 잔류로의 길」『한일관계사연구』20, 2004 ; 同「임진왜란에 납치된 조선인의 일본생활-왜 납치되었고 어떻게 살았을까-」『호서사학』36, 2003 ; 김문자,「16-17C 朝日관계에 있어서 被虜人 귀환-특히 여성의 경우-」『상명사학』8, 9합집, 2003 ; 尹達世,『四百年の長い道』, リーブル出版, 2003

전해진다. 따라서 서일본 지역은 일본의 다른 지역에 비해 상대적으로 피로인의 숫자도 많았고, '일본에서의 정주' 내지는 집단거주의 길을 택한 조선인의 숫자도 많았을 것으로 추정된다. 실제로 서일본 지역에는 피로인을 거주시키기 위해 설정한 조선인 마을 즉 '唐人町'(또는 '高麗町')이 곳곳에 존재했다고 전해진다.

이에 본고는 서일본 지역에 존재했던 조선인 집단거주지의 실태에 관해 검토하고자 한다. 구체적으로는 집단거주지를 형성했던 조선인 또는 그들의 후예라고 할 수 있는 '조선계 주민들'에 대한 일본 공권력(藩權力 또는 幕府)의 지배정책, 집단거주지의 존속기간, 주변 현지 사회와의 동화여부, 조선계 주민의 사회적인 지위 등에 주목할 것이다. 근세 일본사회에 정착한 조선계 주민 중에는 집단생활이 아니라 독자적인 생활을 영위한 경우도 대단히 많았으므로 그들의 생활상도 함께 다룰 것이다. 본고는 '근세 일본사회의 조선인' 연구의 일환이라는 측면에서 이 문제에 접근해 보고자 한다.


## Ⅱ. 被虜人의 귀환과 일본잔류


현재 일본학계에서는 근세 일본사회에서 異民族의 일본정주와 관련하여 '非크리스트 교도이면서 일본의 풍속, 습관에 동화되면 인종, 민족을 문제시하지 않는 것이 幕藩 권력의 기본적인 태도였다'는 시각[3]이 일반적이다. 특수한 업종에의 종사를 강요받았던 일부 도공들과는 달리 일반 조선인이 집단거주를 하게 된 데에는 각기 고유한 유래가 있었을

---

3) 荒野泰典, 「日本型華夷秩序の形成」, 『日本の社會史1 列島內外の交通と國家』, 岩波書店, 1987 참조.

것이고 이민족 집단거주지 특유의 존재 양상을 띠고 있었을 것으로 추
정된다.

그러나 사츠마번의 조선인 집주촌과 같은 특수한 예를 제외하고 피
로인을 중심으로 하여 형성된 조선인 집단거주지는 시간이 경과하면서
점차 현지 일본사회에 동화되어 갔기 때문에 집단거주지의 민족적인 특
성을 추출해내기 어렵다는 것이 일반론이기도 하다. 이러한 연구 상의
한계를 극복하기 위해서는 에도시대 초기와 중기 해당지역의 번정(藩政)
사료를 면밀하게 검토할 필요가 있으나 서일본 지역에 존재했던 각 藩
의 번정 사료를 조사하는 것은 그것 자체로도 장기간의 시간을 요하는
대규모 작업이다. 이에 본고는 번정 사료의 활용이 미흡했다는 점을 미
리 밝혀두며 기초 작업이라는 의미에서 조선 통신사의 使行錄, 귀국 피
로인의 포로생활기 등을 적극적으로 활용하고자 한다.

조선인이 일본에 연행되는 형태는 대개 일본군에 의해서 각 다이묘
의 領國으로 직접 이송되는 경우와, 인신매매를 목적으로 하는 일본 상
인에게 납치되어 가는 경우를 들 수 있다. 임진왜란 중에는 갖가지 일본
상인들이 일본군을 따라 조선에 건너왔는데 그 가운데에는 인신매매 상
인들도 많았다. 일본군은 때로 납치한 주민을 진지에 후속 세력으로 따
라온 인신매매 상인에게 팔아넘기기도 했다.[4] 문자 그대로 노예사냥의
구조를 연상케 하는 상황이 아닐 수 없다. 인신매매 상인은 조총(鳥銃)
이나 백사(白絲)를 대가로 받고 조선인을 포르투갈 상인에게 넘겼고 포

---

4) 정유재란 때에 종군한 일본 승려 慶念는 그의 기록 『朝鮮日日記』에 '이들은 일본
군 진지를 따라다니며 남녀노소를 불문하고 조선인을 사들여 새끼줄로 그들의 목
을 줄줄이 엮어 묶은 후 빨리 가게 몰아댔다. 혹 잘못 걷기라도 하면 몽둥이로
내려치며 내몰았다. 그 모습이 마치 지옥의 무서운 귀신이 죄인을 다루는 것이 저
럴 것인가 여겨지기까지 했다. (중략) 원숭이 엮어 묶듯 해서는 牛馬를 끌고 짐을
지고 가게 볶아대는 모습은 차마 눈으로 볼 수 없었다.(11월 19일조)'고 묘사했다.
일본의 인신매매 상인에게 연행되어 가는 조선인들의 처참한 모습이 엿볼 수 있다.

르투갈 상인은 조선인을 아시아 지역이나 포르투갈 식민지에 다시 팔아 넘기곤 했다.

이처럼 일본에 연행된 피로인은 일본국내 뿐만 아니라 마닐라, 마카오, 인도, 유럽 등지에 노예로 전매(轉賣)된 사람들이 있기 때문에 정확한 숫자를 파악하기가 어렵다. 일본의 도호쿠(東北)지방에서 오키나와(沖繩)까지 광범위하게 분산된 피로인은 현재까지도 그 정확한 총인원수를 산정할 수 없는 상태이지만 일본측은 대략 수 만 명, 한국에서는 최고 10만 명 이상[5]으로 추정하고 있다. 그 중에서 조선으로 쇄환된 피로인의 총수는 內藤雋輔가 7,500명 이상이라는 주장을 폈으나 이보다 적은 6,100명 정도라는 의견이 새롭게 제시되었다.[6] 그러므로 수만 명에 달하는 조선인이 다양한 사정으로 일본에 잔류한 셈이 된다.

임진왜란 종료 후 피로인이 귀국하는 경위는 크게 세 가지였다. 조선과의 강화교섭 체결 및 국교재개를 서두르던 대마번의 노력에 의해, 또는 피로인의 자력에 의해, 또는 일본을 방문한 조선통신사에 의해 쇄환이 이루어졌다. 구체적인 쇄환 사례는 1599년부터 시작되어 1607년, 1617년, 1624년, 1636년, 1643년 통신사행까지 약 반세기에 걸쳐 확인되며 특히 1610년까지의 기간 중에 집중되어 있다. 쇄환이 시작되자 초반에는 귀국을 원하는 사람들이 많아서 1607년의 통신사는 남녀 합해 1,418명의 조선인을 쇄환하였다.[7]

그러나 귀환자의 수는 그 후 점차 감소해 갔다. 1643년 통신사에 의

---

5) 최호균, 「壬辰, 丁酉倭亂期 人命被害에 대한 계량적 연구」, 『國史館論叢』89집, 2000, 49쪽.

6) 米谷均, 「近世日朝關係における戰爭捕虜の送還」『歷史評論』595, 1999, 29쪽. 米谷均의 본 논문에는 1599년부터 1643년까지 피로인의 본국 귀환 사례가 시기, 인원수, 쇄환한 주체 등의 항목별로 정리되어 있다(31-32쪽).

7) 慶暹, 『海槎錄』(『국역해행총재Ⅱ』민족문화추진위원회, 1977), 정미년 윤6월26일 참조.

해 쇄환된 인원수는 겨우 14명이었고 이로써 피로인의 쇄환은 일단락된 셈이었다. 심지어 처음에는 통신사 일행에게 귀환의사를 보이다가 결정적인 순간에 이르러 귀국을 포기하거나 귀국을 권유해도 아예 응하지 않는 경우가 후반으로 가면 갈수록 증가했다. 그 이유는 다양했다. 우선 일본에서의 생활이 장기화되면서 결혼해서 가정을 이루어 안정된 경제 기반을 확보하는 사람들이 증가했다는 점을 꼽을 수 있다. 일본 사회에 정주하는 경향이 강해진 것이다. 또는 너무 유년기에 일본에 연행된 사람들은 고향과 가족에 관한 기억이 없어 조선에 돌아가더라도 연고 부재의 상태에서 출발해야 한다는 부담이 따랐을 것이다.

그리고 귀국한 후 조선정부의 피로인 대우 문제가 원인으로 지적되기도 한다. 李元植의 연구에 따르면 피로인 중에 '본토로 돌아가도 전혀 이득이 없다'고 말하여 동료 피로인의 송환을 방해한 자(예를 들어 피로인 李文長)가 있기도 했다. 米谷均은 귀국 후 피로인에 대한 조선정부의 대응에 주목했다. 당초 그들에게 약속된 면죄(일본측의 포로가 된 '죄'를 용서하는 것), 免役, 免賤, 復戶(충신, 효자, 열녀에 대한 면세) 등의 특전 여부가 실제로 어느 정도 이루어졌는지 의심스러우며, 오히려 송환한 피로인들을 부산 근처에 놔두고 가버린 사례가 있기 때문에 귀국 후의 피로인 개개의 추적 조사가 중요하다고 지적하였다. 피로인 송환 제도와 더불어 귀국 후 피로인의 실태에 관한 좀 더 구체적인 검토가 이루어져야 할 것이다.[8]

그러면 피로인의 연령대 내지 남녀 비율은 어떠했을까. 피로인은 청장년층 남성과 여성, 그리고 미성년자가 주를 이루었다. 청장년층 남성과 여성, 미성년자는 노동력으로써 상품가치가 높고 장기적인 노동력으로써 활용할 수 있는 이점이 있기 때문이었을 것이다. 비록 서일본 지역

---

8) 六反田豊외, 「文祿·慶長의 역(壬辰倭亂)」『한일역사공동연구보고서』3, 2005, 53-54쪽

은 아니지만 가가번(加賀藩, 현 이시가와현[石川縣]) 지역에서 피로인으로 보이는 조선계 주민 13명 가운데 적어도 5명은 10세 이하였다.[9] 이처럼 피로인에서 어린이가 차지하는 수적인 비율이 높은 이유는 성인에 비해 물리적인 반항이 취약하고 도주할 줄 모를 뿐 아니라 잘 성장하면 성별에 관계없이 장기간 노동력으로서 또는 기술노예로서의 활용가치가 컸기 때문일 것이다. 여성의 경우, 납치와 연행이 남성보다는 상대적으로 용이했을 것이고 일본으로 가서는 주로 家內 使役 등 여성 노예인력으로 충당되었다.

피로인을 출신 시역별로 보았을 때 그들의 태반이 경상도와 진라도 출신이었다고 한다. 이는 일본군의 민간인 생포, 일본 상인들의 조선인 납치 등이 경상도와 전라도에서 주로 행해졌기 때문이다. 한성을 함락시킨 후 그곳에 체류하는 기간 중에도 일본군은 비전투원인 양반층 인사나 여성을 약탈 대상으로 삼았고, 사행록에 의하면 특히 여성의 경우 양반 가문 출신이 많았다고 한다.[10]

일본에 연행된 조선인들은 인신매매에 의한 永代奉公(종신 하녀나 하인)이나 유모와 같은 피고용인으로 생활하는 경우도 있었지만[11] 시간이 경과하면서 승려, 醫者, 儒者, 상인, 다이묘의 부하(家來)나 侍從, 陶工으로서 자립적으로 생활하는 사람들도 많았다. 비록 조선인의 상당수가 노예로 끌려와 일본인 주인의 감시 하에 있기는 했지만 비교적 조기에 노예의 지위에서 자립하는 예가 많았기 때문이다.

조선인들이 일본사회에서 그처럼 다양한 지위를 획득하며 자립의 길

---

9) 中村質, 앞의 논문, 167쪽.
10) 仲尾宏, 앞의 논문, 190-191쪽.
11) 민덕기, 「임진왜란에 납치된 조선인의 일본생활-왜 납치되었고 어떻게 살았을까-」
『호서사학』36, 2003 참조. 민덕기는 사행록에 기록된 통신사가 목격한 사실, 傳言 등을 바탕으로 하여 조선 피로인들은 대부분 노예 인력으로 종신 예속되었을 것이라고 보았다.

을 걸을 수 있었던 이유로 당시 일본사회의 노예개념이 지적되기도 한다. 즉 일본의 인신매매는 그 인신에 대한 지배권의 終身(또는 有期的) 양도의 형식으로, 실질적인 奉公관계를 설정하는 것을 의미하였다. 따라서 일본인은 그들을 자신의 자식처럼 여겨서 서민층에서는 그들을 養子로 삼거나 자신의 자식이나 친척과 결혼시키기도 했다. 또한 노예가 획득한 모든 물건은 노예 본인의 소유가 되며 그것을 자유롭게 처분하는 것도 가능했다. 그러한 과정 속에서 조선인은 일본인과 통혼하거나 주인의 양자가 됨으로써 자립할 수 있는 기회를 얻었던 것이다.12) 여성의 경우는 도요토미(豊臣), 도쿠가와(德川) 가문을 비롯한 다이묘 가문, 하타모토(旗本), 번사(藩士)의 아내가 되거나 시녀가 되는 사례가 많았다.

또한 일각에서는 농업 노동력으로 투입되기 보다는 농업 이외에 전문적인 능력을 요하는 업종에 종사하는 조선인들의 예가 다수 확인되고 있는 점에 근거하여, 피로 조선인의 대부분이 직능적인 집단으로서 조카마치(城下町) 등의 도시적 환경에서 살았을 가능성이 높다는 의견이 제기되기도 했다. 설령 농촌의 대체 노동력으로서 경작에 투입된 경우에도 村請制度13)의 일단으로 조직된 것이 아니라 일시적, 보조적인 노동력으로 기능했다고 보는 주장이다. 이 같은 견해는 일본에 연행된 많은 조선인들이 각각의 다이묘 領國에서 사역되었다는 내용의 사료가 아직 발견되지 않은 점을 근거로 한다.14) 한편 피로인의 납치 원인과 관련

---

12) 荒野泰典, 앞의 논문, 203쪽.
13) 村請制度란 근세 영주계급의 농민지배에 있어서 年貢, 諸役의 부담, 치안, 경찰, 소송 등 모든 것이 村, 村高를 단위로 하여 이루어지는 것을 말한다. 年貢과 諸役을 촌 단위로 부담하게 하는 제도.
14) 仲尾宏, 앞의 논문, 174-176쪽. 이 같은 사실과 관련하여 仲尾宏는 '일본군이 조선의 민간인을 연행한 목적 중의 하나가 일본에서 활용할 농경 대체 노동력을 획득하기 위해서'라는 종래의 관점을 부정하였다. 다이묘들이 일본 농촌 사회의 노동력을 조선침략에 군역으로 징발한 결과 농촌 노동력의 부족 현상이 초래되었고

하여 조선침략에 참가한 각 다이묘들이 조선인을 납치하여 결손된 군사력을 보강하려 했다는 의견이 제기되기도 했다. 일본측이 군사력 확보를 목적으로 하여 조선인을 납치했다는 주장이다.[15]

## Ⅲ. 서일본 지역의 조선인 집단거주지

### 1. 사행록을 통해 본 피로인의 생활상

피로 경험자에 의해 작성된 일본체험 기록은 임란 기간 중 피로인의 일본 생활상을 비롯하여 다이묘들의 조선인 대우정책, 관리정책을 엿볼 수 있는 좋은 자료이다. 예를 들어 귀국에 성공한 피로인 정희득(鄭希得)이 남긴 『月峯海上錄』(국역 해행총재8)이 그것이다. 정희득의 생애와 활동은 자세히 알려져 있지 않은데 1575년 전라도 함평 월악리(月岳里)에서 정함일과 함평 이씨 사이에 둘째 아들로 출생하여 1640년 향제(鄕第)에서 작고했다. 父命을 어기지 못하여 31세(1603년) 때 사마시에 응시했으나 그 후 과거를 단념하고 시골 선비로 은둔 생활을 하며 여생을 마쳤다.

『월봉해상록』은 1597년 9월27일 일본군의 포로가 되어 일본에서 3년 동안 피로인 생활을 하다가 귀국한 士人 정희득의 피로기록이다. 그를 사로잡은 일본군은 오늘날 시코쿠(四國) 도쿠시마현(德島縣, 옛 阿波國)을 지배하던 다이묘 하치스가(蜂須賀)씨의 部將 森小七郎이 이끌던 水軍

---

납치한 조선인들을 농경노예로 사역한 것도 일부 사실이지만, 출진한 다이묘들이 처음부터 계획적으로 생포한 조선인을 농촌 노동력의 보급원으로 사용하기 위해 일본에 연행한 증거는 없다고 보았다.

15) 김문자, 앞의 논문, 183쪽. 민덕기, 「임진왜란에 납치된 조선인의 일본생활-왜 납치되었고 어떻게 살았을까-」『호서사학』36, 2003, 176-177쪽.

이었다.

정희득이 포로가 된 것은 1597년 9월27일 그의 나이 25세 때였다. 정희득 일가가 일본군의 북상을 피해 현재의 영광군 연해를 항해하던 중 일본군에게 붙잡히자 그의 모친, 아내, 형수, 누이는 스스로 바다에 투신하였고 그는 11월26일 그의 형 및 100여 명의 다른 포로들과 함께 일본으로 연행되었다. 대마도를 경유하여 12월 30일 하치스가씨의 居城이 위치하는 도쿠시마시(德島市)에 도착, 억류생활이 시작되었다.

그러던 중 1599년 6월, 피로인 15명에 포함되어 포로생활 3년 만에 마침내 귀국하는 데 성공했다. 더구나 그의 귀국은 대마번이나 조선정부가 펼친 공식적인 쇄환활동에 의한 결과가 아니라 귀국을 허가해달라는 본인의 호소를 하치스가씨가 받아들인 결과 이루어졌다. 즉 정희득의 경우는 다이묘의 자발적인 호의에 의해 이루어진 귀국이라는 점이 특징일 것이다. 1598년 히데요시가 사망하고 일본군이 속속 조선에서 철수하자 하치스가씨는 정희득의 귀국을 허가하고, 정희득 일행에게 수하를 붙여 시모노세키(下關)까지 영솔해 주도록 하였다. 일행은 이키(壹岐)에서 배를 구입하여 대마도 府中을 거쳐 부산에 귀환했다.

그러면 『월봉해상록』의 기록을 통해 피로인의 일본 생활상의 특징을 정리해 보면 다음과 같다. 우선 첫째, 피로인 간의 접촉, 피로인과 일본인과의 접촉은 물론이거니와 상호왕래와 서신왕래가 비교적 자유롭게 이루어졌고, 비록 포로이기는 하지만 조선인들에게는 해당 다이묘가 지배하는 영역 내에 한하여 행동과 통행의 자유가 어느 정도 인정되었다는 점이다.

괴산(槐山)을 만났다, 그는 괴산 사람이기 때문에 괴산이라 부르며, 임진년에 잡혀 올 때는 나이 8세였는데 이제는 이미 14세가 되었다. 스스로 말하기를 '양반집 아들'이라 하며 나를 보고 눈물을 흘렸다. 나도 따라서 눈물이 옷

깃을 적셨다. 다리 위에서 하천주(河天柱)를 만났다. 아파성(阿波城) 아래 길다란 강이 있고, 강 위에 홍예다리(虹橋)가 있는데, 다리 위에서는 매양 열 사람을 만나면, 8~9명은 우리나라 사람이다. 하군은 진주(晉州)의 이름난 족벌인데, 왜인의 외양간 시중과 꼴머슴을 살고 있다. 우리나라 사람들은 달밤이면 다리 위에 모여, 혹 노래도 부르고 휘파람도 불며, 혹은 회포도 말하고 한숨지어 울부짖기도 하다가 밤이 깊어서야 헤어진다. 이 다리 위에는 백여인이 앉을 만하다.(『월봉해상록』 1598년 3월4일)

이것으로 보아 阿波城 주변에 많은 조선인이 거주하고 있었음을 알 수 있는데 정희득은 자신보다 먼저 연행되어 온 유중원(柳仲源), 함께 연행된 자평(子平), 호인(好仁) 등과 항시 인접하게 지냈다. 그 외에도 정희득은 일일이 열거할 수 없을 정도로 많은 조선인을 만나고 서신을 주고받았는데 그러한 조선인 사이의 접촉을 일본측이 제재했다는 언급은 보이지 않는다. 피로인들은 같은 처지의 피로인들과 교류하면서 정신적, 경제적으로 서로를 도왔는데 대개 정희득과 같은 士族은 사족 출신 피로인과 교류하였다. 이는 1597년 시코쿠의 이요(伊豫) 지방에 피랍되었다가 귀국한 강항(姜沆)도 마찬가지였다.[16]

정희득은 조선인뿐만 아니라 일본인과도 교류하였다. 그와 서로 왕래하면서 친분을 나눈 사람은 현지의 醫僧 장연(長延), 반운자(半雲子, 福聚寺의 高僧)라는 인물이었다. 적어도 월봉해상록에 등장하는 이들 일본인들은 피로인 정희득에게 매우 호의적인 태도로 대했다. 그들은 빈번히 詩文을 교환하여 가족과 생이별한 정희득의 비통한 심정에 동정을 표했고, 정희득이 염병을 앓자 청비탕(淸脾湯)과 쌀을 보내주었으며 평

---

16) 강항, 『看羊錄』賊中封疏(『국역해행총재 II』민족문화추진위원회, 1977). 강항(1567-1618)은 정유재란 때 李光庭의 從事官으로 의병을 모으기 위해 동분서주하다가 영광지역이 일본군에 의해 장악되었다는 말을 듣고 이순신이 있는 統制營으로 향하다 일본군에게 잡혔다. 강항이 9월 후시미(伏見)로 옮긴 이후 그가 빈번하게 교류한 사람들은 모두 士族이었다.

시에도 시종일관 정중한 태도로 접하였다. 정희득 본인도 자신이 무사
히 귀국할 수 있었던 것은 장연과 반운자 덕분이라고 했을 정도로 정희
득에게 호의를 베풀었다.[17] 정희득은 가끔 처소의 북쪽에 위치하는 山
城에 오르기도 했는데 이를 계기로 北條見八이라는 일본인과 친해지기
도 했다.[18]

또한 정희득을 일부러 찾아와 시문을 청하는 일본인들도 적지 않았
다. 이는 비록 포로로 끌려온 상태이지만 식자층 출신의 피로인이 지닌
학식에 흥미를 지닌 현지인들이 많았다는 것을 의미할 것이다. 흔히 '筆

---

17) "① 동 수좌(東首座)를 가 보았다. 이 중은 아파의 高僧인데 호를 스스로 반운자
(半雲子)라 하였다. 그가 사는 곳은 조용하고 인적이 드물며, 도서가 벽에 가득하
고 화초가 뜰에 들어찼으며, 정갈하여 티끌 하나 없었다. 내가 글을 써 보이기를,
"슬프다. 나의 골육(骨肉)은 다 없어져 버리고, 만 리 밖에 외롭게도 아우와 형이
있을 뿐이오"했다. 이 중은 아파에서 모사(謀事)를 주장하고 가정(家政)을 지휘한
다고 들었으므로, 그로 하여금 애달픈 사정으로 감동케 하여 가정에게 잘 말해서
놓아 보내도록 하게 하고자 함이었다. 그 중은, 우리 형제의 어머니와 아내가 절
개를 지켰고 부자가 서로 이별하였다는 망극한 말을 듣고는, 제법 차탄하고 동정
하는 기색이 있었다. 또 우리들을 무척 후하게 대접하였으니, 끝까지 왜인의 복역
(服役)을 면하고 마침내 놓여 돌아온 것도 모두 이 중과 장연(長延) 때문이었다.
(무술년 1월5일)
② 의승(醫僧) 장연이 청비탕 몇 첩과 쌀 한 말을 보자기에 싸서 보내왔다. 이것
은 그 집이 내 처소와 조금 가깝기 때문에 내가 앓아누운 것을 듣고 일부러 사람
을 시켜 보낸 것이다.(무술년 1월21일)
③ 의승(醫僧) 이암(理庵)이라 하는 자가 내가 놓여 (조선으로)돌아간다는 말을 듣
고 글로 치하하였다. 이 왜인은 글도 알고 의술로 행세하며 스스로 천도(天道)를
존숭(尊崇)한다는 자이다.(무술년 11월16일)"
18) "山城의 누(樓)에 올랐다. 처소 북쪽에 산성이 있고 성 위에 누가 있는데 북조견팔
(北條見八)이라 하는 왜인이 가끔 와서 당직하며 매양 우리들을 맞이했다. 원래
견팔이라는 자는 관동(關東) 거괴(巨魁)의 아들로서 그 아비가 수길(秀吉)에게 피
살(被殺)되자, 여기에 도망해 숨어 있었다. 이 또한 있을 곳을 잃은 자이기 때문에
우리들에게 약간 호의를 보였다. 때마침 밀보리는 푸르렀고, 물가엔 풀이, 언덕엔
꽃이 한창이었다. 높은데 올라 서쪽으로 바라보니, 늘어선 봉우리들이 눈을 가리
웠는데, 시름 맺힌 간장이 찢어지는 듯하다."(무술년 2월23일)

談唱和'로 일컬어지는 문예면의 한일 교류는 조선통신사의 방일 시에 활발히 이루어졌다고 알려져 있으며 실제로 통신사가 방문하는 모든 지역에서 그러한 교류가 왕성하게 행하여진 것도 사실이다. 그러나 조선인에게 시문을 구하고 이에 응하는 식의 문화적인 교류는 통신사의 도일이 시작되기 훨씬 이전부터 이미 피로인을 매개로 하여 이루어진 셈이다.

둘째, 피로인은 다양한 일에 종사하면서 생활을 영위했다.

① 중원(仲源)은 바둑 두기를 좋아하고, 자평(子平)은 시 짓기를 좋아하였는데, 이것으로 소일하다가는 간혹 손을 잡고 통곡할 때도 있었다. 잡혀 온 사람들은 모두가 왜놈에게 끌려 그 외양간의 심부름을 하고 있는데, 우리들은 다행히 면했다.(무술년 2월11일)

② 통역은 충주(忠州) 사람인데 임진년에 잡혀 와서 왜승에게 시중을 들고 있다. 그 사람에게 좋은 점이 많아 매양 더불어 도망갈 일을 모의하였다.(무술년 6월7일)

③ 이승상(李丞祥)을 만났다. 그는 담양(潭陽) 사람으로 뭍에서 왜병에게 잡혔는데 아내와 생이별을 하고 어린 자식은 적의 칼에 죽는 것을 목도했으며, 자신은 왜인의 외양간과 땔나무 뒷바라지를 하고 있는데 그 괴로움을 견디기 어렵다고 했다. 슬픈 사연이 만 가지였다. 내가 말하기를 "아무려나 나처럼 부친은 살아 이별하고 모친은 죽어 이별하였으며, 한 목숨이 아직도 살아 있어, 하늘을 부르짖는 가엾음만 하겠나?" 하였다. 이날 작은 여종의 편지를 보았다. 그 이름은 줄비(乽非)인데, 죽은 아내가 부리던 몸종이었다. 진해(珍海)에 있을 때, 헤어져 있는 곳을 몰랐더니, 이제 그 편지를 보건대 '쌀을 얻어 제물을 마련하고 제상을 차려 놓고 통곡했다.' 하니 주인을 그리워하는 정성이 그 아니 기특한가? 편지를 다 보기도 전에 불현듯 눈물이 흘렀다.(무술년 2월 25일)

④ 종일토록 책을 베꼈다. 말하자면 글품을 팔아서 얻은 은전(銀錢)으로 배를 사서 환국할 계획을 하자니, 이 짓 말고는 다시 한 푼을 마련할 길이 없는 것이다. 그래서 부득이 그 괴로움을 참아야 했다.(무술년 9월21일)

많은 피로인이 일본인의 외양간 심부름과 같은 육체노동에 강제로 사역되기도 하였고 승려의 시중, 통역 등에 종사하기도 했다. 정희득 본인은 상당기간 동안 특정한 일에 동원되지 않았지만 귀국하는 데 사용할 배를 구입하기 위해 스스로 글품을 팔아 금전을 입수했다.

셋째 앞서 언급한 대로 피로인에게 이동의 자유가 어느 정도 허용되기는 했지만 탈출을 기도하다 발각되어 잡힌 조선인은 가차 없이 살해되곤 했다. 한번은 양돌만(梁乭萬)이라는 피로인이 탈출용 배를 훔쳤다고 통보해 왔을 때 정희득이 따라나서려다 형님의 만류에 그만둔 적이 있었는데 결국 양돌만의 배는 도사(土佐)까지 갔다가 뒤쫓는 왜인에게 잡혀 배 안의 사람이 거의 반이나 베어죽임을 당했다.[19] 강항이 두 번째 탈출에 실패했을 때에도 통역 겸 길안내 역할을 맡았던 피로인 2명이 처형되었고[20] 강항에 대한 감시와 통제는 더욱 강화되었다.

한편 임진왜란 중 대마도의 후추(府中, 현 이즈하라[嚴原])에도 많은 조선인이 주재했으며 정확한 위치는 알 수 없으나 島內에 조선인 마을이 있었다고 전해진다. 다음은 정희득이 귀국길 대마도에서 듣고 목격한 사실이다.

> 닭이 울자 달빛 아래 배를 띄웠다. 바람은 곱고 물결은 잔잔해서 반돛으로 탈 없이 저녁에 대마도 성 아래에 닿았다. 만나는 사람의 반은 잡혀온 사람들이었다. 모두 말하기를 '(일본군이) 철병한 뒤로는 바다 건너기가 무척 어려워졌다.'고 하였다. 고국을 바라보니 구름결에 어렴풋한데, 바람을 맞으며 울부짖으니 슬픈 심회가 새롭게 났다.(『월봉해상록』 무술년 12월21일)

> 들으니, 우리나라 소금 장수가 이 섬 한 모퉁이에 와 있는데 제대로 한 마을을 이루어 산다고 한다. 더불어 도망갈 계책을 세우고자 하여 가만히 회

---

19) 『月峯海上錄』 무술년 8월21일.
20) 『조선왕조실록』 선조32년(1599) 4월15일(갑자).

백을 소금 장수 마을로 보냈더니, 그날 안에 돌아오지 못했기 때문에 수직하는 왜인에게 발각되었다. 온갖 수작으로 위협하고 욕하면서 그들은 나와 중겸을 소금 장수 마을까지 휘몰고 갔다. 마침 큰비가 오는데 우비도 없고 신도 못 신은 채 험준한 자갈길을 종일토록 가고 가니 고생이 이루 말하기 어려웠다. (후략)(『월봉해상록』 기해년 윤3월20일)

종전 후 본격적인 쇄환이 시작되기 전 대마도에는 많은 피로인들이 체재하고 있었던 만큼 조선의 풍속이 대마도에 전해지기도 했다. 예를 들어 일본에는 그네타기 놀이 풍습이 없었지만 정희득이 귀국길 대마도에 들렀을 때 조선인들이 그네타기 놀이를 하며 모여 즐기는 광경을 목격하기도 했다.[21]

## 2. 종전 후 조선인 집단거주지의 형성

근세 일본사회의 각지에 존재했던 조선인 집단거주지 중에는 '唐人町(도진마치)' 또는 '高麗町(고라이마치)'이라 불리는 곳이 적지 않았다. 당인정이라 지칭되는 마을은 센고쿠(戰國)시대에서 에도시대 전기(前期)에 걸쳐 주로 서일본을 중심으로 하여 각처에 형성되어 있었다. 당인정은 중국인 집주지 또는 조선인 집주지를 의미하며 때로는 중국인과 조선인이 함께 거주하는 마을도 당인정이라 불리었다.

중국인의 경우 明 시대에 해외무역을 목적으로 渡日하여 일본에 화교사회를 형성하기 시작했다. 주지하는 바와 같이 16세기 중기 이후 감합무역이 폐절되어 중일 간의 공식적인 官貿易이 두절되자 명의 해금정책을 어기고 중일 간 중개무역에 종사하는 중국인 해상(海商)집단이 관무역을 대신하여 활약하는 현상이 두드러졌다. 동아시아, 동남아시아 해역까지 포괄하여 광역적인 무역 활동을 벌이는 이들 중국인 해상의 일

---

21) 『月峯海上錄』 기해년 5월5일.

본 왕래 및 거주가 증대되었고, 그 결과 17세기 초두 일본에는 수만 명
의 중국인이 거주하면서 각지에 大唐街를 형성, 무역에 종사하였다.[22]
중국 상인들은 일족 단위로 도일하여 각기 별개의 지역에 별거하기도
했고, 혹은 일본에 표착하였다가 그대로 정주한 예[23]도 있었다.

중국인이 형성한 당인정은 분고(豊後) 후나이(府內)와 우스키(臼杵),
히젠(肥前) 구치노츠(口ノ津), 히고(肥後) 이쿠라(伊倉)와 구마모토(熊本),
오오스미(大隅) 쿠시라(串良)와 고쿠부(國分), 사츠마(薩摩)의 보노츠(坊
津)·구시(久志)·센다이(川內)·아쿠네(阿久根) 등지에 분포하였다.[24]

이렇듯 중국인의 당인정이 상업 이주 내지는 표착을 계기로 하여 형

___

22) 윤유숙, 「전국시대 일본적 세계관과 신국사상」 김현구외『동아시아 세계의 일본사
   상-일본 중심적 세계관 생성의 시대별 고찰-」, 동북아역사재단, 2009, 121-122쪽
23) 17세기 초 규슈에서 멀리 떨어진 관동(關東)지역에도 중국인 집주지가 존재했다.
   1607년 통신사가 사가미국(相模, 현 가나가와현[神奈川縣])의 오다와라(小田原)에
   서 유숙하는 동안 중국인 한 명이 중국 옷차림으로 통신사 일행을 찾아와 '내 이
   름은 섭칠관(葉七官)인데 福建 사람입니다. 嘉靖(明世宗의 연호) 연간에 50여 명
   이 같은 배를 타고 이곳에 표류되어 왔습니다. 30여 명은 몇 년 전 본토로 돌아가
   고, 우리들 10여 명은 여기서 5리쯤 떨어진 곳에 그대로 살고 있는데, 처자가 있
   고 생활이 이미 안정되어 지금은 움직이기 어렵습니다. 왜인이 그 살고 있는 곳을
   「唐人村」이라 합니다'고 하였다. 慶暹, 『海槎錄』『국역해행총재Ⅱ』민족문화추진
   위원회, 1977), 정미년 5월20일 참조.
24) 『日本史大事典』5, 平凡社, 1993, 77쪽. 히젠나가사키·福江, 히고 가와지리(川尻),
   사츠마 가고시마(鹿兒島), 오오스미 다카스(高須)에도 상당수의 唐人이 있어 영국
   상관장 리차드 콕스의 일기에서는 히라도에도 木引田町 일대 唐人街에 관한 기사
   가 보이지만 현재 이들 지역에 당인정이란 이름은 없다. 그것은 가와지리(川尻),
   다카스(高須) 등 근세적인 마치 건설이 되기 이전에 소멸했을 가능성도 있지만 나
   가사키처럼 혼인, 토지소유(거주), 직업 면에서 외국인으로서의 차별이 없었기 때
   문이 아니었을까. 다만 사츠마번에서는 당인들만의 人別帳이 별도로 작성되었다.
   쇄국 정책에 의해 외국무역이 나가사키에 한정되자 다른 지역에서는 생활 수단상
   의 곤란에 봉착하여 나가사키로 이주하든가 현지의 藩사회에 매몰되어 현재는 町
   名과 당인묘석 등 소수의 흔적만이 남아있을 뿐이다(『國史大辭典』, 吉川弘文館,
   1979, 126쪽).

성된 데 비해 조선인의 당인정은 대체로 임진왜란 때 강제 연행된 피로
인들이 집주하면서 형성된 것이었다. 조선인이 거주한 당인정 또는 高
麗町은 나가사키(長崎), 히젠 사가성하(佐賀城下), 치쿠젠(筑前) 후쿠오카
(福岡), 히고(肥後) 히토요시(人吉) 등지에 분포하였다. 본 장에서는 서일
본 지역에 존재한 조선인의 당인정과 그 외 조선인 집단거주지에 관해
살펴보고자 한다.

  1) 나가사키시(長崎)

  나가사키에 거주하던 조선인의 동향을 엿볼 수 있는 기록으로써 일
본예수회 선교사들이 남긴 문헌을 들 수 있다. 당시 일본예수회는 나가
사키를 비롯하여 아리마(有馬), 아마쿠사(天草), 오무라(大村) 등 규슈지
역 기리시탄 다이묘의 領內에 거주하던 조선인 포로들의 동향에 많은
관심을 쏟고 있었다. 일본예수회는 일본에 연행된 조선인 포로를 2만 명
내지 3만 명으로 추정했다.

  1593년 성탄절 나가사키에서 크리스트교로 개종한 100명 중 대다수
가 조선인 포로였으며 오무라 領內에서 새로 개종한 900명 중에도 다
수의 조선인들이 포함되어 있었다. 예수회 선교사들이 작성한『1595年
度 日本年報』[25)]에 의하면, 1594년과 1595년 2년 동안 아리마 領內의
조선인 포로 2,000명이 교리를 듣고 크리스찬이 되었다고 한다. 그리고
『1596年度 日本年報』에서는 '나가사키 거주 高麗 포로 남녀 아이 다수
에게 크리스트교를 가르쳐 왔다. 그들은 2,300명이 넘는데 대다수가 2년
전에 세례를 받았으며 짧은 시간임에도 불구하고 일본어를 익혀서 고해

_____

  25)『日本年報』란 일본에서 활동한 예수회 선교사들이 각지에서 발신한 정보를 연보
    로 정리하여 1581년 이후 로마 본부에 송부한 것이다. 예수회의 일본 포교 상황,
    학교와 병원 설립에 관한 업적, 각지의 선교사들이 보고 들은 일본 국내의 중요한
    사건들을 담고 있다.

성사 등에 통역이 거의 필요 없었다'고 보고하였다.[26] 조선에서 전쟁이 한창 진행 중이던 1596년 당시 나가사키에 거주하던 2,300명 가량의 조선인이 크리스찬이 되었으므로 종전 후 통신사의 피로인 쇄환 활동이 본격화될 무렵이면 나가사키에는 2,300명을 훨씬 웃도는 조선인이 거주하고 있었을 것으로 추정된다.

규슈지역의 조선인들 중에는 조선통신사의 송환활동에 힘입어 귀국한 사람들도 있었지만 일본에 잔류하는 자들도 적지 않았다. 나가사키의 경우 잔류의 길을 선택한 조선인 크리스찬들은 스스로 '信心會(confraria)'[27]를 조직하여 1610년에는 나가사키 변두리 지역에 토지를 구입하고 작은 교회를 세워 스페인 聖人 성 로렌츠의 이름을 따 '성 로렌츠 교회'라 명명했다. 성 로렌츠 교회는 1614년 에도막부의 금교령 발포 시에도 존속하다가 1620년 2월 마침내 파괴되었다고 한다. 현재 성 로렌츠 교회의 위치는 명확히 알려져 있지 않다.[28]

또한 나가사키에는 포로로 잡혀온 조선인들이 모여 사는 마을이 있었다. 나가사키 외곽지대의 해안가 에노키즈마치(榎津町) 주변이 '고라이마치(高麗町)'라 불리던 곳이다. 그런데 나가사키 시가지가 발전하여 고라이마치 주변지역을 포함하여 나사가키 시내 한복판을 흐르는 나카시마가와(中島川) 일대가 나가사키의 중심지로 편성, 발전되자 고라이마치에 살던 조선인들이 이주하였다.

---

26) 박화진, 「일본 그리스챤 시대 규슈지역에 대한 고찰」『역사와 경계』54, 2005, 216-217쪽.

27) 'confraria'란 선교사의 지도하에 크리스챤 신도들이 결성한 조직을 말한다. 각기 조직의 규약을 갖고 있었고 지도자적인 직책자 휘하에서 자선 활동, 신앙심 강화에 경주하여 크리스챤 신앙의 고양과 정착에 있어 커다란 역할을 수행했다. 에도시대 250년에 걸친 막부의 크리스트교 금교정책 하에서 이른바 潛伏 크리스챤이 존속할 수 있었던 것도 이 조직의 힘에 의거한 바가 크다.

28) 박화진, 앞의 논문, 217쪽.

나카시마가와에는 고라이바시(高麗橋)[29]라는 다리가 현존하고 있는데 조선인들이 새롭게 이주한 지역은 바로 이 고라이바시 일대로서 17세기 후반까지 '신고라이마치(新高麗町)'라는 지명으로 지칭되었다고 한다. 조선인들이 신고라이마치로 이주한 후 고라이마치는 에노키즈마치로 개칭되었고 이 에노키즈마치는 근세 이후 계속 잔존했으나 1966년 행정구역 개편으로 인해 '萬屋町', '鍛冶屋町'로 편입되어 그 지명이 사라지고 말았다. 고라이바시는 1652년 명나라 평강부 사람에 의해 건립된 것인데 여러 차례의 개수, 보수를 거쳐 최종적으로 1866년 가설되어 현재에 이르고 있다. 지금은 이세신사(伊勢神社)가 있어서 이세마치(伊勢町)라 불리고 있다.[30]

한편 나가사키에는 위에서 언급한 조선인 집주지가 아닌 지역에서 개별적으로 거주하는 조선인들도 존재했다. 17세기 초반 나가사키에 거주했던 조선인들의 생활상을 엿볼 수 있는 알려주는 극소수의 사료 중에 '平戶町·橫瀬浦町人數改帳(1634년)', '平戶町人別生所紲(1642년)'[31]이 있다. 두 사료는 에도막부가 크리스트교 금압을 목적으로 하여 작성한 것으로써 해당 지역 주민을 망라하고 있으며 이름, 연령, 가족관계, 출생지, 크리스트교 신자에서 불교도로 개종하게 된 경위와 사정, 소속 사찰, 父母 등이 명시되어 있다.

이 사료를 분석한 中村質의 연구[32]에 의하면 1642년 平戶町의 전체

---

29) 나카시마가와(中島川)에는 역사적인 石橋가 16개 있는데 고라이바시(高麗橋)는 네 번째로 가설된 石造 arch橋이다. 明治시대가 되어 高麗橋라고 명명되었다 한다. 尹達世, 앞의 책, 138쪽.
30) 박화진, 앞의 논문, 218쪽. 나가사키의 고라이마치, 신고라이마치 등에 관한 문헌으로는 『寫眞集 長崎の母なる川―中島川と石橋群―』(長崎), 嘉村國男, 『長崎町盡し』, 長崎文獻社, 1986 등이 있다.
31) 中村質校訂, 『長崎平戶町人別帳』九州史料叢書37, 1965.
32) 中村質, 앞의 논문, 169쪽.

주민 49戶, 223人 중에서 피고용인을 포함하여 조선인계가 존재하는 家
戶가 13戶, 조선계 주민은 24명, 조선인 1세는 10명이었다. 이것은 平戶
町 호수의 27%, 인원수로는 11%을 점하는 것으로, 나가사키에 조선계
주민이 얼마나 많았는지를 말해준다. 平戶町은 당시 나가사키 66町 중
의 하나로, 포르투갈과의 무역이 개시되면서 처음으로 성립된 6町 중의
하나이기도 했다. 平戶町은 거주나 무역매매의 입지조건 면에서 나가사
키의 일등지에 해당하는 곳이었다. 당시 나가사키의 인구는 4만 여명,
그 대부분이 크리스트교 신자이었으나 대개는 막부의 크리스트교 금압
정책에 굴복하여 불교신자가 되었다.

두 사료에는 피로인 출신으로 보이는 조선인 1세, 2세, 3세 주민의
존재상이 드러나 있다. 무엇보다도 주목되는 점은 이른바 公權力(長崎奉
行所)의 지시로 작성된 이들 공적 문서를 통해 17세기 초반 조선계 주민
에 대한 일본 공권력의 지배정책의 일단을 엿볼 수 있다는 것이다. 이들
사료는 조선을 '高麗', 조선에서 출생한 자를 '高麗人'으로 기재하고, 양
친이 '고려인'이라도 일본에서 출생한 자는 '고려인'이라 기재하지 않았
다. 이는 나가사키 주재 중국인의 경우도 마찬가지여서 이른바 '출생지
주의'에 입각한 발상으로 볼 수 있을 것이다.

여기에 기재된 조선인 1세의 대부분은 10세 전후에 일본으로 연행된
사람들이다. 그들은 조선에서 나가사키로 직접 유입되거나 혹은 다른
서일본 지역으로 연행되었다가 인신매매의 형태로 전매되어 나가사키에
들어온 사람들이다. 그들은 나가사키에 온 후 거의 예외 없이 크리스찬
이 되었고 또 그 대부분은 막부의 크리스트교 금압이 절정에 달하자 불
교로 개종했다. 따라서 아마도 平戶町를 비롯하여 나사가키에 거주하는
조선인의 절대다수가 막부의 종교 탄압이 본격화되는 시점까지 일정기
간 동안 크리스찬으로서 생활했다고 짐작된다. 나가사키 주재 조선인들

의 대다수가 크리스찬이 된 이유로는 인구의 대부분이 크리스찬이라는 나가사키의 특수한 환경을 들 수 있지만, 조선인 포로에 대한 선교사들의 적극적인 救濟와 교화 활동이 크리스트교에의 입신을 용이하게 했다는 점도 간과할 수 없다.[33]

平戸町의 조선계 주민은 상인, 피고용인(하녀, 乳母) 등으로 생계를 이어가고 있었고 조선인끼리 결혼하거나 일본인과 결혼하여 가정을 이루기도 했다. 조선인 1세는 '고려인'이라는 이유로 확실한 신분 보증인을 세워야 했지만 일본에서 태어난 2세 이하는 부모 중 한쪽 혹은 양쪽이 '고려인'이라 하더라도 신분 보증인을 필요로 하지 않았다. 그리고 공권력이 조선식 本姓과 이름의 사용을 법적으로 금지하지 않았음에도 불구하고 1세를 포함하여 2세 이하는 모두 일본식 姓名을 사용하여 조선식 본성과 이름을 사용하는 사람은 거의 없었다. 이는 당시 재류 중국인과 크게 상이한 점이기도 하다.[34] 조선인 1세들이 일본식 성명을 사용한 것은 그들이 대개는 유년기에 일본에 연행되어 왔다는 사실과 관련이 있을 것이다. 어린 나이에 피로인이 된 사람들의 朝鮮觀 내지 귀국에 대한 자세는 1617년 통신사(회답겸쇄환사)로 방일한 從事官 李景稷의 『扶桑錄』에 잘 드러나 있다.

지나오는 도중에 더러 포로당한 사람이 있었으나 그 수효가 많지 않았고, 왜경(倭京)에 도착한 이후에는 와서 뵙는 자가 연달아 있었으나 돌아가기를 원하는 자는 매우 적었다. 나이 15세 이후에 포로가 된 자는 본국 鄕土를 조

---

33) 선교사들은 히데요시의 조선출병을 침략으로 인식하고 그 부당함을 선언함과 동시에 조선인 포로의 매매에 종사하는 포르투갈 상인을 통제하여 적극적으로 포로의 구제와 교화에 힘썼다. 그리고 가능한 한 조선인들을 콜레지오(學林)에 수용하여 그들에게 일본어 읽기, 쓰기, 算用 등을 가르치고 조선어 텍스트도 만들었다고 전해진다.

34) 中村質, 앞의 논문, 177-178쪽, 185쪽.

금 알고 언어도 조금 알아 돌아가고 싶어 하는 마음이 있는 듯하였으나, 매양 본국의 살기가 어떠한가를 물으며 양쪽에 다리를 걸쳐 거취를 정하지 못하므로 친절하게 말해주고 되풀이해서 간곡하게 타일러도 의혹이 풀리는 자 또한 적었다. 10세 이전에 포로된 사람은 언어와 동작이 바로 하나의 왜인이었는데 특히 조선 사람이라는 것을 아는 까닭으로 사신이 왔다는 것을 듣고 우연히 와서 뵙는 것이고, 고국을 향모(向慕)하는 마음은 조금도 없었다. 그나마 돌아가고 싶기는 하나 결정하지 못하고 이럴까 저럴까 망설이는 사람은 모두 품팔이꾼으로 고생하는 사람이고, 생계가 조금이라도 넉넉하여 이미 뿌리를 박은 사람은 돌아갈 뜻이 전혀 없다.(8월 22일조)

너무 어릴 때 연행되어 본인의 고향, 이름조차 기억하지 못하거나 이름을 갖지 못한 채 납치된 여자들의 수가 압도적으로 많았기 때문이다. 또는 어린 나이에 끌려와 일본사회에 일찍 동화되어 조선식 이름을 유지해야 할 당위성을 스스로 인식하지 못했기 때문이었을 것이다.

어쨌거나 나가사키에서는 조선인 1세에 한해 신분 보증인을 세우는 것 이외에 결혼, 거주, 직업 선택 등에서 조선계 주민들에게만 강요된 특별한 법제적 제재를 찾을 수 없다. 나가사키라는 특정 지역의 예를 당시 일본사회 전체의 현상으로 단순 일반화시키기 어려운 측면이 없지는 않지만 나가사키가 막부의 직할령이라는 점을 고려해 볼 때 이 지역 조선계 주민들의 사회적 존재 양태는 시사하는 바가 적지 않은 것도 사실이다. 그런 점에서 17세기 일본사회가 단순히 조선인 또는 조선인의 후예라는 이유만으로 공권력에 의한 사회적인 차별을 가했다고는 보기 어렵다고 할 수 있을 것이다.

이렇듯 나가사키의 조선계 주민들은 이미 1세 때부터 일본식 성명을 사용하고 일본인과 결혼하여 현지 사회에 정착해갔다. 사실상 17세기 초기부터 조선인은 현지 사회의 풍속에 동화되기 시작한 셈이고 이러한 현상은 나가사키 뿐만 아니라 피로인이 존재하는 여타 지역에서도 유사하게 진행되었을 것으로 짐작된다.

1930년대에 간행된 일본의 문헌에는 '文祿, 慶長의 征韓, 征明 시에 수많은 조선인이 長崎에 도래했다. 조선인들은 대부분 長崎人과 결혼했다. 따라서 조선의 풍속이 長崎의 풍속에 미친 영향도 컸을 것이다. 그러나 그들은 완전히 동화되어 버렸다. 삼백여년이 경과한 오늘에 이르러서는 어떤 범위까지 조선의 풍속이 長崎의 풍속에 영향을 주었는지 분명하지 않다. 단지 長崎의 方言에 <팟치(パッチ)>라는 말이 있는데 그것은 다름 아니라 <모모히키(股引:타이츠와 비슷한 남성용 바지)>를 의미하는 조선어이다. (중략) 그 외 長崎 방언에 다소의 조선어가 혼입되어 있다'[35]고 하였다. 나가사키 사투리에 조선어의 흔적이 다소 남아 있다는 사실은 소략하나마 나가사키 현지 사회에 끼친 조선인들의 영향을 반증하고 있다.

### 2) 후쿠오카현 후쿠오카시(福岡縣 福岡市)

현재 후쿠오카시는 과거 구로다(黑田) 52만석의 거성이 위치하여 城下町으로 번영했던 곳이다. 후쿠오카 당인정의 유래에 관해서는 『筑前國續風土記』에 '家數가 百五十八軒, 그 시작은 고려인이 살았다(家數百五十八軒, 其始高麗人住せり)'[36], 또한 『筑陽記』에도 '조선전쟁 때 포로가 된 자가 살았기에 이곳을 불렀다고 한다(朝鮮陣に虜の者居る故に此地を号すと云)'[37]고 하여 고려인 즉 조선인 피로인이 집주하였기 때문에 붙여진 지명이었다.

구로다씨의 후쿠오카성 외곽을 둘러싼 성하정에는 '本通り(main street)'이라고 하여 東廓의 牢屋町에서 東西의 名島町을 잇는 순수한 商人街

---

35) 長崎市役所編, 『長崎市史 風俗編』, 長崎市役所, 1935년, 30-31쪽.
36) 『筑前國續風土記』1(『盆軒全集』4), 22쪽.
37) 『日本史大事典』5, 平凡社, 1993, 77쪽.

(일명 六町筋)가 있었고, 그 남쪽은 中堅 이상의 武家屋敷(大名町, 天神町)가 자리하고 있었다. 本通り의 북쪽은 중소 상공업자들이 밀집해 있고 本通り의 서쪽에 農漁부락인 荒戶町, 加子町을 경계로 하여 浪人町, 唐人町이 하나의 地區를 형성하고 있었다.[38] 후쿠오카번 내에는 피로인의 수가 많았고 피로인 八山이 開窯한 다카토리야키(高取燒 또는 鷹取燒)가 있어 조선인 도공이 많았다고 전해진다.

  3) 사가현(佐賀縣)

  현재 사가시(佐賀市)는 과거 나베시마(鍋島)씨 36만석 영지(히젠[肥前國]) 사가번(佐賀藩)의 城下町이었다. 佐賀城下에 있었다고 전해지는 당인정의 위치는 현재 사가시 唐人1丁目, 2丁目 부근에 해당한다. 1640년대에 제작된 사가의 '正保國繪圖'(쇼호구니에즈)[39]에는 ㄱ 자형 해자의 둘레를 뚫고 기타보리(北堀)의 중간 지점에서 북쪽으로 뻗은 당인정이 확인된다.[40]

  1842년에 御用荒物唐物屋勘四郎이라는 인물이 사가번청(藩廳)에 제출한 '御用荒物唐物屋職御由緒書'에 의하면 勘四郎의 선조에 해당하는 조선인 이종환(李宗歡)이야말로 당인정의 시조이다. 이종환은 함경도 길주 출신으로 1587년 조선의 죽포(竹浦) 앞마다에서 어획하던 중 조난당하여 築前國 黑崎浦(현재 北九州市 八幡西區)에 표착했다. 黑崎에 온 이종환은 타고난 商才를 발휘하여 성공했는데 하루는 大宰府 天滿宮에 참

---

38) 大阪朝日新聞通信部編, 『名城ものがたり』, 朝日新聞社, 1937, 425쪽.
39) 구니에즈(國繪圖)란 에도 막부가 다이묘들에게 제작, 제출하게 한 一國 단위의 繪圖이다. 1591년 도요토미 히데요시가 만들게 한 것이 최초이다. 1605년(慶長10), 1644년(正保1), 1697(元祿10), 1835년(天保6)의 일부가 현존한다. 國郡의 경계, 각 村의 이름과 石高, 성곽, 주요한 도로나 항로, 산, 寺社 등을 기입하였다. 구니에즈는 쇼군의 전국 통치를 상징하는 의미를 갖고 있었다.
40) 『日本史大事典』5, 平凡社, 1993년, 77쪽.

배했을 때 나베시마씨의 가신인 龍造寺家晴과 成富茂安을 만나게 되었다. 그것이 인연이 되어 사가로 이주한 그는 나베시마 나오시게(鍋島直茂)를 섬기게 되었다.

임진왜란이 발발하여 나베시마 나오시게가 조선으로 출정하자 이종환은 안내 역할을 맡았고 나베시마군이 귀국할 때에도 나오시게를 따라 사가로 돌아왔다. 나오시게는 그의 충절을 어여삐 여겨 사가성 교외(현재의 白山町 이북지역에 상당)에 토지를 주었다. 그는 그 곳에 저택을 세우고 '唐人'이라는 町戶를 붙였고 사가번의 어용(御用) 중국무역상으로 활약했다. 실제로 지도상에서 당인정이라는 町名이 확인되는 것이 17세기 중반 이후이기는 하지만 이종환의 실존여부 자체를 부인하기는 어렵다. 그 이유는 당인정에는 이종환의 묘가 있는 鏡円寺나, 이종환 일족이 고향을 그리워하며 세웠다는 唐人碑를 받드는 唐人神社 등 그와 관련된 사적이 현재까지 남아있다.[41]

한편 1643년의 통신사행을 기록한 『癸未東槎日記』 5월 18일조는 사가현 지역의 조선인 마을에 관해 다음과 같이 전하고 있다.

(규슈의 나고야[名護屋]에 들렀을 때) 임진년과 정유년에 포로로 잡혀온 사람이 비전(肥前)에 많이 있었다. 名護屋에서 1식(息, 1식은 30리) 거리가 되는 곳에 한 마을이 있는데, 인가가 수백여 호였다. 이 마을을 高麗村이라 하고, 그들은 沙器 굽는 것으로 생업을 삼고 있다 한다. 아침을 먹은 후에 배에 올랐다. 풍세가 아주 순해서 포시(晡時) 무렵 남도(藍島)에 도착했다.

사가현 북부 히가시마츠우라(東松浦) 반도 북단의 해안에 위치한 나고야(名護屋, 현 鎭西町)는 히데요시가 조선침략을 추진할 시 本營을 둔 곳으로도 유명한데 1643년 통신사 일행은 이 나고야에서 약 30리 떨어

---

41) 九州の中の朝鮮文化を考える會編, 『九州のなかの朝鮮』, 明石書店, 2002, 52-53쪽.

진 곳에 조선인 마을이 있다고 전하고 있다. 고려촌이라 불리는 이 마을
은 수백여 호의 규모로 사기 굽는 것을 생업으로 하고 있다는 점으로 보
아 조선인 도공을 중심으로 조선인 집주지였을 것으로 추정된다.

규슈 지역은 조선인 도공이 연 가마가 후쿠오카현, 사가현, 나가사키
현, 구마모토현(熊本縣), 가고시마현(鹿兒島縣) 등에 걸쳐 산재하였다. 사
가현에서 조선인 도공과 관련된 지역으로는 가라츠(唐津), 아리타(有田),
다케오(武雄), 다쿠(多久), 히라도(平戶) 등지를 꼽을 수 있다. 그 가운데
사가 지역으로 연행된 많은 조선인 도공 들 중에서 주요한 인물로는 이
삼평(李參平), 종전(宗傳), 김(金)을 꼽을 수 있다. 이삼평은 다쿠(多久)에,
종전은 다케오(武雄)에 김은 지금의 긴류무라(金立村)에 각각 배치되었다.

아리타야키의 시조로 일컬어지는 도공 이삼평은 자신의 출신지인
충북 공주 金江面에 연유하여 일본 이름을 '金ヶ江三兵衛'라 개명했다.
『金ヶ江三兵衛由緒書』에 의하면 그는 나베시마 나오시게(鍋島直茂)軍의
길 안내를 한 탓에 조선인에게 공격당할 것을 염려하여 나베시마軍과
함께 일본으로 건너갔고 그 후 조선에서 도공으로 일했다는 사실이 밝
혀져서 도자기업을 시작했다.[42]

이삼평은 처음 오기군(小城郡)의 다쿠(多久)에 가마를 열고 多久唐津
系의 생활용 도자기를 제작했다. 1616년 아리타향(有田鄕) 미다레하시
(亂橋)로 옮겨가 寬永년간(1624~1643) 아리타의 동북에 위치하는 이즈
미야마(泉山)에서 白磁鑛을 발견하여 가미시라가와(上白川)에 이주하여
天狗谷窯라는 가마를 만들었다. 여기에서 처음으로 純白의 자기를 제조
하면서 일본 製陶業에 커다란 공헌을 하게 되었다. 그가 아리타 瓷器의
새 역사를 열자 가라츠(唐津, 사가현 북서부지역) 일대에 흩어져 있던
조선인 도공들이 모여들기 시작했다.

---

42) 仲尾宏, 앞의 논문, 175-176쪽.

다케오 지역에서는 김해 출신의 종전이 후카미 신타로(深海新太郞)로 개명하고 우치다사라야마가마(內田皿山窯)를 열어 도자기를 만들다 1618년 사망했다. 그의 사후 종전의 미망인 百婆仙이 도공 수백 명을 이끌고 아리타 지역으로 이주해 왔다. 또한 긴류무라의 김씨는 조선에 있는 양친을 위해 자기 부부의 법명(法名)을 양쪽에 새긴 역수비(逆修碑)를 1628년 건립하였고 후에 니시마츠우라군 후지노가와치로 옮겨 도기를 만들다가 다시 아리타로 이주했다. 세 도공은 각지를 전전하다가 결국 아리타로 모이게 된 셈이고 이때부터 아리타는 가라츠보다 규조가 큰 도자기 생산지로 명성을 떨치게 되었다.

1637년에는 13개소의 가마가 만들어져 사가번 藩廳의 관할이 되었고 1672년에는 1백 80여 가구가 있는 도향으로 번창하기에 이르렀다. 이삼평은 단순한 도공이라기보다 도향 아리타를 대표하는 大匠으로서 이즈미야마의 白土 채굴 감독을 겸하고 있었다. 현재 아리타 일대에는 17세기 이후에 만들어진 가마터와 작업장 2백여 개소가 남아있으며 그 중 天狗谷窯址 등 몇 군데는 사적으로 지정되어 도자기 발전과정을 보여주는 자료로 활용되고 있다.[43]

아리타야키는 이마리야키(伊萬里燒)라는 이름으로 알려지기도 했는데 이는 아리타야키가 과거에 이마리 항구를 거쳐 각지로 수송되었기 때문이다. 에도시대에 이마리는 일본에서 유일한 도기 수출항이었으며 나가사키에 입항하는 네덜란드인에게 아리타야키의 수출이 처음 허가된 것이 1841년으로, 그 이전에는 수출이 엄격하게 금지되어 있었다.[44]

---

43) 『日本地理風俗大系』13卷, 新光社, 1930, 106-110쪽. 윤용이, 「'陶瓷器의 길'(朝鮮 陶工에 의한 日本陶에의 영향)」『이화여자대학교 도예연구』16, 1994, 41쪽. 우관호·천종업, 「肥前陶磁器硏究」『홍대논총』30, 1998, 40-41쪽.

44) 『日本地理風俗大系』13卷, 앞의 책, 106-110쪽. 享保 년간(1716-35) 아리타의 豪商 도미무라 칸에몬(富村勘右衛門)이 우레시노 지로자에몬(嬉野次郞左衛門)과 공모하여 막부의 금령을 어기고 인도에 수출한 것이 발각되어 도미무라는 자살하고

이들 외에도 경남 웅천의 도공 거관(巨關)과 도륙(陶六), 김영구 등 125명이 히라도(平戶) 영주 마츠우라씨(松浦鎭信)에 의해 일본으로 건너가 히라도 성하(城下)의 高麗町에서 히라도오차완가마(平戶御茶碗窯)를 열고 조선의 분청다기 등을 만들었다. 거관은 이마무라(今村)라는 성을 받고 대대로 히라도 도자기 제조에 종사했다.[45] 위 『癸未東槎日記』에 등장하는 고려촌은 아마도 히라도나 또는 아리타 지역의 조선인 도공 집주지를 가리킬 것이다.

### 4) 에히메현 마츠야마시(愛媛縣, 松山市)

시코쿠(四國)의 마츠야마 城下[46]에는 200명가량의 조선인이 3개의 唐人町을 이루어 거주했다.[47] 마츠야마 城主 가토 요시아키(加藤嘉明)가 1603년 마츠야마성(松山城)을 건설했을 때 피로 조선인을 그곳으로 이주시킨 이래 당인정이라 칭해졌다고 한다. 조선인 당인정은 메이지 14년(1881) 무렵까지 지도에 그 이름이 남아 있었고 일부에서는 태평양전쟁 이후에도 사용했다.

주목할 만한 점은 당시 城下에 있는 石橋의 대부분을 그들이 가설했다는 사실이다. 특히 도고 온천(道後溫泉) 湯月八幡의 馬場先, 御手洗川에 건설된 석교는 세인을 놀라게 했다고 전해진다. 당인정의 조선인 후

---

우레시노는 처형되는 사건이 일어났다. 그런데 이 사건은 도리어 아리타야키의 명성이 해외에 알려지는 계기가 되었다. 예전에는 陶工과 陶商이 분업체제여서 아리타 지방은 도자기 제조지, 이마리는 발매 수출지로 정해져 있었다. 따라서 이마리의 상인이 아리타에 가서 도자기를 구입하여 이마리로 돌아가 시장에서 판매하는 형태였다.

45) 우관호·천종업, 앞의 논문, 41쪽.
46) 가토 요시아키가 1627년, 아이즈(會津) 40만석 영지로 전봉된 후 마츠야마성은 蒲生氏, 막부직할령을 거쳐 1635년 도쿠가 일족인 松平守定이 막말까지 다스렸다.
47) 松山城下의 조선인 당인정에 관해서는 內藤雋輔, 앞의 책, 741쪽.

예 중에는 藥種業의 三島屋, 茶屋吉藏 등과 같은 호상급(豪商級) 유력 상
인이 배출되기도 했다. 茶屋 가문은 徘人[48] 구다라 교분(百濟魚文)을 배
출하기도 했는데 교분은 円光寺의 明月和尙(書家)과도 교유한 文人墨客
의 중심이기도 했으며 무사신분의 대우를 받았을 정도의 실력자였다.
한때 茶商이 12軒이나 늘어선 시기도 있어 茶場所라는 統制所를 만들어
惣年寄라든가 大年寄의 이름으로 지배되었다.

## 5. 고치현 고치시(高知縣, 高知市)

시코쿠의 고치현 고치시(옛 도사[土佐國])에는 하리마야橋에서 남쪽
으로 100미터 정도 떨어진 곳에 시내를 관류하는 가가미가와(鏡川)가 있
는데 그 강 연안의 北岸 일대에 조선인의 唐人町이 존재했다.[49] 17세기
말에 쓰여진 『土佐物語』는 高知市의 조선인 唐人町의 유래를 다음과 같
이 전하고 있다.

> 모토치카도 (일본에) 歸朝했다. 생포한 조선인 80여명을 土佐로 데려가 불
> 쌍히 여겨 町屋을 세워주니 唐人町이라 불렀다. 두부(豆腐)라는 것을 만들고
> 팔아 하루의 끼니를 삼아서 세월을 보냈다. 그 중 吉田市左衛門이 생포한 朴
> 好仁은 이름 있는 軍將이어서 빈객처럼 정중히 향응하였다. 박호인의 후예는
> 어떤 이유에서인지 秋月氏라 칭하였다.[50]

임진왜란시 고치현(高知縣)은 다이묘 초소카베 모토치카(長宗我部元
親)의 영지였다. 초소카베 모토치카가 1593년 경상남도 웅천성(熊川城)

---

48) 취미 또는 직업적으로 하이쿠(俳句, 5·7·5의 17音을 정형으로 하는 短詩)를 짓는
    사람.
49) 高知市에 있던 조선인 당인정의 유래와 조선인들이 제조하던 조선식 두부에 관해
    서는 內藤雋輔, 앞의 책, 746-748쪽, 尹達世, 앞의 책, 24-29쪽.
50) 黑川眞道編, 『國史叢書 土佐物語2 四國軍記全』, 國史硏究會, 1914, 53쪽.

을 공격했을 때 경주(慶州)에서 원군세력으로 온 박호인과 그 일족이 吉田政重(吉田市左衛門)이라는 무장에게 포획되었다. 처음 도사에 연행 되었을 때 박호인 일행의 거주지는 모토치카의 居城인 浦戸城 근변이 었다. 일족과 家人을 합하면 30명 정도, 그 외에도 연행되어 온 조선인 이 350명 정도 있었다. 박호인의 아들 원혁(元赫)은 모토치카의 고쇼(小 姓)[51]가 되었고 딸은 모토치카의 정실 부인의 시녀로 일했다.

그런데 모토치카가 1600년 세키가하라(關ヶ原) 전투에서 패전하여 영 지를 몰수당하자 박호인 일행도 생활이 궁핍해졌다. 1601년 도사에 전 봉(轉封)되어 온 새로운 다이묘 야마노우치 카즈토요(山內一豊)는 박호 인 일족의 諸役을 면제하고 吾川郡 長浜에 田地3反을 주어 우대하였다. 그들이 처음 거주했던 浦戸의 가츠라하마(桂浜)에서 지근한 곳에는 '唐 人屋敷跡'이라 불리는 곳이 있고, 야마노우치씨가 하사했다는 長浜 지역 에도 '唐人畑'이라는 지명이 남아 있다.

야마노우치 카즈토요가 浦戸에서 고치시로 거성을 바꾸면서 박호인 일족에게 가가미가와 河岸에 67평 정도의 저택을 주었다. 다른 피로인 들도 그 주변에 집주하도록 하고 그 家人들이 행하는 두부 제조와 판매 에 독점권을 주어 城下 인근지역에서 다른 사람이 두부영업을 하지 못 하도록 금하는 대신 '正月 인사'의 형식으로 銀2枚를 상납하게 했다. 두 부판매는 幕末까지 박호인 일족의 전매특허였다.[52] 가가미가와 北岸 일 대에 있던 '唐人町'은 바로 이러한 경위를 거쳐서 형성된 조선인 마을이 었다.

메이지시대 초기에 쓰여진 『皆山集』은 '두부의 전래'에 관하여 다음

---

51) 고쇼(小姓)이란 主君의 곁에서 주군을 모시며 雜用을 관장하는 무사를 말한다. 近 習小姓, 側小姓이라고도 한다.

52) 高知縣編, 『高知縣史要』, 濱田印刷所, 1924, 606쪽. 高知 城下町은 상품별로 판매 구역이 정해져 있어서 두부는 당인정에서만 판매하도록 되어 있었다.

과 같이 전하고 있다.

> 일본에는 예전에 두부가 없었다. 文祿年中에 모토치카가 조선의 虜人 등은 데리고 돌아왔을 때 그 무리에 朴候仁이라는 자가 있었다. 자손들도 일본에 살아서 國守 야마노우치 카즈토요가 高知城을 세웠을 때 박씨가 현재의 당인 정에 거주했다. 이에 처음으로 두부를 만들었다. 지금도 곳곳에서 이것을 만들지만 當所의 맛에는 미치지 못한다.

위의 『皆山集』에 의하면 현재까지도 일본인의 식생활에서 대중적인 식품으로 사랑받고 있는 두부가 서민들의 식품으로 확산되는 계기를 만든 것은 당인정의 조선인들인 셈이다. 두부가 일본에 전래된 것은 고대 나라(奈良) 시대 혹은 헤이안(平安) 시대로 거슬러 올라가지만 왕도를 중심으로 하여 기나이(畿内) 일부지역에서 귀족이나 고위관리에 한정되어 소비된 珍品이었다고 한다. 따라서 고지현 지역의 경우는 피로 조선인을 통해 조선식 두부가 일본사회에 전파되어 일본인의 식생활에 영향을 끼친 대표적인 사례인 셈이다.

현재 일본인들이 즐겨 먹는 두부는 부드러운 연두부이지만 과거 당인정에서 생산된 두부는 끈으로 묶어 운반할 수 있을 정도로 단단했다. 고지현의 가장 북부의 도쿠시마현(德島縣)과의 경계 지역에 위치하는 大豊町 지역에서는 지금도 이런 두부가 생산되고 있으며 이를 '도진도후(唐人豆腐)'라 부른다. 과거 당인정이 있던 거리에서 현재 그 후손이 경영하는 두부가게를 찾아볼 수는 없게 되었지만 일본이 태평양 전쟁에서 패전하기 전 어느 시기까지만 해도 당인정은 두부향기로 가득한 곳이었고 그 곳의 두부는 고지시를 대표하는 명산품이기도 했다.

어쨌거나 조선에서 어느 정도 지위가 있는 사람이라는 점과 두부 제조기술을 전파한 공적을 인정받아서인지 박호인은 현지에서 상당한 예

우를 받았다. 그런데도 불구하고 정작 박호인 본인은 끝내 도사에 정주
하지 않고 이후 여기저기 거처를 옮긴 끝에 조선으로 귀국하는 데 성공
했다. 그가 도사를 떠난 이유는 때마침 연이은 흉작으로 인해 도사의 백
성들이 경제적인 곤란을 겪고 있던 상황에서 도사 관리의 독단적인 행
정시책에 분개했기 때문이라고 한다.

도사를 떠난 그는 이요(伊予, 현 에히메현[愛媛縣])의 다이묘 가토 요
시아키(加藤嘉明)에게 의지하다가 후쿠시마 마사노리(福島正則)가 지배
하는 히로시마(廣島)에서 살기도 했다. 히로시마에서도 그는 후쿠시마
마사노리로부터 저택을 하사받고 두 명의 자식을 얻어 그 아들 한 명은
마사노리의 고쇼(小姓)가 되었다. 박호인은 1617년 방일한 조선통신사를
따라 히로시마에서 태어난 두 아이와 함께 귀국했다.

한편 도사에 남겨진 박호인의 장남 박원혁은 야마노우치 토요카즈의
정실 부인의 시녀 遠江이라는 일본 여성과 결혼하여 네 명의 아들을 얻
었다. 그 후 姓을 '秋月', 이름을 '長次郎(후에 長左衛門으로 개명)'이라
하였고 1652년에 사망한 후에도 그의 자손들은 번성했다고 한다. 박원
혁(秋月長左衛門)의 묘는 당인정 거리가 내려다 보이는 히잔(筆山)에 위
치한다.

6) 그 외 사행록에 기록된 조선인 집단거주지

아래의 사행록에는 서일본 지역에 있던 조선인 마을에 관한 언급이
등장한다.

Ⓐ 姜弘重의 『東槎錄』10월 25일조(1624년 통신사행)
풍세가 불순하여 藍島에서 머물렀다. (중략) 사로잡혀 온 사람들이 혹 고국
으로돌아갈 생각이 있어 일행을 찾아오는 자가 있으면 문득 대마도 사람의
꾸중을 받으므로 임의로 나타나지 못하였다. 한 여인이 그 아들을 데리고 몰

래 조그만 배를 타고 와 우리 뱃사람에게 말하기를, "나는 강진(康津)에 살던 백성의 딸입니다. 정유년(丁酉年) 사로잡혀 올 때에 아들은 6세 아이로 따라 와 지금 이 섬에서 3息(1식은 30리) 거리에서 살고 있는데, 사신의 행차가 있음을 듣고 기쁜 마음을 견딜 수 없어 배를 세내어 타고 찾아왔습니다. 돌아가실 때에 다시 와 기다리겠으니, 원컨대, 행차를 따라 고국으로 돌아가게 해 주옵소서. 사로잡혀 온 사람으로 나와 같이 있는 자가 한 부락을 이루고 있는데, 모두 돌아가려 해도 되지 못하니, 내가 미리 알려 두었다가 같이 오겠습니다." 하였다.

  ⓑ 申維翰의 『海遊錄』 9월 11일조(1719년 통신사행)

  여기는 산성주(山城州)인데, 강에 다다라 성을 쌓아서 정성(淀城)이라 하고 수차(水車) 두 대를 설치하여 물을 끌어 올려 성중에 물을 댄다고 했다. (중략) 관(館)으로부터 동으로 대총산(大塚山)을 지났는데, 산 위에는 왜황의 무덤이 많다고 했다. 또 10여 리쯤 가서 바라보니, 분칠한 담이 어른어른하였는데 이것이 복견성(伏見城)이었다. 성은 곧 수길이 도읍하던 곳이어서 별궁과 별장과 시가지의 번성함이 왜놈[賊奴]이 있을 때 보다 덜하지 않다고 하였는데 멀어서 눈으로 볼 수 없었다. 왜인이 말하기를 "淀江 언덕에 진주도(晉州島)라고 칭하는 곳이 있는데, 그것은 임진년 전쟁에 왜인들이 진주 사람을 포로로 잡아와서 살게 한 곳으로 지금도 그 한 마을에는 다른 인종이 없다."고 하였다.


  아이노시마(藍島, 후쿠오카현 北九州市의 북쪽에 있는 섬)에서 30리 떨어진 곳과 야마시로국(山城國, 현 京都府의 남부)의 요도가와(淀川) 인근 지역에 각기 조선인 마을이 있다고 전하고 있다. 아이노시마에서 30리 떨어진 곳에 있다는 조선인 마을은 관련 정보가 부족하여 그 정확한 위치를 알 수 없다. 요도가와 인근에 소재한다는 마을은 1719년 통신사행 때에 전해들은 정보로써 18세기 초까지도 조선인 집주지가 존재했다는 점에서 흥미롭다.

〈조선 도공에 의한 가마의 분포〉

* 『九州のなかの朝鮮』(明石書店, 2000), 85쪽

　　이러한 조선인 마을은 피로인의 증언이나 사행길 도중 일본인에게서
전해들은 짤막한 傳言 속에 등장하기 때문에 정보가 단편적이어서 그
마을의 위치나 규모, 조선인들의 생업 등이 명확하게 드러나지 않은 경
우가 대부분이다. 그러나 혼슈(本州) 지역의 조선인 집단거주지에 관해
서는 전문적인 연구가 미흡한 상황이므로 이러한 기록을 단서로 하여

향후 일본측 기록을 활용한 좀 더 상세한 검토가 필요할 것이다.


## IV. 맺음말

서일본 지역은 조선 침략에 참가한 다이묘들이 많았던 만큼 일본의 다른 지역에 비해 상대적으로 피로인의 숫자도 많았고, '일본에서의 정주' 내지는 집단거주의 길을 택한 조선인의 숫자도 많았다. 실제로 서일본 지역에는 피로인이 집단으로 거주하는 마을인 '唐人町', '高麗町', '高麗村'이 곳곳에 존재했다.

본고에서 살펴본 조선인 마을은 '단순한 조선인의 집단거주지'와 '특정한 업종에 종사하는 조선인들의 집단거주지'로 대별된다. 서일본 지역에 존재하던 모든 해당 지역을 검토한 것이 아니기 때문에 단순 일반화하기 어려운 부분이 있지만 적어도 본고에서 다룬 케이스에 한정해 볼 경우 이들 집단거주지가 반드시 번권력에 의해 인위적, 혹은 강제적으로 형성되었다고는 보기 어렵다.

추측하건대 피로인 1세대의 시점에서 서로가 동족이라는 심리적인 유대감이나 동업 종사자라는 공통점을 기반으로 자연스럽게 집단으로 거주하는 현상이 생기고, 그러한 과정에서 당시의 번권력이 추진하던 상공업 정책과 맞물려 특정한 기능 집단으로 인정받는 수순을 밟았다. 도공, 두부생산자, 상인 집단으로서의 존속이 바로 후자에 해당될 것이다. 그들은 특수한 기능 집단이라는 측면에서 일정한 공적 지위를 부여받고 예우를 받았으며, 특수한 기능 집단으로서의 성격을 갖지 않는 나가사키의 경우에도 조선계 주민들에게만 강요된 특별한 법제적 제재를 찾을 수 없다.

집단으로 거주하는 조선인 내지는 조선계 주민의 일본 사회에서의 법적, 사회적인 지위 및 공권력에 의한 사회적인 차별의 문제를 보다 총체적으로 선명하게 그려내기 위해서는 향후 해당 지역의 번정 사료 등에 관한 심층적인 검토가 필요할 것이다. 이는 금후의 과제로 남겨두고자 한다.

# 7. 1920~1930년대 간토(關東)지역 '재일조선인' 사회의 형성과 지역사회*

방 광 석**

## Ⅰ. 머리말

조선에서는 개항 이후 점차 일본과 교류가 심화됨에 따라 일본으로 건너가는 조선인이 늘어났는데 20세기 초까지는 외교사절단, 유학생, 망명정치가 등이 주를 이루었으며 그 수도 많지 않았다. 조선이 식민지화된 1910년대에 들면서 노동자들의 이동이 늘기 시작했고 오사카(大阪), 교토(京都), 효고(兵庫), 도쿄(東京), 아이치(愛知), 후쿠오카(福岡)를 중심으로 재일조선인의 수가 크게 늘어 10만 명대에 달하게 된 것은 1920년 경이다. 일본에서 '재일조선인'[1] 사회는 1920년대에서 30년대에 걸쳐서

---

* 『사총』 68(2009년)에 기게재됨
** 인천대학교 학술연구교수

1) 1945년 이전 한반도에서 일본 열도로 건너와 거주한 사람들은 '재일조선인', '재일한국인', '일본거주 조선인', '재일한인' 등 여러 명칭으로 불려 왔으나 본고에서는 '재일조선인'이 가장 일반적인 호칭이라고 보고 이를 사용한다.

본격적으로 형성되었다고 할 수 있다.

제2차 세계대전 이전의 재일조선인에 관해서는 지금까지 주로 열악한 노동조건이나 생활상태 등 차별과 압박의 구조, 강제연행의 실태를 밝히는 연구가 진행되어 왔으며[2], 1990년대 중반 이후 공동체 내부의 구조와 일상생활, 문화, 의식에 주목하는 연구가 나타나기 시작했다[3]. 본 연구는 이러한 연구사의 흐름을 이어받아 다음의 측면에 초점을 맞춰 재일조선인 사회의 일면을 검토하고자 한다.

먼저, 연구대상으로 도쿄와 가나가와(神奈川)를 비롯한 간토(關東)지역에 주목한다. 간토지역은 간사이(關西)지역에 이어 재일조선인이 가장 많이 거주하던 지역으로 1923년 간토대지진 이후 진재처리과정을 통해 토목, 상공서비스업에 거주하는 자들을 중심으로 재일조선인 사회가 형성되었다. 본 연구에서는 오사카, 후쿠오카 등 여타 지역과는 다른 도쿄 등 간토지역 재일조선인 사회의 특징을 파악하고자 한다.

둘째, 1920~30년대에 초점을 맞추어 재일조선인 사회의 구조와 생활에 대해서도 살펴 볼 것이다. 재일조선인 사회의 원형이 이 때 형성되며, '강제연행'을 통해 임시적으로 일본에 유입되는 조선인이 폭증하는 1930년대 말 이후의 전시체제기와는 구별해서 보아야 하기 때문이다. 이 시기 간토지역 재일조선인 집단거주지를 중심으로 조선인노동자의 노동상황, 주거상황, 생활실태 등을 재구성하고자 한다.

---

2) 姜在彦, 「在日朝鮮人運動」(向坂逸郎編著, 『日本の社會主義運動』, 河出書房, 1957) ; 朴慶植, 『朝鮮人强制連行の記錄』, 未來社, 1965 ; 金贊汀, 『朝鮮人女工のうた 1930年代岸和田紡績爭議』, 岩波書店, 1982 ; 樋口雄一, 『協和會 戰時下朝鮮人統制組織の研究』, 社會評論社, 1986 등.

3) 河明生, 『韓人日本移民社會經濟史 戰前編』, 明石書店, 1997 ; 西成田豊, 『在日朝鮮人の「世界」と「帝國」國家』, 東京大學出判會, 1997 ; 杉原達, 『越境する民 近代大阪の朝鮮人史』, 新幹社, 1998 ; 外村大, 『在日朝鮮人社會の歷史學的研究-形成·構造·變容-』, 綠蔭書房, 2004.

셋째, 재일조선인 사회와 일본인사회의 소통관계를 고찰할 것이다. 재일조선인들이 늘어나면서 주택문제, 교육문제, 위생문제 등을 둘러싸고 일본인사회와 마찰을 겪게 된다. 이에 일본정부는 相愛會, 協和會를 통해 재일조선인의 상호부조와 동화를 유도해갔다. 본고에서는 재일조선인 사회의 형성과 구조, 지역사회와의 소통을 대립과 갈등이 아니라 '교류'와 '공존'의 측면에서 접근하고자 한다.

## Ⅱ. 간토지역 '재일조선인' 사회의 형성

1920년대 초반까지 일본으로 도항하려는 조선인노동자에게 도쿄는 생활에 적당한 도시는 아니었다. 지리적으로 원격지였을 뿐만 아니라 상공업의 번성이나 노동력의 수요 면에서 굳이 도쿄지방을 선택할 필요는 없었다. 재일조선인 노동자의 도항 동기는 생활고에서 벗어나 돈을 벌기 위해서였으므로 그 목적을 만족시켜주는 곳이라면 어디라도 상관이 없었다. 따라서 한반도에서 지리적으로 가까운 규슈(九州)와 간사이의 여러 도시로 도항하는 것이 그들에게는 비용도 적게 들고 간편했다. 도쿄는 행정의 중심지이고 문화도시였으나 고용기회는 많지 않았다.

도쿄에는 3.1운동 이후 조선인의 수가 크게 증가하였다. 주로 고학을 하려는 청년들이 중심이었다. 학생의 60%와 노동자의 40%는 고학생이거나 고학을 하려는 사람들이었다. 1920년대 후반에 이르면 도쿄 거주 조선인의 세력은 순노동자로 집중되는 경향을 보인다. 일시적으로 많았던 고학생은 점차 노동시장에서 사라졌다. 그러한 배경은 다음 자료를 통해 엿볼 수 있다.

도쿄에 재류하는 조선인노동자는 엄밀히 말한다면 도호쿠(東北), 홋

카이도(北海道)의 노동시장을 바라보고 건너온 자로 겨울의 혹한을 피해 혹은 광산, 개간노동의 휴가 등을 이용해 비교적 온난한 도쿄로 모여든 자와 노동의 여가에 근대적 문화의 교양을 섭취하려는 다소 교육을 받은 젊은 노동자가 대부분이었다. 그런데 최근에 이르러 도쿄에서도 조선인노동자의 사회적 근거가 확정되어 노동자로서의 지위가 향상되었다는 것은 움직일 수 없는 사실이다. 조선인노동자의 생활현상을 살펴보면 과거에 비해 고정적, 기술적 노동자의 증가와 독신자의 감소, 그에 비해 가족 단위의 증가, 그에 따른 조선인으로서의 특수적 상업의 발전 등이 특징이다. 바꾸어 말하면 노동자로서의 자격이 결여되고 유동성이 많은 자가 기술의 진보와 자각 있는 생활에 대한 각성에 의해 얼마간 실력 있고 내용 있는 생활로 옮아간 것이다.[4]

도쿄에서 재일조선인 사회는 다른 지역과 마찬가지로 1920년대에 형성된다. 특히 간토대지진 이후 '도항증명제'의 폐지가 조선인노동자의 유입에 큰 영향을 미친 것으로 보인다. 1910년의 한국병합 이후 조선총독부에서 渡日을 관리한 것은 1913년부터이다. 1919년에는 警務總監 部令으로 여행증명제도가 실시되었다가 1922년 12월 여행증명제도가 철폐되고 1923년부터는 '도항증명제'가 실시되었다. 이 무렵 일본경제는 만성적 공황상태에 빠져 특수한 경우를 제외하고 단체 모집을 허가하지 않았다. 그러나 곧이어 1923년 9월에 발생한 간토대지진으로 파괴된 시가지를 복구하기 위해 많은 노동력이 필요해지자 일본정부는 '도항증명제'를 폐지했다.[5] 일본에 도항한 조선인의 연차별 변화와 간토지역 재일조선인 거주자수의 추이는 다음과 같다.

---

4) 東京府 社會課, 「在京朝鮮人勞働者の現狀」(1936)(朴慶植 編, 『在日朝鮮人關係資料集成』 제3권, 三一書房, 1976), 1002쪽.
5) 김인덕, 『식민지시대 재일조선인운동 연구』, 국학자료원, 1996, 29쪽.

〈표1〉 연차별 재일조선인 인구의 증감[6]

| 연도 | 인원 | 증감 |
|---|---|---|
| 1913년 | 3,635 | - |
| 1914년 | 3,542 | -93 |
| 1915년 | 3,917 | 375 |
| 1916년 | 5,624 | 1,707 |
| 1917년 | 14,502 | 8,878 |
| 1918년 | 22,411 | 7,909 |
| 1919년 | 26,605 | 4,194 |
| 1920년 | 30,189 | 3,584 |
| 1921년 | 38,651 | 8,462 |
| 1922년 | 59,722 | 21,071 |
| 1923년 | 80,415 | 20,693 |
| 1924년 | 118,152 | 37,737 |
| 1925년 | 129,870 | 11,718 |
| 1926년 | 143,796 | 13,926 |
| 1927년 | 171,275 | 27,479 |

〈표2〉 간토지역 거주 재일조선인의 인구 추이[7]

| 연도 | 도쿄 거주자수 | 가나가와 거주자수 |
|---|---|---|
| 1910년 | 348 | 50 |
| 1920년 | 2,053 | 514 |
| 1930년 | 33,742 | 9,794 |
| 1935년 | 53,556 | 14,410 |
| 1940년 | 87,497 | 24,842 |
| 1945년 | 101,236 | 64,494 |

6) 東京府 社會課, 「在京朝鮮人勞働者の現狀」(1929), 『在日朝鮮人關係資料集成』제2권. 이하 『資料集成』으로 표기.
7) 田村紀之, 「內務省警保局調査による朝鮮人人口」, 『經濟~經濟學』第46-50號, 1981.2

위의 표에서 알 수 있듯이 1920년까지 일본에 도항한 조선인은 완만한 증가세를 보이다가 1922년경부터 급격하게 증가한다. 간토지역의 경우에는 1923년의 간토대지진 이후 부흥을 위한 대규모 토목사업에 취로하는 조선인이 대량으로 유입됨에 따라 인구수가 급격히 늘게 된다. 도쿄는 1925년에 11,111명으로 만 명을 넘어섰고 곳곳에 조선인 밀집지역이 생기면서 재일조선인 사회가 형성되었다. 1927년 도쿄의 조선인거주자는 16,083명으로 4만 명이 넘은 오사카와는 현격한 차이를 보이지만 후쿠오카를 제치고 제2위로 올라섰다.[8]

〈표3〉 지역별 거주 조선인수 순위(1927년)[9]

| 순위 | 지역 | 조선인수 |
|------|------|----------|
| 1 | 오사카 | 40,960 |
| 2 | 도쿄 | 16,083 |
| 3 | 후쿠오카 | 16,073 |
| 4 | 아이치 | 13,973 |
| 5 | 교토 | 11,111 |
| 6 | 효고 | 11,042 |

재일조선인 사회의 기점은 1920년대 초에 형성된 일용노동자의 전문 숙박소이다. 토목노동 등에 종사하는 조선인이 숙박하던 飯場, 納屋, 勞動下宿 등을 중심으로 조선인의 독자적인 사회적 결합이 생겨났다.[10]

---

～1982.7

8) 1920～30년대 재일조선인의 지역별, 직업별 인구변화 등은 김광열, 「戰前期 日本 在留조선인의 定住化 양상에 관한 거시적 고찰」, 『日本歷史硏究』10, 1999. 참조.

9) 「在京朝鮮人勞働者の現狀」(1929), 『資料集成』제2권, 934～935쪽.

10) 조선인노동자의 거주형태에 대해서는 김광열, 「戰間期 일본거주 조선인의 생활상과 귀향」, 『한일민족문제연구』4, 2003. 152～162쪽 참조.

이들 전문숙박소를 중심으로 상호부조의 필요성이 재일조선인 사회 형
성의 계기가 되었다고 할 수 있다. 그러나 조선인사회가 일본인사회와
분리되어 있었던 것은 아니다. 조선인만의 특별거주지가 있었던 것은
아니고 일본인 거주지 안에 조선인의 전문숙박소가 존재했기 때문이다.

　1920년대 초반까지는 재일조선인 사회를 구성한 것은 주로 남성 단
신노동자였으나 20년대 중반부터 '조선인부락' 즉, 집단거주지가 등장
한다. 가족과 함께 일본으로 도항하는 사람들이 늘어 그들이 시가지에
주택을 빌려 살기 시작했고, 한 가족이 집을 빌리면 다른 조선인이 이주
하거나 함께 서주하면서 소규모의 조선인 거주지역을 형성했다. 그 규
모는 수 호에서 수십 호, 200~300명 규모로 중소영세 공장지역이나 슬
럼가를 중심으로 집단거주지가 존재했다. 도쿄에서 재일조선인이 많이
거주한 지역은 다음과 같다.

〈표4〉 1928년과 1934년 도쿄의 재일조선인 주요 거주지[11]

| 1928년 | | | 1934년 | | |
|---|---|---|---|---|---|
| 순위 | 지명 | 거주자수 | 순위 | 지명 | 거주자수 |
| 1 | 北豊島郡 | 2,917 | 1 | 深川區 | 3,955 |
| 2 | 荏原郡 | 2,899 | 2 | 本所區 | 3,438 |
| 3 | 深川區 | 2,175 | 3 | 荒川區 | 3,376 |
| 4 | 豊多摩郡 | 1,981 | 4 | 品川區 | 2,078 |
| 5 | 南葛飾郡 | 1,733 | 5 | 豊島區 | 1,951 |
| 6 | 本所區 | 1,223 | 6 | 目黒區 | 1,870 |

　1932년 10월 실시된 도쿄부의 대규모 행정구역 개편으로 郡 지역이
區로 재편되어 1928년과 1934년의 행정구역명은 다르지만 재일조선인

---

11) 「在京朝鮮人勞働者の現狀」(1929), 『資料集成』제2권, 951쪽; 「在京朝鮮人勞働者の
　現狀」(1936), 『資料集成』제3권, 1003~1004쪽.

의 주요 거주지는 크게 바뀌지 않았다. 상위 거주지는 기타 토시마군(北豊島郡), 에바라군(荏原郡) 등 도쿄 서부지역에서 후카가와구(深川區), 혼죠구(本所區) 등 동부지역으로 이동했으나 재일조선인이 도심 보다는 외곽지역에 주로 거주했다는 데에는 변함이 없다.

## Ⅲ. 집단거주지의 구조와 생활실태

1920년대 중반 이후 30년대에 걸쳐 형성된 조선인 집단거주지는 '조선인부락', '조선인 集住地', '多住지구' 등의 호칭으로 불렸다. 그러나 이러한 조선인 밀집지역도 조선인의 인구비율이 전체주민 인구의 10%를 넘는 곳은 많지 않았고 규모가 큰 곳이라고 해도 수백 명 규모였다. 1930년대 중반 도쿄에서 조선인이 100명이 사는 밀집지역은 수십 군데에 달하는데 그중에서도 대표적인 집단거주지는 다음과 같다.

〈표5〉 1934년의 조선인 집단거주지[12]

| 구명 | 위치 | 조선인인구 | 총인구 | 백분율 |
|---|---|---|---|---|
| 小石川區 | 戶崎町, 久堅町, 白山御殿町, 氷川下町의 접경구역 | 349 | 26,119 | 1.34% |
| 豊島區 | 西巢鴨1丁目~2丁目 | 400 | 4,400 | 9.09% |
| | 日出町 | 400 | 4,150 | 9.64% |
| 荒川區 | 南千住1丁目, 6丁目, 7丁目 | 459 | 27,054 | 1.70% |
| | 三河島町5丁目, 7丁目, 8丁目 | 700 | 21,866 | 3.20% |
| 城東區 | 大島町2丁目~6丁目, 8丁目 | 909 | 15,969 | 5.69% |
| | 南砂町1~2丁目, 北砂町1~5丁目 | 642 | 8,524 | 7.53% |
| 本所區 | 錦絲町4丁目 | 417 | 450 | 92.67% |

조선인 집단거주지의 구체적 상황을 보면 고이시카와구(小石川區)에 위치한 속칭 '태양이 없는 마을'의 경우 센카와(千川)변 총 25,000평의 공장지대에 위치해 있었는데 습지에 도로가 부실하고 상,하수도도 제대로 갖춰져 있지 않은 곳이었다. "20여 년 전 맑은 개천을 끼고 비교적 생활하기 좋은 하천변에 작은 집을 짓고 거주하는 자가 생겨났고, 그 뒤 공동인쇄 등의 공장이 설립됨에 따라 다수의 직공이 이곳을 이주해 와 가건물 연립주택을 집단적으로 세웠다"고 한다. 조선인 349명 가운데 자유노동자가 63명으로 가장 많았고 그 다음으로 인쇄/제본직공이 11명이었다.[13] 도시마구(豊島區)의 집단거주지는 시내에 거주하던 조신인 노동자가 간토대지진 이후 집세가 싼 곳으로 점차 이주해 만들어졌다. 각 집단거주지의 형성 배경은 다르지만 생활환경은 비슷했으며 주변 일본인들과 대체로 원만한 관계를 유지했다.

이렇듯 조선인 집단거주지가 형성되자 '자치'를 지향하는 여러 단체가 만들어졌을 뿐만 아니라, 하숙업, 음식점 등 조선인을 고객으로 하는 사업이 시작되었다. 점차 일본에 장기체류하는 사람이 늘어나면서 직업도 다양해졌다. 눈에 띄는 직업을 열거해보면, 노동하숙이나 土建飯場의 경영, 고물상, 폐품회수, 처리업자, 신문배달, 한약방, 음식점, 보험대리, 미용/이용업, 식품판매, 의류업, 제조업 등이 있다. 제조업 중에는 특히 금속기계류, 섬유제품, 잡화공장에서 일하는 조선인노동자가 많았다. 연도별 도쿄 거주 조선인 노동자수와 직업별 구성을 보면 다음과 같다.

---

12) 「東京府下に於ける朝鮮人の密住地域に關する調査」, 『資料集成』제3권, 1081~1088쪽; 外村大, 『在日朝鮮人社會の歷史學的硏究: 形成·構造·變容』, 綠蔭書房, 2004, 120쪽 참조.

13) 「東京府下に於ける朝鮮人の密住地域に關する調査」, 『資料集成』제3권, 1082쪽

〈표6〉 연도별 도쿄 거주 조선인[14]

| 연도 | 노동자수 |
|---|---|
| 1913 | 573 |
| 1914 | 542 |
| 1915 | 572 |
| 1916 | 647 |
| 1917 | 918 |
| 1918 | 1,229 |
| 1919 | 1,228 |
| 1920 | 2,53 |
| 1921 | 3,234 |
| 1922 | 4,633 |
| 1923 | 5,347 |
| 1924 | 8,385 |
| 1925 | 10,818 |
| 1926 | 13,231 |
| 1927 | 16,083 |
| 1928 | 18,224 |

〈표7〉 직업별 구성(1928년 8월)[15]

| 직업 | 노동자수 |
|---|---|
| 토목, 건축 | 9,980 |
| 공업 및 광업 | 2,278 |
| 학생 | 2,018 |
| 무직 | 2,012 |
| 기타 | 1,936 |
| 합계 | 18,224 |

재일조선인 사회의 특징으로는 교육이나 부를 통한 사회적 분화가
그리 확대되지 않았다는 점을 들 수 있다. 고등교육을 받은 인텔리도 노

---

14)「在京朝鮮人勞働者の現狀」(1929),『資料集成』제2권, 951쪽.
15)「在京朝鮮人勞働者の現狀」(1929),『資料集成』제2권, 953쪽.

무자합숙소(飯場)나 노동하숙에서 기거하는 자가 많았고 경제적으로 상
승한 자도 조선인을 고용하거나 조선인을 상대로 하는 상업과 서비스업
에 종사는 경우가 일반적이었다. 자기 노동으로 생활하는 순노동계급
88.93%, 학생 등 다른 사람에 의지해서 생활하는 자가 11.07%였다.

  1928년 8월의 경시청 조사에 따르면 구체적인 직업별로는 금속, 기
계, 요업, 봉제 등 직공이 2,264명, 신문배달부, 건설현장 노동자, 일용직
인부 등 노동자가 10,913명, 고학생을 포함한 학생은 2,018명으로 점차
감소하였다. 거의 대부분이 토목건축, 인부 등 자유노동 방면으로 轉職
하였고, 비교적 기술이 필요한 숙련노동 쪽과 일본어를 자유롭게 사용
해야 하는 직업은 드물다.

〈표8〉 도쿄 거주 조선인의 직업별 인구 변화[16)]

| 직업 | 1927.12 조사 | 1930.6 | 1934.3 |
|---|---|---|---|
| 학생 | 2,483 | 2,802 | 2,747 |
| 소학생 | - | 479 | 1,579 |
| 상업 | 39 | 173 | 2,746 |
| 직공 | 2,021 | 3,021 | 13,876 |
| 일용인부 | 8,907 | 17,094 | 3,646 |
| 그 밖의 노동자 | 252 | 454 | 1,483 |
| 수감자 | 58 | 125 | 216 |
| 기타 | 2,324 | 6,112 | 13,229 |
| 합계 | 16,084 | 30,260 | 39,522 |

  도쿄 거주 조선인의 출신지역별 분포를 보면 일본에서 가까운 경상
도와 전라도 지역이 압도적으로 많다. 경상남도가 5,026명, 경상북도가

---

16)「在京朝鮮人勞働者の現狀」(1936),『資料集成』제3권, 1006쪽.

3,848명, 전라남도가 3,316명 순이다. 성별 구성은 남자가 16, 046명, 여자가 2,178명으로 대부분이 남성이다. 이것은 다른 지역의 재일조선인과도 비슷한 현상이다.

이하에서는 도쿄부의 조사자료를 바탕으로 1920년대 조선인노동자의 취업상황과 노동조건을 살펴보겠다.[17]

조선인의 일본 도항 초기에는 브로커가 개입하여 노동자를 모집한 뒤 열악한 환경에서 노동하게 했기 때문에 조선인에게 불리했다. 이후 개인이 직접 도항하여 직업을 선택하게 되었다. 먼저 일본으로 건너간 동포에 의존하거나 혹은 모집광고를 보고 혼자 교섭하거나 공공 직업소개소를 통해 직업을 소개받게 되었다. 도항자의 수가 늘어남에 따라 취직 방법도 다양해졌다. 초기에 그들은 일반 일본인노동자와 마찬가지로 일본인 책임자[親方] 밑에서 생활했으나 점차 그 수가 늘어남에 따라 동류의식을 환기하고 동류집단의 필요성과 편리를 위해 그들만의 자치적 생활이나 거주지가 늘어났다. 그에 따라 이들 조직의 대표자의 도움을 받아 취직하게 되는 기회를 얻는 경우가 많아졌다.

조선인노동자의 대부분(80% 정도)은 도일 이전의 직업이 농업이었기 때문에 특수한 기술을 필요로 하는 방면에는 취직이 어려웠다. 일본에 거주한 기간이 길지 않아 숙련노동자의 수도 매우 적었다. 게다가 언어, 풍속, 습관 면에서 일본인과 공통성이 부족해 고용자 측의 환영을 받지 못했다. 숙련노동자가 되면 노동의 내구력, 노동시간 등 일본인 노동자에 비해 훨씬 유리한 면이 있었지만 사소한 임금 차이 등 이해관계에 따라 쉽게 직장과 고용주를 바꾸는 것이 문제로 지적됐다.

노동조건을 살펴보면, 일본인노동자에 비해 열악한 노동조건을 감수해야 했다. 일본인 보다 임금이 20~30% 저렴했을 뿐만 아니라, 노동시

---

17) 東京府 社會課, 「在京朝鮮人勞働者の現狀」(1929), 『資料集成』제2권, 960~978쪽.

간이 길고 위험이 따르는 더럽고 어려운 일이 맡겨졌다. 구체적으로는 토목, 건축, 탄광업, 운반, 청소 등의 업무이다.

일본인 고용주의 입장에서 보면 조선인노동자는 근무태도는 양호하나 근속일수가 짧고 쉽게 전직하는 것이 문제였다. 특히 육체노동에서는 일본인에 비해 우수했으며 업무에 숙련되면 생산량이 증가했다. 노동의 지속력이나 피로도는 일본인과 비슷하거나 약간 떨어진다는 의견도 있다. 건강상태는 일본인과 동등 내지 양호하며 위생상태는 일본인보다 못하고 위생관념이 부족하다는 의견이 많았다. 또한 조선인노동자의 단점으로는 책임의식이 부족하다고 보았다. 감독이 있을 때와 없을 때의 태도가 다르고 고집이 세며 꼼꼼하지 못하다는 의견이 다수이다. 단체 공동생활에 있어서는 조선인 사이의 단결력은 매우 강하지만 주장이 강해 일본인과의 공동생활에는 어려움이 있었다. 조선인들이 단결해 고용주에게 무리한 요구를 하는 경향이 있어 어려움이 많다는 의견도 여럿 있었다.[18)

조선인노동자의 생활상태를 살펴보면 그들은 대부분 고향에서 보다 일본에서의 생활이 편하다고 밝혔다. 그러나 그것은 단지 고용기회가 상대적으로 많고 먹고살기에 편하다는 것이지 절대적으로 양호한 생활이 보장된다는 것은 아니었다. 1928년의 조사에 따르면 재일조선인의 평균수입은 4~5인 가족의 평균수입이 63엔 71센, 독신자는 44엔 21센이었다.

주거상황을 보면 세대를 이루고 있는 자는 1,665호(戶)이며 세대원은 남자가 4,085명, 여자가 1,466명이다. 조선인이 많이 거주하는 곳은 미카와시마초(三河島町), 닛뽀리초(日暮里町), 센쥬초(千住町), 미나미센쥬초(南千住町), 데라지마초(寺島町), 아즈마초(吾嬬町), 가메이도초(龜戶

---

18) 神戶市, 「在神牛島民族の現狀」, 『資料集成』제2권, 971~974쪽.

町), 오이초(大井町), 요도바시초(淀橋町), 다카다초(高田町), 다치가와초(立川町) 등이고 시내에서는 혼죠구(本所區), 후카가와구(深川區), 시바구(芝區), 고이시카와구(小石川區), 간다구(神田區) 등에 많이 거주했다. 그들은 대부분 가건물[바라크]과 같은 다세대주택[長屋]에서 생활했고 보호시설 안에서 공동으로 주거하거나 雜居하는 자도 적지 않았다. 조선인은 가족 외에 동거인과 함께 공동생활하는 경우가 많았다. 그들의 주택난은 심각했다. 집을 빌리려 해도 빌려주지 않아 일본인 이름을 사용해 빌리는 등 주거에는 항상 어려움이 많았다. 세대당 평균인원은 3.24명이고 1인당 평균 주거면적은 다타미 2.85조(疊)이다.

1920년대 초기에는 조선인노동자 가운데 90%가 독신자였다 그 중 10% 정도가 방이나 집을 빌려 살았고 나머지는 보호시설, 인부방, 노동자합숙소(飯場), 간이숙박소에 거주했다. 20년대 말에는 조선인이 경영하는 노동자합숙소에서 기거하는 자가 늘어났다.

〈표9〉 독신자 주거상황표(1928년)[19]

| 주거별 | 인원 | 백분율 |
|---|---|---|
| 借家 獨居 | 5 | 0.31 |
| 借家 동거 | 18 | 1.13 |
| 借間 독거 | 36 | 2.25 |
| 借間 동거 | 73 | 4.56 |
| 기숙사 | 1 | 0.06 |
| 숙박소 | 544 | 34.00 |
| 인부방 | 907 | 56.69 |
| 주인과 동거 | 16 | 1.00 |
| 합계 | 1,600 | 100 |

19) 東京府 社會課, 「在京朝鮮人勞働者の現狀」(1929), 『資料集成』제2권.

〈표10〉 독신자 주거상황(1934년)[20]

| 주거별 | 인원 | 백분율 |
|---|---|---|
| 借家 獨居 | 4 | 0.22 |
| 借家 동거 | 326 | 18.46 |
| 借間 독거 | 222 | 12.57 |
| 借間 동거 | 278 | 15.74 |
| 합숙소(部屋) | 370 | 20.96 |
| 싼 여관(木賃宿) | 18 | 1.02 |
| 숙박소 | 538 | 30.47 |
| 타인에 기숙 | 10 | 0.56 |
| 합계 | 1,766 | 100 |

위의 표에 나타난 독신자의 주거상황을 살펴보면 1928년에는 셋집을 빌려 혼자 혹은 동거하는 경우는 적었고 80% 정도가 노동자숙박소와 인부방에서 생활했다. 그러나 1934년이 되면 셋집에 사는 경우가 늘어난다. 노동자숙박소와 합숙소가 51%로 여전히 많았지만 셋집에서 독거 혹은 동거를 하는 사람이 47% 정도로 크게 늘어났다. 이전에 비해 세대를 구성해 정주화하는 경향이 크게 늘었다고 할 수 있다. 이들 독신자 가운데 약 60%는 미혼자, 약 40%는 기혼자로 기혼자는 대체로 고향에 있는 가족에게 생활비를 송금했다.

1928년의 직업별 수입을 살펴보면 기술적 노동자는 숫자가 매우 적으나 비교적 높은 임금을 받았고 직장도 안정적이었다. 이발업의 수입이 가장 높아 월수 150엔이었고 다음으로 市電 운전수가 123엔이었다. 육체노동자는 비교적 임금이 낮아 토건노동자가 52엔 34센, 자유노동자가 54엔 75센이었다. 전체 노동자의 평균 월수는 63엔 71센이며 50엔

---

20) 東京府 社會課, 「東京居住朝鮮人の現狀」(1936), 『資料集成』제3권.

미만을 받는 계층이 27%에 달했다. 그러나 이 결과는 보호단체 혹은 조선인이 경영하는 비교적 유력한 노동자합숙소를 대상으로 조사한 결과이기 때문에 실제로는 일반적 노동자의 수입은 더 낮았을 것으로 추측된다. 1934년에는 일용노동자의 경우 건설노동자의 평균 월수입은 20엔 78센, 인부는 19엔 60센이었다. 가족세대의 전체 평균은 24엔 93센이었고 독신자의 평균수입은 18엔 16센이었다.[21]

지출을 살펴보면 가족세대의 경우 평균 지출액 56엔 94센 가운데 주거비가 17.37%, 음식비 48.89%, 피복비 13.54%, 광열비 8.36%, 기타(용돈, 교제비, 유흥비 등) 11.84%로 음식비가 차지하는 비중이 매우 높았다. 독신자의 경우에는 월평균 지출액 35엔 2센 가운데 주거비 7.30%, 음식비 53.52%, 피복비 15.52%, 광열비 0.32%, 기타 23.14%로 주거생활에 드는 지출이 적은 반면 음식비와 기타지출은 더 많았다. 독신자는 젊은 층이 많아 학습, 교제, 유흥 쪽에 더 많은 지출을 한 것으로 보인다. 1934년의 조사에서는 가족세대의 경우 평균 지출액 25엔 88센 가운데 주거비가 13.55%, 음식비 60.59%, 피복비 8.40%, 광열비 6.22%, 기타(용돈, 교제비, 유흥비 등) 11.24%로 대부분의 지출이 음식비였다. 독신자의 경우에는 월평균 지출액 16엔 21센 가운데 주거비 6.74%, 음식비 57.84%, 피복비 11.84%, 광열비 1.71%, 기타 21.87%로 주거생활에 드는 지출이 적은 반면 음식비와 기타지출은 더 많았다.[22]

조선인노동자는 일본인노동자에 비해 노동조건이 나빴기 때문에 일본인 보다 소득이 20~30% 낮았으나 상당히 절약해 남은 돈은 저축하거나 송금했다. 어려운 생활 속에서도 세대원과 독신자 모두 약 60%가 저축 및 송금을 했다.

---

21) 東京府 社會課, 「在京朝鮮人勞働者の現狀」(1929), 『資料集成』 제2권, 985~990쪽.
22) 위의 책, 990~997쪽.

교육정도를 보면 독신자의 경우 보통학교를 다녔거나 졸업한 사람이 52.42%로 대다수를 차지했고 고등보통학교 이상을 다닌 사람도 약 10%였으며, 문맹자는 31.38%에 달했다. 종교상황은 불교가 5.88%, 기독교가 2.63%, 유교가 5.38%, 천도교가 1.94%로 종교를 가진 사람이 적었고 대다수(84.19%)가 무종교였다. 1934년의 조사에서는 불교 9.46%, 기독교 5.13%, 유교 3.59%. 무종교 79.75%였다.[23]

연령을 살펴보면 가족세대의 경우 31세에서 35세가 전체의 25.09%로 가장 많았다. 그 다음이 36세에서 40세로 24.31%였다. 독신자의 경우에는 전체의 25.59%가 26세에서 30세까지였고, 이어서 21세에서 25세가 24.52%였다.[24]

## Ⅳ. 지역사회와의 소통

간토대지진 이후 재일조선인 사회가 형성되고 정주화가 진행됨에 따라 상호부조, 빈곤자 구제, 직업소개, 인격 향상 등을 목적으로 한 조선인단체가 만들어지기 시작했다. 특히 합숙소를 통한 노동자조직이 잇달아 생겨났다.[25] 이들 단체는 지역적으로는 도쿄, 교토, 오사카, 효고, 가나가와, 야마구치, 후쿠오카 등 조선인이 많이 거주하는 지역에 만들어졌다. 간토지역의 대표적인 조선인단체로는 相愛會, 勞動友和會, 勞動一心會를 들 수 있다.

相愛會는 1921년 12월 '人類相愛의 本義에 기초해 內鮮融和를 철저

---

23) 위의 책, 998~999쪽.
24) 위의 책, 980쪽.
25) 東京府 社會課, 「朝鮮人勞働者に關する狀況」(1929), 『資料集成』제1권, 530~537쪽.

하게 실현'할 것을 목적으로 朴春琴, 李起東 등에 의해 결성되었다. 조
선총독부 사이토 마고토(齋藤實) 총독 경부국의 마루야마 쓰루키치(丸山
鶴吉) 등 조선총독부와 내무성 관료의 지원을 받아 전국적으로 세력을
확대한 '內鮮融和'단체이자 친일단체이다. 상애회의 사업내용은 무료숙
박소, 무료직업소개소, 인사상담, 노동야학, 조선일요학교, 학생기숙사
相愛館, 상애병원, 相愛神社의 창설과 경영이었다. 노동야학은 숙박소이
용자를 대상으로 주1회 이상 '수신', 일본어와 조선어, 산수를 가르쳤다.
조선일요학교는 일본어와 간단한 산술을 교육할 목적으로 설립되었는데
1926년 취학연인원은 노동자 21,221명, 아동 2,371명이었다. 상애병원
은 상애회 숙박소 구내에 설치된 진료소이다. 상애신사는 24년 9월 1일
간토대지진 1주년 때 조선인조난자를 추도하기 위해 건설된 것이다. 상
애회는 노무자합숙소나 노동하숙을 기반으로 조직을 확대하였고 사회주
의 계열의 재일본조선노동총동맹 등 다른 조직과도 활동기반을 공유하
고 있었다.26)

　勞動友和會는 시즈오카(靜岡)현, 가나가와현 등에 만들어진 상호부조,
구제, 인격 도야 활동을 목표로 한 단체이다. 이 단체의 기반이 된 것은
노무자합숙소(飯場)로 조선인노동자의 불안한 고용형태를 극복하기 위
한 목적이 있었다. 즉 각 공사장의 하청에 대한 정보교환을 위해 노무자
합숙소 단위로 광범위하게 연락을 취할 필요가 있었던 것이다. 또한 도
쿄부의 다마(多摩) 지역을 거점으로 토건공사, 자갈채취 청부업자들을
규합해 회원이 5,000명에 달했다고 하는 勞動一心會도 관혼상제, 협력
과 부조, 識者교육, 무료숙박소 운영, 직업소개, 무료진찰, 분쟁 조정 등
의 사업으로 내걸고 활동했다. 조선인단체의 규모가 커지고 활동도 다
양해지고 있음을 보여주는 것이다.27)

---

　26) 西成田豊, 『在日朝鮮人の「世界」と「帝國」國家』, 東京大學出版會, 1997, 176~179쪽.

이밖에도 1930년대에는 친목과 상호부조를 중심으로 하는 수많은 단체가 만들어져 재일조선인을 조직화했다. 노동조합을 비롯해 학생단체, 직능단체, 예술단체, 스포츠/취미단체, 종교단체 등이다. 경찰 당국이 파악하고 있는 1934년 말 시점의 도쿄의 조선인단체 수는 248개, 가입자 수는 24,495명이었고 전국에 있는 조선인단체 총수는 1,087개, 가입자 수는 14만 9,632명에 달했다.[28]

⟨표11⟩ 연도별 재일조선인 단체의 구성[29]

| 연도 | 단체수 | 가입자수 |
|---|---|---|
| 1929 | 488 | 79,644 |
| 1930 | 627 | 79,918 |
| 1931 | 656 | 90,373 |
| 1932 | 890 | 114,490 |
| 1933 | 984 | 133,923 |
| 1934 | 1,087 | 149,632 |
| 1935 | 1,115 | 110,084 |
| 1936 | 1,070 | 104,741 |
| 1937 | 1,053 | 158,842 |

⟨표12⟩ 지역별 재일조선인 단체 현황(1934년)[30]

| 지역명 | 단체수 | 가입자수 |
|---|---|---|
| 도쿄 | 248 | 24,495 |
| 교토 | 64 | 4,275 |
| 오사카 | 278 | 67,538 |

27) 外村大, 앞의 책, 109~110쪽.
28) 內務省 警保局, 「社會運動の狀況」(1934), 『資料集成』제3권, 49~52쪽.
29) 「社會運動の狀況」(1934)을 바탕으로 작성.
30) 위의 같음.

| 가나가와 | 29 | 1,957 |
|---|---|---|
| 효고 | 66 | 5,906 |
| 아이치 | 94 | 8,204 |
| 히로시마 | 25 | 3,805 |
| 야마구치 | 50 | 5,610 |
| 후쿠오카 | 48 | 7,816 |
| 기타 | 185 | 20,026 |
| 합계 | 1,087 | 149,632 |

　이들 재일조선인 단체는 치안당국에 의해 '融和親睦系', '民族系', '민족·공산양계', '공산계', '무정부계' 등으로 분류되었는데 1930년 이후 대다수(70~80%)는 '융화친목계'였다. 그리고 이러한 분류는 치안정책적 관점의 분류로 '민족계'나 '공산계' 가운데에도 친목과 상호부조를 중심으로 하는 단체가 많았다. 이러한 단체의 활동을 통해 1920년대 말부터 30년대에 걸쳐 재일조선인은 내부적으로 점차 결합을 강화해나갔다고 할 수 있다.

　그러면 재일조선인과 지역사회의 관계는 어떠했을까? 재일조선인은 강한 사회적 결합을 유지하면서 주위의 일본인들과 대립, 충돌하거나 우호 관계를 맺어나간다. 기본적으로 일상적인 인간관계는 조선인 사이에서 이루어졌지만 조선인들만의 특정한 직장이나 거주지가 별도로 있었던 것은 아니므로 일본인과의 접촉은 자연스럽게 이루어졌다. 즉, 조선인사회가 지역사회와 완전히 분리, 유리되어 있지 않았기 때문에 일본인과의 교류는 항상적으로 일어날 수밖에 없었다. 조선인과 일본인 노동자의 공동생활을 보여주는 일례를 보면 다음과 같다.

　　한신(阪神)지방 및 게이힌(京濱)지방 모두 조선인노동자가 많이 사는 군(郡)지역이나 변두리 마을에서는 內地人과 함께 단층 연립주택에 살거나 동거생활을 하는 조선인이 매우 많다. 우물이나 수도를 함께 사용하고 혹은 같은 집에 기거한다. 이들 內鮮人 노동자의 사이는 결코 나쁜 편이 아니다. 그 가운데에는 공사장 등에 작은 가설주택을 지어 부부가 함께 생활하거나 공동생활을 하는 자도 있다.[31]

이러한 재일조선인과 일본인의 교류와 친목을 나타내는 사례는 내무, 경찰 등 공적 기록이나 사적 자료를 통해 다수 확인할 수 있다.

재일조선인이 일본인과 부딪히는 생활상 가장 큰 문제는 주택 임대 문제이다. 조선인노동자가 주택을 험하게 사용하고 월세의 체납, 이사비용의 요구 등 불상사가 생긴다고 해서 점차 조신인에게 집을 빌려주지 않는 경향이 심해졌다. 일본인 보증인을 구해 임대계약이 성립되더라도 특별한 계약조건을 다는 등 여러 가지 불편이 따른다. 그 사례를 보면 다음과 같다.

<특별계약사항>
1. 가옥 임대 중에 이가 발생했을 때는 수시로 驅除해야 한다. 가옥을 넘겨준 뒤 1개월 이내에 당사자 입회조사 결과 이가 발생한 것을 인정할 경우에는 그 손해를 부담해야 한다. 인정하지 않을 때는 가옥의 손해금을 반환한다. 또 임대인이 가옥을 빈 집으로 둔 뒤 6개월 이내에 이가 발생했을 때는 임차인이 그 손해를 부담해야 한다.
2. 보증금[敷金]은 100엔이다. 임대인은 가옥의 손해금으로 100엔을 수령한다.
3. 본 계약은 5년으로 한다. 5년 이후는 가옥의 손해금을 반환한다.
4. 본 계약을 한 뒤 1개월 이내에 轉居할 때는 2개월분의 월세를 지불해야 한다.
5. 임차인이 체납할 때는 보증인이 가스, 수도, 전기요금을 연대하여 지불해야 한다.[32]

---

31) 「阪神·京浜地方の朝鮮人勞動者」(1924년), 『資料集成』제1권, 413쪽.
32) 東京府 社會課, 「在京朝鮮人勞働者の現狀」(1936), 『資料集成』제3권, 1052쪽.

이러한 상황 속에서 주택을 임대받기 어려운 조선인은 매립지, 물품 보관구역 등 남의 땅에 무단으로 가건물을 지어 거주하는 경우가 많았다. 그럴 경우에는 당연히 전기나 수도가 설치되어 있지 않았기 때문에, 음료수를 구하기 위해 어려움을 겪고 전기를 盜電하는 경우도 많았고 한다.

위생문제로도 일본인과 종종 마찰을 일으켰다. 조선인은 불결하고 위생관념이 없다는 것이 일본인의 일반적인 인식이었다. 그러나 일본에 오래 살면 일본인과 다를 바 없다는 인식도 보인다. "일본인에 비해 조선인은 기후 변화에 저항력이 강하고 질병에 걸리는 자도 그 비율이 매우 낮다. 생활의 위생 측면을 보면 주거 상태 상 자연히 불결한 점이 많다. 그렇지만 수년 전에 비해 위생관념이 상당히 향상되었다"[33]고 한다.

재일조선인에 대한 일본인의 인식은 부정적인 것만은 아니었다. 고용자들은 대체로 조선인은 개인적으로 매우 순박하고 성실하며 힘들거나 지저분한 일도 불만 없이 잘 처리한다고 보았다. 일례를 들어보면 다음과 같다.

> "조선인이라고 하면 처음부터 나쁜 사람이라고 생각하고 참학하고 난폭한 민족이라고 생각하는 사람이 많지만 실제로 조선인은 그렇게 나쁜 사람도 아니고 폭탄이나 총을 연상할 정도로 참학하고 난폭한 민족이 아니다. 오히려 진정으로 조선인을 이해하고 그들과 친교를 맺은 사람들은 이구동성으로 그들의 순박하고 유순한 성격과 참고 따르며 어른을 공경하는 생각이 두터운데 놀랄 것이다. 최근에는 이러한 사실이 일반적으로 알려졌다고 보이는데 이는 조선인들에게 다행이라기보다는 內地 사람들을 위해 경하할 일이라고 믿는다."[34]

또한 조선인은 단결력이 매우 강하며 일본인에게서 자주 보이는 중

---

33) 『資料集成』제3권, 1071쪽.
34) 『資料集成』제2권, 1003쪽.

상, 모략, 이기주의는 적어 일본인이 본받아야 할 것이라고 말한다. 그리고 부모에 대한 효심이 깊고 급료의 일부분을 부모나 처자에게 송금하는 것에 대해 감탄하기도 했다.

그러나 조선인과 일본인의 접촉이 매우 빈번했던 것은 아니다. 주택문제 등으로 조선인거주지는 일본인거주지와 차단되어 있어 일본인과 활발한 교류가 이루지지 못하고 전반적으로는 일본인과 소원한 관계를 유지했다고 할 수 있다.

## V. 맺음말

도쿄를 중심으로 한 간토지역의 재일조선인 사회는 1923년의 간토대지진 이후 본격적으로 형성되었다. 20년대 초반까지는 고학생이나 학업을 병행하려는 남성 단신노동자가 중심이었으나 20년대 중반부터 순수노동자와 가족세대가 늘면서 도쿄 각지의 중소영세 공장지역이나 슬럼가에 200~300명 규모의 조선인 밀집지역이 생겨났고 그것이 1930년대에는 외곽지역의 집단거주지로 발전했다. 이러한 집단거주지는 조선인 인구비율이 말단행정 단위 전체인구의 10%를 넘는 곳이 거의 없었으며 고립적 분산적으로 존재했다고 할 수 있다.

간토지역의 재일조선인은 대부분 자유노동자로 일본인 보다 열악한 생활환경에 처해 있었다. 조선인노동자는 일본인노동자에 비해 노동조건이 나빴기 때문에 수입도 20~30% 적었는데 힘든 생활 속에서도 근검절약해 돈을 저축하거나 고향의 가족에게 송금했다. 일본인 고용주의 입장에서는 보면 조선인노동자의 근무태도는 양호하나 근수일수가 짧고 자주 전직하는 것이 문제였다. 육체노동의 면에서는 일본인 보다 우수하며 업무에 숙련되면 생산량도 증가한다고 보았다.

1920년대 후반부터 재일조선인의 정주화가 진행됨에 따라 상호부조, 빈곤자구제, 직업소개 등을 목적으로 하는 조선인단체가 각지에서 생겨났다. 이러한 단체의 활동을 통해 재일조선인의 사회적 결합을 강화하면서 지역사회의 일본인과 대립, 충돌하거나 우호관계를 맺어갔다. 조선인끼리의 특정한 직장이나 거주지가 있었던 것이 아니므로 일본인과의 접촉은 자연스럽게 이루어졌다. 일상적인 인간관계는 조선인 사이에서 이루어졌지만 지역사회와 완전히 유리되어서는 생활할 수 없었기 때문에 일본인과의 접촉은 항상적으로 일어날 수밖에 없었다.

생활상에서 조선인과 일본인이 자주 충돌한 것은 주택임대문제였다. 또한 위생문제를 둘러싸고도 마찰이 일어났다. 또한 일본인과 사이좋게 지내는 것을 보여주는 사례도 있으며, 조선인과 접촉을 심화하면서 일본인이 조선인에 대한 편견을 수정하기도 했다. 그러나 '제국' 국민과 식민지 '민족' 사이의 격차를 극복하고 스스럼없이 대등하게 교류하기에는 시대적 한계가 있었다고 할 수 있다.

제 2 부

# 한국 내 倭人·日本人 '집단거주지'의
# 역사적 연구

# 1. 韓半島南部 倭人의 殘像*
## -交流와 共存의 시점에서-

송 완 범**

# Ⅰ. 머리말

BC3세기부터 시작된다고 일컬어지는 야요이(彌生)시대는 일본열도의 문화발달 단계에서 처음으로 한반도 남부에서 열도로의 사람들의 대량 이주가 확인된다. 이후 한반도와 일본열도 사이에는 여러 민족들이 잡거하고 혼거하는 복잡한 양상을 띠게 된다. 이러한 양태를 잘 보여주는 사료가 『수서』 동이전이다[1].

다만 한반도와 일본열도 간을 이동하는 사람들을 보는 시점은 이제까지의 상하관계 혹은 지배와 피지배 관계 속에서 살펴보는 국민 국가적 입장보다는 '人'과 '物'의 이동에 대하여 복안적일 필요가 있다. 지금

---

* 『일본연구』 15(2011년)에 기게재됨
** 고려대학교 일본연구센터 HK교수
1) 『수서』 동이전의 신라조 참조.

까지의 '人'과 '物'의 이동에 관한 설명은 고대의 한반도에서 일본열도
로의 이동만 중시한다거나, 혹은 그 정반대의 입장이 거의 대부분이었
다고 할 수 있다. 그러나 이제부터는 서로 거울을 쳐다보고 말하는 것
같은 논리의 일방적 주장이 아니라 실제로 이동하는 사람들의 존재와
그 성격의 규명이 중요한 것이 아닌가 생각된다. 다시 말하자면 그 이동
에 대해 상하 관계 혹은 지배와 피지배의 관계로만 고정적으로 해석하
는 것은 비현실적이라 할 수 있을 것이다.

　이상과 같은 인식 하에 한반도와 일본열도간의 사람의 이동과 흔적
에 대한 쟁점들을 들여다보자. 우선, 일본학계의 '임나일본부설(任那日
本府設)'과 '남선경영론(南鮮經營論, 이후 한반도남부경영론)'에 대하여
살펴보고자 한다. 스에마쓰(末松保和)는 '임나일본부'에 대해 야마토(大
和) 왕권의 지배기관, 이른바 출장기관(出先機關)으로 이해한다. 그에 따
르면 "야마토 정권은 4세기 중엽부터 6세기 중엽까지의 약 200년간에
걸쳐 임나(任那)지역에 '임나일본부'를 두어 직할 지배체제를 구축하였
고, 백제와 신라에 대해서는 간접지배체제를 실시하였다"고 한다.[2] 바
로 이것이 이른바 '한반도남부경영론'인 것이다. 그가 증거로서 제시한
것들은 『일본서기』의 신공기 49년조의 신라정토기사와 가야7국 평정기
사[3]를 전제로 하여 [칠지도], [광개토왕능비문], 『송서』왜국조 등의 금
석문과 중국 사료를 이용한 것들 이었다.

　스에마쓰의 설에 대한 지금까지의 반박들은 거의 모두 '임나일본부
설'에 대한 대응논리가 대부분이다. 먼저, '기구, 기관설'은 지배 혹은
통치를 위한 기구와 기관으로서, 야마토 왕권, 분국, 가야 거주 왜인, 규
슈의 왜인, 백제군사령부라는 입장. 그리고 교역 혹은 외교를 위한 기관

---

　2) 末松保和, 『任那興亡史』, 大八洲出版, 1949(再販, 吉川弘文館, 1956) 참조.
　3) 『일본서기』의 신공기 49년조 참조.

으로서 좀 더 구체적으로 들어가자면 야마토 왕권과 가야, 규슈의 왜와 가야, 백제와 왜 혹은 가야제국, 남부가야제국, 안라라는 입장. 나아가 합의체, 외교 교섭단체, 정치집단이라는 입장에는 왜, 임나, 백제를 주체로 한 입장과 가야제국 합의체에 야마토 왕권의 관료가 참여한다는 입장, 그리고 야마토 왕권과 가야제국 왕이라는 입장과 야마토 왕권이 파견한 왜신이 중심이 된 것이라는 설도 있다. 마지막으로 사신, 관인의 집단으로 보는 설에는 야마토 왕권의 사자, 혹은 야마토 왕권, 백제, 신라의 사신이라는 입장, 그리고 규슈의 관인이라는 입장과 야마토 왕권의 관인이라는 의견도 있다.[4]

단, 우리가 주목해야 할 바는 이러한 '임나일본부설'과 '한반도 남부경영론'이 같은 층위의 문제가 아니라는 것이다. 다시 말하자면 '임나일본부'의 존재와 성격을 둘러싼 논쟁 끝에 '임나일본부'의 존재가 부정되었다고 해서 '한반도남부경영론'이 극복되었다고 말할 수 있는 것은 아니라는 말이다. 역시 한반도 남부에서 활동한 왜인의 존재를 부정할 수 없는 것이라면 그들의 존재 이유와 성격을 어떻게 설명해낼 수 있는가에 따라 '한반도남부경영론'의 실체가 드러나지 않을까.[5]

두 번째로, '삼한삼국분국론(三韓三國分國論)'에 대해서 이다. 이 설은 김석형[6]에 의해 발표된 것으로 야마토 왕권이 '임나일본부'를 통해 지배했었다고 하는 백제, 신라, 가라 등은 실은 한반도 남부에 존재했었던 것이 아니라 한반도의 여러 나라들로부터 일본열도로 이주한 집단이 건국한 '분국'이었다고 하는 것이다. 다시 말해 '임나일본부'는 원래 일본열도 내의 여러 한반도계 분국을 통치하는 기관이었는데, 『일본서기』

---

4) 나행주 「6세기 한일관계의 연구사적 검토」, 한일관계사연구논집3 『임나문제와 한 일관계』, 경인문화사, 2005, 19-48쪽 참조.
5) 김현구 『任那日本府研究-韓半島南部經營論批判-』, 일조각 1993 참조.
6) 김석형 『초기조일관계연구』, 사회과학원출판사(평양)1966 참조.

의 편찬자가 위의 사실을 야마토 왕권과 한반도 본국에 소재한 삼한, 삼국과의 관계인 것처럼 조작한 것이라는 것이다. 그 증거로서는 일본열도 내에 수많이 존재하는 한반도 관련의 흔적들이라고 한다.

이 분국론의 의의는 고대 한반도에 존재한 제국의 발전 단계가 삼한 이후에 삼국이라는 역사적 사실에 입각하여 삼국 시대 때 한반도에 존재하지 않았던 모한과 진한에까지 야마토 왕권이 군사권을 주장하고 있는 것은 성립될 수 없는 것이기에 야마토 왕권의 주장은 한반도 내의 사실이 아니라 일본열도 내의 중앙과 지방에 합당한 발상이라는 데 있다. 다만, 고대일본의 중앙과 지방의 문제는 일본열도 내에 진출한 한반도인들에 관한 문제라는 해석은 관련 자료를 일방적으로 한반도에 유리하게 해석한 것이라는 점에서 스에마쓰설을 거울에 비춘 것과 같은 것이다.[7]

그런데 이상의 번잡한 설들은 크게 나누면 한반도에서의 왜인의 활동인가 아니면 일본열도에서의 한반도인들의 활동인가의 두 부류로 나누어진다. 다시 말해 전자가 이른바 '한반도남부경영론'을 설명하거나 반박하기 위한 주장이라면, 후자는 역으로 소위 '일본열도경영론'에 해당하는 것이다. 결국 종래의 방법론에 서자면 한반도에서의 왜인의 활동 자체에 대한 논리적인 평가는 난망한 것이 되어버리고 만다. 그 이유는 지금까지 한반도와 일본열도 간의 인간집단의 왕래에 대한 기존의 연구는 '지배, 통제'와 '관리'라는 시점에서 주로 분석해 왔기 때문이다. 또 이러한 시점은 아무래도 외부로부터의 인간에 대해 중앙집권국가의 시선에서 복속하는 대상으로서의 인식하는 것이고, 또 이를 상하관계 혹은 지배와 피지배 관계 속에서 파악하려는 의도가 강하게 내포되어 있었다고 말할 수 있다. 하지만 고대 한반도와 일본열도 간에 발생한 수

---

7) 김현구 『임나일본부설은 허구인가』, 창비 2010, 173-174쪽 참조.

많은 인간왕래의 역사에는 '지배, 통제'와 '관리'만이 아닌 '교류'와 '공존'의 역사도 동시에 존재했을 것이다.[8]

이상과 같이 지역을 넘어 이동하는 인간들의 '교류'와 '공존'의 관점에서 한반도 남부의 왜인의 활동에 대해 살펴보고자 하는 것이 본고의 과제이다. 먼저, 한반도 남부 그 중에서도 한반도 남부의 서쪽, 즉 구 백제 지역에서 발견되는 고대일본식 묘제인 전방후원분(前方後圓墳)의 피장자에 대한 종래의 성과를 통해 이 지역과 피장자의 관계를 조망한다. 그 다음으로는 백제와 왜를 둘러싼 국제정세에 대해 살펴볼 필요가 있다. 왜냐하면 백제 지역의 일부인 그것도 영산강 유역을 중심으로 한 제한된 지역에서만 왜의 고대식 묘제가 그것도 5세기 후반에서 6세기 전반이라는 특정 시기에만 출현하고 마는 것은 백제와 왜의 어떤 특수한 사정을 반영하고 있다고 생각하기 때문이다. 이런 점에서 특히 5세기를 중심으로 한 전후의 시기가 주목되는데, 5세기의 사료라면 대표적인 것이 『송서』왜인조이다. 『송서』왜인조에 보이는 백제와 왜국의 상호관계를 복안적으로 검토해 나가고자 한다. 마지막으로는 이상의 사실을 바탕으로 한반도 남부에서 실제로 활동했을 왜인의 성격에 대해 살펴볼 작정이다. 이렇게 하는 것에 의해 비로소 한반도남부에서의 왜인의 '교류'와 '공존'의 실상이 좀 더 구체적으로 드러날 수 있을 것이다.

## Ⅱ. 한반도남부의 '전방후원분'

일본 고대사에서 전방후원분 연구[9]는 독특한 연구 분야이다. 일본사

---

8) 송완범 「日本律令國家의 百濟郡·高麗郡·新羅郡에 보이는 交流와 共存」, 『사총』 68, 2009, 36쪽 참조.

에서는 BC3세기부터 3세기까지의 벼농사와 금속기를 사용한 야요이(彌
生) 시대의 종료와 함께 야마토(大和) 지역을 중심으로 정권의 추이가
전개된 4세기부터 6세기까지를 '야마토 정권' 혹은 '야마토 왕권'의 시
기라 부른다. 그리고 이 시기의 가장 중요한 역사서는 주지하는 바와 같

---

9) 近藤義郎, 『前方後円墳の成立』, 岩波書店, 1998; 廣瀬和雄, 『前方後円墳國家』, 角
川書店, 2003; 大久保徹也 외, 『死の機能 前方後円墳とは何か』, 岩田書院, 2009;
上田宏範, 『前方後円墳』, 學生社, 1972; 都出比呂志, 『前方後円墳と社會』, 塙書房,
2005; 沼澤豊, 『前方後円墳と帆立貝古墳』, 雄山閣, 2006; 廣瀬和雄 編, 『前方後円
墳とちりめん街道』, 昭和堂, 2005; 一瀬和夫, 『大王墓と前方後円墳』, 吉川弘文館,
2005; 荒井登志夫, 『前方後円墳の世紀』, 歷硏, 2005; 近藤義郎, 『前方後円墳の起
源を考える』, 靑木書店, 2005; 白石太一郎編, 『終末期古墳と古代國家』, 吉川弘文館,
2005; 甘粕健, 『前方後円墳の研究』, 同成社, 2004; 滋賀縣立安土城考古博物館, 『日
は人作り, 夜は神作る : 前方後円墳の出現と展開』, 2004; 石野博信 編, 『前方後円墳
の出現』, 雄山閣出版, 1999; 泉武 외, 奈良縣立橿原考古學研究所編集 『大和前方後
円墳集成』, 2001; 奈良縣立橿原考古學研究所編, 『大和前方後円墳集成』, 學生社,
2001; 近藤義郎, 『前方後円墳に學ぶ』, 山川出版社, 2001; 近藤義郎, 『前方後円墳
觀察への招待』, 靑木書店, 2000; 都出比呂志, 『王陵の考古學』, 岩波書店, 2000; 上
田宏範, 『前方後円墳』, 學生社, 1969; 森浩一, 『巨大古墳 : 前方後円墳の謎を解く』,
草思社, 1985; 近藤義郎, 『前方後円墳の成立』, 岩波書店, 1998; 近藤義郎, 『前方後
円墳と弥生墳丘墓』新裝版, 靑木書店, 1998; 東北關東前方後円墳研究會編, 『東北·
關東における前方後円墳の編年と畵期』, 1996; 大和岩雄, 『天照大神と前方後円墳の
謎』, 六興出版, 1983; 帝塚山考古學研究所編, 『前方後円墳を考える』, 1991; 奈良縣
立橿原考古學研究所 編, 『磯城·磐余地域の前方後円墳』, 1981; 石川昇, 『前方後円
墳築造の研究』, 六興出版, 1989; 宮崎縣 編, 『宮崎縣前方後円墳集成』, 1997; 岡內
三眞 編, 『韓國の前方後円形墳』, 雄山閣出版, 1996; 埋藏文化財研究會 편, 『前期
前方後円墳の再檢討』, 1995; 金關恕, 置田雅昭 編, 『古墳文化とその伝統』, 勉誠社,
1995; 近藤義郎, 『前方後円墳と弥生墳丘墓』, 靑木書店, 1995; 近藤義郎 編, 『前方
後円墳集成 東北·關東編 - 補遺編』, 山川出版社, 1991; 石野博信 외 編, 『地域の
古墳 1 西日本, 2 東日本』, 雄山閣, 1990; 光岡雅彦, 『支石墓の謎 : 前方後円墳·
「天皇」の源流』, 學生社, 1979; 白石太一郎 編, 『古墳』, 吉川弘文館, 1989; 小澤一
雅, 『前方後円墳の數理』, 雄山閣出版, 1988; 茂木雅博, 『墳丘よりみた出現期古墳の
研究』, 雄山閣, 1987; 近藤義郎, 『前方後円墳の時代』, 岩波書店, 1983; 森浩一 編,
『前方後円墳の世紀』, 中央公論社, 1986 참조.

이 8세기의 일본 율령국가가 그 국가이념을 담아 편찬한 관찬사서인 『일본서기』이다. 이 『일본서기』는 이후 일본사에서 일본인들이 한반도에 대해 가졌던 '일본중심주의'의 원형으로서 받아들여진다.[10]

한편, 4세기부터 6세기의 '야마토 정권(왕권)'의 시기를 고고학적 관점에서는 '고분의 시기' 특히 해당 시기의 가장 대표적인 고분인 전방후원분을 따서 '전방후원분의 시대'라 부르기도 한다. 이러한 연구 경향은 일본고대사를 문헌사료에만 의존하지 않게 하는 즉, 좀 더 다면적으로 볼 수 있게 해주는 순기능도 갖고 있다고 볼 수 있다. 이런 점에서 한반도 남부의 전방후원분에 관한 연구[11]는 고대 한반도인들과 왜국의 왜인들과의 접촉과 교류의 흔적으로서 일본율령국가가 그 국가이념을 담아 편찬한 관찬사서인 『일본서기』에 담겨있는 대한반도 인식의 결정체로서의 '임나일본부'의 증거라는 주박에서 벗어나게 하는 데 일조가 될지 모른다. 그리고 또 이러한 연구는 한반도에서의 왜인의 흔적이란 절대

---

10) 송완범 「'일본율령국가'와 '일본중심주의'-『日本書紀』를 중심소재로 하여」, 『동아시아세계의 일본사상-'일본 중심적 세계관' 생성의 시대별 고찰』 동북아역사재단, 2009 pp.27-65 참조.

11) 박천수, 『새로 쓰는 한일교섭사』, 사회평론, 2007; 동, 『加耶と倭 : 韓半島と日本列島の考古學』, 講談社, 2007; 국립문화재연구소, 『한국고고학사전 상·하』, 2001; 박순발 외, 『한국의 전방후원분』, 충남대학교출판부, 2000; 朝鮮學會 編, 『前方後圓墳と古代日朝關係』, 同成社, 2002; 강인구, 『한반도의 전방후원분논집 1983~2000』, 동방미디어, 2001; 전호천, 『前方後円墳の源流 : 高句麗の前方後円形積石塚』, 未來社, 1991; 강인구, 『舞妓山 과 長鼓山 : 한국의 전방후원분』, 한국정신문화연구원, 1987; 森浩一 編, 『韓國の前方後円墳 : 松鶴洞一号墳問題について』, 社會思想社, 1984 등이 있다.
   그 외 최근에 鈴木靖民 編, 『古代日本の異文化交流』, 勉誠出版, 2008이 간행되었는데, 第三篇 「古代朝鮮の前方後円墳と日本の古墳文化」의 여러 논문이 유익하다. 그리고 연구사 정리로는 김태식, 「고대왕권의 성장과 한일관계」, 한일관계사연구논집편찬위원회 편, 『한일관계사연구논집12 고대왕권과 한일관계』, 경인문화사, 2010 이 편리하다. 본고에서의 한반도남부의 전방후원분에 관한 연구 경향은 위의 두 책에 힘입은 바가 크다. 많은 참고를 바란다.

생각할 수 없다는, 다시 말해 '한반도남부경영론'의 무조건적 부정이라는 토라우마로부터 해방될 수 있는 탈출구로서도 기능할 지도 모른다. 요컨대 한반도남부의 전방후원분에 관한 연구는 본고가 중시하려고 하는 '교류'와 '공존'의 시점과도 일치하는 것이라고 할 수 있을 것이다.

지금까지 한반도에서의 일본식 묘제인 전방후원분(전방후원분형 고분이라고도)이 전라남도의 영산강 유역을 중심으로 10여기 정도가 보고되었다. 그 크기는 30미터 전후의 것으로부터 80미터에 이르는 것도 있어 다양하며, 형태와 내부구조에 있어서도 차이가 난다. 축조시기에 관해서는 출토유물과 무덤 내부의 구조로부터 5세기 후반에서 6세기 전반으로 추정된다. 이 고분들이 일본의 전방후원분과 관련 있는 것은 분명하지만 고분 자체의 조형 방법에 대해서 보면 토착 기술이 반영된 것도 사실이다. 나아가 무덤 내부구조 중에 횡혈식 석실이 발견되는데 이는 북구주(北九州)의 초기횡혈식 석실과 닮아있다는 점에서 한반도 남부의 전방후원분과 일본 북구주와의 관련성에 대해 주목하기도 한다.[12]

영산강 유역을 중심으로 발견된 전방후원분에 대해서는 먼저 무덤의 피장자와 이를 둘러싼 집단거주의 흔적이 가장 중요한 문제라고 생각된다. 약 1세기라는 제한된 시대에 특이한 무덤형식으로 등장하였다가 사라진 무덤들의 피장자와 집단거주의 흔적에 대해서는 크게 '왜인설'과 '재지토착 세력설'로 나뉜다. 전자의 왜인설 중에는 왜왕권에서 직접 파견된 왜인이라는 견해, 백제의 요청에 따라 왜 중에서도 특히 북구주의 왜로부터 파견된 왜인이라는 견해, 일본에서 망명한 마한계의 왜인설 등이 있다. 후자에는 마한 잔여의 토착재지세력이 매장주체라고 주장한

---

12) 鈴木靖民 編, 앞의 책, 朴天秀, 「榮山江流域における前方後円墳からみた古代の韓半島と日本列島」, 2008, 397-414쪽 참조; 권오영, 「고고학자료로 본 백제와 왜의 관계-영산강 유역의 전방후원분을 중심으로-」, 한일관계사연구논집편찬위원회 편, 『한일관계사연구논집2 왜5왕 문제와 한일관계』, 경인문화사, 251-267쪽 참조.

다.13) 한편 마한설에 대해서는 고고학적 시점에서 영산강 지역은 발굴
조사 결과 백제에서 위신재를 사여하는 방식의 지배방식이라는 것이 정
설이 되었던 것으로 보아 부정하는 의견도 있다.14)

【그림】 영산강 유역의 전방후원분15)

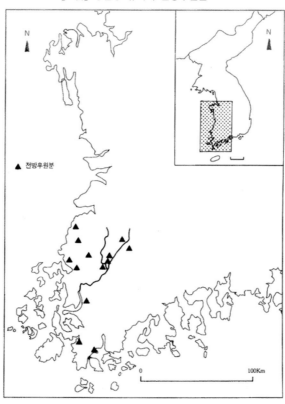

13) 鈴木靖民 編, 앞의 책, 第三篇 「古代朝鮮の前方後円墳と日本の古墳文化」, 2008,
   397-540쪽; 김태식, 앞의 논문, 2010, 83-88쪽 참조.
14) 우재병, 「영산강 유역 전방후원분의 출현과 그 배경」, 『호서고고학』 2004 10, 66쪽
   참조.
15) 우재병, 앞의 논문, 2004, 69쪽 참조.

요컨대, 전자의 왜인설은 물론 후자의 토착재지세력을 무덤의 피장자로 생각하는 견해도 그 근거가 왜와의 교류 속에서 얻어진 무덤 양식이라고 보는 관점에 선 이상 한반도와 일본열도와의 접촉과 교류의 산물임을 부정하지는 못하고 있는 것이다.

원래 사람의 사망에 따라 진행되는 장묘문화는 그 지역 특유의 종교의식이나 관습과도 어우러져 보수성이 매우 강한 것으로 여겨진다. 이러한 장묘문화의 보수성은 지금도 예외가 아니다. 그렇다면 고대 일본에서 유래된 특이한 분묘형태인 전방후원분이 한반도의 삼국 중 백제지역의 일부에서 발견된다고 하는 것은 역시 일본열도에서 한반도로 건너온 왜인의 존재를 인정하지 않을 수 없는 것이며. 또 그들의 일부가 부장된 것이 바로 왜식 장묘문화의 일종인 한반도 서남부의 전방후원분이라고 생각하는 것이 온당하지 않을까.16)

그렇다면 어떤 이유로 왜식 장묘문화의 한 형태인 전방후원분이 왜 백제 지역의 그 중에서도 서남부의 일정 지역에만 나타나는 것일까. 그리고 또 어떤 이유로 전방후원분이 5세기 후반부터 6세기 전반이라는 한정된 시기에만 존재했다가 사라지는 것일까. 여기에 대한 답은 역시 백제와 왜국의 어떤 특수한 사정을 배경으로 설명해내지 않으면 안 되리라 생각한다. 다시 말해 백제지역의 일부에서 또 일정 시기에만 발견되는 전방후원분의 존재와 그 이유에 대해서는 동아시아 속의 백제와 왜국과의 대외관계를 통하여 설명하는 방법이 가장 유효하다고 생각하는 것이다. 그리고 시기적으로는 한반도 남부의 전방후원분이 출현하고 전개되는 시기인 5세기를 중심으로 그 전후의 시기에 대해 주목할 필요가 있을 것이다.

---

16) 영산강 유역의 전방후원분의 피장자를 왜인으로 보는 설은 朴天秀, 앞의 논문, 2008, 405-410쪽 참조.

다음 장에서는 이상의 시점을 바탕으로 백제와 왜국을 둘러싼 국제
정세에 대한 분석을 시도하기로 한다.


## Ⅲ. 백제와 왜국을 둘러싼 국제정세


먼저 중국대륙에서는 3세기에 후한이 멸망한 후 6세기 말에 수가 성
립하기까지 서진의 짧았던 통일기를 제외하고 길고 긴 분열의 시대가
계속한다. 4세기 이후의 화남 지방에서는 한족의 왕조가 흥망을 거듭하
고, 화북 지방에서는 북방의 여러 종족에 의한 왕조가 흥망 하는 양상이
었다. 그것은 분열로부터 통합 혹은 집약이라고 하는 새로운 중국을 창
출하는 도정이기도 했다.

한편 중국대륙의 주변 지역에서는 동방의 고구려·백제·신라·가야와
왜국이 고대국가의 건설을 진행시켜 간다. 그 과정은 이상의 각국이 남
북조의 여러 왕조들에게 사절을 보내 교역을 통한 동맹관계를 구축하기
도 하고, 또 때로는 전쟁을 통한 긴장관계를 조성하기도 했다. 이러한
과정 자체가 바로 고대국가의 형성과정이기도 했던 셈이다. 요컨대 5세
기를 전후하는 시기는 새로운 동아시아가 탄생하는 전야였다고 할 수
있을 것이다.[17]

그런 점에서 먼저 5세기의 백제와 왜를 둘러싼 국제 정세에 대해 개
관할 필요가 있다. 399, 400, 404년 [광개토왕릉비문]의 기사[18]로부터
왜가 한반도 남부의 정세에 관여하면서 고구려와 대립하고 있는 것이

---

17) 김태식 「고대왕권의 성장과 한일관계」, 한일관계사연구논집편찬위원회 편 『한일
　　관계사연구논집12 고대왕권과 한일관계』, 경인문화사, 2010, 1-146쪽 참조.
18) [광개토왕릉비문], 영락9년 기해조, 동 10년 경자조, 동 14년 갑신조 참조.

보인다. 그런데 위의 일련의 기사는 [광개토왕능비문]의 396년의 기
사[19] 즉, 고구려의 전쟁 행위의 상대편에 백제가 위치하고 있는 것으로
보아 고구려와 대립각을 세우는 왜의 일련의 행동은 백제와 관계있는
것이 확인된다. 특히 404년 기사로부터는 왜국이 한반도 남부를 통과하
여 지금의 황해도인 '帶方界'까지 이르러 고구려군과 싸우고 있는 것이
확인되는데, 이러한 한반도 내륙 깊숙이 진출한 왜의 활동은 백제와의
협조 없이는 불가능한 것이라 할 수 있다.[20]

종래의 연구는 한반도 남부를 왜가 접수한 증거[21] 혹은 백제를 주로
왜국을 종으로 설명하는 의견[22], 또한 가야 세력의 활동 속에 왜의 존재
를 포함하여 이해[23]하려는 입장들이 있었다. 이 중에서 여러 사료에 보
이는 南蠻(『일본서기』 신공기49년조), 東道(『일본서기』 현종기3년시세
조), 東韓(『일본서기』 응신기8년조, 동 16년조) 등의 방위의 측면에서 보
더라도 백제를 주로 하고 왜를 종으로 하는 설명이 가장 설득력이 있다.
게다가 5, 6세기에 나타나는 왜의 세력은 신라와 적대관계[24]를 시종여
일 하고 있는 것으로 보아 한반도 남부의 왜의 활동은 백제와의 관계를
빼놓고는 설명하기 어려울 것이다.

이상과 같은 인식 하에 당시의 한반도 남부의 정세는 중국대륙의 혼
란과 동반하여 한반도 3국 중 중국왕조들과 국경을 나란히 하고 있던
고구려가 먼저 행동을 일으키는 것에 의해 격변한다. 이것이 바로 이후

---

19) [광개토왕능비문], 영락6년 병신조 참조.
20) 김현구 「5세기 한반도 남부에서 활약한 왜의 실체」, 『일본역사연구』29집, 2009,
   5-30쪽 참조.
21) 末松保和의 앞의 책, 1949, 참조.
22) 김현구, 앞의 논문 2009, 참조.
23) 김태식, 앞의 논문, 2010, 참조.
24) 강종훈, 「삼국사기에 보이는 왜의 성격」, 『한일관계사연구논집1 광개토대왕비와
   한일관계』, 경인문화사, 2005 참조.

고구려가 일관되게 취한 남하 정책이다. 고구려의 남하는 서로 경쟁하던 백제와 신라로 하여금 연합의 길을 모색하게 한다.[25]

특히 백제는 고구려의 남하 정책에 맞서는 일환으로 신라뿐만 아니라 후방의 왜와의 교섭을 추진하는데, 왜국과의 외교에서 특기할만한 것은 왕의 근친자를 파견하는 전통의 질[26] 외교를 구사한 점이다. 이는 바로 전지의 외교에서 보인다.[27] 그리고 이러한 질 외교는 7세기 때의 풍장[28]을 질로 파견한 것과도 유사하다. 이러한 왕의 근친자를 파견하여 외교적 역할을 수행하게 하는 것은 백제가 긴급한 외교적 과제를 달성할 필요가 있을 때 사용하던 외교술이다.

그럼 먼저 고구려의 남하 정책을 상징적으로 나타내는 것이 바로 475년의 고구려에 의한 백제의 국도인 한성 점령이다. 이 백제의 한성 함락은 백제의 멸망에 비견될 만한 것으로 백제는 도읍을 지금의 공주로 옮긴다. 이러한 5세기 후반에 보이는 백제의 한성 함락과 공주 천도에를 둘러싼 각국의 여러 사정을 엿볼 수 있는 것이 다름 아닌 중국 측 사료인 『宋書』[29]이다.

다음은 왜 5왕의 외교 행태를 표로 나타낸 것이다. 이를 통해 송서

---

25) 『삼국사기』백제본기 비유왕7년조 참조.

26) 나행주, 「古代朝·日關係における「質」の意味-特に百濟の「質」の派遣目的を中心として-」, 『史觀』134, 1996, 19-20쪽 참조.

27) 『일본서기』 응신기8년조, 『삼국사기』백제본기 아신왕6년5월조 참조.

28) 송완범 「7世紀の倭國と百濟」, 『日本歷史』686号, 2005, 1-13쪽 참조.

29) 『宋書』는 중국 남조의 송에 대해 쓰인 역사서이다. 宋·齊·梁에서 벼슬한 沈約이 제의 무제에게서 명을 받고 편찬했다. 책의 구성은 본기10권·열전60권·지30권의 합계 100권인 기전체로 24서의 하나이다. 본기와 열전은 1년 정도로 완성했지만, 지가 완성되는 데에는 10년이 더 걸려 결국, 완성은 양대에 들어서였다. 송이 멸망하고 곧이어 아직 많은 관계자의 생존 중에 편찬되었기 때문에 동시대 자료를 많이 수록하고 있고, 자료적 가치는 높은 평가를 받고 있다. 특히 일본에 대해서는 「이만전」의 기술 속에서 왜의 5왕이라고 불리는 고대일본의 지배자들이 연이어 조공한 사정이 기록되어 있어 동시대 일본의 귀중한 자료로 평가를 받고 있다.

속의 왜의 외교 특징에 대해 살펴보기로 하자.

**【표; 왜 5왕의 對 중국왕조 외교활동】**

| 번호 | 중국왕조 | 시기 | 왜왕 | 내 용 | 출전 |
|---|---|---|---|---|---|
| 1 | 동진 | 의희9(413) | 찬 | 동진에 조공 | 『진서』안제기,<br>『태평어람』 |
| 2 | 송 | 영초2(421) | 찬 | 조헌하고 무제로부터 제수 | 『송서』왜국전 |
| 3 | 송 | 원가2(425) | 찬 | 문제에게 공물 | 『송서』왜국전 |
| 4 | 송 | 원가7(430) | 찬? | 안제에게 공물 | 『송서』안제기 |
| 5 | 송 | 원가15(438) | 진 | (1) 제 스스로 '사지절도독왜백<br>제신라임나진한모한육국제군사<br>안동대장군왜국왕'<br>(2)'안동장군왜국왕'<br>(3)13인에게 장군호 | (1)『송서』왜국전<br>(2)『송서』문제기<br>(3)『송서』왜국전 |
| 6 | 송 | 원가20(443) | 제 | '안동장군왜국왕' | 『송서』왜국전 |
| 7 | 송 | 원가28(451) | 제 | (1)'사지절도독왜신라임나가라<br>진한모한육국제군사'를 가호<br>(2)'안동대장군'<br>(3)23인에게 軍과 郡에 관한<br>칭호 | (1)『송서』왜국전<br>(2)『송서』문제기<br>(3)『송서』왜국전 |
| 8 | 송 | 대명4(460) | 제? | 견사하여 공물 | 『송서』왜국전 |
| 9 | 송 | 대명6(462) | 흥 | 흥을 '안동장군왜국왕' | 『송서』효무제기,<br>왜국전 |
| 10 | 송 | 승명1(477) | 흥<br>(무) | (1)견사하여 공물<br>(2)무는 스스로 '사지절도독왜백<br>제신라임나가라진한모한칠국제<br>군사안동대장군왜국왕' | (1)『송서』순제기<br>(2)『송서』왜국전 |
| 11 | 송 | 승명2(478) | 무 | 무가 스스로 '개부의동삼사'라<br>하자 순제가 '사지절도독왜신라<br>임나가라진한모한육국제군사안<br>동대장군왜왕'로 제수 | 『송서』순제기,<br>왜국전 |
| 12 | 남제 | 건원1(479) | 무 | 왜왕 무를 진동대장군에 | 『남제서』왜국전 |
| 13 | 양 | 천감1(502) | 무 | 왜왕 무를 정동대장군에 | 『양서』무제기 |

이상의 표를 통해 알 수 있는 것은 다음의 몇 가지이다. 우선 첫째로, 413년부터 502년까지의 약110년에 걸쳐 찬·진·제·홍·무의 왜의 5왕[30] 이 중국의 4왕조(동진, 송, 남제, 양)에 조공한 기록이며, 왜와 송왕조와의 기록이 압도적으로 많다는 사실이다. 그리고 두 번째로, 본기보다 왜국전의 기록에 관련 사료가 많으며 원가 연간의 기록이 5회로 가장 많다는 사실이다. 세 번째로, 왜의 주장 중에 7국에 들어가는 백제가 송의 제정 중에는 빠지고 그 대신에 가라가 대신 삽입되고 있는데, 이 가라는 여러 가야의 총칭으로 여겨진다.[31]

이 같은 지견을 바탕으로 다음으로는 위 표의 가장 핵심이 되는 『송서』이만전의 동이 왜국조에 나타나는 왜의 주장의 배경과 왜의 주장을 중국의 송은 어떻게 이해했는가에 대해 살펴보자.

【사료】『宋書』권97, 열전57 이만전 동이 왜국조

가) 倭國在高驪東南大海中、世修貢職。高祖永初二年、詔曰：「倭讚萬里修貢、遠誠宜甄、可賜除授。」太祖元嘉二年、讚又遣司馬曹達奉表獻方物。

나) 讚死、弟珍立、遣使貢獻。自稱使持節、都督倭百濟新羅任那秦韓慕韓六國諸軍事、安東大將軍、倭國王。表求除正、詔除安東將軍、倭國王。珍又求除正倭隋等十三人平西、征虜、冠軍、輔國將軍號、詔並聽。

다) 二十年、倭國王濟遣使奉獻、復以為安東將軍、倭國王。二十八年、加使持節、都督倭新羅任那加羅秦韓慕韓六國諸軍事、安東將軍如故。并除所上二十三人軍郡。

라) 濟死、世子興遣使貢獻。世祖大明六年、詔曰：「倭王世子興、奕世載忠、作

---

30) 왜 5왕의 견사 기록이 『古事記』『日本書紀』에 보이지 않는 것이나, 야마토 왕권의 대왕이 왜의 5왕과 같은 讚, 珍, 濟, 興, 武 등 한 자로 된 중국풍의 이름을 칭하고 있는 기록은 존재하지 않기 때문에 왜 5왕은 야마토 왕권의 대왕이 아니고 규슈(九州)에 바탕을 둔 규슈왕조라는 설도 있다. 古田武彦 編, 1987, 『邪馬壹國から九州王朝へ』 新泉社 참조.

31) 김현구, 앞의 논문 2009, 20-22쪽 참조.

　　　藩外海、稟化寧境、恭修貢職。新嗣邊業、宜授爵號、可安東將軍、倭國王。」
마) 興死、弟武立、自稱使持節、都督倭百濟新羅任那加羅秦韓慕韓七國諸軍事、
　　安東大將軍、倭國王。
바) 順帝昇明二年、遺使上表曰： 「封國偏遠、作藩于外、自昔祖禰、躬擐甲
　　冑、跋涉山川、不遑寧處。東征毛人五十國、西服衆夷六十六國、渡平海
　　北九十五國、王道融泰、廓土遐畿、累葉朝宗、不愆于歲。臣雖下愚、忝
　　胤先緒、驅率所統、歸崇天極、道逕百濟、裝治船舫、而句驪無道、圖欲
　　見呑、掠抄邊隷、虔劉不已、每致稽滯、以失良風。雖曰進路、或通或
　　不。臣亡考濟實忿寇讎、壅塞天路、控弦百萬、義聲感激、方欲大舉、奄
　　喪父兄、使垂成之功、不獲一簣。居在諒闇、不動兵甲、是以偃息未捷。
　　至今欲練甲治兵、申父兄之志、義士虎賁、文武效功、白刃交前、亦所不
　　顧。若以帝德覆載、摧此強敵、克靖方難、無替前功。竊自假開府儀同三
　　司、其餘咸各假授、以勸忠節。」除武使持節、都督倭新羅任那加羅秦韓
　　慕韓六國諸軍事、安東大將軍、倭王。

　　이 사료에서 알 수 있는 것은 다음의 몇 가지이다. 우선 첫 번째로, 고구려가 왜의 위치 기준(倭國在高驪東南大海中)이 되고 있다는 사실이다. 이는 송이 동방의 여러 나라들 중 고구려를 기준점으로 삼고 있었다는 이야기도 되고, 사료 바의 무왕의 상표문에서 알 수 있는 것처럼 왜의 고구려에 대한 강한 대립의식(而句驪無道)도 그와 무관하지 않다고 생각한다.

　　두 번째로, 앞에서도 살펴 본 바와 같이 왜의 주장의 실체에 관한 이야기이다. 다시 말해 6국과 7국의 주장에는 438년(진왕)의 주장에 대한 결과가 451년의 결과(제왕)로 나타났고, 또한 477년의 주장(홍왕)의 결과가 478년의 결과(무왕)로 나타났다. 이것은 왜의 자기주장에 대한 송의 나름의 응답일 것이다.

　　그럼 이러한 주장의 배경에는 무슨 사정이 있었기에 왜는 송에 대해 계속 주장하고 있었던 것일까. 지금까지는 왜의 이러한 주장에 대해 왜의 자의적 주장이라는 식으로 무시해버린 경향이 강했다. 하지만 왜가 계속 주장할 수 있었던 데에는 나름의 사정이 있었을 것이다. 당연한 것이지만 송의 대응은 왜의 주장을 근거로 한다. 그렇다면 결국 왜의 주장의 정당성 유무가 그 주장의 판단 기준이 될 것이다. 왜가 백제, 신라, 임나, 가라, 진한, 모한을 자신의 세력권이라고 주장한 데는 이상의 여러 세력과의 과거의 접촉에 의한 경험에 유래하는 가능성이 클 것이다.[32]

이상의 여러 세력 중 먼저, 백제와 신라를 왜의 주장에 넣고 있는 것은 왜의 현상에 대한 인식에 근거한 것이다. 특히 백제를 필두로 한반도 남부 전역에 집착하고 있는 것은 고구려의 남하에 따른 백제와 신라의 나아가서는 임나와 가라 지역의 여러 세력이 앞 다투어 왜와 우호 관계를 맺으려고 하는 입장을 왜가 간파하고 있던 것이라 생각된다. 다음으로 진한, 모한을 자신의 세력권이라고 주장하는 왜의 근거는 아직 백제의 세력이 미치기 전의 한반도 남부의 해안가는 물론 다도해라는 특성을 갖고 있는 여러 섬에 흩어져 아직 잔존하는 진한, 모한의 옛 세력과의 접촉 경험이 밑바탕에 있었을 것이다.

요컨대, 이상의 두 가지 점, 즉 고구려의 남하에 따른 백제와 신라 그리고 임나와 가라 지역의 사정의 급박함과 아직 한반도 남부의 해안가와 다도해에 잔존하는 모한, 진한의 옛 세력과의 접촉이 왜로 하여금 송에게 자신의 세력권이라고 주장할 수 있는 근거가 되었던 것이 아닐까?

마지막 세 번째로 왜의 궁극적 주장의 핵심은 무엇이었던가? 혹은 중국의 송이 왜에 결국 허락한 것은 무엇이었던가 하면 바로 그것은 [安東(大)將軍, 倭國王]에 있었던 것이 아닌가 여겨진다. 이는 위 사료의 나, 다, 라, 마, 바의 다섯 군데의 밑줄 친 곳에서 확인되는 것과 같이, 왜가 7국을 주장하였든 6국을 주장하였든 간에 왜는 줄기차게 [安東(大)將軍, 倭國王]을 주장한 것이고, 송은 이에 대해 그리 화답해 준 것이라

---

32) 김현구, 앞의 논문, 2009, 23-28쪽 참조.

는 점이다.

사료 나에 의하면 왜는 송에 대해 최초의 주장을 하고 있는데, 이에 대해 송은 [安東將軍, 倭國王]만 허가하고 있다. 이어 사료 다에서도 [安東將軍, 倭國王]에 머무는데 그치고 있다. 그 상황은 사료 라에 이르러도 변함이 없고, 결국 사료 마의 단계에 이르러 무왕이 앞 단계보다 상위 자리인 [安東大將軍, 倭國王]을 주장하면서 고구려에 대한 강렬한 대립의식을 노출('句驪無道')하는데, 결국 이러한 노력이 열매를 맺었는지 드디어 사료 바처럼 [安東大將軍, 倭國王]을 정식으로 제수 받고 있다.

요컨대, 동방의 대표자로서의 자리매김이 '安東(大)將軍'에 보이는 것이고, 또 국내 정치세력의 대표자로서의 위상이 투영된 것이 바로 '倭國王'인 것이다. 나아가 야마토 왕권으로서는 국내 여러 정치세력에게도 송의 관작을 나누어줄 필요성이 있었을 터인데, 그것이 바로 사료 나(倭隋等十三人平西、征虜、冠軍、輔國將軍號、詔並聽)와 사료 다(并除所上二十三人軍郡)에 보이는 바와 같다.

이러한 일련의 과정을 보는 한 당시의 왜 5왕의 주장을 생각하는데 있어 7국과 6국 문제에만 너무 관심이 집중되어 버리는 종래의 견해는 재고의 여지가 있다고 할 것이다.


## Ⅳ. 한반도남부 왜인의 성격


지금까지 고대 한반도 남부와 일본열도를 왕래하며 활동한 사람들을 바라보는 시각은 일본 측의 입장과 한국 측의 연구 성과가 판이하게 달랐다. 전자는 이른바 '한반도 남부경영론'의 시점에서 후자는 소위 '일본열도경영론'의 시점에 서 있었다. 그 위에 한반도 남부의 왜인의 흔적들은 백제 아니면 가야의 세력 범위 내의 활동일 것이라고 이해되어 왔다.

이러한 이해들이 자리 잡은 데는 한반도와 일본열도 간의 인간집단의 왕래에 대한 기존의 연구가 '지배, 통제'와 '관리'라는 시점에서 주로 운영되어 왔기 때문이다. 다시 말해 어느 한쪽이 다른 한쪽을 지배하거나 상하관계로 보는 시점, 그러다 보니 서로 상대편을 통제하고 관리하는 시점만이 살아남았다. 결국, 이러한 시점은 외부로부터 들어온 인간에 대해 중앙집권국가의 시선에서 복속하는 대상으로서 인식하는 것이었으며, 또 외부로부터의 인간에 대해 상하관계나 지배와 피지배 관계 속에서 파악하고자 하는 것이었다. 이러한 배경에는 근대 이래의 한일 간의 불행한 역사적 경험의 전제 혹은 불식이라는 선언적 명제가 있었던 것이다.

하지만 고대 한반도와 일본열도 간에 발생한 수많은 인간왕래의 역사에는 '지배, 통제'와 '관리'만이 아닌 '교류'와 '공존'의 경험도 반드시 존재했을 것이다. 이러한 시점에서 고대 한반도 남부의 왜인의 존재와 그 활동에 주목하는 것은 의미가 있을 것이다.

우선 한반도 남부 왜인 활동의 증거는 무어라고 해도 왜에서 유래된 고분 형태인 전방후원분의 존재이다. 한반도 남부의 일부, 영산강 유역에서 발견되는 10여 기의 전방후원분은 그 고분의 형태나 유물, 유구, 건축 형태 등에 따라 아직 피장자에 대한 논의가 갑론을박이지만, 장묘 문화의 보수성이나 여러 성과들에 비추어 볼 때 역시 왜인의 흔적으로 보는 것이 적절할 것이다.

그렇다면 이 전방후원분이 존재했던 시기인 5세기 후반부터 6세기 전기의 시점이 주목된다. 그 중에서 가장 주목되는 시기가 전방후원분 출현의 시기인 5세기이며, 이 5세기의 가장 중점 사료가 바로 중국 송왕조의 정사인 『宋書』이만전이다. 이 사료에는 당시의 동아시아의 동방의 여러 나라들의 정보가 존재하는데, 그 중에서도 이만전의 왜국조에는 왜가 생각했던 국제 정세와 국내 정세에 대한 대외, 대내 방침이 실려 있다.

『宋書』를 중심으로 같은 연대의 다른 사료들에 의하면 동아시아는 중국의 분열 과정에 즈음한 변화들이 동방으로 미치면서 고구려를 자극했다. 이에 고구려는 남하정책을 취하게 되는데, 이것에 의해 백제와 신라, 가야 세력은 후방의 왜와의 접촉을 바라게 되고 결국 이것이 왜인 세력의 한반도 출현인 것이다. 그런데 왜의 한반도 세력과의 접촉의 중심은 [광개토왕능비]와 『일본서기』, 『삼국사기』를 보는 한 백제와의 접촉이 주된 것임을 알 수 있다.

그렇다면 5세기 한반도 왜인의 성격은 동아시아의 정세 변화에 따른 고구려의 남하에 대비하기 위한 백제의 선택 속에서 규정된다고 할 것이다. 다만, 『宋書』속의 왜의 주장은 송에 대한 대외적 메시지는 물론, 왜 자체 내부의 정치세력들에 대한 대내외 메시지도 내포하고 있다. 이러한 왜의 주장은 결국 [安東(大)將軍, 倭國王]의 칭호에 대한 집착과 획득으로 나타났다. 다시 말해 이 칭호를 얻어내는 과정이 바로 한반도 남부에서의 왜인의 활동의 요체인 것이다.


## Ⅴ. 맺음말


이상의 지견을 근거로 다음과 같이 간략하게 그 성과를 적시한다.

먼저, 한반도 남부에서 발견되는 전방후원분은 5세기 백제와 왜의 교류의 산물로서 왜인에 의한 시설로 볼 수 있다.

두 번째로, 백제와 왜를 둘러싼 5세기의 국제정세는 동아시아 정세의

변화와 함께 고구려의 남하, 그리고 이에 따른 한반도 남부 세력의 동요
로 인한 왜인의 활동으로 설명된다. 동시대 여러 사료로부터 왜인의 활
동 무대는 백제와의 관련 속에서 살펴진다. 부연하자면 그 활동의 성격
은 백제가 주이고 왜가 종인 형태로 나타난다.

세 번째로, 한반도 남부의 왜인의 성격은 백제와의 협력 속에 송에게
는 동방의 패자를 주장하는 한편, 국내 정치 세력들에게 우위를 주장하
기 위한 방편으로 [安東(大)將軍, 倭國王]을 획득하기 위한 과정에서 여
실히 드러난다.

이상과 같은 성과는 지배와 통제, 그리고 관리와 차별이 아닌 '교류'
와 '공존'의 시각 속에서 고대 한일 관계를 이해할 수 있게 준다. 하지만
앞으로 남겨진 과제는 적지 않다. 본 사업이 의도했던 '집단거주지'와
'동아시아'라는 주제에는 아직 미치지 못하였다. 이 주제의 확장은 향후
과제로 남기고자 한다.

## 2. 達率 日羅를 통해 본 倭系百濟官僚

서 보 경*

## Ⅰ. 머리말

중국 사서에는 백제에 '신라·고(구)려인 만이 아니라 중국인과 왜인이 잡거했다.'는 기록이 전해지고 있다.[1] 이에 따르면 백제 사회는 外地나 異國系 인물이 활동하는 것에 대해 상당히 허용적인 분위기였던 것으로 이해된다. 이러한 분위기를 반영하듯 백제 조정에서는 中國(系)人[2]이나 倭(系)人을 기용한 사례가 확인 된다.

---

* 고려대학교 동아시아문화교류연구소 연구교수

1) 其人雜有新羅高麗倭國 亦有中國人(『隋書』 東夷傳 百濟條)

2) 백제가 웅진으로 천도한 이후에는 다수의 중국(계) 출신 인물들을 관료로 기용한 사례가 확인된다. 『南齊書』에 나오는 長史 高達·司馬 楊茂·朝鮮太守 張塞·揚武將軍 陳明 등은 중국식 성을 가진 인물들이다. 이들 중국인들은 주로 對中國 외교에 종사한 것으로 간주된다(鈴木靖民, 「倭の五王の外交と內政」『日本古代の政治と制度』 林陸朗先生還曆記念會編, 續群書類從完成會, 1985, 15-23쪽 ; 노중국, 「新羅와 高句麗·百濟의 人材養成과 選拔」『新羅文化祭學術發表論文集』 19, 新羅文化宣揚會, 1998, 86-87쪽).

특히 후자와 같은 人物(群)을 개념화한 용어가 이른바 '倭系百濟官僚'[3] 인데, 이들에 관한 기록은 현재까지는 『日本書紀』에서만 확인된다.[4] 『일본서기』는 이들을 백제 조정에서 백제의 官等과 倭의 氏·姓을 함께 보유한 채, 使人으로 왜국이나 가야 지역을 왕래하거나 武將으로 활동한 존재로 묘사하고 있다.

따라서 백제와 왜 모두에게 臣屬된 징표를 지닌 왜계백제관료는 이른 시기부터 이들이 어떻게 생성된 존재인가를 설명하는데 논의가 집중되었고, 그 결과 상당한 정도의 연구가 축적되었다.[5]

그러나 왜계백제관료의 소멸 그 자체에 초점을 맞춘 논고는 그다지 보이지 않는다. 이에 이 글에서는 문헌상에 가장 마지막으로 등장하는 왜계백제관료인 '達率 日羅'[6]를 분석 대상으로 삼고, 왜계백제관료가 史上에

---

3) '倭系百濟官僚'는 '日系百濟官僚'라고 표현되기도 한다. 그러나 '日本'이라는 국호는 天武·持統朝부터 사용되어 大寶律令에서 정식으로 채용된 것으로 간주되고 있다(石井正敏, 『東アジア世界と古代の日本』, 山川出版社, 2003, 1쪽). 따라서 본고에서 검토하고자 하는 시기인 6세기는 '日本'이라는 국호가 사용되기 이전 시기인 만큼 '왜계백제관료'라는 용어를 사용하고자 한다. 단 특정인의 논지를 인용할 경우는 예외로 한다.

4) 최근 한일 역사학계의 공통의 관심 연구 주제 가운데 하나가 영산강유역을 중심으로 전라남도와 북도에 분포되어 있는 '前方後圓墳(長鼓墳)'에 관한 것이다. 특히 이 분묘를 조영한 주체와 관련하여 주목되는 존재가 다름 아닌 소위 '왜계백제관료'이다. 이에 관한 고고학적인 해석은 禹在柄의 「榮山江流域 前方後圓墳의 出現과 그 背景」(『湖西考古學』 10, 2004)을 참조하기 바란다.

5) 이홍직, 「任那問題를 中心とする欽明紀の整理」 『靑丘學叢』 25, 1936 ; 岸俊男, 「紀氏に關する一考察」 『日本古代政治史研究』, 塙書房, 1966 ; 笠井倭人, 「欽明朝における百濟の對倭外交－特に日系百濟官僚を中心として」 『古代の日本と朝鮮』, 學生社, 1974 ; 金鉉球, 「日系百濟官僚」 『大和政權の對外關係研究』, 吉川弘文館, 1985 ; 李永植, 「古代日本の任那派遣氏族」 『加耶諸國と任那日本府』, 吉川弘文館, 1993 ; 鈴木英夫, 「倭の五王時代の內外の危機の渡來系集團の進出」 『古代の倭國と朝鮮諸國』, 靑木書店, 1996.

6) 鬼頭淸明(「日本民族の形成と國際的契機」 『大系日本國家史』 1, 東京大出版會, 1975, 102-104쪽)과 田中史生(「'歸化人'新論考」 『日本古代國家の民族支配と渡來人』, 校

서 사라지게 된 원인을 규명해 보고자 한다.[7] 단, 이 문제는 일라가 왜
한반도로 渡海했는지. 어떻게 백제에서 관료로 기용될 수 있었는지. 왜 다
시 본국으로 소환되게 된 것인지 등에 관한 이해가 수반되어야 해결 될
수 있는 사안이다. 따라서 이와 같은 문제도 아울러 검토하고자 한다.

또한 일라 문제는 주로 백제와 왜국 간의 대외관계 문제로 한정하여
이해하려는 측면이 강했다.[8] 그러나 일라의 소환 문제를 다룬 기사에는
敏達朝에 활동한 유력 호족들의 움직임이 상당히 드러나 있다. 따라서
일라 문제는 物部·蘇我氏 등으로 대표되는 지배층 내부의 정치적인 역
학관계를 고려하면서 검토를 진행하고자 한다.

이러한 방식의 접근이 왜계백제관료가 양국 관계에서 어떠한 필요에
의해 등장했으며, 왜 역사상에서 사라져갔는가 하는 왜계백제관료의 생
성에서 소멸에 이르는 전반적인 문제 해결에 한 걸음 다가설 수 있는 단
서를 마련해 줄 것이라 기대하는 바이다.

## Ⅱ. 日羅의 渡海와 大伴氏

倭系百濟官僚에 관한 사료는 대부분 파견과 귀국에 관한 간략한 기

---

倉書房, 1997, 181-184쪽)은 敏達朝의 達率 日羅를 백제와 왜에 兩屬된 전형적인
사례로 들고 있다. 이에 대해 李在碩은 왜계백제관료였던 일라가 양속의 전형이
라면 그 외의 왜계백제관료도 동일한 범주에서 파악하는 것이 타당하다는 입장을
제시한 바 있다(「소위 倭系百濟官僚와 야마토 王權」『韓國古代史研究』 20, 2000,
533-535쪽).

7) 문헌에 기재 여부가 곧 왜계백제관료의 생성과 소멸을 의미한다고 보기는 어렵지
만, 사료에 등장하는 빈도수를 통해 활성화 내지 둔화 나아가서는 소멸이라는 방
향성을 추론하는 것은 가능한 일이라 여겨진다.

8) 주 5) 참조.

록만을 전하고 있어 이들의 움직임을 파악할 만한 단서를 찾기 어렵다. 이에 비해 일라 관계 기사는 상당히 구체적인 내용을 전하고 있다. 특히 『일본서기』敏達天皇 12(583)년 是歲條는 일라 관계 기사의 중심을 이루는 부분이므로 면밀히 살펴보고자 한다. 물론 이 사료에는 『日本書紀』 특유의 일본중심, 천황중심 사관에 의거해 기술된 표현이 많이 보인다. 그러나 일라와 大伴·物部氏 등 왜 조정 내부의 유력 씨족들과의 관계와 일라와 백제왕·왜왕과의 관계 등 다양한 내용도 아울러 담고 있다. 그러한 만큼 사료의 표현에 얽매이지 않고, 이른바 '日羅事件'이 담고 있는 의미를 구체적으로 살펴보고자 한다. 관련 사료는 다음과 같다.[9]

A)[10] 吉備海部直羽嶋를 보내어 日羅를 백제에서 불렀다. 羽嶋가 백제에 가서 먼저 사사로이 日羅를 보려고 혼자 집 문 근처에 갔다. 얼마 후 집안에서 韓婦가 나와 韓語로 "너의 몸을 나의 몸 안으로 들여보내라."고 하고 집안으로 들어가 버렸다. 羽嶋가 곧 그 뜻을 깨닫고 뒤따라 들어갔다. 이에 日羅가 나와서 손을 잡고 자리에 앉게 하고 비밀스럽게 말하기를…(中略)…羽嶋가 그 계책에 따라 日羅를 불렀더니 백제국주는 천조를 두려워하여 감히 칙을 거스르지 못하고 日羅·恩率·德爾·余怒·奇奴知·參官·柁師 德率 次干德·水手 등 약간 명을 보냈다. B)日羅 등이 吉備兒嶋屯倉에 이르자 조정에서는 大伴糠手子連을 보내어 위로하고 다시 大夫 등을 난파관에 보내어 日羅를 찾아보게 했다. 이때 日羅는 갑옷을 입고 말을 타고 문 앞에 이르러 곧 政廳으로 나아갔다. 나아가고 물러나면서 무릎으로 절하며 한탄하기를, "檜隈宮御寓天皇 때에 나의 君(我君) 大伴金村大連이 삼가 국가를 위해 海表에 사신으로 파견한 火葦北國造 刑部·靫部 阿利斯登의 아들 신 達率 日羅는 천황의 부름을

---

9) 『日本書紀』敏達天皇 12년 是歲條는 상당히 긴 내용이어서 이른바 '日羅事件'을 사건의 경과에 따라 渡倭 이전의 일라(A), 渡倭 이후의 일라(B), 그리고 일라가 살해된 이후 상황(C)으로 단락을 나누어 살펴보고자 한다.
10) 『日本書紀』 원문은 坂本太郎外 校注, 日本古典文學大系 『日本書紀』 下(岩波書店, 1965)에 실린 내용에 의거한다. 또한 원문과 번역문에 기재된 A)·B)·C) 등의 기호와, 번역문 가운데 ( )는 필자가 사건의 전개와 문장의 이해를 돕기 위해 첨가한 것이다.

받고 두려워하며 내조했습니다."라고 하였다. 이에 갑옷을 벗어 천황에게 바쳤다. 阿斗桑市에 관사를 지어 日羅를 머물게 하고 바라는 대로 공급해 주었다. 또 阿倍目臣·物部贄子連·大伴糠手子連을 보내어 日羅에게 국정을 물었다. 日羅가 답하기를, "천황이 천하를 다스리는 바의 정치는 반드시 백성들을 보호하고 기르는 데 있습니다. 어찌 갑자기 군사를 일으켜 도리어 멸망에 이르려 하십니까. 그러므로 지금 논의하는 자들로서 조정에 있는 臣·連 二造[二造는 國造와 伴造이다.] 아래로 百姓에 이르기까지 모두 부유하게 하고 부족함이 없게 하십시오. 이렇게 3년을 하여 양식과 병사가 풍족하고 백성들로 하여금 기쁘게 하면 물불을 가리지 않고 국난을 함께 구할 것입니다. 그런 다음에 선박을 많이 만들어 진마다 줄지어 두고 객인들이 보게 하여 두려운 마음이 생기게 하십시오. 그리고 유능한 사신을 백제에 보내어 그 국왕을 부르되, 만일 오지 않으면 太佐平·王子 등을 부르십시오. 그러면 저절로 복종하는 마음이 우러나올 것이니, 그런 뒤에 죄를 물으십시오."라고 하였다. 또 아뢰기를 "백제인이 꾀하여 '배 3백 척으로 筑紫에 가서 살고자 합니다.'라고 하였는데, 만일 그것이 진실로 청하는 것이라면 겉으로만 (筑紫)를 내려주십시오. 그러면, 백제는 새로 國을 세우고 반드시 먼저 여자들과 아이들을 배에 싣고 올 것입니다. 국가에서는 이때를 대비하여 壹岐·對馬에 복병을 많이 두었다가 이르는 것을 기다려 죽이십시오. 오히려 속임을 당하지 말고 중요한 곳마다 튼튼한 요새를 쌓으십시오."라고 아뢰었다. 이에 恩率·參官이 나라로 돌아갈 때[舊本에는 恩率을 한 사람, 참관을 한 사람이라 한다.] 몰래 德爾 등에게 "내가 筑紫를 지나갈 때쯤을 헤아려 너희들이 몰래 日羅를 죽인다면 내가 왕에게 모두 아뢰어 높은 벼슬을 내리도록 하겠다."고 하였다…(中略)… C)천황이 贄子大連·糠手子連에게 명하여 小郡의 서쪽 부근 언덕 앞에 거두어서 장사지내게 하고, 그 처자식과 水手 등은 石川에서 살게 했다. 이에 大伴糠手子連이 논의하여 "한곳에 모여서 살면 변고가 생길까 두렵다."고 하였기에 처자식들은 石川 百濟村에 살게 하고 水手 등은 石川 大伴村에 살게 했다. 德爾 등을 붙잡아 下百濟 河田村에 두고 몇몇 대부를 보내어 그 일을 따져 물었다. 덕이 등이 죄를 자백하여 "진실로 이는 恩率·參官이 시켜서 한 짓입니다. 우리들은 그 아래에 있기 때문에 감히 거스를 수 없었습니다."라고 하였다. 이 때문에 옥에 가두고 조정에 복명했다. 葦北에 사신을 보내어 日羅의 권속을 다 불러 덕이 등을 주어서 뜻대로 죄를 판결하게 하였다. 이때 葦北君 등이 (덕이 등을) 받아서 모두 죽여서 彌賣嶋[彌賣嶋는 아마 姬嶋일 것이다.]에 던져 버리고, 日羅를 葦北에 이장시켰다(後略).(『日本書紀』 敏達天皇 12년 是歲條)[11]

우선 위의 日羅 관계 사료에는 大伴씨의 움직임이 자세히 기재되어
있어, 大伴氏의 家記에 기초한 내용이라 간주되었다. 따라서 본 기사는
가기 특유의 과장이 포함된 사료라 평가되었다.[12]

그러나 B)와 C) 단락에는 大伴씨 이외에도 阿倍目臣·物部贄子連 등
이 함께 등장하고 있을 뿐만 아니라, 이들의 이름이 병기되는 경우 阿倍
目臣·物部贄子連이 반드시 大伴糠手子連 보다 먼저 기재되어 있다. 이

---

11) A)復遣吉備海部直羽嶋, 召日羅於百濟. 羽嶋旣之百濟, 欲先私見日羅, 獨自向家門
底. 俄而有家裏來韓婦. 用韓語言, 以汝之根, 入我根內, 卽入家去. 羽嶋便覺其意,
隨後而入. 於是, 日羅迎來, 把手使坐於座. 密告之曰…(中略)…羽嶋乃依其計, 而召
日羅. 於是, 百濟國主, 怖畏天朝, 不敢違勅. 奉遣以日羅·恩率·德爾·余怒·奇奴知·
參官·柁師德率次干德·水手等, 若干人. B)日羅等行到吉備兒嶋屯倉. 朝庭遣大伴糠
手子連, 而慰勞焉. 復遣大夫等於難波館, 使訪日羅. 是時, 日羅被甲乘馬, 到門底下.
乃進廳前. 進退跪拜, 歎恨而曰, 於檜隈宮御寓天皇之世, 我君大伴金村大連, 奉爲國
家, 使於海表, 火葦北國造刑部靫部阿利斯登之子, 臣達率日羅, 聞天皇召, 恐畏來朝.
乃解其甲, 奉於天皇. 乃營館於阿斗桑市, 使住日羅, 供給隨欲. 復遣阿倍目臣·物部
贄子連·大伴糠手子連, 而問國政於日羅. 日羅對言, 天皇所以治天下政, 要須護養黎
民. 何遽興兵, 翻將失滅. 故今合議者仕奉朝列, 臣連二造,[二造者, 國造伴造也.] 下
及百姓, 悉皆饒富, 令無所乏. 如此三年, 足食足兵, 以悅使民. 不憚水火, 同恤國難.
然後, 多造船舶, 每津列置, 使觀客人, 令生恐懼. 爾乃, 以能使使於百濟, 召其國王.
若不來者, 召其太佐平·王子等來. 卽自然心生欽伏. 後應問罪. 又奏言, 百濟人謀言,
有船三百. 欲請筑紫. 若其實請, 宜陽賜予. 然則百濟, 欲新造國, 必先以女人小子載
船而至. 國家, 望於此時, 壹伎·對馬, 多置伏兵, 候至而殺. 莫翻被詐. 每於要害之所,
堅築壘塞矣. 於是, 恩率參官, 臨罷國時,[舊本, 以恩率爲一人, 以參官爲一人也.] 竊
語德爾等言, 計吾過筑紫許, 汝等偸殺日羅者, 吾具白王, 當賜高爵. …(中略)…C)天
皇詔贄子大連·糠手子連, 令收葬於小郡西畔丘前. 以其妻子水手等, 居于石川. 於是,
大伴糠手子連議曰, 聚居一處, 恐生其變. 乃以妻子, 居于石川百濟村, 水手等居于石
川大伴村. 收縛德爾等, 置於下百濟河田村. 遣數大夫, 推問其事. 德爾等伏罪言, 信.
是恩率參官, 敎使爲也. 僕等爲人之下, 不敢違矣. 由是, 下獄, 復命於朝庭. 乃遣使
於葦北, 悉召日羅眷屬, 賜德爾等, 任情決罪. 是時, 葦北君等, 受而皆殺, 投彌賣嶋.
[彌賣嶋, 蓋姬嶋也.] 以日羅移葬於葦北(後略)(『日本書紀』敏達天皇 12년 是歲條).
12) 坂本太郎,「纂記と日本書紀」『史學雜誌』56-7, 1946[『日本古代史の基礎的研究』上,
東京大出版會, 1964, 143쪽].

러한 기술은 이들 상호 간의 정치적 입장이 배려된 것이므로, 大伴씨 가
기 이외의 자료가 첨가되어 구성된 것이라 보아야 할 것이다. 또한 B)
단락에 제시된 일라의 국정에 대한 자문 내용 중 '백제의 王이나 太佐
平·王子 등을 청하라.'는 내용에 등장하는 '太佐平'에 대한 언급은 사비
천도 이후 三佐平과13) 太(大)佐平 등으로14) 좌평제의 분화 현상이 있었
다는 백제의 좌평제에 관한 연구 결과와도 합치된다. 이러한 검토 결과
에 따르면, 本條의 일라 관계 기사는 비교적 사실성이 높은 사료라고 평
가해도 큰 문제는 없을 것이다.

이와 같은 사료에 대한 이해를 바탕으로 본장에서는 '일라사건'을 크
게 두 가지 사안으로 나누어 재검토하고자 한다. 첫째는 일라가 백제에
서 활동하게 된 계기가 무엇인가 하는 것이고, 둘째는 한반도에 渡海한
일라가 백제에서 관료로 기용된 이유가 무엇인가 하는 것이다.

첫 번째 사안에 대한 검토는 B) 단락에 기재된 '檜隈宮御寓天皇(宣化
天皇) 시대에 我君 大伴金村大連이 海表 즉 한반도에 사신으로 파견하
였다.'는 渡海의 이유를 설명하는 문구에서 출발하고자 한다. 일라가 지
적한 宣化朝에는 大伴金村大連이 그의 아들 狹手彦을 한반도에 파견한
내용이 기재되어 있다. 따라서 일라의 도해 문제는 宣化紀15) 2년 10월
조와16) 함께 논의되어 왔다.

그런데 宣化紀에는 신라가 임나를 친 것이 大伴狹手彦의 군사 행동

---

13) 武田幸男,「六世紀における朝鮮三國の國家統制」『朝鮮三國と倭國』東アジア世界に
　　おける日本古代史講座 第4卷, 學生社, 1980, 61쪽.
14) 梁起錫,「百濟 泗沘時代의 佐平制 研究」『忠北史學』9, 1997, 9-10쪽.
15) 본문을 전개함에 있어 서술의 편의 상 '『일본서기』 ○○天皇'을 '○○紀'로 약술
　　하고자 한다.
16) 天皇, 以新羅寇於任那, 詔大伴金村大連, 遣其子磐與狹手彦, 以助任那. 是時, 磐留
　　筑紫, 執其國政, 以備三韓. 狹手彦往鎭任那, 加救百濟.(『일본서기』 宣化天皇 2년
　　10월조)

의 명분이라 기재되어 있다. 이것은 왜의 임나 지배를 전제로 한 서술이다. 따라서 출병 자체가 사실이 아니라고 이해하기도 한다.[17] 그러나 이때의 출병은 두 가지 측면에서 접근하는 것이 타당하다고 생각된다.

하나는 백제와 왜국의 관계라는 측면에서의 접근이다. 狹手彦의 한반도 출병은 安閑紀 원년 5월조에 기술된 백제로부터의 사신 파견[18] 직후에 이루어진 것으로 보인다. 따라서 이때의 왜의 군사행동은 繼體~欽明朝에 나타난 백제의 요청에 따른 왜국의 군사(혹은 군원) 파견이라는 움직임의 연장선상에서 이해하는 것이 자연스럽다.[19]

다른 하나는 왜 조정 내부에서 본 大伴金村大連의 위상과 大伴金村大連과 백제와의 관계라는 측면에서의 접근이다. 그는 5세기말부터 欽明天皇 원년 무렵에 실각할 때까지 왜 조정의 對內·外 정책을 총괄한 존재였을[20] 뿐만 아니라, 백제와도 긴밀한 관계를 맺고 있던 인물이라 간주된다.[21]

따라서 백제와 왜 왕권의 관계나 大伴金村의 조정 내부의 위치, 그리고 그의 외교적인 성향 등을 종합적으로 고려하면, 宣化朝에 이루어진 狹手彦의 渡海[22] 그 자체를 의심할 필요는 없을 것이다.

---

17) 李永植, 앞의 책, 233-234쪽.

18) 百濟遣下部脩德嫡德孫·上部都德己州己婁等, 來貢常調. 別上表.(『일본서기』 安閑天皇 원년 5월조)

19) 김현구·박현숙·우재병·이재석 공저, 『일본서기 한국관계기사 연구』 II, 일지사, 2003, 109-113쪽.

20) 鎌田純一, 「古代物部氏とその職掌」『先代舊事本紀の研究』, 吉川弘文館, 1962, 226쪽 ; 加藤謙吉, 『大和の豪族と渡來人-葛城·蘇我氏と大伴·物部氏-』, 吉川弘文館, 2002, 79쪽.

21) 졸고, 「武寧王代의 對倭關係」『동아시아 속의 한일관계사』上 고려대학교일본사연구회편, 제이앤시, 2010, 102-103쪽.

22) 『日本三代實錄』貞觀 3년 8월 庚申條(金村大連公第三男狹手彦之後也. 狹手彦. 宣化天皇世. 奉使任那. 征新羅. 復任那. 兼助百濟)와 『肥前國風土記』松浦郡條(昔者 檜隈檜隈廬入野宮御宇|武少廣國押楯天皇之世 遣大伴狹手彦連 鎭任那之國 兼救

다음으로는 宣化朝23)에 백제의 요청으로 大伴金村大連의 아들인 狹手彦이 도해한 것이 사실이라 하더라도, 그를 따라 도해한 것이 일라의 아버지인 阿利斯登인지 日羅 본인인가 하는 것이다.24) 이것은 B) 단락에 제시된 「檜隈宮御寓天皇之世, 我君大伴金村大連…臣達率日羅」라는 문구에서 일라가 大伴金村大連을 「我君」이라 칭한 대목에만 초점을 맞추어 이해한다면, 일라와 大伴金村大連의 신속 관계에 기초한 도해였다고 이해하는 것은 문제 될 것이 없다. 그러나 6세기 단계의 왜국이 개인과 일족을 분리하기 어려운 사회 단계였다는 점을 감안하면, 일라 일족과 大伴氏의 신속 관계로 확대 해석하는 것도 충분히 가능하기 때문에 문제가 된다.

이 문제에 대한 일본학계의 일반적인 해석은 다음과 같다. '宣化天皇 때 일라의 아버지인 阿利斯登이 狹手彦이 이끈 군에 참가하여 한반도로 건너갔고, 그 곳 즉 韓地에서 韓婦를 만나 일라를 낳았으며, 이 때 태어난 일라가 백제에 그대로 체류하여 백제의 관료가 되었다.'고 설명하는

---

百濟之國)에도 狹手彦의 渡海 관련 전승이 남아 있다.
23) 宣化朝 이전인 繼體朝에도 欽明朝에 등장하는 왜계백제관료와 유사한 역할을 수행하며 백제 조정에서 활동한 인물들이 보인다. 그러나 이들은 왜계백제관료의 징표로 간주되는 백제의 관등을 보유하지 않고 있다. 이러한 현상은 6세기 백제 조정에서 활동하던 중국(계)인들과 함께 고려되어야 할 문제라 여겨진다. 예컨대 繼體朝의 경우는 무령왕이 파견한 중국계 인물들 즉 博士라 칭하는 인물들이 '五經博士+姓名'의 형태를 띠고 있지만, 欽明朝가 되면 성왕이 파견한 박사들은 대개 '職名+博士+官位+姓名'이라는 형태를 취하고 있다. 이와 같은 무령왕과 성왕대에 나타난 중국계 박사들의 칭호 표기의 차이는 백제 조정에서 활동할 왜계인의 경우에도 적용된 것이 아닌가 한다. 요컨대 繼體~欽明朝에 유사한 역할을 수행하며 백제 조정에서 활동하던 왜인들이 繼體朝에는 백제의 관위를 띠지 않고 있다가, 欽明朝가 되면 백제의 관위를 띤 인물로 묘사된 것도 백제 조정의 관인 관리 방식의 차이에 기인한 것이라 이해된다(졸고, 위의 논문, 101쪽).
24) 이재석은 별개의 가능성으로 阿利斯登 父子가 파견되었다가 일라만 잔류했을 가능성도 있다고 언급한 바 있다(이재석, 앞의 논문, 541쪽 주 22) 참조).

것이다.[25)]

이러한 해석은 岸俊男이 제시한 왜계백제관료의 생성 논리와 맥을 같이 한다. 岸씨는 欽明紀 2년 7월조 분주에 보이는 彌麻沙의 사례에[26)] 기초하여, '왜계백제관료는 外征에 참가하여 한반도로 도해한 倭人 아버지와 韓人 어머니 사이에서 태어나 백제에 체류한 倭系 2세이다.'라고 정의했다.[27)] 이와 같은 이른바 '韓·倭 혼혈인의 백제 체류' 논리는 그가 왜계백제관료로 활동하게 된 배경이 이전 세대부터 전개된 왜국의 한반도에 대한 군사행동에서 그 연원을 찾고 있기에[28)] 왜국의 한반도 지배 논리와도 연결고리를 갖고 있다.

물론 '백제에 체류하고 있던 韓·倭 혼혈인을 왜계백제관료로 기용했다.'는 논리는 양국의 빈번한 교섭 사례를 고려할 경우 상정 자체가 불가능한 것은 아니다. 그러나 왜계백제관료는 그 기용의 주체가 백제 조정인 만큼 백제 조정의 필요가 곧 관료 기용의 조건이 된다는 점을 간과해서는 안 될 것이다. 따라서 '백제에 체류하고 있던 韓·倭 간의 혼혈인이 왜계백제관료로 기용될 수는 있겠지만, 이러한 특징이 곧 왜계백제관료로 기용되는 필수 조건일 수는 없는 것이다.

또한 김현구와 鬼頭淸明도 일라 관계 기사에 대한 분석을 통해 일라

---

25) 井上光貞 監譯, 『日本書紀』 下, 中央公論社, 1987, 410쪽 注 100 ; 田村圓澄, 『古代朝鮮佛敎と日本佛敎』, 吉川弘文館, 1980, 36쪽 ; 山尾幸久, 『古代の日朝關係』, 塙書房, 1989, 140쪽 ; 鈴木靖民, 「倭와 百濟의 府官制」 『古代 東亞細亞와 百濟』 백제연구총서12, 충남대학교 백제연구소편, 2003, 357-358쪽 ; 鈴木英夫, 앞의 책, 83-86쪽.

26) 紀臣奈率者, 蓋是紀臣娶韓婦所生, 因留百濟, 爲奈率者也. 未詳其父. 他皆效此也 (『일본서기』 欽明天皇 2년 7월조 분주)

27) 岸俊男, 앞의 논문, 102쪽.

28) 山尾幸久는 475년 漢城 함락 이후 백제가 왜 왕권의 지원을 받고 부활하는 과정에서 파견된 왜인의 2세가 체류하여 540년대에 百濟의 관료가 된 것이라 설명한 바 있다(山尾幸久, 앞의 책, 140쪽).

본인이 當代에 渡海하여 백제 조정에 기용된 존재임을 지적한 바 있는데,[29] 필자 역시 공감하는 바이다. 더구나 이러한 논리는 日羅가 소지한 '達率'[30]이라는 백제의 관등을 통해서도 방증이 가능하다. 왜계백제관료의 관등 승진을 보여주는 사례로는 欽明紀에 전해지는 奈率이 德率이나 扞率로 1·2등급 승진한 경우와 施德이 奈率로 승진한 경우가 있다.[31] 이때의 승진은 2년 혹은 6년 만에 관등이 1·2 등급 정도 승진한 것으로 되어 있다.[32] 사례가 매우 제한적이기는 하지만, 대부분의 왜계 백제관료가 처음에 奈率에서 德率 혹은 扞率로 승진한 사례를 비추어 보면 일라 역시 상당 기간 백제 조정에서 활동한 결과 達率의 지위에 올랐을 것이라 여겨진다.

다음은 B) 단락의 「火葦北國造刑部靫部阿利斯登之子, 臣達率日羅」라는 문장이 의미하는 바에 대해 검토해 보자.

우선 일라가 언급한 部名에 관한 내용부터 살펴보자. 肥後의 刑部가 葦北郡에 설치된 사례는 본조의 기사 이외에는 奈良 시대의 사료인 『續日本紀』神護景雲 2년 9월조[33]에서 확인된다. 또한 大伴씨 배하의 靫部 (=靫負)의 토모(伴)로서 畿內의 호족이 아닌 지방 출신자가 봉사한 사례

---

29) 鬼頭淸明, 앞의 논문, 102쪽 ; 김현구, 앞의 책, 66-77쪽.

30) 北史云 百濟官有十六品 佐平五人一品 達率三十人二品 恩率三品 德率四品 扞率五品 奈率六品 將德七品 施德八品 固德九品 季德十品 對德十一品 文督十二品 武督十三品 佐軍十四品 振武十五品 剋虞十六品 自恩率以下 官無常員…(『삼국사기』雜志9 職官下)

31) 欽明天皇 2년 7월조의 奈率鼻利莫古·奈率木刕眯淳이 동 천황 4년 12월조에는 德率로, 奈率(眞牟)宣文이 欽明天皇 8년조에는 덕솔로, 欽明天皇 7년 6월조의 奈率掠葉禮가 동 천황 9년 4월조에는 扞率 관등으로 변화된 모습이 확인된다.

32) 김영심, 「6-7세기 삼국의 관료제 운영과 신분제」『韓國古代史硏究』 54, 2009, 121-122쪽.

33) 勅. 今年七月八日. 得參河國碧海郡人長谷部文選所獻白烏. 又同月十一日. 得肥後國葦北郡人刑部廣瀬女(『續日本紀』神護景雲 2년 9월조)

는 본조의 기사 「檜隈宮御寓天皇(宣化天皇)之世…火葦北國造刑部靫部阿利斯登之子, 臣達率日羅」와 『豊後風土記』 日田郡 靫編鄕條에[34] 보이는 「磯城嶋宮御宇天國排開廣庭天皇(欽明天皇)之世, 日下部君等祖 邑阿自 仕奉靫部」 기사를 들 수 있다.[35] 아울러 淸寧紀 2년 2월조에는[36] '大伴씨가 白髮部靫負를 두었다'는 기사가 보인다.

물론 '部制'의 시행 시기를 어떻게 평가할 지에 따라 사료의 해석에 차이가 생길 여지는 있지만, 日羅가 「我君大伴金村大連」이라 언급한 내용을 고려하면, 葦北君씨 일족이 大伴씨의 통솔 하에 들어간 이후에 刑部·靫部에 편입되어 간 것이라 여겨진다.[37] 따라서 이와 같은 일라의 部名 언급이야말로 일라(및 그 일족)와 大伴씨의 연관성을 잘 드러내주는 대목이라 여겨진다.

요컨대 소환된 일라가 조정에 복명하는 과정에서 언급한 「(A)檜隈宮御寓天皇之世, 我君大伴金村大連, 奉爲國家, 使於海表. (B)火葦北國造刑部靫部阿利斯登之子, 臣達率日羅」라는 문장은 다음 같은 의미를 띤 것이라 이해된다. 전자(A)는 일라가 한반도로 도해하게 된 시기와 그 이유를, 후자(B)는 복명하는 주체인 일라(및 그 일족) 자신이 가진 왜인으로서의 정체성을 드러낸 대목인 것이다. 결국 葦北 지역의 國造 阿利斯登의 아들인 일라는 본인은 물론이고 일족이 신속한 대상인 大伴씨의 명을 받고 도해한 것으로 보아야 할 것이다.

---

34) 昔者 磯城嶋宮御宇天國排開廣庭天皇之世, 日下部君等祖 邑阿自 仕奉靫部 其邑阿自 就於此村 造宅居之 因斯 名曰 靫負村 後人改曰 靫編鄕(『豊後風土記』 日田郡 靫編鄕條)

35) 加藤謙吉, 앞의 책(2002), 74-80쪽.

36) 遣大伴室屋大連於諸國…白髮部靭負. 冀垂遺跡令觀於後(『일본서기』 淸寧天皇 2년 2월조)

37) 井上辰雄, 「筑·豊·備後の豪族と大和朝廷」 『古代の日本』 3 九州 鏡山猛·田村圓澄 編, 角川書店, 1970, 156쪽.

　다음은 두 번째 사안인 도해한 일라가 백제 조정에 관료로 기용된 이유가 무엇인가 하는 점을 살펴보자. 일반적으로 고대 사회에서 관료가 되는 방법으로는 본인의 소양 즉 개인의 역량으로 출사하는 것과 '家系' 혹은 '門地'에 의거하는 것이다. 물론, 전근대와 같은 신분사회에서는 후자가 중심이고 전자는 사회 유동성을 보장하는 하나의 방편으로 보조적인 위치에 있었음은 주지의 사실이다.

　일라의 경우 B) 단락에 보이는 「日羅被甲乘馬」라는 문구나, 그에게 국정을 자문하는 내용에 백제를 상대로 한 '용병술'에 관한 내용이 상당히 구체적으로 거론된 점 등은 그가 武官임을 짐작하게 한다. 더구나 敏達紀 12년 7월조에 일라를 묘사한 「賢而爲勇」이라는 문구를 아울러 고려한다면, 그가 백제 조정에서 武將으로[38] 기용되어 만성적인 전쟁 상태에 놓여 있던 백제 왕정에 기여했을 가능성은 충분하다 여겨진다.

　또한 일라가 무인으로서의 능력을 인정받았다는 것은 당시의 백제가 이러한 무인을 필요로 하는 사회였음을 의미한다. 즉 6세기의 한반도는 各國(지역)이 상황에 따라 이합과 집산을 반복하며 통합을 향해 나아가고 있었다. 이 속에 위치한 백제는 주변국과 만성적인 전쟁 상태에 놓여 있었다. 더구나 백제와 신라 간의 동맹 관계가 결렬된 이후, 백제에게 왜국은 간접적으로는 신라의 배후를 위협하고, 직접적으로는 군사(군원) 원조를 요청하는 대상이었다. 요컨대 왜국은 백제의 중요한 동맹의 파트너였던 것이다. 그러한 만큼 백제로서는 이러한 관계를 지속적으로 유지하는 것이 관건이었다.[39]

　그렇다면 백제는 왜국과의 군사 동맹을 유지하기 위해 왜와의 동맹 관계를 어떻게 관리하고 있었던가. 6세기 초부터 중·후반에 걸친 시기

---

38) 鬼頭淸明, 앞의 논문, 106쪽.
39) 졸고, 「百濟의 同盟 形成과 管理―『宋書』에 보이는 倭王의 都督百濟軍事號 요청과 관련하여―」『日本硏究』 35 韓國外國語大學校 日本硏究所, 2008, 18-21쪽.

에 왜국이 공식적으로 對中 교섭을 전개한 사례는 확인되지 않지만, 새로운 문물에 대한 수용 욕구는 상당히 높았다고 평가되고 있다.[40]

따라서 백제는 왜국의 필요라는 측면을 고려하여, 왜국의 유력 호족층이 파견한 왜인을 '왜계백제관료'로 기용하였고, 이들을 통해 왜가 필요로 하는 선진문물을 안정적으로 공급하였던 것이다.[41] 즉 백제 측의 이러한 움직임은 왜국 내부의 외교 노선을 결정할 만한 인물 혹은 세력과의 직·간접적인 연결을 지속적으로 유지하여 동맹을 견실히 유지하는 데 그 목적이 있었던 것이다.

그렇다면 일라의 '家系' 즉 그가 가진 족적인 배경이 백제 조정에서 그를 왜계백제관료로 기용할 만한 조건을 갖추고 있었던가. 이 문제는 일라의 족적인 배경이 되는 일족의 상황과 그 일족의 위상 파악이 전제되어야 한다.

따라서 일라의 처자는 물론이고 일족에 관한 내용이 언급되어 있는 C) 단락을 중심으로 살펴보고자 한다. C) 단락에는 일라의 사후 처리 문제가 구체적으로 기술되어 있다. 우선 '葦北에 사신을 보내어 日羅의 권속을 다 불러 덕이 등을 주어서 뜻대로 죄를 판결하게 하자, 葦北君 등이 (덕이 등을) 받아서 모두 죽였다.' 운운 한다. 그리고 살해된 뒤 일단 매장된 일라의 유해를 '葦北 지역으로 移葬했다.'는 내용 등이 기재되어 있다.

여기에서 주목할 점은 일라를 살해한 인물에 대한 처리권이 일라의 권속에게 부여되었다는 점이다. 이것은 '族刑'[42]이라 간주될 수 있는 처

---

40) 鈴木英夫, 앞의 책, 89쪽.
41) 이러한 문물의 수수 관계는 왜계백제관료를 배출한 씨족이 백제로부터 문물을 받아들이는 경우나, 백제가 親百濟政策을 주도해 나가는 왜 조정의 실권자 蘇我氏에게 제공한 물품의 전달 사례를 통해서도 잘 드러난다(김현구·박현숙·우재병·이재석 공저, 앞의 책, 338-339쪽).
42) 日本古典文學大系『日本書紀』下, 147쪽 두주 참조.

결법이다. 이러한 사례는 백제와의 연결이 용이한 火國(肥後國)의 남단 연해에 위치한 葦北[43] 지역을 근거로 하여 일라 일족이 여전히 유력한 재지호족으로 존재하고 있음을 나타낸다.

또한 B) 단락에는 천황이 소환된 일라를 처음으로 찾아가 위문하는 역할을 大伴糠手子連에게 명한 내용이 보이고, C) 단락에는 일라가 살해된 뒤 장례를 치르는 일부터 일라 처자 등의 거처 마련에 이르기까지 大伴糠手子連이 직접 관여한 내용이 확인된다. 더구나 일라의 妻子는 石川 百濟村에 水手 등은 石川 大伴村에 분산하여 배치한 내용이 보인다. 이때 거론된 石川 지역은 大伴씨의 거점 가운데 하나로 간주된다.[44] 이러한 일련의 사안들은 大伴씨와 일라 및 그 일족과의 관계가 敏達朝에도 이어지고 있음은 물론이고 이러한 양자의 관계가 사회적으로도 인정되고 있음을 보여주는 내용에 다름 아니다.

따라서 일라는 도해 이후 敏達朝에 이르기까지 본국의 출신 씨족과 동족적 결합을 유지하고 있을 뿐만 아니라, 일라 및 그 일족과 大伴씨의 관계도 지속적으로 유지되고 있었음을 알 수 있다. 그러므로 일라는 백제가 바라던 왜 조정의 외교 정책에 왜계백제관료의 동족이 관여하여 일정한 영향을 미치게 하는 역할을 기대하기에 충분한 인물이었다고 평가해도 좋을 것이다.[45]

요컨대 두 가지 사안에 대한 검토 결과에 따르면, 일라는 大伴金村의 명에 의거해 渡海한 뒤,[46] 백제 조정의 필요에 의해 기용되어, 백제 왕

---

43) 加藤謙吉外 編著, 『日本古代史地名事典』, 雄山閣, 2007, 867-868쪽.
44) 加藤謙吉, 앞의 책(2002), 204-205쪽.
45) 笠井倭人, 앞의 논문, 139-140쪽 ; 鈴木英夫, 앞의 책, 89쪽.
46) 宣化紀에는 大伴狹手彦이 이끈 軍에 동원된 것으로 되어 있지만, B) 단락에는 일라가 海表 즉 한반도에 사인(使)으로 파견된 것으로 기재되어 있어, 양자의 차이에 대한 설명이 필요하다. 이 문제는 『일본서기』에 기재된 한반도에 '사인'으로 파견된 존재와 '군으로 파견되어 鎭守한 존재'에 관한 이해가 필요한 부분이다.

정에 참여한 결과 達率 관등에 오른 것이라 이해된다.[47)]

## Ⅲ. 日羅의 소환과 物部·蘇我氏

### 1. 소환을 주도한 物部氏

일라의 소환은 백제가 아닌 왜 측의 제안으로 이루어진 것인 만큼, 敏達朝의 조정에서 활약하던 畿內의 유력 호족의 움직임과 무관하지는 않았을 것이다. 그렇다면 일라의 소환은 어떤 세력에 의해 주도된 것인가.

이 문제는 B) 단락에 기재된 '일라가 기거할 관사를 阿斗桑市에 마련하라.' 운운한 내용에 등장하는 관사가 위치한 지역을 비정하는 데서 출발하고자 한다. 왜냐하면 새롭게 설치된 관사는 소환된 일라를 머물게 할 목적으로 조영된 것이므로, 관사의 위치를 비정하는 작업은 곧 일라의 소환이나 일라의 활동에 영향을 미친 세력을 밝히는 중요한 단서를 마련해 줄 것이라 여겨지기 때문이다.

관사가 위치한 '阿斗'라는 지명은 大和와 河內 양 지역에 존재한다. 따라서 본조에 등장한 阿斗가 어디를 가리키는지가 문제가 된다. 『일본서기』에는 阿斗(吾礪·阿都)와 관련된 지명이 雄略紀 7년 是歲條를 비롯하여 네 차례에 걸쳐 등장한다.[48)] 推古紀를[49)] 제외한 3가지 용례는 모

---

이 때 파견된 사신의 성격 규정에 관한 문제는 이재석의 「소위 任那問題의 過去와 現在-문헌사의 입장에서-」(『역사학연구』 23, 2004)를 참조하기 바란다.

47) 이러한 해석은 왜계백제관료를 배출한 씨족에 대한 김현구의 연구(앞의 책, 66-77쪽)와 日羅와 그 일족에 관해 분석한 鬼頭淸明·田中史生·이재석의 연구 결과(鬼頭淸明, 앞의 논문, 102쪽 ; 田中史生, 앞의 책, 181-184쪽 ; 이재석, 앞의 논문, 542쪽)와도 합치된다.

48) 1)『일본서기』雄略天皇 7년 是歲條(乃與海部直赤尾將百濟所獻手末才伎在於大嶋. 天皇聞弟君不在…遂卽安置於倭國吾礪廣津邑), 2) 同書 敏達天皇 12년 시세조(본

두 河內의 澁川 지역에 비정되고 있다.[50] 즉 用明紀 2년 4월조에는 物部守屋大連이 別業(別宅)이[51] 있는 '阿都'로 퇴거하여 蘇我씨 등 관군과 전투한 내용이 전해진다.[52] 또한 崇峻天皇卽位前紀에는 物部씨가 '澁河家'에서 蘇我馬子와 치열한 전투를 전개한 내용이 보인다.[53] 이 경우, 別宅과 澁河(川)家가 동일한 지역인지의 여부를 현 단계에서 단언하기는 어렵다. 그러나 澁川家를 중심으로 한 지역 일대가 物部의 주된 활동 무대였음은 충분히 추측할 수 있다. 따라서 澁川 지역은 物部씨의 河內 지역 거점이며, 物部守屋大連의 저택도 여기에 있었던 것으로 보아도 좋을 것이다.[54]

---

문에 인용), 3) 同書 用明天皇 2년 4월조(今群臣圖卿. 復將斷路. 大連聞之卽退於阿都[阿都大連之別業所在地名也.]) 4) 同書 推古天皇 18년 10월조(新羅任那使人臻於京. 是日命額田部連比羅夫爲迎新羅客莊馬之長. 以膳臣大伴爲迎任那客莊馬之長. 卽安置阿斗河邊舘.)

49) 推古紀의 경우는 도읍에 이르는 사자를 안치한 장소이다. 따라서 大和國 城下郡 阿刀村에 비정된다(日本古典文學大系 『日本書紀』 下, 194쪽 두주 참조).

50) 河內國 澁川郡 蹟部鄉에 비정된다(『諸本集成和名類聚抄』本文 京都大學文學部編, 臨川書店, 1968, 614-615쪽).

51) 『일본서기』 崇峻天皇卽位前紀 用明天皇 2년 7월조에는 物部守屋大連의 근시인 捕鳥部萬이 백 명을 거느리고 難波의 집을 지켰다는 기록이 보인다. 이것으로 보아 阿都 뿐만 아니라 難破에도 있었던 것으로 보인다. 物部守屋의 居宅은 『四天王寺御手印緣起』에 「居宅 三個所」라는 기록으로 보아 한 곳에만 존재한 것이 아니라 여러 곳에 두어졌을 가능성이 있다(日本古典文學大系 『日本書紀』 下, 165쪽 두주 참조).

52) 是時押坂部史毛屎急來密語大連曰. 今群臣圖卿. 復將斷路. 大連聞之卽退於阿都[阿都大連之別業所在地名也.] 集聚人焉…大連從阿都家使物部八坂. 大市造小坂. 漆部造兄. 謂馬子大臣曰. 吾聞. 群臣謀我. 我故退焉. 馬子大臣(下略)(『일본서기』 用明天皇 2년 4월조)

53) 蘇我馬子宿禰大臣勸諸皇子與群臣. 謀滅物部守屋大連…俱率軍旅進討大連. 大伴連嚙…俱率軍兵從志紀郡到澁河家. 大連親率子弟與奴軍. 築稻城而戰(『일본서기』 崇峻天皇卽位前紀 7월조)

54) 安井良三, 「物部氏と佛敎」 『日本書紀硏究』 3 三品彰英編, 塙書房, 1968, 150쪽 ; 門脇禎二, 『飛鳥その古代史と風土』, 日本放送出版協會, 1970, 53-57쪽.

따라서 物部씨의 근거지인 河內의 阿斗桑市[55]에 관사를 지어 일라를 머물게 했다면, 이것은 物部씨와 무관하게 이루어진 일이라 보기 어렵다. 더구나 物部守屋大連의 동생인 物部贄子連[56]은 일라가 大伴糠手子連를 만난 이후에 진행된 국정을 묻는 일부터 일라의 장례 이후 문제에 이르기까지 거의 모든 과정에 大伴씨와 함께 관여하고 있다. 이는 本條에 등장하는 阿部씨나 大夫 등의 움직임과는 상당한 차이를 보이는 것이다. 이러한 차이가 발생한 이유는 어디에 있는 것인가.

결론부터 말하자면, 일라와 관련된 사안에 物部씨가 大伴씨와 함께 등장한 것은 왜 조정의 권력이 大伴씨에서 物部씨로 이동된 일련의 상황과 궤를 같이한 문제라 여겨진다. 즉 6세기 초 열도의 상황은 舊천황가가 몰락하고 그 왕권을 지지하고 있던 大伴씨가 세력을 상실해 가는 데 비해, 物部·蘇我씨 등이 대두하는 등 일종의 세력 교체가 있었던 것으로 간주된다. 특히 物部씨의 경우 繼體天皇의 즉위를 둘러싼 정변에서 큰 공을 세움으로써 조정 수뇌부의 지위를 획득하며 大連을 칭하기에 이르렀다.[57] 그리고 筑紫國 磐井의 난이 발생했을 때 物部大連麁鹿火가 토벌을 명받은 이후부터는 物部씨의 세력이 九州 지역에 폭 넓게 침투한 것으로 이해된다. 더구나 소위 '物部大連尾輿의 大伴大連金村에 대한 탄핵사건'이 발생한 흠명천황 원년[58] 무렵이 되면 大伴大連金村이

---

55) 加藤謙吉外 編集, 앞의 책, 59쪽.
56) 物部贄子連는 『先代舊事本紀』 天孫本紀에 物部守屋大連의 弟 物部石上贄古連公이라 보인다.
57) 直木孝次郎, 「物部氏に關する二三の考察」 『日本書紀研究』 2, 塙書房, 1966, 176-177쪽.
58) 九月乙亥朔己卯, 幸難波祝津宮. 大伴大連金村·許勢臣稻持·物部大連尾輿等從焉. 天皇問諸臣曰, 幾許軍卒, 伐得新羅. 物部大連尾輿等奏曰, 少許軍卒, 不可易征. 曩者, 男大迹天皇六年, 百濟遣使, 表請任那上哆唎·下哆唎·娑陀·牟婁, 四縣. 大伴大連金村, 輒依表請, 許賜所求. 由是, 新羅怨曠積年. 不可輕爾而伐. 於是, 大伴大連金村, 居住吉宅, 稱疾不朝. 天皇遣靑海夫人勾子, 慰問慇懃. 大連怖謝曰, 臣所疾者, 非餘事也. 今諸臣等謂臣滅任那. 故恐怖不朝耳. 乃以鞍馬贈使, 厚相資敬. 靑海夫人,

조정에서 실질적으로 실각한 것으로 평가된다.[59]

이러한 왜 조정 내부의 역학 관계 변화는 筑紫를 비롯한 九州 지역에서도 大伴씨 세력의 약화와 物部씨 세력의 확산이라는 변화를 초래한 것으로 이해된다. 그렇다면 기내 지역의 유력 호족 간의 역학관계 변화가 肥後國 남단 해안에 위치한 葦北의 재지 세력에게는 어떠한 영향을 미쳤던가.

이를 직접적으로 설명해 줄만한 사료를 찾기는 어렵다. 그러나 이러한 중앙의 역학 관계 변화와 무관하지 않았음을 시사하는 사례가 欽明紀 17년 정월조에 보인다.[60] 즉 백제 왕자 혜가 귀국할 때 파견된 인물들 가운데 筑紫火君(闕名)이 보인다. 이 筑紫火君에 관한 분주에 『백제본기』를 인용하여 '筑紫君의 兒, 火中君의 弟'라는 내용이 기재되어 있다. 이는 '筑紫君과 火(肥)君' 간에 혼인에 의한 족적 교류가 있었음을 시사하는 사례이다. 이러한 사례를 통해 보더라도, 肥後 지역이 筑紫 지역의 움직임과 무관했다고 보기는 어려울 것이다.

요컨대 畿內의 유력 호족 간의 역학관계 변화는 九州의 肥後國 남단 해안에 위치한 葦北 지역의 재지 세력에게도 영향을 미쳤고, 이로 인해 일라 일족은 원래 신속 관계에 있던 大伴씨 외에도 세력을 확장해 온 物部씨와도 多重의 臣屬 관계를 맺게 된 것이다. 이러한 관점에서 본다면, 일라 일족과 物部씨의 관계는 欽明天皇 원년 무렵의 大伴金村大連의 실각 및 그에 따른 大伴씨 세력의 후퇴 이후 급진전되었을 가능성도 추론해 볼 수 있을 것이다. 결국 '일라사건'에 등장하는 大伴·物部씨의 움직

---

依實顯奏. 詔曰, 久竭忠誠. 莫恤衆口. 遂不爲罪, 優寵彌深.(『일본서기』 欽明天皇 원년 9월조)

59) 山尾幸久, 『日本國家の形成』, 岩波書店, 1977, 19쪽 ; 졸고, 앞의 논문(2010), 93-94쪽.

60) 百濟王子惠請罷. 仍賜兵仗. 良馬甚多…率筑紫國舟師. 衛送達國. 別遣筑紫火君[百濟本記云. 筑紫君兒. 火中君弟.](『일본서기』 欽明天皇17년 정월조)

임은 일라 및 그 일족과 大伴·物部씨의 臣屬 관계의 변화상을 고려하면
설명될 수 있는 사안이라 여겨진다.

## 2. 소환에 관여한 蘇我氏

敏達朝의 日羅 소환과 관련된 일련의 사안에는 당시 조정에서 內·外
政을 관장한 것으로 간주되는 蘇我씨의 활동이 드러나 있지 않다. 이러
한 현상은 조정 내부에서의 위치로 보든 백제와의 관계라는 측면에서
보든 특기할 만한 일임에 분명하다. 이 때 상정할 수 있는 경우의 수는
크게 두 가지이다. 하나는 蘇我씨가 일라 사건과 정말로 무관했을 가능
성이고,[61] 다른 하나는 蘇我씨의 활동이 전면에 드러나지 않았을 가능
성이다. 어느 쪽이라 하더라도 여기에는 분명히 이유가 있었을 것이다.
따라서 일라 사건에 등장하는 인물들의 움직임을 통해 蘇我씨와의 관계
여부를 추론해 보고자 한다.

우선 A) 단락에는 일라가 백제왕이 왜국 행을 허락하기 이전부터 천
황이 파견한 吉備海部直羽嶋와 개인적으로 접촉했고, 그의 인도 하에
도해한 내용이 기재되어 있다. 일라의 소환을 담당한 '吉備海部直羽嶋'
는 여기에만 보인다. 따라서 『일본서기』에 전해지는 吉備海部直氏 관련
기사를 통해 그의 활동이 의미하는 바를 살펴보고자 한다.

吉備海部直씨는 雄略紀 7년 是歲조와 敏達紀 2년 5월조에 관련 사료
가 전해진다. 전자는 吉備海部直赤尾가 백제의 大島에서 기술자들을 데
리고 왜국으로 가는 역할을 담당한 것으로 되어 있고,[62] 후자는 吉備海
部直難波가 고구려의 사신을 돌려보내는 역할을 수행한 것으로 되어 있
다.[63] 이러한 활동 내용에 기초하면, 吉備海部直羽嶋는 海部의 관리를

---

61) 門脇禎二, 앞의 책, 57쪽.
62) 乃與海部直赤尾將百濟所獻手末才伎, 在於大嶋(『일본서기』 雄略天皇 7년 시세조)

담당한 吉備의 지방호족으로 항해기술이 뛰어나 백제에 도해하여 일라를 소환하는 역할을 수행한 것으로 보인다.[64]

또한 B) 단락에는 소환된 일라가 열도에 처음으로 도착한 곳이 '吉備兒島屯倉'이라 한다.[65] '兒島' 지역은 畿內에서 九州로 가는 內海 항로의 요충으로 吉備海部의 근거지였다.[66] 이러한 '兒島' 지역에 蘇我大臣稻目이 둔창을 설치하고, 이 둔창에 田令으로 葛城氏 출신의 山田直瑞子를 파견한 사례가 欽明朝에 확인된다.[67] 더구나 이 때 전령으로 파견된 葛城山田直瑞子는 吉備 세력을 감시하는 역할을 띤 것으로 간주된다. 이것은 蘇我씨가 둔창 지배를 매개로 吉備 지역을 지배하에 둔 것을 시사한다.[68] 따라서 吉備海部直씨는 해부의 관리를 담당한 吉備의 지방호족으로 蘇我씨 휘하에서 대외 교섭에 종사한 것으로 이해된다.[69]

그렇다면 일라는 蘇我씨와 관련된 吉備海部直羽嶋가 백제에 가서 맞이해 왔고, 도해 후 蘇我씨 관할 하의 兒島屯倉에 이른 것이다. 이러한 일련의 상황은 蘇我씨가 일라 소환과 무관하다고 보기 어렵게 한다.

다음으로는 일라에게 국정을 묻기 위해 파견된 阿倍目臣을 주목하고자 한다. 阿倍目臣이라는 이름도 여기에만 보이지만, 敏達朝를 전후하여 阿

---

63) 高麗使人, 泊于越海之岸. 破船溺死者衆. 朝庭猜頻迷路, 不饗放還. 仍勅吉備海部直難波, 送高麗使.(『일본서기』 敏達天皇 2년 5월조)

64) 平野邦雄, 「吉備氏と和氣氏」『古代の日本』 4 中國·四國 近藤義郎·上田正昭編, 角川書店, 1970, 250-251쪽.

65) 吉備氏가 5세기 말 6세기 초에 왜 조정에 제압되면서 吉備臣 일족은 國造로 복속되고, 그 지역에는 屯倉制·部民制가 침투된 것으로 간주된다(吉田晶, 「吉備地方における國造制の成立」『日本古代國家成立史論』, 東京大學出版會, 1973, 101-151쪽).

66) 平野邦雄, 위의 논문, 253쪽.

67) 遣蘇我大臣稻目宿禰等於備前兒嶋郡置屯倉. 以葛城山田直瑞子爲田令.[田令. 此云陀豆歌毘.](『일본서기』 欽明天皇 17년 7월조)

68) 日野昭, 『日本古代氏族傳承の研究』, 永田文昌堂, 1971, 180쪽.

69) 김은숙, 「6世紀 後半 新羅와 倭國의 國交成立過程」『新羅의 對外關係史 研究』新羅文化祭學術發表紀念會論文集 15, 1994, 213쪽.

部씨는 대외관계 기사에 여러 차례 등장하고 있다. 欽明紀 17년 춘정월조
와[70] 推古紀 16년 8월조[71] 그리고 同 18년 10월조에도[72] 등장한다. 欽明
紀에는 백제의 왕자 惠가 본국으로 돌아갈 때 舟師를 이끌고 衛送하는 역
할을, 推古紀에는 隋使 裵世淸과 관련된 국서 문제와 신라·임나의 사신
영접에 동원된 것으로 기재되어 있다. 이러한 일련의 상황에 기초하면, 阿
部씨는 舟師의 통솔이나 外客의 영접이라는 역할을 담당하였다.[73]

또한 阿部씨는 宣化朝에 蘇我稻目이 大臣으로 임명될 때 함께 大夫
로 임명되어[74] 정계에 진출한 이후 敏達朝에도 집정관의 지위를 유지한
인물이다. 더구나 阿部씨의 정계에서의 지위 향상은 蘇我씨와의 협조
관계 속에 이루어졌을 것이라 간주되고 있다.[75]

따라서 일라 사건에 吉備海部直羽嶋나 阿倍目臣 등 蘇我씨 관련 씨
족의 활동이 엿보이는 것으로 보아, 본 사건이 蘇我씨와 무관하게 진행
된 것으로 보기는 어렵다.

그러나 蘇我씨의 이러한 움직임은 유사한 시기에 越 지역에 등장한
고구려 사인의 처리에 드러난 蘇我씨의 역할이나 비중과는 사뭇 다르다.
敏達朝의 고구려 관계 기사에는 蘇我씨 측의 활동이 전면에 등장한다.

관련 내용을 간략히 소개하면 다음과 같다. 敏達天皇은 欽明朝 말부

---

70) 百濟王子惠請罷. 仍賜兵仗. 良馬甚多. 亦頻賞祿. 衆所欽歎. 於是遣阿倍臣·佐伯連·
    播磨直. 率筑紫國舟師. 衛送達國(『일본서기』 흠명천황 17년 7월조)
71) 召唐客於朝庭. 令奏使旨. 時阿倍鳥臣. 物部依網連抱二人爲客之導者也. 於是. 大唐
    之國信物置於庭中. 時使主裵世淸親持書. 兩度再拜言上使旨而立(『일본서기』 推古
    天皇 16년 8월조)
72) 客等拜朝庭…時大伴咋連. 蘇我豐浦蝦兩臣. 坂本糠臣. 阿倍鳥子臣. 共自位起之進伏
    于庭(『일본서기』 추고천황 18년 10월조)
73) 日野昭, 위의 책, 408쪽.
74) 二月壬申朔. 以大伴金村大連. 爲大連. 物部麤鹿火大連爲大連. 並如故. 又以蘇我稻
    目宿禰爲大臣. 阿倍火麻呂臣爲大夫.(『일본서기』 宣化天皇 원년 2월조)
75) 大塚德郎, 「阿部氏について」『續日本紀研究』 3-10, 1956, 11쪽.

터 이어진 고구려 사신의 來朝에 관한 조치를 蘇我馬子에게 묻고 있으며, 고구려에서 보낸 국서를 받아 大臣에게 주는 등[76] 고구려 사신의 도해와 관련된 처리를 蘇我馬子에게 의뢰했다. 이 고구려사 문제는 欽明朝 말에 越 지역에 도착한 고구려 사신을 상대로 道君이 천황 행세를 했다는 江淳臣裙代의[77] 보고로 인해 시발된 사건이다. 이 때 등장하는 江淳臣裙代는 蘇我氏와 동족이라 간주되는 인물이며,[78] 이후 왜 조정에서 고구려 사신의 인도와 접대에 동원한 인물들도 모두 蘇我씨 휘하의 사람들로 구성된 것으로 이해된다.[79]

결국 왜 조정의 유력 호족인 物部·蘇我씨의 움직임을 통해 볼 때, 일라의 소환은 일라 및 그 일족과 신속 관계를 맺고 있을 뿐만 아니라, 敏達天皇의 조정에서 蘇我씨와 대립하던 物部씨가 주도한 사안임이 분명히 드러난다.

---

76) 五月壬寅朔, 天皇問皇子與大臣曰, 高麗使人今何在. 大臣奉對曰, 在於相樂舘. 天皇聞之. 傷惻極甚. 愀然而歎曰. 悲哉. 此使人等. 名旣奏聞於先考天皇矣. 乃遣郡臣於相樂舘. 檢錄所獻調物. 令送京師. 丙辰, 天皇執高麗表疏授於大臣. 召聚諸史令讀解之. 丙辰. 天皇, 執高麗表疏, 授於大臣. 召聚諸史, 令讀解之. 是時, 諸史, 於三日內, 皆不能讀. 爰有船史祖王辰爾, 能奉讀釋. 由是, 天皇與大臣俱爲讚美曰, 勤乎辰爾. 懿哉辰爾, 汝若不愛於學, 誰能讀解. 宜從今始, 近侍殿中. 旣而, 詔東西諸史曰, 汝等所習之業, 何故不就. 汝等雖衆, 不及辰爾. 又高麗上表疏, 書于烏羽. 字隨羽黑, 旣無識者. 辰爾乃蒸羽於飯氣, 以帛印羽, 悉寫其字. 朝庭悉異之.(『일본서기』 敏達天皇 원년 5월조)

77) 江淳臣과 같이 왜 조정과 결탁하는 씨족이 대두하면서 越지방에 대한 왜 조정의 세력 확대가 시작된다. 6세기 후반 蘇我씨는 그 휘하의 道君 등의 재지호족을 지배하에 두면서 그 외교권을 접수해간 것으로 이해된다(加藤鎌吉, 앞의 책, 258쪽 ; 김은숙, 앞의 논문, 201-204쪽).

78) 江淳臣은 江沼臣이라고도 쓴다. 加賀國 江淳郡(石川縣加賀市 大聖寺 부근)의 지방 호족이다. 『國造本紀』에는 '江沼國造'라 되어 있고, 『新撰姓氏錄』 大和國皇別 江沼臣條에는 「石川同氏建內宿禰 男若子宿禰之後也」라 되어 있다.

79) 門脇禎二, 앞의 책, 56쪽.

## Ⅳ. 筑紫와 物部·蘇我氏

앞 장에서의 검토 결과 日羅의 소환 문제는 敏達朝에 內·外政을 담당한 物部씨와 蘇我씨 등이 모두 직·간접적으로 관여한 사안임은 분명하지만, 이를 주도한 것은 物部씨임이 분명해졌다. 物部씨는 왜계백제관료의[80] 상당수를 배출하며, 백제와 긴밀한 관계를 유지한 기내의 유력 호족이다. 그러므로 백제가 일라의 소환에 대해 부정적인 반응을 보이는데도 불구하고[81] 物部씨가 소환을 주도했다면 그럴 만한 이유가 분명히 존재했을 것이다. 그래서 왜 조정에서 일라의 소환 문제가 논의되게 된 이유를 살펴보고자 한다.

일라의 소환 논의는 敏達紀 12년 7월조부터 보이기 시작하는데 거기에는 '欽明天皇이 任那를 복구할 계획을 세우기 위해 백제에서 일라를 소환하고자 했지만 이루지 못했다.'는 내용이 기재되어 있다.[82] 이 기사에 이어 同年 是歲條에 일라의 소환 기사가 나온다. 따라서 양자를 문면 그대로 이해할 경우, 일라를 소환하여 국정을 논한다면, 임나의 복구에

---

80) 物部 施德 麻奇牟(欽明天皇 4년 9월조)·東方領 物部 莫奇武連(同 天皇 15년 12월조)·物部 奈率 用歌多·(同 天皇 5년 2월조와 5년 11월조, 6년 5월조)·物部 奈率 哥非(同 天皇 5년 3월조와 5년 11월조)·上部 奈率 物部烏(同 天皇 15년 2월조) 등의 예를 들 수 있다.

81) 詔曰, 屬我先考天皇之世, 新羅滅內官家之國. 天國排開廣庭天皇卅三年, 任那爲新羅所滅. 故云新羅滅我內官家也. 先考天皇, 謀復任那. 不果而崩, 不成其志. 是以, 朕當奉助神謀, 復興任那. 今在百濟火葦北國造阿利斯登子達率日羅, 賢而有勇. 故朕欲與其人相計. 乃遣紀國造押勝與吉備海部直羽嶋, 喚於百濟.(『일본서기』 敏達天皇 12년 7월조)

82) 『일본서기』는 임나문제를 중심축으로 한반도 관계 기사를 구성하고 있는데, 欽明·敏達·崇峻朝는 '任那復興' 문제를 敏達·崇峻·推古·皇極·孝德朝는 '任那의 調'에 대한 문제가 중심을 이루고 있다(나행주, 「'임나의 조'의 실체와 의미」 『日本歷史研究』 27, 2008, 182-183쪽).

관한 내용이 나와야 앞뒤 내용이 서로 합치하게 된다.

　그런데 『일본서기』에 기재된 일라 소환 이유와 일라의 국정 자문에 대한 답변은 내용상으로 서로 모순을 보인다. 왜냐하면 일라의 답변 내용에는 임나를 친 신라에 대한 적대시나 임나 회복을 위한 구체적인 대책은 전혀 언급되어 있지 않고, 백제에 관한 대책으로 일관되어 있기 때문이다. 이렇게 본다면 일라를 소환한 것은 임나 문제가 아니라 백제와 왜국 간의 특히 物部씨의 필요에 기인한 것이라 보아야 할 것이다.[83] 그 구체적인 내용은 일라의 답변 내용을 통해 살펴보고자 한다. 답변 내용을 정리하면 아래와 같다.

　첫째는 왜국 내부의 안정을 도모한 뒤에 주변 지역에 대한 정토에 임해야 한다는 것이다. 이러한 지적은 무력행사를 신중히 하고, 민정충실을 주로 한 對백제 정책을 취하라는 것인데, 이 내용은 일라의 식견을 높이 평가하는 지표가 되고 있다.[84]

　둘째는 백제의 왕(왕자·태좌평)을 불러 이른바 '飾船'이나 '問罪(責)' 하는 행위를 통해 백제를 제압하라는 것이다. 『일본서기』에 등장하는 왜왕의 백제왕에 대한 '問責' 기사에는 항상 다른 사안을 이면에 포함하고 있는데,[85] 이 경우는 연달아 제시된 세 번째 정책에서 바로 드러난다.

　셋째는 일라가 거론한 정책 가운데 가장 구체적인 내용을 담고 있다. 즉 '백제가 筑紫에 민을 이주시키는 형태를 위장하여 國을 세우고자 할 경우, 이를 허용하는 척하며 渡倭하는 백제인들을 치라.'는 것이다. 이 내용 대로라면 백제가 왜와의 마찰 가능성을 상정하면서도 筑紫에 백제인들을 이주시키려 한 것으로 상황을 설정할 수밖에 없다.

---

83) 김현구·박현숙·우재병·이재석 공저, 앞의 책, 343쪽.
84) 北山戊夫, 『飛鳥朝』 國民の歷史 3, 文英堂, 1968, 72-73쪽.
85) 池內宏, 「日本書紀の應神天皇ないし武烈天皇の間における半島の記事」 『日本上代史の一考察』, 中央公論美術出版, 1970, 119쪽.

그러나 이 무렵의 한반도 내부의 상황을 살펴보면 이러한 가정은 성립되기 어려울 듯하다. 왜냐하면 『삼국사기』에 전해지는 삼국 간의 전투 기사를 살펴보면, 백제와 신라간의 전투는 562년 이후 소강상태를 보였지만 577년~578년[86] 이후 다시 재개되었다. 또한 백제와 고구려와의 관계는 554년 10월 고구려가 백제의 熊川城을 공격했다 패배한[87] 이후 전투 기사가 한동안 보이지 않지만, 威德王 45(598)년 隋가 고구려를 침공할 것이라는 계획을 듣고 백제가 嚮導의 역할을 자청한 사실이 고구려에 알려져 고구려의 침입을 초래했다.[88] 이러한 『삼국사기』의 관계 사료는 백제가 위덕왕대에 고구려·신라 모두와 우호적인 관계였다고 보기 어렵게 한다. 따라서 당시의 백제가 왜국을 상대로 마찰을 불러일으킬 행동을 먼저 시도할 만한 상황이 아니었음이 분명하다.

또한 B) 단락에 기술된 '여자와 아이들을 싣고 오는 배' 운운하는 내용에 따르면 백제의 이른바 '新國' 건설은 백제의 徙民을 수반하며 진행될 사안임에 틀림이 없다. 5세기부터 백제는 열도에 사민을 행한 바 있다.[89] 따라서 백제의 사민이 이 시점에 와서 양국 관계의 현안이 되었다

---

86) 冬十月 百濟侵西邊州郡 命伊湌世宗出師 擊破之於一善北 斬獲三千七百級 築內利
　　西城(『삼국사기』 신라본기 眞智王 2년 10월조)
87) 十年冬 攻百濟熊川城 不克(『삼국사기』 고구려본기 陽原王 10년 겨울조)
88) 四十五年秋九月 王使長史王辯那入隋朝獻 王聞隋興遼東之役 遣使奉表 請爲軍道
　　帝下詔曰 往歲高句麗不供職貢 無人臣禮 故命將討之 高元君臣 恐懼畏服歸罪 朕已
　　赦之 不可致伐 厚我使者而還之 高句麗頗知其事 以兵侵掠國境(『삼국사기』 백제본
　　기 威德王 45년 9월조)
89) 5세기대 倭國의 河內 개발에 필요한 선진적 토목기술을 백제에 요청한 결과, 하내
　　지역에 대대적인 백제인의 徙民이 단행되었다. 또한 '왕족외교'의 일환으로 도왜
　　한 주군이나 곤지는 大和 지역이 아닌 하내 지역을 중심으로 활동하였다. 이것은
　　왕족들이 하내에 근거지를 두고, 하내 지역에 집단 사민된 백제인을 관리하는 역
　　할도 담당했기 때문이었다. 그러나 백제 왕족이 열도에서 백제인을 통솔하는 행
　　위는 왜 왕권이 중앙으로 권력을 집중하고 권력을 일원화하는데 성공하는 시점이
　　되면, 부정될 수밖에 없는 한계를 지닌 시스템이었다. 따라서 하내 지역으로 이주

면, 왜국의 내부 상황이 변수가 되었다고 이해할 수밖에 없다. 더구나 일라가 이러한 방안을 언급했다는 것은 이 제안이 일라의 소환을 주도했고 일라와 신속 관계를 맺고 있던 物部씨의 의지와 무관하지 않았음을 시사한다.

그렇다면 백제와 밀접한 관계를 맺고 있던 物部씨가 백제와의 관계를 경색시키면서까지 일라를 소환하고 백제의 筑紫 지역 사민에 제동을 건 이유가 문제가 된다. 김현구는 이 문제를 筑紫 지역에 본격적으로 진출하지 못하고 있던 蘇我씨와 이 지역에 기득권을 가지고 있던 物部씨의 대립이 '新國' 건설이라는 문제로 드러난 것이라 설명했다.[90] 이러한 논리는 敏達朝의 조정을 이해하는 데 있어 상당히 유효한 해석이라 여겨진다.

따라서 物部·蘇我씨의 대립 관계에 기초해 신국 건설 문제를 보면[91] 物部씨는 蘇我씨의 협조 하에 진행되던 백제의 新國 건설을 일라 소환을 통해 현안 문제로 부각시켜, 사안 그 자체를 백지화시키려던 것으로 이해된다.

한편 일라는 소환된 이후 결국 살해되기에 이른다. 이러한 극단적인 상황이 전개된 이후 『일본서기』에는 왜계백제관료에 관련된 사료가 더 이상 등장하지 않는다. 이러한 상황은 왜계백제관료를 파견하는 주체인 왜국과 이들을 기용한 백제 측의 움직임을 함께 고려해야 할 사안이다.

먼저 왜국 내부에서 발생한 사건인 만큼 왜국 내부 문제를 먼저 정리해 보자. 왜계백제관료는 大伴·物部씨 등 畿內·外의 다양한 호족이 주

---

한 백제인 문제는 5세기라는 시대적인 특성에 기초하여 民을 발산한 주체인 백제와 수렴한 주체인 왜국 사이의 이해관계 합치가 만들어낸 현상이라 이해된다(졸고, 「渡倭한 百濟系 韓人과 河內」 『史叢』 68, 2009, 7-11쪽).

90) 金鉉球, 앞의 책, 165-170쪽.

91) 門脇禎二, 『新版 飛鳥』, 日本放送出版協會, 1977, 101쪽.

체가 되어 만들어낸 존재들이다. 또한 일라가 「我君大伴金村大連」 운운
하는 것에서도 드러나듯이 자신의 '本屬' 대상이 무엇인지 분명히 인식
하고 있는 존재이기도 했다. 따라서 열도 내부의 통합과 권력의 집중을
지향한 蘇我씨 입장에서는 大伴·物部씨 등 기내·외의 다양한 호족이 만
들어낸 존재인 왜계백제관료는 타도해야 할 대상이었을 것이다.[92]

　이러한 관점에서 본다면, 敏達天皇 12년에 벌어진 비극적인 '일라사
건'의 발생을 계기로 삼아 蘇我씨가 왜계백제관료의 자체 소멸을 유도
해 나간 것이 아닌가 여겨진다. 이러한 추론은 敏達朝부터 蘇我씨 휘하
의 吉士 집단이[93] 한반도 諸國과의 교섭에 매개자로 활동하기 시작하는
것으로도 뒷받침 된다. 결국 蘇我씨는 유력 호족 중심으로 행해지던 대
외교섭을 蘇我씨 휘하의 吉士 집단에게 전담하게 함으로써[94] 대외교섭
권을 독점해 나간 것이라 여겨진다.

　요컨대 蘇我씨로 대표되는 왜 왕권에 의한 豪族에 대한 통제의 진전
이라는 관점에서 볼 때, 기내·외의 호족 세력이 적극적으로 발생시킨 왜
계백제관료의 소멸은 불가피한 것이었다 생각된다.[95]

---

92) B) 단락에는 일라가 '갑옷을 벗어 천황에게 바쳤다.'는 내용이 눈에 띈다. '解(卸)甲'
　　즉 갑옷을 벗는 행위는 투항 내지 상대에 대한 신속을 전제로 한 행위라 간주된다.
　　이러한 관점에서 본다면 일라의 언동은 일라가 소환에 응해 귀국하면서 비로소 왜
　　왕권과의 직접적인 연결이 이루어졌음을 시사하는 내용이 아닌가 여겨진다.
93) 吉士(기시)가 도래계 집단에 의거한다는 것은 本居宣長 이래 정설로 자리 잡아 왔
　　다. 더구나 신라의 관위 吉士에서 유래한 것이라 이해하며, 吉士집단의 출신지를
　　신라에서 찾았다(三浦圭一, 「吉士について」『日本史硏究』 34, 1957[『論集日本歷
　　史』1 大和政權, 有精堂, 1973, 117쪽] ; 吉田晶, 『古代の難波』, 歷史新書 日本史
　　37, 敎育社, 1982, 101쪽). 그런데 근래는 '기시'가 족장이나 수장을 의미하는 칭
　　호가 관용적으로 사용되던 것이 '가바네'로 변화한 것으로 이해함으로써, 출신지
　　문제도 신라에 한정할 필요가 없다고 설명하고 있다(加藤謙吉, 「吉士集團の性格と
　　その歷史的展開」『吉士氏と西漢氏-渡來氏族の實像-』, 白水社, 2001, 95-96쪽).
94) 김은숙, 앞의 논문, 218쪽.
95) 物部·蘇我氏 간의 대립은 敏達天皇 단계에 갑자기 드러난 것은 아니다. 『일본서

다음으로는 일라 살해 사건에 관한 백제 조정의 관련 여부를 살펴보자. 우선 백제에서부터 동행한 인물에 의해 일라는 살해되었다. 따라서 살해와 관련된 인물들의 움직임을 통해, 백제 사인의 일라 살해가 의미하는 바를 살펴보자.

A) 단락에는 백제에서 일라를 왜국으로 보낼 때 그와 함께 백제의 사인 恩率·參軍 등을 동행하게 한 내용이 보인다. 또한 C) 단락에는 그와 함께 동행한 恩率·參軍 등이 德爾에게 살인을 교사한 내용과 德爾가 이를 실행에 옮긴 일련의 상황이 기술되어 있다. 특히 은솔·참군이 덕이 등에게 일라 살해를 교사할 때 언급한 '왕에게 모두 아뢰어 높은 벼슬을 내리도록 하겠다.'는 대목은 이들이 일라와 함께 도해할 때 일라에 대한 감시 역할을 띠고 동행한 것이 아닌가 여겨지게 한다. 더구나 일라의 행동이 문제가 될 때의 행동 지침에 대해서도 이미 언질을 받고 도해한 것이 아닌가하는 추측마저 불러일으킨다. 이것은 백제 측에서 일라가 渡倭한 이후 태도를 달리할 가능성을 상정하고 있다는 이야기이기도 하다.

요컨대 양국에 기반을 둔 존재인 왜계백제관료는 백제와 왜국이 지속적으로 우호 관계를 유지할 때는 별다른 문제없이 활동했을 가능성이 높다. 그렇지만 敏達朝의 정국과 같이 왜국의 對백제 외교 노선에 적신호가 들어온 경우는, 어느 한쪽인가를 선택해야 하는 상황에 처할 수밖에 없었다. 이러한 상황에서 일라는 열도로 소환되었고 이후 백제에 반하는

---

기』에는 欽明朝 이후 大伴氏의 몰락으로 物部氏와 蘇我氏가 조정의 중심 세력으로 자리를 잡게 되면서 양자는 排佛과 崇佛이라는 입장을 천명하며 대립한 것으로 기재되어 있다. 그러나 이것은 표면적인 이유일 뿐이고(津田左右吉,『日本古典の硏究』, 津田左右吉全集 2, 岩波書店, 1963, 87-98쪽.), 그 실상은 양자의 역학관계라는 차원에서 이해되어야 할 문제라는 것이 일반적인 연구의 경향이다(直木孝次郎,「保守派物部氏の沒落」『日本の歷史』 2, 中央公論社, 1965, 37-38쪽). 이러한 양자의 대립은 여러 가지 정책 면에서 드러나게 되었을 것인데, 그 사례 가운데 하나가 '왜계백제관료'에 대한 양자의 입장 차이가 아닌가 생각된다.

태도를 보인 결과 동행한 백제 사인에 의해 살해되기에 이른 것이다.

이러한 상황에 기초해 보면 백제 측에서도 日羅 사건을 계기로 하여 이들의 효용성에 관한 논란이 있었을 것임은 두말할 필요도 없을 것이다. 뿐만 아니라 敏達朝 이후의 정국은 蘇我씨에 의해 주도되었다 해도 과언이 아니다.[96] 그러한 만큼 백제 측의 對倭 정책도 蘇我씨의 의향과 무관하게 진행되었다고 보기는 어렵다. 따라서 왜계백제관료는 양국 모두에서 존속시켜야 할 의미가 사라지게 되었던 것이고, 이로 인해 史上에서 점차 사라지게 된 것이 아닌가 여겨진다.


## V. 맺음말


본고에서는 『일본서기』에 가장 마지막으로 확인되는 왜계백제관료인 '達率 日羅'를 분석 대상으로 삼고, 왜계백제관료가 양국 관계에서 어떠한 필요에 의해 등장했으며, 왜 역사상에서 사라져갔는가 하는 왜계백제관료의 생성과 소멸에 관한 문제를 중심으로 검토를 진행하였다. 연구 결과를 정리하는 것으로 맺음말을 대신하고자 한다.

첫째는 왜계백제관료의 등장에 관한 문제이다. 일라가 왜계백제관료가 된 것은 우선 '백제에 체류한 韓·倭 混血人' 자격으로 왜계백제관료가 된 것이 아니라, 본인이 당대에 臣屬 관계에 있던 大伴씨의 명을 받고 한반도에 도해한 것이 그 계기가 되었다. 또한 도해한 일라는 武人으로서의 개인적인 소양을 갖춘 인물이었을 뿐만 아니라, 왜국 내부의 유력 호족 세력인 大伴씨는 물론이고 物部씨와도 多重으로 신속관계를 맺

---

96) 加藤謙吉, 「蘇我氏の權力」 『蘇我氏と大和王權』, 吉川弘文館, 1983.

고 있는 존재였다. 따라서 그는 당시 백제가 필요로 한 왜 조정의 움직임을 조정할 수 있는 族的인 배경을 가진 존재이기도 했다. 결국 일라는 大伴씨의 명을 받고 도해한 뒤, 자신이 가진 개인적인 소양과 족적 배경을 기반으로 하여 백제 조정에 기용될 수 있었던 것이다.

둘째는 백제와의 관계를 악화시키면서까지 왜 조정에서 일라를 소환한 이유가 무엇인가 하는 점이다. 이 문제는 백제와 왜 간의 문제만이 아니라 왜국 내부의 문제가 저변에 깔린것이었다. 이러한 내부의 역학 관계는 일라의 국정 자문 내용을 통해 잘 드러난다. 즉 당시 양국 간의 문제로 부각된 백제의 筑紫 지역에 대한 徙民 문제는 실은 양국 관계 이전에 왜국 내부의 物部씨와 蘇我씨의 역학 관계 속에서 이해되어야 할 사안이었다. 왜냐하면 物部씨의 세력권을 침식하고 있던 蘇我씨가 백제의 筑紫 지역 徙民 기획을 지원하자, 物部씨는 백제의 筑紫 徙民이 곧 蘇我씨의 筑紫 지역으로의 진출로 연결될 것을 우려하였다. 그로 인해 物部씨는 일라를 소환하여 이 문제를 공론화하고, 백제의 筑紫 사민 자체를 백지화시킨 것이다. 따라서 일라 관계 기사는 外政이 內政의 연장선상에 있다는 기존의 논의[97]와 부합되는 전형적인 사례의 하나라 여겨진다.

셋째는 일라 이후에 왜계백제관료에 관한 기록을 찾을 수 없는데, 그 이유는 어디에 있는 것인가 하는 점이다. 일라를 비롯한 왜계백제관료는 大伴·物部씨 등 畿內·外의 다양한 호족이 만들어낸 존재였다. 따라서 열도 내부의 통합과 권력의 집중을 지향하던 蘇我씨로 대표되는 왜 왕권은 이들을 불필요한 존재로 인식할 수밖에 없었다. 또한 이들을 기용하는 입장에 있던 백제 입장에서도 소환된 이후 일라의 백제에 반하

---

97) 鬼頭淸明, 『日本古代國家の形成と東アジア』, 校倉書房, 1976, 22-23쪽 ; 주보돈, 「熊津都邑期 百濟와 新羅의 關係」『古代 東亞細亞와 百濟』百濟硏究叢書 12 충남대학교 백제연구소편, 2003, 183-185쪽.

는 행동은 왜계백제관료 자체의 효용성에 관해 의문을 제기하지 않을
수 없게 만들었다. 더구나 敏達朝 이후의 정국은 蘇我씨에 의해 주도되
었기에, 백제의 對倭 정책도 蘇我씨의 의향과 무관하게 진행될 수는 없
었을 것이다. 따라서 왜계백제관료는 양국 모두에서 존속시켜야 할 이
유가 사라지게 되면서 史上에서 점차 사라지게 된 것이다.

# 3. 백제 聖王·威德王代의 倭系百濟官僚*

박 찬 흥**

II. 왜계백제관료의 개념과 구성원
III. 왜계백제관료의 형성 배경과 성왕대의 역할
IV. 위덕왕대 達率 日羅와 왜계백제관료의 소멸
V. 맺음말

## I. 머리말

백제의 역사에서 6세기는 무령왕의 즉위로부터 시작하였다. 무령왕·
성왕 대를 거치면서 백제는 중흥을 맞이하였고, 554년 성왕의 죽음으로
인해 시작된 좌절과 혼란은 위덕왕대를 거치면서 서서히 회복되었다.
6세기 말 惠王·法王의 짧은 재위기간을 끝으로 6세기는 마감되었고,
600년 무왕의 즉위와 함께 7세기 백제사가 전개되었다.

6세기 전반의 백제는 고구려의 압박에 대항하면서 한강 유역을 회복
해야 하는 과제를 안고 있었고, 성왕 대에 이르러서는 그것이 한층 더
가까운 미래처럼 보였다. 하지만 신라의 浮上과 가야지역 진출은 성왕
에게 큰 부담이 되었다. 성왕은 고구려에 공동으로 대항할 수 있도록 신

* 『史林』 39(2011년)에 기계재됨
** 고려대 아세아문제연구소 연구교수

라와의 우호관계를 유지하면서, 동시에 가야지역에 대한 신라의 진출을
효과적으로 또 마찰 없이 막아내야만 했다.

이러한 상황에서 倭系[1]百濟官僚가 백제의 對倭外交에서 적극적으로
활약을 하게 되었다. 왜계백제관료란 혈통적 또는 지역적으로[2] 倭 출신
의 인물로서 백제의 관등을 수여 받고 백제관료가 되어 활동했던 사람
들을 가리키는 용어이다.[3] 왜계백제관료는 한국측 기록에는 등장하지
않고, 『日本書紀』에만 보인다. 이들은 倭나 가야에 백제의 使臣으로 파
견되거나 또는 武將으로서 활동을 하였고, 주로 성왕 18년(540)~32년
(554) 즉 欽明天皇 1~15년에 가장 빈번하게 등장하였다.

왜계백제관료에 대해서는, 일찍이 '百濟의 日本系官吏'로 정리된 이
래[4] 왜계백제관료의 성립 배경 등을 부분적으로 검토하는 연구가 계속
이루어져 왔다.[5] 그 과정에서 왜계백제관료 자체에 대한 심도 깊은 고
찰이 이루어지는데, 먼저 고구려의 압박에 직면한 백제 성왕이 왜계백
제관료를 기용했다고 보면서, 왜계백제관료가 倭에 파견된 목적과 位階
등에 대해 차분하게 분석한 연구가 있다.[6] 왜계백제관료에 대한 최초의

---

1) 日系百濟官僚라고 부르기도 하지만, '日本'이라는 국호는 670년 처음 등장한 것이
   므로("咸亨元年(670) 遣使賀平高麗 後稍習夏音 惡倭名 更號日本 使者自言 國近日
   所出 以爲名"[『新唐書』 권 220 列傳 倭]), 倭系百濟官僚라는 명칭이 타당하다.
2) 李在碩, 「소위 倭系百濟官僚와 야마토 王權」『韓國古代史硏究』20, 2000, 531쪽.
3) 笠井倭人, 「欽明朝における百濟の對倭外交-特に日系百濟官僚を中心として-」『日本書
   紀硏究』1, 1964 : 上田正昭·井上秀雄 編, 『古代の日本と朝鮮』, 東京, 學生社,
   1974, 129쪽 ; 金鉉球, 「日系百濟官僚」『大和政權の對外關係硏究』, 東京, 吉川弘文
   館, 1985, 66쪽.
4) 李弘稙, 「任那問題を中心とする欽明紀の整理(主要關係人物の硏究)」『靑丘學叢』25,
   1936.
5) 岸俊男, 「紀氏に關する一考察」『日本古代政治史硏究』, 東京, 塙書房, 1976 ; 李永
   植, 「古代日本の任那派遣氏族」『加耶諸國と任那日本府』, 東京, 吉川弘文館, 1993 ;
   鈴木英夫, 「倭の五王時代の內外の危機の渡來系集團の進出」『古代の倭國と朝鮮諸國』,
   東京, 靑木書店, 1996.

종합적 분석이지만, 일본의 임나일본부 즉 한반도 남부 지배를 전제로 진행된 연구라는 한계가 있다.

그뒤 왜계백제관료에 대해 가장 종합적으로 분석, 고찰한 연구가 진행되었다. 백제와 大和政權의 관계를 선진문물과 용병을 주고받는 傭兵관계로 이해하면서, 왜계백제관료가 이러한 용병관계에서 중심적 역할을 수행했다고 보았다. 특히 왜계백제관료를 백제에 파견하고 용병관계를 이끌었던 것이 대화정권이 아니라 豪族이었으며, 왜계백제관료는 한반도에서 이주한 씨족이었다고 고찰하였다.[7]

이러한 용병관계에 기본적으로 동의하는 가운데, 야마토 정권의 관점에서 왜계백제관료를 바라볼 필요가 있음을 강조하면서, 왜계백제관료가 백제 관료이면서 야마토 정권에 복속되어 있는 兩屬關係에 있었다고 보는 견해가 제기되었고[8], 583년(威德王 30, 敏達天皇 12)에 보이는 達率 日羅를 통해 왜계백제관료의 소멸과 왜국 내부 호족들 간의 권력구조 변화를 관련시켜 이해하는 연구도 진행되었다.[9]

한편, '임나일본부'를 왜가 가야에 파견한 사신으로서 가야를 위해 활동한 '왜계안라관료'라고 이해하면서, 왜계백제관료와 친신라적인 '임나일본부=왜계안라관료'를 상호 대립적 관계에 있는 존재로 파악한 연구도 진행되었다.[10] 왜가 백제와 가야에 각각 파견한 존재들을 상호 대립적으로 비교하여 고찰하려했다는 점은 눈에 띄지만, 가야에 대한 신라의 압박과 진출이 강화되었던 시기에 독자적인 생존전략을 모색하던

---

6) 笠井倭人, 1964, 앞의 논문.
7) 金鉉球, 1985, 앞의 책.
8) 李在碩, 2000, 앞의 논문.
9) 서보경, 「達率 日羅를 통해 본 倭系百濟官僚」『역사와담론』 56, 2010.
10) 白承忠, 「'임나일본부'와 '왜계백제관료'」『강좌 한국고대사』 4, 가락국사적개발연구원, 2003 ; 이연심, 「6세기 전반 가야·백제에서 활동한 '왜계관료'의 성격」『韓國古代史研究』 58, 2010.

안라국이 친신라정책을 추구하며 백제와 대립했다는 논지는 선뜻 이해하기 어렵다. 또 倭에서 파견한 인물들이 백제와 안라의 이익을 위해 활동했다는 주장도 백제와 가야지역에 대한 倭의 영향력을 전제로 해서야만 이해될 수 있는 것이 아닌가 하는 의문이 든다.

그리고, 근래에 영산강 유역의 전방후원분의 성격을 규명하는 과정에서 전방후원분의 被葬者와 왜계백제관료를 관련시켜 이해하는 견해가 제기되어 주목을 끌고 있다.[11]

본고에서는 이러한 기존의 연구 성과를 토대로 성왕·위덕왕대의 왜계백제관료를 검토하려고 한다. 기존의 연구에서 주로 倭 즉 大和정권의 관점에서 欽明朝 또는 敏達朝라고 시기를 명명했지만, 왜계백제관료는 기본적으로 백제의 관료이므로 백제의 관점에서 '성왕·위덕왕대'로 시기를 정하였다. 먼저 제Ⅱ장에서는 왜계백제관료의 개념은 무엇인지를 정의해보고, 그와 관련해서 왜계백제관료의 兩屬關係적 성격도 아울러 검토하면서, 왜계백제관료에 해당하는 인물이 누구인지 정리를 하고자 한다. 이어 제Ⅲ장에서는 왜계백제관료가 어떠한 목적과 과정을 통해 형성되었는지 그 배경을 백제 이주민과의 관련성 속에서 검토하고, 성왕대에 그들이 어떠한 활동을 했는지 정리해보려고 한다. 제Ⅳ장에서는 위덕왕대에 達率 日羅를 倭에 파견한 목적을 분석하고 이 사건을 통해 왜계백제관료의 소멸 과정을 검토하려고 한다.

---

11) 朱甫暾, 「百濟의 榮山江流域 支配方式과 前方後圓墳 被葬者의 性格」『韓國의 前方後圓墳』, 충남대학교출판부, 2000 ; 禹在柄, 「榮山江流域 前方後圓墳의 出現과 그 背景」『湖西考古學』 10, 2004 ; 박천수, 『(새로쓰는) 고대 한일교섭사』, 사회평론, 2007.

## Ⅱ. 왜계백제관료의 개념과 구성원

### 1. 왜계백제관료의 개념

왜계백제관료는, '百濟의 位階를 가진 日本人系 百濟官僚이고, 본질적으로는 백제관료이면서 일본과도 깊은 親緣關係로 맺어져 있는 특수관료'나[12], '大和政權의 氏와 姓을 가지고 있으면서도 백제의 官位 또는 官職을 가지고 백제에 滯在하면서 백제를 위해 활동한 사람들'[13]로 정의하고 있다. 백제의 관등을 가지고 있기 때문에 백제관료이고, 혈통적또는 지역적으로 倭 출신이므로 '倭系'라고 개념정의한 것이다.

그런데 여기서 倭系의 의미를 좀 더 강조하여, 야마토 조정의 氏와姓을 가지고 있다는 것은 야마토 조정에 복속되어 있다는 것을 나타내는 表象이므로 백제와 야마토조정에 대해 모두 臣屬되어 있는 兩屬關係가 왜계백제관료의 본질적인 속성이라고 보는 견해가 제기되었다. 위덕왕대에 보이는 達率 日羅가 大伴氏를 매개로 大和政權에 대해서 종속되어 있지만 백제와의 종속적 연관도 가지고 있는 二面性을 가지고 있다거나[14], 동아시아에서 複數 王權에 대한 多重 結合의 문제를 검토하면서 율령국가 성립 이전인 敏達天皇 시기의 日羅가 백제왕권·왜왕권에대한 종속의 이중성을 가지고 있다는 견해[15]를 거론하면서, 왜계백제관료인 日羅가 兩屬관계였다면 다른 왜계백제관료도 양속관계였을 것으로이해하는 것이다.

---

12) 笠井倭人, 1974 앞의 책, 129쪽.
13) 金鉉球, 1985 앞의 책, 66쪽.
14) 鬼頭淸明, 「日本民族の形成と國際的契機」『大系 日本國家史』 1(古代), 東京, 東京大學出版會, 1975, 103~104쪽.
15) 田中史生, 「「歸化人」論新考-古代における人の王權·國家への歸屬の問題-」『日本古代國家の民族支配と渡來人』, 校倉書房, 1997, 181~184쪽.

아울러 백제에서 왜로 파견된 사신 紀臣奈率彌麻沙 등이 귀국하여 欽明天皇의 조서를 가지고 와서 백제왕에게 '宣'했다는 기록을 천황의 사신으로서의 행동이라고 보아, 이것을 양속관계의 근거로 설명하고 있다.16)

하지만, 백제의 達率 관등에 있던 日羅가 왜 왕권에도 종속적이었는지에 대해서는 의문이다. 사료 B에서 보듯이 日羅를 백제에 파견한 것은 大和정권이 아니라 그의 '主君'인 大伴氏였고, 따라서 그를 불러들인 것도 천황이 아니라 大伴氏였을 것이기 때문이다. 천황 중심으로 윤색한 기록이 많은 『일본서기』의 내용을 그대로 수용하기에는 의문이 든다. 설령 日羅가 양속관계에 있었다고 하더라도 다른 왜계백제관료가 모두 양속관계였다고 보는 것은 무리이다. 紀臣奈率彌麻沙이 귀국하여 천황의 '조서를 宣'했다는 『일본서기』의 윤색된 기사를 그대로 천황의 사신으로서 행동한 것이라고 보기는 어렵다.

만약 왜계백제관료의 본질이 왜와 백제 양국에 양속관계를 갖고 있다는 점이라면, 왜계백제관료라는 용어는 잘못된 것이다. 왜계백제관료란 '왜 계통으로서 백제의 관료가 된 자'를 가리키는 용어이지 '왜의 관료이면서 동시에 백제의 관료인 자'를 가리키는 용어가 아니기 때문이다. '왜계백제관료'란 기본적으로 백제의 관료로서 백제를 위해 일하는 존재로 정의해야 한다.

왜계백제관료가 백제에 복속된 것만큼 왜에 복속되어 있는 존재라면, 왜의 관료로서 왜를 위해 일하고 있는 존재라는 점도 드러나야 할 것이다. 氏와 姓만을 근거로, 백제 왕권에 복속된 정도만큼 왜 왕권에 복속되었다고 보기에는 근거가 약한 듯하다. 또 아무리 율령국가 성립 이전이라고 하더라도 두 국가 정권에 동시에 소속된 관료가 존재할 수 있을

---

16) 李在碩, 2000 앞의 논문, 534~537쪽.

지는 의문이다. 만약 그러한 존재가 있었다면, 그것은 두 국가의 관계가 지배-피지배관계 등의 매우 특수한 관계에 있어야만 가능했을 것이다.

결국 왜계백제관료란 '혈연적 또는 지역적으로 倭 계통의 인물로서 백제의 관등을 수여 받고 백제를 위해서 일했던 관료'라고 정의할 수 있고, 기본적으로 백제에만 소속된 관료라고 할 수 있다. 단 백제의 관등을 가지고 있지 않은 인물 가운데 姓氏나 활동 등을 고려하여 왜계백제관료로 추정되는 존재가 있어, 이들을 포함시키기도 한다.

## 2. 왜계백제관료의 구성원

왜계백제관료는 기본적으로 왜의 氏姓과 백제 관등을 함께 가지고 있는 인물이다. 이러한 존재는 『일본서기』에만 등장하는데 欽明紀에 8명, 敏達紀에 1명이 보인다. 기록에 보이는 연대순으로 기재하면 다음 사료 A-1)~10)의 ①~⑨와 같다.

> A-1) (欽明 2年[541]) 가을 7월 百濟는 安羅의 日本府가 新羅와 더불어 계책을 공모한다는 말을 듣고, 前部 奈率 鼻利莫古, 奈率 宣文, 中部 奈率 木刕眯淳, ①紀臣 奈率 彌麻沙 등을 보내 [㉠ 紀臣 奈率이라는 사람은 아마도 紀臣이 韓婦를 얻어 낳은 자로, 百濟에 머물러 奈率이 된 사람일 것이다. 아버지는 알 수 없다. 다른 사람도 모두 이와 비슷하다.], 安羅에 가서 新羅에 온 任那의 執事를 불러 任那를 세울 것을 도모하게 하였다. 따로 安羅 日本府의 河內直이 新羅와 공모한 것을 심하게 꾸짖었다.[17]
>
> 2) (欽明 4年[543]) 가을 9월 百濟 聖明王이 前部 奈率 眞牟貴文, 護德

---

17) "秋七月 百濟聞安羅日本府與新羅通計 遣前部奈率鼻利莫古·奈率宣文·中部奈率木刕眯淳·紀臣奈率彌麻沙等紀臣奈率者 蓋是紀臣娶韓婦所生 因留百濟 爲奈率者也 未詳其父 他皆效此也 使于安羅 召到新羅任那執事 謨建任那 別以安羅日本府河內直 通計新羅 深責罵之"(『日本書紀』 권19, 欽明天皇 2년)

己州己婁와 ②物部 施德 麻奇牟 등을 보내어, 扶南의 재물과 奴 2口를 바쳤다.[18]

3) (欽明 5年[544]) 2월 百濟가 施德 馬武, 施德 高分屋, ③施德 斯那奴次酒 등을 任那에 사신으로 보내어 日本府와 任那의 旱岐 등에게, "나는 ①紀臣 奈率 彌麻沙, 奈率 己連, ④物部連 奈率 用奇多를 보내어 천황에게 조회하고 알현하였는데, 彌麻沙 등이 日本에서 돌아와 조서를 선포하여, '그대들은 거기에 있는 日本府와 함께 빨리 좋은 계획을 세워 짐의 바라는 바에 부응하라. 그대들은 경계하여 다른 사람의 속임에 빠지지 말라'고 하였다. 또 津守連이 日本에서 와서 …… 조칙을 전하고 任那의 政事를 물었다. 그러므로 日本府와 任那의 執事와 함께 任那의 정사를 의논하여 천황에게 아뢰려고, 사자를 보내어 부른 것이 세 번이나 되는데 아직도 오지 않고있다. 이로 말미암아 任那의 정사를 도모할 계획을 함께 의논하여 천황에게 아뢰지못하고 있다. ……[19]

4) (欽明 5年[544]) 3월 백제에서 奈率 阿毛得文·⑤許勢 奈率 奇麻·⑥物部 奈率 奇非등을 보내어 表를 올려 말하였다. "奈率 彌麻沙·奈率 己連 등이 臣의 나라에 이르러 詔書를 받들어 '너희들은 저 日本府와 함께 좋은 계책을 꾀하여 빨리 任那를 세우는 것이 마땅하니, 너희는 경계하여 저들(신라)에게 속지 말라'고 하였습니다. 또 津守連 등이 신의 나라에 이르러 勅書를 받들어 任那를 세우는 일을 물었습니다.……[20]

---

18) "秋九月 百濟聖明王遣前部奈率眞牟貴文·護得己州己婁與物部施德麻奇牟等 來獻扶南財物與奴二口"(같은 책, 欽明天皇 4년)

19) "二月 百濟遣施德馬武·施德高分屋·施德斯那奴次酒等 使于任那 謂日本府與任那旱岐等曰 我遣紀臣奈率彌麻沙·奈率己連·物部連奈率用奇多 朝謁天皇 彌麻沙等 還自日本 以詔書宣曰 汝等 宜共在彼日本府 早建良圖 副朕所望 爾其戒之 勿被他誑 又津守連 從日本來 …… 宜詔勅 而問任那之政 故將欲共日本府·任那執事 議定任那之政 奉奏天皇 遣召三廻 尚不來到 由是 不得共論圖計任那之政 奉奏天皇矣"(같은 책, 欽明天皇 5년)

20) "三月 百濟遣奈率阿毛得文·許勢奈率奇麻·物部奈率奇非等 上表曰 奈率彌麻沙·奈率己連等 至詔蕃 奉詔書曰 爾等宜共在彼日本府 同謀善計 早建任那 爾其戒之 勿

5) (欽明 6年[545]) 여름 5월 백제가 奈率 其㥄·④奈率 用奇多·③施德 次酒 등을 보내어 표를 올렸다.[21]

6) (欽明 8年[547]) 여름 4월 백제가 前部 德率 眞慕宣文·⑤奈率 奇麻 등을 보내어 구원병을 청하였다. 그리고 下部의 東城子言을 보내어 德率 汶休麻那를 교대하게 하였다.[22]

7) (欽明 14年[553]) 봄 정월 甲子 초하루 乙亥 百濟가 ③上部 德率 科 野次酒·杆率 禮塞敦 등을 보내 군사를 청했다.[23]

8) (欽明 14年[553]) 8월 辛卯 초하루 丁酉 百濟가 ⑦上部 奈率 科野新 羅, 下部 固德汶休帶山 등을 보내 표를 올려 "지난 해 신들이 함께 의논하여 ③內臣 德率 次酒·任那 大夫 등을 보내 바다 밖 여러 彌移 居(官家)의 일을 아뢰었습니다. 엎드려 은혜로운 조를 기다리기를 봄 에 돋은 풀이 단비를 기다리듯 하였습니다. 올해 문득 들으니 新羅가 狛國(고구려)과 함께 모의하여 '百濟와 任那가 자주 日本에 나아가니, 생각건대 군사를 빌려 우리나라를 치려는 듯하다. 이 일이 만약 사실 이라면 나라의 패망은 발꿈치를 들고 기다리는 것과 같을 것이다. 日 本의 군대가 떠나기 전에 安羅를 공격해 빼앗아 일본과의 통로를 끊 자'라 하였다고 합니다. 그 계획이 이와 같으니, 신 등이 이를 듣고 두려운 마음을 깊이 품었습니다. 바로 빠른 배로 사신을 보내 표를 올려 아룁니다. 천황께서 빨리 前軍과 後軍을 보내 서로 이어 와서 구원해주기를 원합니다. 가을까지는 바다 밖 彌移居를 굳게 지키겠습 니다. 만약 지체하여 늦는다면 후회해도 늦을 것입니다. 보낸 군대가 신의 나라에 도착하면 옷과 식량은 신이 마땅히 공급할 것이고, 任那 에 도착하여도 다시 이와 같을 것입니다. …… 또 바다 밖의 나라들 은 활과 말이 매우 부족한데, 옛날부터 지금까지 그것을 천황에게 받

---

被他誆 又津守連等 至臣蕃奉勅書 問建任那"(같은 책, 欽明天皇 5년)
21) "夏五月 百濟遣奈率其㥄·奈率用奇多·施德次酒等上表"(같은 책, 欽明天皇 6년)
22) "夏四月 百濟遣前部德率眞慕宣文·奈率奇麻等 乞救軍 仍貢下部東城子言 代德率汶 休麻那"(같은 책, 欽明天皇 8년)
23) "春正月甲子朔乙亥 百濟遣上部德率科野次酒·杆率禮塞敦等 乞軍兵"(같은 책, 欽明 天皇 14년)

아 강한 적을 막았으니, 천황께서 활과 말을 많이 내려 주시기 바랍
니다"라 하였다.[24)]

9) (欽明 15年[554]) 2월 百濟가 下部 杆率 將軍 三貴, ⑧上部 奈率 物
部烏 등을 보내 구원병을 청했다. 그리고 德率 東城子莫古를 바쳐 전
에 番을 섰던 奈率 東城子言 을 교대하고, 五經博士 王柳貴로 固德
馬丁安을 대신하고, 僧 曇慧 등 9인으로 승 道深 등 7인을 교대하였
다. 따로 명령을 받들어 易博士 施德 王道良, 曆博士 固德 王保孫, 醫
博士 奈率 王有悷陀, 採藥師 施德 潘量豊·固德 丁有陀, 樂人 施德 三
斤·季德 己麻次·季德 進奴·對德 進陀를 바쳤는데, 모두 청에 따라 교
대하였다.[25)]

10) (敏達天皇 12년[583]) 가을 7월 丁酉 초하루 조를 내려 "나의 아버
지 천황 때에 신라가 內官家의 나라를 멸망시켰다 …… 아버지 천
황이 임나를 복구하고자 하였으나 실행하지 못하고 돌아가 그 뜻을
이루지 못하였다. 그리하여 朕은 神의 謀策을 도와 任那를 부흥시키
고자 한다. 지금 백제에 있는 火葦北國造 阿利斯登의 아들 ⑨達率
日羅가 어질고 용맹스럽다고 하므로 朕은 그 사람과 함께 계획하고
자 한다"고 말하였다. 이에 紀國造押勝과 吉備海部直羽嶋를 보내어
백제에서 불렀다.[26)]

---

24) "八月辛卯朔丁酉 百濟遣上部奈率科野新羅·下部固德汶休帶山等 上表曰 去年臣等
同議 遣內臣德率次酒·任那大夫等 奏海表諸彌移居之事 伏待恩詔 如春草之仰甘雨
也 今年忽聞 新羅與狛國通謀云 百濟與任那 頻詣日本 意謂是乞軍兵 伐我國歟 事
若實者 國之敗亡 可企踵而待 庶先日本軍兵 未發之間 伐取安羅 絶日本路 其謀若
是 臣等聞玆 深懷危懼 卽遣疾使輕舟 馳表以聞 伏願 天慈速遣前軍後軍 相續來救
逮于秋節 以固海表彌移居也 若遲晩者 噬臍無及矣 所遣軍衆 來到臣國 衣糧之費
臣當充給 來到任那 亦復如是 若不堪給 臣必助充 令無乏少 …… 又復海表諸國 甚
乏弓馬 自古迄今 受之天皇 以禦强敵 伏願 天慈多賜弓馬"(같은 책, 欽明天皇 14년)
25) "二月 百濟遣下部杆率將軍三貴·上部奈率物部烏等 乞救兵 仍貢德率東城子莫古 代
前番奈率東城子言 五經博士王柳貴 代固德馬丁安 僧曇慧等九人 代僧道深等七人
別奉勅 貢易博士施德王道良·曆博士固德王保孫·醫博士奈率王有悷陀·採藥師施德
潘量豊·固德丁有陀·樂人施德三斤·季德己麻次·季德進奴·對德進陀 皆依請代之"
(같은 책, 欽明天皇 15년)

위의 기록을 토대로 왜계백제관료를 정리하면, ①紀臣 奈率 彌麻沙, ②物部 施德 麻奇牟, ③上部 德率 科野次酒(＝施德 斯那奴次酒), ④物部 連 奈率 用奇多, ⑤許勢 奈率 奇麻, ⑥物部 奈率 奇非, ⑦上部 奈率 科野 新羅, ⑧上部 奈率 物部烏, ⑨達率 日羅이다. 日羅를 제외하면 모두 성 왕 때의 인물이고, 특히 흠명천황 2~15년(541~554) 즉 성왕 19~31년 사이에 활동하였다.

그런데, 백제의 관등을 가지고 있지 않은 인물 가운데 姓氏나 활동 등을 고려하여 왜계백제관료로 추정되는 존재가 있다. 즉 穗積臣押山, 日本斯那奴阿比多, 中部奈率己連, 旣酒臣(許勢臣), 印支彌, 吉備臣, 河內 直를 왜계백제관료에 포함시키는 견해도 있고[27], 中部奈率己連을 제외 하고 吉備臣, 河內直는 유보하면서 有至臣, 前部施德曰佐分屋, 河內部阿 斯比多(조건부 인정)를 포함시키는 견해도 있다.[28]

인명을 표기할 때 소속 部, 官等, 姓氏 등을 생략하는 경우가 있기 때 문에 이들 가운데 백제 관등이 표기되지 않았던 인물도 있었을 것이다. 또 무령왕 때 왜에 파견된 박사의 인명표기 방식은 '五經博士＋姓名'이 었다가 성왕 때에 가서야 '職名＋博士＋官等＋姓名'의 형식을 취했다는 점을 고려할 때, 관등이 표기되지 않은 인물도 있었을 것이다. 따라서 적어도 穗積臣押山, 日本斯那奴阿比多, 旣酒臣(許勢臣), 印支彌 등은 왜 계백제관료로 보아도 좋을 듯하다.[29]

---

26) "秋七月丁酉朔 詔曰 屬我先考 …… 先考天皇 謨復任那 不果而崩 不成其志 是以 朕當奉助神謀 復興任那 今在百濟火葦北國造阿利斯登子達率日羅 賢而有勇 故朕 欲與其人相計 乃遣紀國造押勝與吉備海部直羽嶋 喚於百濟"(같은 책, 敏達天皇 12年)

27) 金鉉球, 1985 앞의 책.

28) 李在碩, 2000 앞의 논문, 545~553쪽.

29) 이들과 達率 日羅를 왜계백제관료로 볼 수 없다는 견해도 있다(白承忠, 2003 앞의 논문, 133~137쪽). 그러나 왜계백제관료를 '왜에서 안라에 파견된 '임나일본부' 에 상대되는 존재'로 규정하면서 백제의 관등을 소지한 인물로 한정하려는 것에

①~⑨의 인물에만 한정할 경우, 왜계백제관료가 되었던 성씨는 物部氏, 紀氏, 科野氏, 許勢氏 등으로 몇몇 씨족에 한정되어 있고, 그 가운데 物部氏가 가장 많다. 백제 관등이 없는 인물들로 확대할 경우에도 같은 결과이다.

그런데, 部名을 칭하는 경우, ①~⑨ 가운데에서는 上部만을 칭하고 있다. 즉 部名이 있는 경우는 ③上部 德率 科野次酒, ⑦上部 奈率 科野新羅, ⑧上部 奈率 物部烏인데, 科野氏 2인, 物部氏 1인이 모두 上部를 칭하고 있다. 성씨가 달라도 같은 上部라는 점에서 왜계백제관료는 王都에 안착할 때 대체로 上部로 집단화되었고, 부명을 칭하지 않은 다른 物部氏도 아마 上部 거주자로 간주할 수 있다.[30]

그런데, 物部氏로 추정하는[31] 中部奈率己連을 왜계백제관료에 포함시킨다면[32], 같은 物部氏 내에서도 上部 거주자와 中部 거주자가 있는 것이므로, 왜계백제관료가 王都의 특정한 部에만 거주했다고 보기는 어렵다. 또 前部 施德 曰佐分屋를 왜계백제관료의 범주에 포함시킨다면[33]

___

는 선뜻 수긍하기 어렵다. '임나일본부'=왜계안라관료라고 보았지만, 백제 관등을 가진 왜계백제관료과는 달리 안라의 관등을 전혀 가지고 있지 않을 뿐만 아니라, 서로 대립되는 두 존재인 왜계백제관료와 '임나일본부'=왜계안라관료를 모두 倭에서 파견했다는 주장도 동의하기 어렵다. 倭의 의도는 무엇인지 알 수 없고, 倭가 당시 그러한 정도의 영향을 백제와 가야에 미치고 있었다는 전제 아래에서만 인정할 수 있는 주장이다. 또 達率 관등을 갖고 있는 日羅의 등장 시기가 '임나일본부'라는 존재가 사라진 뒤이므로, 왜계백제관료의 존재 시기가 반드시 '임나일본부'와 대립되는 존재이어야 한다는 견해는 오류이다. 그리고 日羅가 백제를 배반했다는 점 등을 근거로 일라를 왜계백제관료에서 제외시킨 것도 잘못이다. 日羅를 왜계백제관료에 포함시킨 것은 그가 '왜계'이면서 백제의 달솔관등을 가진 백제관료이기 때문이지, 그의 활동이 친백제적이냐 반백제적이냐에 따른 분류가 아니기 때문이다.

30) 朱甫暾, 2000, 앞의 책, 89~90쪽.
31) 李弘稙, 1936, 앞의 논문, 57쪽 ; 金鉉球, 1985, 앞의 책, 67쪽.
32) 金鉉球, 같은 책, 67쪽.
33) 李在碩, 2000, 앞의 논문, 552~553쪽.

왜계백제관료는 王都의 여러 部에 나누어 거주했다고도 할 수 있다.

백제의 王都 五部에서 上部 또는 中部, 前部의 구체적인 운용과 실체에 대해서는 잘 알 수가 없어[34] 더 이상 논의를 진행하기 어렵다.

그런데, 흠명 14년·15년조와 같이 倭에 보낸 사신의 출신 部가 다른 경우, "上部 奈率 科野新羅, 下部 固德汶休帶山"[사료 A-8)], "下部 杆率 將軍 三貴, 上部 奈率 物部烏"[사료 A-9)] 등과 같이 표기했다는 점을 염두에 두면, 흠명 4년에 파견된 "前部 奈率 眞牟貴文, 護德 己州己婁, 物部 施德 麻奇牟"[사료 A-2)]에서 뒤의 두 명은 앞의 奈率 眞牟貴文와 소속부가 같은 '前部'이기 때문에 생략된 것으로 볼 수 있다. 만약 이러한 추측이 가능하다면, 物部 施德 麻奇牟는 前部라고 할 수 있고, 같은 物部氏인 上部 奈率 物部烏와는 소속부가 달랐다고 할 수 있다.

마찬가지로 흠명 2년에 파견된 "前部 奈率 鼻利莫古, 奈率 宣文, 中部 奈率 木刕眜淳, 紀臣 奈率 彌麻沙"[사료 A-1)]에서 紀臣 奈率 彌麻沙의 部는 中部였다고 추측할 수 있다. 이러한 추측들이 허용된다면, 백제는 왜계백제관료를 임명하면서, 그때그때의 상황에 따라 다양한 部에 소속시켜 거주하게 했다고 할 수 있다.

한편, 위덕왕대의 達率(2등) 日羅를 제외하면 대부분 德率(4등) 1인, 奈率(6등) 6인, 施德(8등) 등으로 대체로 16관등 가운데 중급에 해당한다. 이를 토대로 대부분 백제 중앙정부에서 중급관료로 편제되었음을 뜻한다고 보기도 한다.[35]

그런데, ③上部 德率 科野次酒는 欽明 5년(544)에는 8등 관등인 施德 斯那奴次酒였지만[사료 A-3)], 9년 뒤인 欽明 14年(553)에는 4등인 上部

34) 사비시기 백제의 部에 대해서는 今西龍, 『百濟史硏究』, 國書刊行會, 1934 ; 盧重國, 「泗沘時代 百濟支配體制의 變遷」『韓沽劢博士停年紀念史學論叢』, 知識産業社, 1981 ; 김영심, 「百濟史에서의 部와 部體制」『韓國古代史硏究』17, 2000 참조.
35) 朱甫暾, 2000, 앞의 책, 90쪽.

德率 科野次酒가 되었다. 9년 만에 5등급 승진한 것이다. 또 宣化·欽明·敏達紀에 걸쳐 왜계백제관료였던 日羅도 敏達 12년(583)에는 2등인 達率까지 올랐던 것을 고려하면, 처음에는 낮은 관등에 있었다가 점차 승진을 했던 것이지 중급관료에만 머물렀던 것은 아니라고 할 수 있다. 이들의 관등이 낮은 것은 그들이 백제관료에 임명된 지 얼마 지나지 않았다는 점을 보여주는 것이다.

## Ⅲ. 왜계백제관료의 형성 배경과 성왕대의 역할

왜계백제관료가 형성된 배경에 대해서는 몇 가지 견해가 있다. 하나는, 欽明 2년 7월조에 기재된 "紀臣 奈率이라는 사람은 아마도 紀臣이 韓婦를 얻어 낳은 자로, 百濟에 머물러 奈率이 된 사람일 것이다. 아버지는 알 수 없다. 다른 사람도 모두 이와 비슷하다"는 기록[사료 A-1)의 ㉠]을 근거로 제기된 견해이다.

즉, '欽明朝 이전 紀臣奈率彌麻沙의 아버지 세대에 紀氏도 大和朝廷의 外征에 참가하여 一族의 자손이 그대로 백제에 정착한 사실을 먼저 인정해도' 좋다고 하여 '야마토 조정의 外征軍의 자손'으로 보는 것이다.[36] 또 475년 백제의 漢城 함락 후 웅진으로 천도하여 백제 왕권의 부흥을 위해 大和 政權에서 파견된 왜인의 2세가 540년대에 백제의 관료가 되었다거나,[37] 5세기에 '고구려의 남하 아래에서 가야·백제와의 通交가 극히 곤란했던 시대에 氏로서 朝鮮諸國과의 通交를 확보하는 一面이 있다'고 하는 주장[38]도 이 기록을 토대로 전개된 것이다.

36) 岸俊男, 1976 앞의 책, 102쪽.
37) 山尾幸久, 『古代の日朝關係』, 東京, 塙書房, 1989, 140쪽.

하지만, 物部氏, 科野氏, 紀氏, 許勢氏 등의 조상이 이른바 '韓半島征討軍'에 참가한 사실이 증명되어야 하고, 그러한 사실이 있었다고 하더라도 欽明朝(540~571년)의 왜계백제관료인 경우에도 繼體朝(507~531년) 이전이어야만 한다. 그런데 繼體朝 이전에 한반도에 장군·군사나 사신·관리로 파견된 씨족은 11개인데, 그 가운데 왜계백제관료를 배출한 것은 物部氏와 紀氏 뿐이다. 더구나 紀氏는 한반도관계기사가 인정되지 않고 있고, 物部氏도 씨족 성립 시기 자체가 계체조이다. 또 科野氏, 許勢氏 등도 한반도 征討에 참가는 물론이고 일본 역사에서 처음 등장한 것이 왜계백제관료로서였다.[39] 그리고 분주에 있는 표기 가운데 '韓婦'·'百濟' 등의 표기는 명백하게 日本 중심의 표기이며, '蓋'라는 문자도 추정형이어서 그대로 믿기 어렵다.[40]

한편, 敏達天皇 12년(583)의 日羅 관련 기록은 다른 내용을 전하고 있다.

B. 이 해 다시 吉備海部直羽嶋를 보내어 日羅를 백제에서 불렀다. 羽嶋가 백제에 가서 ⓐ 먼저 사사로이 日羅를 보려고 혼자 집 문 근처에 갔다. 얼마 후 집안에서 韓婦가 나와서 韓語로 "너의 몸을 나의 몸 안으로 들여보내라"고 하고 집안으로 들어가버렸다. 羽嶋가 곧 그 뜻을 깨닫고 뒤따라 들어갔다. 이에 日羅가 나와서 손을 잡고 자리에 앉게 하고 비밀스럽게 말하기를 "내가 저으기 들으니 百濟國主는, 天朝가 臣을 보낸 뒤에 억류하여 되돌려 보내지 않을까 의심한 까닭에 (저를) 소중히 여기고 바치지 않으려고 합니다. 칙을 선포할 때 마땅히 엄하게 하여 ⓑ매우 급하게 부르십시오"라 하였다. 羽嶋가 그 계책에 따라 日羅를 불렀더니 百濟國主는 天朝를 두려워하여 감히 칙을 거스르지 못하고, ⓒ日羅와 恩率 德爾·餘怒·奇奴知·參官·柁師 德率 次干德, 水手 등 약간 인을 보냈다. 日羅등이 吉備兒嶋 屯倉에 이르자 朝庭에서는 大伴糠手子連을 보내어 위로하고, 다시 大夫등을 難波館에 보내어 日羅를 찾아보게 했다. 이 때 日羅는 갑옷을 입고 말을 타고 문앞에 이르러서 곧 政廳으

38) 鈴木英夫, 1996 앞의 책 88~89쪽.
39) 金鉉球, 1985 앞의 책, 68~69쪽.
40) 李在碩, 2000 앞의 논문, 539~540쪽.

로 나아갔다. 나아가고 물러나면서 무릎을 꿇고 절하며 한탄하기를 "ⓛ檜隈宮御宇天皇(宣化天皇) 때에 我君 大伴金村大連과 국가를 위하여 바다 밖에 사신으로 갔던 火葦北國造 刑部靫部 阿利斯登의 아들 臣 達率 日羅는 천황의 부름을 받고 두려워하며 來朝했습니다."라 하였다. 이에 갑옷을 벗어 천황에게 바쳤다. 阿斗桑市에 館舍를 지어 日羅를 머물게 하고 바라는 대로 공급해 주었다. 또 阿倍目臣과 物部贊子連·大伴糠手子連을 보내어 日羅에게 國政을 물었다. 日羅가 대답하기를 "천황이 천하를 다스리는 바의 정치는 반드시 백성들을 보호하고 기르는 데 있습니다. 어찌 갑자기 군사를 일으켜 도리어 멸망에 이르려 하십니까. 그러므로 지금 논의하는 자들로서 조정에 있는 臣·連의 두 造로부터 [二造란 國造와 伴造이다.] 아래로 백성에 이르기까지 모두 부유하게 하고 부족함이 없게 하십시오. 이렇게 3년을 하면 양식과 병사가 풍족하고 백성들로 하여금 즐겁게 하여 물불을 꺼리지 않고 國難을 함께 구할 것입니다. 그런 다음에 선박을 많이 만들어 津마다 줄지어 두고 客人들이 보게 하여 두려운 마음을 일으키게 하십시오. 그리고 유능한 사신을 백제에 보내어 그 국왕을 부르되 만일 오지 않으면 太佐平·王子 등을 부르십시오. 그러면 저절로 복종할 마음이 우러나올 것이니, 그런 뒤에 죄를 물으십시오"라 하였다. 또 "ⓒ백제인이 꾀하기를 '배 3백 척으로 筑紫에 가 살고자 합니다' 라 하였는데 만약 그것이 진실로 청하는 것이라면 겉으로는 (筑紫를) 내려주십시오. 그러면 백제는 새로 나라를 세우려고 반드시 먼저 여자들과 아이들을 배에 싣고 올 것입니다. 국가에서는 이 때를 대비하여 壹伎·對馬에 伏兵을 많이 두었다가 이르는 것을 기다려 죽이십시오. 오히려 속임을 당하지 말고 중요한 곳마다 튼튼한 요새를 쌓으십시오"라 아뢰었다. 이에 恩率·參官이 나라로 되돌아 갈 때에 [옛 책에는 恩率을 한 사람, 참관을 한사람이라 하였다] 몰래 德爾 등에게 "내가 筑紫를 지나갈 때쯤을 헤아려 너희들이 몰래 日羅를 죽인다면 내가 왕에게 모두 아뢰어 높은 벼슬을 내리도록 하고 자신과 처자식들 에게도 후에 영예를 내리도록 하겠다"라 하였다. 德爾·余奴가 모두 허락했다. 參官 등은 드디어 血鹿에서 출발하였다. 이 때 日羅는 桑市村으로부터 難波館으로 옮겼다. 德爾 등은 밤낮으로 서로 모의하여 죽이고자 하였는데 이 때에 日羅의 몸에서 빛이 나 불꽃같았으므로 德爾 등은 두려워서 죽이지 못하였다. 드디어 12월 그믐에 빛을 잃기를 기다려 죽였다. 日羅가 다시 살아나서 "이는 내가 부리던 奴 등의 짓이지 신라가 아니다"라는 말을 마치고 죽었다 [마침 이 때에 신라 사신이 있었기 때문에 그렇게 말한 것이다.] 천황이 贊子大連과 糠手子連에게 명하여 小郡의 서쪽 부근 언덕 앞에 거두어서 장사지내게 하고, 그 처자식과 水手 등은 石川에 살게 했다.[41]

위 사료 B의 ⓛ에 따르면, 日羅는 그가 我君이라고 부르는 大伴金村大連에 의해 백제에 파견되었음을 알 수 있다. 이 기록을 토대로 할 때, 大和정권의 豪族의 子弟로서 大和정권과는 직접적인 관계를 가지지 않은 채 日羅 당대에 백제로 가서 왜계백제관료가 되었던 것이며, 대화정권도 이것을 양해하고 있었다고 보아야 한다.[42]

대화정권에서 日羅를 요청했으나 백제가 거절했고[43], 천황의 명을 받

41) "是歲 復遣吉備海部直羽嶋 召日羅於百濟 羽嶋旣之百濟 欲先私見日羅 獨自向家門底 俄而有家裏來韓婦 用韓語言 以汝之根 入我根內 卽入家去 羽嶋便覺其意 隨後而入 於是 日羅迎來 把手使坐於座 密告之曰 僕竊聞之 百濟國主 奉疑天朝 奉遣臣後 留而弗還 所以 奉惜不肯奉進 宜宣勅時 現嚴猛色 催急召焉 羽嶋乃依其計 而召日羅 於是 百濟國主 怖畏天朝 不敢違勅 奉遣以日羅·恩率·德爾·餘怒·奇奴知·參官·柁師德率次干德·水手等 若干人 日羅等行到吉備兒嶋屯倉 朝庭遣大伴糠手子連 而慰勞焉 復遣大夫等於難波館 使訪日羅 是時 日羅被甲乘馬 到門底下 乃進廳前 進退跪拜 歎恨而曰 於檜隈宮御寓天皇之世 我君大伴金村大連 奉爲國家 使於海表 火葦北國造刑部靫部阿利斯登之子 臣達率日羅 聞天皇召 恐畏來朝 乃解其甲 奉於天皇 乃營館於阿斗桑市 使住日羅 供給隨欲 復遣阿倍目臣 物部贄子連·大伴糠手子連 而問國政於日羅 日羅對言 天皇所以治天下政 要須護養黎民 何遽興兵 翻將失滅 故今合議者仕奉朝列 臣連二造 [二造者 國造伴造也] 下及百姓 悉皆饒富 令無所乏 如此三年 足食足兵 以悅使民 不憚水火 同恤國難 然後 多造船舶 每津列置 使觀客人 令生恐懼 爾乃 以能使使於百濟 召其國王 若不來者 召其太佐平·王子等來 卽自然心生欽伏 後應問罪 又奏言 百濟人謀言 有船三百 欲請筑紫 若其實請 宜陽賜予 然則百濟 欲新造國 必先以女人小子 載船而至 國家 望於此時 壹伎·對馬 多置伏兵 候至而殺 莫翻被詐 每於要害之所 堅築壘塞矣 於是 恩率參官 臨罷國時 [舊本 以恩率爲一人 以參官爲一人也] 竊語德爾等言 計吾過筑紫許 汝等偸殺日羅者 吾具白王 當賜高爵 身及妻子 垂榮於後 德爾·余奴 皆聽許焉 參官等遂發途於血鹿 於是 日羅自桑市村 遷難波館 德爾等晝夜相計 將欲殺 時日羅身光 有如火焰 由是 德爾等恐而不殺 遂於十二月晦 候失光殺 日羅更蘇生曰 此是我驅使奴等所爲 非新羅也 言畢而死 [屬是時 有新羅使 故云爾也] 天皇詔贄子大連·糠手子連 令收葬於小郡西畔丘前 以其妻子水手等 居于石川 ……"(『日本書紀』 권20 敏達天皇 12년[583])

42) 金鉉球, 1985 앞의 책, 74~77쪽.

43) "冬十月 紀國造押勝等 還自百濟 復命於朝曰 百濟國主 奉惜日羅 不肯聽上"(『日本書紀』 권20 敏達天皇 12년[583])

은 吉備海部直羽嶋가 백제왕에게 직접 가기 전에 사사로이 日羅를 만났
으며[사료 B의 ⓐ], 日羅를 요청하는 방식이 '매우 급하게 부르'는[사료
B의 ⓑ] 비정상적인 방법을 통해서 가능했다는 점은, 대화정권보다는
豪族 大伴氏에 의해 파견되었음을 보여준다.

그런데 문제는 자기 통제 하의 호족이 독자적으로 다른 나라에 사람
을 파견하여 그 나라의 관료가 되는 것을, 어떠한 정권이 양해할 수 있
느냐 하는 점이다. 이점은 두 가지 측면에서 검토해야 한다. 하나는 당
시 야마토 정권과 호족과의 상관관계에서 고찰해야 한다. 6세기 초의 천
황은 朝廷의 유력한 호족의 일원으로서 畿內 주변의 유력 호족층을 완
전히 제압하거나 통제 하에 둘 수 있는 상황은 아니어서, 왕권에 일정한
한계를 가지고 있었던 듯하다. 왜계백제관료를 배출한 호족인 物部氏,
紀氏, 許勢氏 등은 모두 畿內의 유력한 호족이었다. 왜계백제관료가 발
생할 수 있었던 데에는 야마토 왕권의 대호족 통제의 미숙함과 유력호
족들의 선진 문물에 대한 욕구에서 발생했다고 할 수 있다. 즉 왜계백제
관료는 大和조정에 속한 다수의 畿內 호족들의 개별 외교를 천황 스스
로도 양해할 수밖에 없었음을 시사하고 있으며, 이것은 왕권 중심의 일
원적인 외교권이 아직 마련되지 않고 있었음을 의미하는 것이었다.[44]

또 하나는 백제측의 관점이다. 일본의 호족이 파견한 인물을 관료로
임명했다는 것은, 왜계백제관료를 파견한 호족과 특별한 관계에 있었음
을 보여준다고 할 수 있다. 일찍이 일본열도의 河內에는 많은 백제인들
이 이주했다. 고대 史籍에 나타난 河內 飛鳥의 전체 氏族數 가운데 한국
계가 36%를 차지하고 있고, 그 중 백제계가 64%에 이른다고 한다.[45]

그런데 여기에서 이른바 '왕족외교'의 일환으로 일본 열도에 파견된

---

44) 李在碩, 「日本 古代 王權 發達의 諸段階-특히 大化前代의 왕권을 중심으로-」『文化
史學』 24, 2005, 2000~2002쪽.
45) 이도학, 「백제문화의 일본 전파」『백제의 역사』, 충청남도, 1995, 344쪽.

인물들이 주목된다. 인덕천황 43년 9월조의 酒君이나 雄略天皇 5년조에 보이는 蓋鹵王의 동생 昆支등은 河內 지역에 거주하는 백제인을 관리하는 역할 등을 수행하면서 백제와 왜국과의 동맹 관계를 유지하는데 기여했다.[46]

大和정권과 가까이에 있는 河內지역에 백제계 이민자들이 집단적으로 거주하고 있었는데, 이들을 관리하기 위해서 백제에서 왕족을 파견하는 상황은 쉽게 이해하기 어렵다. 大和정권의 河內 지역 또는 河內 지역의 백제 이민자에 대한 통제가 거의 이루어지지 않았고, 백제의 통제력이 더 강했다는 뜻이기 때문이다.

이와 관련해서 관심을 끄는 기록이 사료 B의 ⓒ이다. 백제가 九州의 筑紫에 이른바 '新國'을 건설하려고 했다는 내용이다. 배 300척으로 사람을 싣고 가서 新國을 세우려고 했다는 것인데, 만약 이 계획이 성공했다면 백제에서는 백제인을 보내서 이 新國을 통제했을 것이다. 아마도 그 상황은 河內 지역에 昆支 등을 파견하여 그곳의 백제 이민자들을 관리하는 상황과 유사하다고 할 수 있다. 다시 말해 백제에게 있어 河內 지역은 筑紫에 건설하려고 했던 新國과 같은 형태였을 것으로 추측할 수 있는 것이다.

왜계백제관료를 배출한 物部氏, 紀氏, 許勢氏, 科野氏 등의 호족이 모두 한반도에서 이주한 씨족이었다는 점을 염두에 두고, 6세기 단계에서 천황의 호족에 대한 통제력이 미약했으며, 河內 지역에 이주한 백제 이주민들을 백제에서 보낸 왕족이 직접 통제했다는 점을 함께 고려한다면, 왜계백제관료를 배출한 호족은 한반도계이주민으로서 백제의 통제를 받고 있었을 가능성이 매우 크다. 그랬기 때문에, 백제의 입장에서

---

46) 서보경, 「渡倭한 百濟系 韓人과 河內-百濟王族의 渡倭와 관련하여-」『史叢』 68, 7~19쪽.

큰 고민 없이 그들을 본국의 관료로 등용할 수 있었을 것이고, 그들 또한 일본의 '新國' 즉 일본열도 내에 거주하는 소속 호족 집단에서 군대나 군비를 동원할 수 있었을 것이다.

이렇게 성립한 왜계백제관료는 성왕대에 북쪽으로 고구려의 압력에 대항하면서 한강유역을 되찾으려는 백제에 여러 가지 역할을 하였다. 대개 그들은 使者로서 倭로 건너가게 되는데, 武將으로서 활약하는 등 군사 부분에서의 역할이 매우 두드러졌다.

사료 A-1)~9)의 기록을 통해 倭에 사신으로 파견된 왜계백제관료들이 어떠한 목적을 가지고 있었는지를 파악할 수 있다. 먼저 사료 A-6)~9)의 파견은 '乞救軍'·'乞軍兵'·'乞救兵' 등의 기록에서 알 수 있듯이 군사를 요청하기 위한 것이었다. 이것은 한강유역을 되찾기 위한 고구려와의 전쟁, 이어 신라와의 전쟁을 위해 필요한 군대를 요청한 것이었다.

欽明 4년(543) 9월에 남방인 扶南의 財物 등의 문물을 제공한 것[사료 A-2)]은, 신라 접경 지역에 倭兵을 동원하여 배치하기 위하여 야마토 정권의 군사적 지원을 이끌어 내기 위한 의도였던 것으로 보인다.[47]

흠명 6년(545)에 奈率 其悽·奈率 用奇多·施德 次酒 등이 왜에 파견된 이유가 무엇인지는 나와 있지 않다. 하지만, 7년(546) 정월에 백제 사신이 돌아갈 때 좋은 말 70필과 배 10척과 같은 군수 물자를 받아서 가져갔다.[48] 당시 백제가 신라의 가야 진출을 저지하기 위해 부심하고 있을 때라는 점을 고려할 때 6년에 파견된 왜계백제관료는 군사 원조를 구하기 위한 것이었음을 알 수 있다.[49]

---

47) 김현구·박현숙·우재병·이재석 공저, 『일본서기 한국관계기사 연구(Ⅱ)』, 일지사, 2003, 151쪽.

48) "七年春正月甲辰朔丙午 百濟使人中部奈率己連等罷歸 仍賜以良馬七十匹船一十隻"(『日本書紀』 권19, 欽明天皇 7년[545])

49) 김현구·박현숙·우재병·이재석 공저, 2003, 앞의 책, 221쪽.

한편 사료 A-1)·4)의 기록은 이른바 '임나부흥'과 관련된 것이다. 이 기록의 내용을 사실 그대로 인정하면 천황이 임나를 다시 세우라고 백제에게 명령을 내린 것이라고 할 수 있지만, 이러한 해석은 야마토정권의 임나지배를 전제로 한 것이므로 따를 수 없다. 紀臣 奈率 彌麻沙 일행의 파견은 흠명 5년 11월조에 보이는, 이른바 임나 부흥 3책을 도출하는 과정에서 이루진 것이다. 임나 부흥 3책 가운데 야마토 정권과 직접적으로 관련되는 부분은 '천황에게 3,000명의 병사를 청하여 신라와 안라의 접경에 있는 6城에 500명씩 배치한다'는 내용의 왜병 동원과 배치에 대한 부분이었으므로, 紀臣 奈率 彌麻沙 일행이 왜에 파견된 목적도 결국 군사 지원문제였을 것이다.50)

이러한 군사적 지원 또한 각 호족별로 해당 호족의 상황과 특성에 맞게 이루어졌다. 군사적인 지원 내역을 보면, 物部氏,와 許勢氏는 援軍을 동원하였고, 科野氏는 馬紀·弓氏·箭을 조달했으며, 紀氏는 선박을 조달했다.51)

한편, 백제는 이러한 군사적 지원에 대응하여 용병의 대가로 선진문물을 보내주었다. 그것을 잘 보여주는 기록이 사료 A-9)이다. 구원병을 요청하면서, 동시에 五經博士·易博士·曆博士·醫博士·採藥師·樂人 등을 새로 파견하고 교대했다는 사실에서 선진문물 제공과 軍援 제공이라는 용병관계가 잘 드러나 있다. 물론 군사적 지원이 大和정권 차원에서 이루어진 것이 아니고 호족 단위로 진행되었기 때문에, 선진문물 또한 大和정권이 아니라 해당 왜계백제관료의 一族에게 주어졌다. 제공된 선진문물은 오경박사 등의 학자와 불교관계의 것, 그리고 鍛, 錦, 鞍등의 '百濟才伎'였다.52)

---

50) 같은 책, 148~150쪽.
51) 金鉉球, 1985 앞의 책, 77~84쪽.
52) 같은 책, 84~92쪽.

## Ⅳ. 위덕왕대 達率 日羅와 왜계백제관료의 소멸

『일본서기』敏達天皇 12년(583)조에는 왜계백제관료인 達率 日羅가 보인다. 554년 관산성 전투에서 등장했던 東方領 物部莫奇武連 이후 30여 년 만에 왜계백제관료가 기록상으로 다시 모습을 드러낸 것이다. 日羅는 백제 성왕대부터 왜계백제관료로서 복무하면서, 계속 승진을 하여 583(威德王 30)에 達率(2등)까지 올랐다. 사료 B에 따르면, 그가 이렇게 될 수 있었던 데에는 武將으로서의 전투 능력과 전술·전략 운용 능력이었던 것으로 추측된다.

그런데 그는 백제에서 함께 보냈던 恩率·參官의 사주를 받은 德爾·余奴에게 살해당했다. 이것은 백제의 新國 건설을 무산시킬 수 있는 방법을 천황에게 알려주었기 때문이다. 아마도 日羅는 백제에 있을 때부터 백제가 筑紫에 新國을 건설하려는 것을 반대했을 것이다. 백제가 이미 5세기대부터 新國과 같은 형태로 백제민을 집단 이주시키고, 또 왕족을 보내 관리해왔었다는 점을 고려하면, 筑紫에 건설하려했던 백제 新國의 형태와 관리 방법 그리고 그것이 의미하는 것이 무엇이었는지를 日羅가 잘 알고 있었을 것이다. 아마 처음에는 그 新國 건설의 책임을 日羅에게 맡겼을 지도 모르겠다.

백제 위덕왕이 筑紫에 新國을 건설하려고 했던 이유는 신라에 대한 강경책의 일환이었다. 위덕왕 24년(577)~26년(579) 사이에 백제와 신라의 전투가 이어지고 있었는데, 이 때 백제는 신라의 '추풍령로'에 대한 공격을 감행하면서 축성도 하고 있다. 이 시기에 위덕왕은 한동안 교류가 없었던 왜와 교섭을 진행하여 위덕왕 22년(575), 24년(577)에 교섭을 재개하였다. 이것은 백제가 왜와의 관계 개선을 통해 이들의 군사적 지원을 이끌어 내려는 의도였을 것으로 추측된다.

위덕왕 26년(579) 백제가 '추풍령로'를 봉쇄한 후, 새로 즉위한 진평
왕은 4년(582) 왜에 사신을 파견하여 배후를 안정시키려 했고, 5년(583)
船府署를 설치하여 해상군사력을 강화하였다.[53] 이 시기에 위덕왕이 筑
紫에 新國을 건설하려고 한 이유는 배후에서 신라를 압박하면서 동시에
성왕대처럼 筑紫의 新國에서 군사적 지원을 받을 수 있도록 하기 위해
서였을 것이다.

하지만 日羅는 新國 건설에 반대하였고, 또 그랬기 때문에 백제인에
게 살해되었다. 日羅가 新國 건설에 반대한 이유는, 아마도 왜 정권 내
부에서 진행된 호족들간의 세력 변화 때문일 것이다. 大和정권 내에서
는 蘇我氏 중심으로 권력이 재편되어 이른바 '蘇我氏정권'이 성립하였
다.[54] 그런데, 九州를 세력 근거지로 하고 있었던 日羅의 '我君' 大伴氏
는 세력을 잃고 그 대신 物部氏가 九州에서 세력을 확장하자 日羅는 物
部氏와도 밀접한 관계를 가지게 되었다.[55] 그러한 상황에서 蘇我氏가
백제와 함께 九州에 新國을 건설하려 하면서 세력확장을 꾀하자, 九州
지역에 기득권을 갖고 있었던 物部氏의 반대에 직면하여 두 세력이 대
립하게 되었다.[56] 그 결과 新國 건설을 반대했던 日羅가 죽음을 맞이하
게 되었던 것이다.

日羅의 죽음으로 왜계백제관료는 더 이상 기록상에 나타나지 않는다.
아마도 日羅를 끝으로 왜계백제관료는 소멸한 듯하다. 이것은 당시 일
본의 정세상 당연한 결과라도 할 수 있다. 백제계 이주민 집단을 백제에
서 파견한 왕족이 통제할 수 있는 상황에서, 그 이주민 집단의 호족이

53) 朴賢淑, 「6세기 백제의 對 일본 관계」『임나문제와 한일관계』, 景仁文化社, 2005,
    97~103쪽 ; 전우석, 「백제 위덕왕대 대신라 정책의 전개와 결과」『한국학논총』
    32, 국민대, 2009, 141~149쪽.
54) 李在碩, 2005 앞의 논문, 203쪽.
55) 서보경, 2010 앞의 논문, 127~128쪽.
56) 金鉉球, 1985, 앞의 책, 165~170쪽.

파견한 인물을 백제관료로 삼고, 그를 통해 해당 호족에게 선진문물을 제공하는 대신 이주민 집단으로부터 군사적 지원을 제공받았던 것이 왜계백제관료의 운용 실상이었다.

그런데, 蘇我氏정권의 성립으로 畿內의 호족이 재편되어 독자성을 상실하게 된 상황에서, 백제 위덕왕은 蘇我氏의 양해 아래 蘇我氏와 대립하고 있었던 物部氏의 기반 지역인 九州에 新國을 건설하여 신라와의 전쟁에 대비하려 했다. 아마도 九州지역의 지리적인 특성도 고려대상이었을 것이다. 하지만 物部氏 및 그와 가까웠던 日羅의 반대로 이러한 계획은 무산되고 말았다. 이제는 더 이상 백제관료로 임명할 만한 친백제적 지역적 기반이 일본열도에는 없어지게 되었던 것이다. 이것이 왜계백제관료가 더 이상 등장하지 않게 되었던 실질적 이유였다.


# V. 맺음말


왜계백제관료는, '百濟의 位階를 가진 日本人系 百濟官僚이고, 본질적으로는 백제관료이면서 일본과도 깊은 親緣關係로 맺어져 있는 특수관료'나, '大和政權의 氏와 姓을 가지고 있으면서도 백제의 官位 또는 官職을 가지고 백제에 滯在하면서 백제를 위해 활동한 사람들'이다. 즉, '혈연적 또는 지역적으로 倭 계통의 인물로서 백제의 관등을 수여 받고 백제를 위해서 일했던 관료'로서, 기본적으로 백제에만 소속된 관료이다.

왜계백제관료는 모두 『일본서기』에만 보인다. 백제 관등 표기가 기록에 보이는 인물로 한정할 경우, 紀臣 奈率 彌麻沙, 物部 施德 麻奇牟, 上部 德率 科野次酒, 物部連 奈率 用奇多, 許勢 奈率 奇麻, 物部 奈率 奇非, 上部 奈率 科野新羅, 上部 奈率 物部烏, 達率 日羅이다. 日羅를 제외하면

모두 성왕 때의 인물이고, 특히 흠명천황 2~15년(541~554) 즉 성왕 19~31년 사이에 활동하였다.

왜계백제관료가 되었던 성씨는 物部氏, 紀氏, 科野氏, 許勢氏 등으로 몇몇 씨족에 한정되어 있고, 그 가운데 物部氏가 가장 많다. 소속 部는 上部가 많고, 관등은 위덕왕대의 日羅만 達率(2등)이고 德率(4등) 1인, 奈率(6등) 6인, 施德(8등) 등으로 대체로 중급 관료로 임명되었다.

왜계백제관료가 이른바 한반도정토에 참여했던 호족의 자손으로부터 발생했다는 주장도 있지만 따르기 어렵다. 왜계백제관료는 대화정권과는 별도로 畿內를 중심으로 한 유력한 호족세력이 직접 파견하여 백제 관료로 발탁되었다.

5세기 백제는 왕족을 보내, 백제에서 河內에 집단적으로 이주한 백제인들을 직접 통제하였다. 아마도 왜계백제관료를 파견한 호족은 이들 백제인 집단 이주세력과 밀접한 관련을 가지고 있었던 것으로 추측된다. 왕족을 보내 일본열도로 집단 이주한 백제인을 통제하고 있던 거주지가, 威德王 때 九州 筑紫에 건설하려고 했던 新國이었을 것이다.

성왕대의 왜계백제관료는 백제에서 선진문물을 가져다 소속 호족에게 제공해주고, 대신 그 호족으로부터 군사적 지원을 제공받을 수 있게 하는 역할을 수행했다. 이것이 이른바 傭兵관계인데, 왜계백제관료는 이러한 용병관계를 중간에서 매개하는 역할을 하였던 것이다.

6세기 후반 대화정권의 정치세력이 蘇我氏 중심으로 재편되면서 왜계백제관료는 더 이상 공급원을 상실하게 되었고, 583년 達率 日羅가 사망하고 九州에 건설하려던 新國이 좌절되면서 왜계백제관료는 소멸하였다.

# 4. 고려와 조선전기 왜인 집단거주지의 형성과 운영*

김 보 한**

## Ⅰ. 머리말

예로부터 동아시아 세계에서는 국가와 지역의 경계를 뛰어넘어 인적 소통과 물자 왕래가 다양하게 전개되었다. 실제로 이러한 교류는 선사시대부터 시작되어 전 역사시대에 걸쳐서 끊임없이 지속되었다.

대체적으로 대외관계사 연구에서 인적 소통과 물자 왕래는 상호 불가분의 관계로서 자주 거론되어 온 기본 소재이다. 그리고 이러한 연구에서는 상인, 사신단 등의 일시적인 입국이나 왕래를 주로 다루어 왔다. 그런데 고려와 조선에서는 일시적인 피난을 목적으로 유입하는 북쪽의 야인(野人)과 남쪽의 왜인(倭人)의 집단 이주가 다수 존재하였다. 그리고 여기에는 거란인, 여진인, 왜인들의 반영구적인 장기체류도 있었다.

---

*『역사와 담론』56(2010년)에 기게재됨
** 단국대학교(천) 교양학부 교수

그런데 기존의 연구에서는 고려와 조선에서 왜인의 장기거주 내지 집단이주 문제를 국가정책과 관련지어 분석하려는 경향이 있다. 이를테면 고려와 조선의 왜구 금압책, 조선의 대마도정벌, 삼포개항 등과 관련지어 대왜인 유화정책의 일환으로만 다루어 온 것이다. 그리고 다수의 한일연구자들에 의해서 이러한 분석적 시각이 견지되어 온 것도 사실이다.[1]

따라서 기존의 연구에서는 동아시아 세계를 하나의 범주에 넣고 상호공존의 시각에서 조선에서의 왜인의 집단이동과 거주의 문제를 중점적으로 다룬 연구가 아직 미미한 상태이다. 그런데 조선 대왜인 유화정책(왜구를 평화의 통교자로 전환시키기 위한)의 실시 이전인 고려시대부터 이미 왜인과 야인의 집단거주 정책이 실시되고 있었음은 『고려사』을 통해서 알 수 있다. 따라서 고려의 대(對)외국인 정책은 '投化人'[2]의 국

---

1) 한국에서의 연구로는 李鉉淙, 「朝鮮初期倭人接待考(上)(中)(下)」, 『史學研究』3·4·5호, 1959 ; 『朝鮮前期 對日交涉史研究』, 한국연구원, 1965 ; 장순순, 「조선전기 왜관의 성립과 조·일 외교의 특질」, 『한일관계사연구』15, 2001 ; 손승철, 「조선전기 한일관계와 염포 연구」, 『통신사 李藝와 한일관계』(한일관계사학회편), 새로운 사람들, 2006 ; 한문종, 「조선전기 倭人統制策과 통교위반자의 처리」, 『日本思想』7, 2004 ; 「조선전기 한일관계와 1407년의 의미」, 『지역과 역사』, 2008 등이 있다. 일본에서의 연구로는 中村榮孝, 「三浦における倭人の爭亂」, 『日鮮關係史の硏究』上, 吉川弘文館, 1965 ; 金義煥, 「釜山倭館貿易の硏究 -15世紀から17世紀にかけて貿易形態を中心して-」, 『朝鮮學報』117, 1988 ; 村井章介, 『中世倭人傳』, 岩波書店, 1993 ; 長節子, 『中世國境海域の倭と朝鮮』, 吉川弘文館, 2002 ; 村井章介, 「三浦の鎭城と權限 -薺浦を中心に-」, 『國境を越えて』, 校倉書房, 1997 ; 關周一, 「對馬馬·三浦の倭人と朝鮮」, 『朝鮮史硏究會論文集』36, 1998 ; 李泰勳, 「三浦恒居倭の刷還に關する考察」, 『朝鮮學報』195, 2005 : 「朝鮮三浦恒居倭の法的地位」, 『朝鮮學報』201, 2006 ; 關周一, 「對馬·三浦の倭人と東アジア海域」, 『史境』60, 2006 ; 長節子·李泰勳, 「朝鮮前期の浦所に關する考察」, 『九州産業大學國際文化學部紀要』34, 2006 ; 李泰勳, 「三浦恒居倭に對する朝鮮の對應」, 『年報朝鮮學』10, 2007 등이 있다.
2) 고려에 거주하는 외국인 연구로는 朴玉杰의 귀화인 연구가 가장 대표적이다. 그는 고려 領內에 들어와 거주하는 외국인 來住를 표현하는 용어로 投化, 來投, 來奔, 來附, 來, 歸附, 歸朝 등의 다양한 용어가 있지만 가장 많이 쓰였던 投化와 來投 대신에 현대적인 용어로서 '歸化'라는 용어의 사용을 주장하고 있다(朴玉杰, 『高

내 유입을 막기보다는 적극적으로 수용하려는 태도를 가지고 있었다고 판단할 수 있다. 그리고 조선 전기 야인과 왜인에 대한 유화정책은 고려로부터 실시된 투화인 수용정책의 연장선에 있었다.

따라서 본고에서는 국경을 넘어 들어오는 야인과 왜인 투화인을 수용하는 고려의 정책에는 어떠한 것이 있었는가와 그 연장선상에서 조선 전기 왜인의 집단거주는 어떻게 전개되고 유지되었는가를 살펴볼 것이다. 특히 조선 전기에 삼포가 갖는 집단거주지의 기능과 그 공간에서의 왜인의 생활이 어떠했는가를 한·일 민간(民間)의 상호공존의 시각에서 검토하고자 한다.

## Ⅱ. 고려시대 투화인의 집단거주지와 그 정책

### 1. 투화야인에 대한 예우와 처벌

고려시대에는 초기부터 북방으로부터 다수의 야인 투화자가 유입되고 있었다. 그리고 고려는 북쪽 변방의 안정을 위해서 이들을 적극 수용하고 정착을 도와주는 다양한 정책을 실시하고 있었다. 예를 들어 1073년(문종 27년) 5월 서여진의 추장과 번인(蕃人)들이 찾아와서 자신들에게 주·군을 설치해 주면 영원히 번병(藩屛)이 되어 다른 거란족의 번인들과 접촉하지 않겠다고 제안하고 있다. 문종은 이들을 받아들였고 계속해서 투화해 오는 자들을 적극 수용하도록 명령하고 있다.[3] 또한

---

麗時代의 歸化人 硏究』, 국학자료원, 1996, 26-27쪽 참조). 그러나 본고에서는 사
  료용어인 '投化'를 그대로 받아들여서 '투화', '투화인'이라는 용어를 사용하였다.
3) 『고려사』 권14 세가8 문종 27(1073) 5월조, "西北面兵馬使奏 西女眞酋長曼豆弗等
  諸蕃請依東蕃例分置州郡永爲藩翰不敢與契丹蕃人交通制 許來朝因命後有投化者可
  招諭而來 又奏 平虜鎭近境蕃帥柔遠將軍骨於夫及覔害村要結等告云 我等曾居伊齊

1085년(선종 2) 6월 고려의 관리가 된 야인 투화인에게 본국에서 부모가 사망하였을 때 부고를 받은 날부터 휴가를 주는 규정을 제정하고 있다.4) 이처럼 고려는 초기부터 야인의 투화를 적극 수용하고 예우를 갖추어 대우하는 정책을 실시하고 있었다.

그러면 고려 내에 거주하는 야인의 삶은 어떠하였을까. 1117년(예종 12년) 8월 예종이 남경에 도착하였을 때 남경 시내에 살고 있던 거란 투화인들이 거란의 춤과 노래로 예종을 맞이하였고, 이때에 왕이 수레를 멈추고 그것을 구경하였다5)는 기록이 전한다. 여기에서 거란 투화인이 예능의 삶에서 고려인과 자연스럽게 공동의 장을 공유하고 있었을 것으로 짐작할 수 있다. 물론 추가사료의 부족으로 더 자세한 내용은 알 수가 없으나, 적어도 고려는 야인 투화인들이 평화롭게 삶이 유지되도록 배려하고 있었던 것으로 보인다.

또 시기의 차이는 있지만 고려가 투화인에게 토지를 지급하고 있음을 알 수 있는 간접적인 사료가 전한다. 1388년(우왕 14) 7월 조준(趙浚) 등이 올린 상소에는 한인(閑人), 공음(功蔭), 투화(投化), 입진(入鎭), 가급(加給), 보급(補給), 등과(登科), 별사전(別賜田))의 명칭이 보인다.6) 급여한 토지의 명칭과 내용이 여러 대를 거치면서 더욱 복잡해져서 토지관련 사무를 맡은 관리들이 토지를 내주고 거두는 법을 제대로 파악하지 못하고 있음을 지적하는 내용이 그것이다. 그 뿐만 아니라 투화야인을 군제의 편성에도 동원하고 있는 내용도 있다. 동계의 고주(高州)에 도령

---

村爲契丹大完邇者再蒙招諭於."

4) 『고려사』 권64 지18 예6 흉례, "宣宗二年 六月 制 異國投化官吏父母在本國身死 自聞喪日依制給暇."

5) 『고려사』 권14 세가14 예종 12년(1117) 8월, "丁卯 王至南京契丹投化人散居南京 圻內者奏契丹歌舞雜戱以迎駕 王駐蹕觀之."

6) 『고려사』 권78 지32 식화1 전제 녹과전, "自是以來閑人功蔭投化入鎭加給補給登科別賜之名代有增益掌田之官不堪煩瑣授田收田之 法漸致隳弛."

1명, 낭장 3명, 별장 7명, 교위 15명, 대정 32명, 초군 좌군 각각 1대, 우군 8대, 영새 2대, 투화(投化), 전장(田匠) 각각 1반을 편성하고 있다.[7] 이처럼 투화인에게 토지를 지급하고 이들을 군제로 편성하는 제도의 운영은 고려 사회가 다양성을 가진 사회였음을 보여주는 좋은 예라고 할 수 있다. 또 『고려사』에는 1107년(숙종 7) 4월 귀화한 송나라 진사 장침(章忱)을 불러서 응시시키고 별두(別頭) 급제를 주었다[8]는 기록이 전하고 있다. 즉 북방의 야인뿐만이 아니지만 귀화한 송인에게 과거 응시의 기회를 주고 관리로 등용한 예이다.

반면에 고려는 이들이 배반하거나 범죄를 저지른 경우에 엄격하게 대응하고 있다. 『고려사』「지」에서는 투화인이 도적질을 하였을 때는 뱃길이 닿지 않은 남쪽 끝의 주·현으로 귀양을 보내도록 규정하고 있다.[9]

이처럼 고려는 초기부터 야인 투화인에 대해서 관직을 주고 토지를 지급하면서 고려인들과 공존할 수 있는 삶의 터전을 제공하는 국제화된 감각을 가지고 있는 나라였다. 즉 투항해 오는 야인을 수용하고 체계적인 관리하고 감독하는 규정을 가진 사회였던 것이다.

그러면 북쪽에서 야인 투화에 대한 규정이 존재할 때, 남쪽에서 투화하는 왜인에 대해서 고려가 어떤 방식으로 접근하였는지 궁금하지 않을 수 없다. 다음 절에서 왜인의 투화를 중심으로 그 내용을 살펴보도록 하겠다.

---

7) 『고려사』 권82 지36 병2 참역 주현군, "高州都領一郎將三別將七校尉十五隊正三十二抄軍左軍各一隊右軍八隊寧塞二隊投化田匠各一梗."
8) 『고려사』 권11 세가11 숙종 7년(1102) 4월, "夏四月 丁酉 …召試投化宋進士章忱賜別頭及第."
9) 『고려사』 권85 지39 형법2 도적, "諸投化人犯盜配南界水路不通州縣."

## 2. 투화왜인의 고려 거주와 그 차이점

앞에서 살펴본 투화 야인과 마찬가지로 고려 초기 세차례에 걸쳐서
왜인 투화자의 기록이 전하고 있다. 먼저 투화왜인에 관한『고려사』의
기록을 살펴보면, 999년(목종 2) 7월 일본국인 道要, 彌刀 등 20戶가 투
화해 와서 利川郡의 편호로 편성되고 있다.10) 또 1012년(현종 3) 8월 일
본국인 潘多 등 35명이 투화해 왔다고 전하고 있다.11) 마지막으로 1039
년(정종 5) 5월 일본 백성 남녀 26명이 투화해 왔다고 기록하고 있다.12)
그리고 일본측 기록에는 피난의 기록이 전하고 있는데, 源平의 쟁난
(1180~1185)시기에 가마쿠라막부의 1대 장군 源賴朝의 외척이었던 藤
原親光이 平氏에게 쫓기어 1185년(元曆 2) 3월 4일 고려로 피신하였다
는 기사이다.13) 대체로 10~11세기에 고려는 투화왜인에 대해서 거부감
없이 수용하고 이들을 고려 내에 정착시켰다고 생각할 수 있다.

그 다음에는 고려 초기 일본에서 고려에 파견한 사신에 대한 기록이
『고려사』에 전하고 있다.『고려사』의 기록에 따르면 1056년(문종 10)
10월 일본 사신 정상위권례(正上位權隷) 등원뢰충(藤原賴忠) 등 30명이
고려에 와서 금주(金州 - 김해)에 사관(舍館)을 정하는 것으로 되어 있
다.14) 그리고 구체적으로 기록된 일본 상인의 고려 입국은 1073년(문종

---

10)『고려사』권3 세가3 목종 2년(999) 7월조. "日本國人道要彌刀等 二十戶來投 處之
　　利川郡爲編戶."
11)『고려사』권4 세가4 현종 2년(1012) 8월조. "日本國潘多等三十五人來投."
12)『고려사』권5 세가5 정종 5년(1039) 5월조. "日本民男女二十六人來投."
13)『吾妻鏡』元曆 2년(1185) 5월 23일조. "爲對馬守親光迎 可遣船於對馬島之處 親光
　　爲遁平氏攻 三月四日渡高麗國云云. 仍猶可遣高麗之由. 下知彼島在廳等之間 今日
　　旣遣之 当島守護人河內五郎義長同送狀於親光 是平氏悉滅亡訖 不成不審 早可令
　　歸朝之趣載之云云."
14)『고려사』권7 세가7 문종 10년(1056) 10월, "冬十月 己酉 朔日本國使正上位權隷
　　滕原朝臣賴忠等三十人來館于金州." 이것과 관련하여 고려시대에 이미 금주에 왜
　　인들이 왕래하면서 교역하기 위한 '왜관'이 설치되었다고 보는 견해가 있다. 이러

27) 7월의 일이다. 일본에서 왕측(王則), 정송(貞松), 영년(永年) 등 42명
이 와서 나전(螺鈿), 안장(鞍橋), 동경(刀鏡), 갑연(匣硯), 상즐(箱櫛), 서안
(書案), 화병(畵屛), 등의 여러 가지 물품을 바치고, 이키도(壹岐島)의 구
당관(勾當官) 등정안국(藤井安國) 등 33명이 와서 동궁(東宮)과 여러 대
신들에게 토산물 바치기를 청하였다는 기록이 그것이다.[15] 그리고 이후
에 일본 상선의 고려 입국과 관련된 기록을 비교적 쉽게 찾을 수 있다.
『고려사』뿐만 아니라 일본문헌에서 일본상인이 고려에 건너온 횟수는
문종시대(1046~1083)에 14회, 선종시대(1083~1094)에 6회, 예종시대
(1105~1122)에 2회, 의종시대(1146~1170)에 2회, 총 24회이다.[16] 이처
럼 일본상선의 입국 횟수는 문종시대에 가장 빈번하였고, 시기가 흐를
수록 점차 그 횟수가 감소하는 추세에 있었다.

　　또한 조선 실학자 안정복의 문집인 『順庵集』에서 이미 고려시대부터
교역을 위해서 대마도인들이 금주에 왕래하고 있음을 잔하고 있다.[17]
그리고 12세기에 접어들면서 진봉무역[18]이 행해지고 있었으므로, 당연

---

　　　한 견해를 따르는 연구로는 小田省吾, 「李朝朝鮮時代における東館の變遷」, 『朝鮮
　　　支那文化の硏究』, 邊江書院, 1929 ; 장순순, 「조선전기 왜관의 성립과 조·일 외교
　　　의 특질」, 『한일관계사연구』15, 2001 등이 있다. 그런데 고려시대에는 '왜관'이라
　　　는 용어를 직접 사용한 흔적이 없다. 따라서 본 연구에서는 '집단거주지'라는 용
　　　어를 대신 사용하였다. 그리고 투화왜인에 대한 고려의 대왜정책과 집단거주지의
　　　형성 과정과 운용에 초점을 두었기 때문에, 왜관(조선 초기에 사용되는 용어)의
　　　설치시기 문제는 여기에서 다루지 않았다.
15) 『고려사』 권9 세가9 문종 27년(1073) 7월조, "東南海都部署奏 日本國人王則貞松
　　　永年等四十二人來請進螺鈿鞍橋刀鏡匣硯箱櫛書案畫屛香爐弓箭水銀螺甲等物壹歧
　　　島勾當官遣藤井安國等三十三人亦請獻方物東宮及諸令公府 制 許由海道至京."
16) 森克己, 「鎌倉時代の日麗交涉」『朝鮮學報』 34, 1965, 65쪽 참조.
17) 『順庵集』, 「倭館始末」. "高麗時對馬島人常往來金州 開市貿易 有館接之所 而未聞
　　　有留館本朝之制也."
18) 진봉관계에 대한 연구로는 羅鐘宇, 『韓國中世對外交涉史硏究』, 원광대학교출판국,
　　　1996, 李領, 『倭寇と日麗關係史』, 東京大學出版會, 1999, 졸고, 「중세 일본 표류
　　　민·피로인의 발생과 거류의 흔적」, 『사총』 68, 2009 등이 있다.

히 고려의 금주를 중심으로 왜인의 출입과 거주가 자연스럽게 이루어졌던 것으로 추측해 보는 것은 그리 어렵지 않다.

그리고 한동안 뜸했던 왜인의 왕래가 『고려사』에 다시 나타나는 것은 거의 1세기의 시간이 흐른 뒤이다. 1260년(원종 원년) 2월 고려 조정에서 제주도에 송나라 상인들과 왜인들이 자주 왕래하는 상황을 보고받고 특별히 방호별감(防護別監)을 파견하여 비상사태에 대처할 것을 논의하는 기록이다.[19] 따라서 고려는 초기에 왜인에 대한 금주 거주를 허락하면서도 한편으로는 왜인에 대한 경계심도 함께 가지고 있었다. 또 1267년(원종 8) 1월 송군비와 김찬이 몽골 사신과 함께 일본으로 건너가기 위해서 거제도 송변포(松邊浦)에 왔다가 풍파가 험하여 되돌아가서 보고하였을 때, 일본이 본래 고려와 통호하지 않지만 대마도 사람들이 때때로 무역하러 금주(金州)에 오고 간다고 전하고 있다.[20] 이처럼 고려시대 왜인의 금주 거주를 시사하는 기록은 13세기 후반까지 간헐적으로 전하고 있다.

지금까지 밝혀진 사료에 의하면 고려 초기 투화왜인(投化倭人)이 존재하였지만, 이들에 대한 수용정책에는 어떠한 원칙이 있었는지를 정확히 판단할 수가 없다. 다만 왜인의 합법적인 고려 거주는 10세기부터 몽골침입 이전까지 처음 투화자가 존재했을 때에 고려내의 거주를 허용한 이후에 상인의 왕래가 빈번해지면서 금주로 제한되었던 것으로 판단될 따름이다.

그런데 몽골의 일본침입으로 한동안 뜸하던 왜인의 고려내 거주가

---

19) 『고려사』 권25 세가25 원종 원년(1260) 2월조, "庚子 以濟州副使判禮賓省事羅得璜兼防護使 朝議濟州海外巨鎭宋商島倭無時往來宜特遣防護別監以備非常."

20) 『고려사』 권26 세가26 원종 8년(1267) 8년 정월조 "詔旨所諭道達使臣通好日本事謹遣陪臣宋君斐等伴使臣以往至巨濟縣遙望對馬島見大洋萬里風濤蹴天意謂危險若此安可奉上國使臣冒險輕進雖至對馬島彼俗頑獷無禮義設有不軌將如之何是以與俱而還且日本素與小邦未嘗通好但對馬島人時因貿易往來金州."

14세기 중반부터 자주 등장하기 시작한다. 이를테면 1369년(공민왕 18) 7월 거제 남해현(巨濟 南海縣)에 살던 투화왜인들이 배반하여 자기 나라로 돌아갔다는 『고려사』 기록이 그것이다.[21] 또한 같은 내용을 『동국통감』에서는 더욱 구체적으로 기술하고 있다. 처음 왜인이 거제(巨濟)에 살면서 영구히 화친(和親) 맺기를 원하였으므로 고려에서 믿고 허락하였는데, 1369년(공민왕 18) 11월 입구(入寇)하여 영주(寧州)·온수(溫水)·예산(禮山)·면주(沔州)에서 조선(漕船)을 약탈하였다고 기록하고 있다.[22] 그리고 『고려사』 「김선치전」에서는 다음과 같은 내용이 전하고 있다. 1375년(우왕 원년) 7월 왜인 등경광(藤經光)이 그 졸도를 데리고 와서 앞으로 상륙해 약탈할 것이라고 협박하면서 양식을 요구였을 때, 고려 조정에서 이들을 순천(順天), 연기(燕岐) 등지에 분산 배치하고 정부 양곡을 공급하면서 유인해 살해하려 했다는 기록이 그것이다.[23]

또한 14세기 중반 간신 최유가 원의 황제에게 보고한 내용 속에, 경상도와 전라도에 왜인 만호부(倭人萬戶府)를 설치하고 왜놈들을 유인해서 금부(金符)를 주어 귀국(원)을 응원하도록 시키겠다는 간언이 있다.[24] 이 같은 내용 속에서도 이미 상당수의 왜인이 남해 일대에 거주하고 있지 않았을까 짐작할 수 있다.

그렇다면 투화왜인의 목적은 무엇이고 고려의 대책은 어떠했을까? 이미 살펴보았듯이 고려 초기와 후기 왜인 투화인은 임시적인 거처나

---

[21] 『고려사』 권41 세가41 공민왕 18년(1369) 7월조, "辛丑 巨濟南海縣投化倭叛歸其國."

[22] 『동국통감』 공민왕 18년(1369) 11월조.

[23] 『고려사』 권114 열전27 김선치전, "辛禑初倭藤經光率其徒來聲言將入寇恐愒之因 索粮 朝議分處順天燕歧等處官給資糧尋遣密直副使金世祐諭先致誘殺　先致大具酒 食欲因餉殺之."

[24] 『고려사』 권131 열전44 반역5 최유전, "濡又托權勢謀起大兵而東且請于帝曰 如得 還國盡發丁壯以充天子衛兵又獻糧餉及女子歲以爲常且於慶尙全羅置倭人萬戶府招 誘倭人授金符使爲上國之援."

피난처를 구하려는 목적이 있었던 것으로 생각된다. 이것에 대한 고려의 대응은 투화왜인을 분산 배치시키고 임시로 집단거주를 허가하는 정도의 소극적인 배려가 전부였다.

그렇다면 북쪽의 야인과 달리 남쪽에서 왜인 투화자의 기록이 상대적으로 적게 나타나는 이유는 무엇일까? 투화왜인이 다수 존재했지만 기록에 남지 않았는지 혹은 성가신 존재였기 때문에 고려조정의 관심 밖이었는지 단정적으로 결론 내리기는 쉽지 않다. 다만 단선적으로 추측해 보건대 고려는 대왜인 정책보다 대야인 정책에 더 큰 관심을 가지고 있었던 것으로 생각해 볼 수 있다.

그럼 다음에는 조선의 왜인 투화자에 대한 정책은 고려시대 투화자 수용정책의 연장선에서 어떠한 정책이 전개되었는지 살펴볼 필요가 있겠다.

## Ⅲ. 조선 전기 투화왜인과 삼포

### 1. 투화왜인의 회유와 그 부작용

조선 초기에 접어들면서 고려와 비교하여 투화왜인[25]의 상황이 일변한다. 왜인의 투화 빈도와 투화해 오는 왜인의 수가 고려시대의 그것과 비교가 될 수 없을 만큼 일시에 증가하고 있기 때문이다. 따라서 조선 조정의 입장에서 이들에 대한 적극적인 대응이 대왜(對倭)관계의 선결

---

25) 기존의 연구에서는 조선에 거주 혹은 왕래하던 왜인을 부르는 명칭은 사송왜인(使送倭人)·흥리왜인(興利倭人)·향화왜인(向化倭人)·투화왜인(投化倭人) 등 다양하다. 그러나 본고에서는 이러한 구분을 하지 않고 조선에 단기 혹은 장기간 거주하는 투화왜인을 중심으로 '집단거주지'의 문제를 논하고자 한다.

문제로 급부상하였다.

그렇다면 조선에서 왜인의 집단거주를 언제부터 합법적인 인정하였
는가? 이것을 분석해 보면 조선의 왜인 회유책이 체계화되는 시점을 파
악할 수 있을 것으로 생각한다.

〈표1〉 조선 초기 왜인 거주기록

| 장소 | 중심내용 | 출처 년대 | 기사 내용 |
|---|---|---|---|
| 富山浦<br>(釜山浦) | 왜인거주 | 1418년(태종 18) 3월 | 부산포 거주하는 왜인 |
| | | 1418년(세종 원년) 9월 | 왜인이 부산포와 내이포에 모여드니…<br>(후략) |
| | | ・<br>・ | ・<br>・ |
| 乃而浦<br>(薺浦) | 왜인거주 | 1418년(세종 원년) 9월 | 왜인이 부산포와 내이포에 모여드니…<br>(후략) |
| | | 1419년(세종 원년) 6월 | 내이포에 온 왜인은 분치하고, 平望古외 21<br>인 목을 베니…(후략) |
| | | | ・<br>・ |
| 鹽浦 | 왜인거주 | 1418년(태종 18) 3월 | 염포와 가배량에 각각 왜관을 설치하여<br>항거왜인을 나누어 거주하게…(후략) |
| | | ・<br>・ | ・<br>・ |
| 加背梁 | 왜인거주 | 1418년(태종 18) 3월 | 염포와 가배량에 각각 왜관을 설치하여<br>항거왜인을 나누어 거주하게…(후략) |
| | | ・<br>・ | ・<br>・ |

먼저 산발적으로 고려에서 거주하던 소수의 왜인들이 조선 건국 이
후에도 자연스럽게 조선 내에서 거주한 것으로 보는 것이 무난할 것이
다. 이를테면 『태종실록』에서 1407년(태종7) 7월 투화한 왜인 평도전(平
道全)을 원외사재소감(員外司宰少監)으로 삼고, 은대(銀帶)를 하사하고
있다.[26] 이 기록에서 따르면 기존의 연구에서 사용하는 용어 '수직인제

도(受職人制度)', 즉 왜인의 투화자에게 벼슬을 하사하는 제도가 조선 초
기부터 존재하였음을 알 수 있다.

또 <표 1>에서 보면 조선은 1418년(태종 18) 염포(鹽浦)와 가배량
(加背梁)에 왜관을 설치하고 항거왜인을 거주시키고 있다. 그렇다면 조
선은 밀려들어 오는 왜인 투화자만을 수용하는 수동적인 정책으로 일관
하였을까? 이를테면 1419년(세종 원년) 10월 대마도 종준(宗俊) 등의 투
화를 성사시키는 큰 공이 있는 자에게는 벼슬을 주고 적은 자에게는 백
성이 되게 해주겠다고 설득하고 있다.[27] 이처럼 조선은 투화를 권유하
고 큰 상을 주는 것이 조선의 원칙적인 투화 종용정책이었다. 즉 대마도
를 조선으로 끌어들이기 위한 방법으로서 종준(宗俊)의 투화를 정책적으
로 추진하고 있는 것이다.

그리고 1423년(세종5) 6월에 귀화한 왜인 평삼보라(平三甫羅)의 장인
전거(全車)가 사망하였을 때, 경상도 감사가 자원해서 애도의 뜻으로 미
두(米豆) 각 3석을 요청하는 보고를 올리고 있다.[28] 따라서 가족 혹은
집단 단위의 투화 왜인에 대한 체계적인 회유와 통제가 이미 태종-세종
년간에 존재했던 것으로 보아도 무방할 것이다.

이처럼 조선은 초기에 고려시대부터 거주하던 왜인과 새로 입국을
희망하는 왜인, 그리고 교역을 목적으로 조선에 접근해 오는 왜인(흥리
왜인)의 문제까지 상황 변화에 따라 다양하게 적응해 가야만 했다.

그러면 이미 투화해서 집단 거주하는 투화왜인의 사후관리는 어떠했
는가? 조선은 전례에 따라서 투화한 사람들에게 3년 동안 직(職)에 있고

---

26) 『태종실록』 권14 태종 7년(1407) 7월 15일조, "以平道全爲員外司宰少監 賜銀帶
　　道全 日本人之投化者也."
27) 『세종실록』 권5 세종 1년(1419) 10월 11일조, "其必如宗俊等親來投化 乃許其降
　　大者爲官 小者爲民 聽其所願 使安生業. 汝往曉諭島人 其速來報."
28) 『세종실록』 권20 세종 5년(1423) 6월 27일조, "慶尙道監司報 自願投化倭人平三甫
　　羅妻父全車物故 請給助哀米豆各三石 從之."

없고를 불문하고 봄·가을에 겹옷 한 벌, 여름에 홑옷 한 벌, 겨울에 유의(襦衣) 한 벌씩을 주고 있었다. 그런데 1423년(세종 5) 5월 예조에서 갓·신 이외에 의복은 매 1인당 봄·여름에 저포(苧布) 2필, 면마포(綿麻布) 각 1필과 가을·겨울에 면주(綿紬) 4필, 저포(苧布) 2필, 면포(綿布) 1필, 면자(綿子) 3근 7냥을 항상 주도록 다시 결정하고 있다.[29] 이처럼 투화왜인에 대해서 투화의 종용뿐만 아니라 투화 이후의 안정적인 생활까지 관리하는 세심한 배려가 있었다.

심지어는 투화 왜인에게 높은 관직과 재물, 그리고 본향을 하사하는 경우도 있었다. 예를 들어 1413년(태종 13) 8월 종정무(宗貞茂)가 보낸 객인(客人)과 임온(林溫)이 보낸 객인 등이 와서 토물(土物)을 바쳤는데, 임온의 경우 투화해 와서 장군직(將軍職)을 받고 있다.[30] 또 1456년(세조 2) 10월 신숙주가 신사야문(信沙也文)과 삼보난쇄모(三甫難灑毛)에게 모두 관직을 내리고, 신사야문을 불러들여서 지위에 따라서 쌀과 콩을 하사하도록 상소하고 있다.[31]

또 1448년(세종 30) 12월 투화한 왜인 호군(護軍) 등구랑(藤九郎)에게 쌀·술·소금·간장·어육(魚肉) 등을 하사하고 있다.[32] 특히 1465년(세조 11) 10월 세조는 장가로(將家老)인 등안길(藤安吉)을 불러들여 술을 내리도록 하고, 격인(格人)이 투화하여 오면 후대하고, 또 유인하여 투화시킬

---

29) 『세종실록』 권20 세종 5년(1423) 5월 13일조, "禮曹啓 前例 投化人等限三年 勿論有無職 給春秋袷衣一襲 夏節單衣一襲 冬節襦衣一襲. 今濟用監事煩 製造爲難 請笠靴外衣服 每一名給春夏等苧布二匹縣麻布各一匹 秋冬等綿紬四匹 苧布二匹 縣布一匹 縣子三觔七兩 以爲恒式 從之."

30) 『태종실록』 권26 태종 13년(1413) 8월 8일조, "宗貞茂使送客人及林溫使送客人等來獻土物. 溫投化來仕, 受將軍之職 後還入對馬島 爲倭萬戶."

31) 『세조실록』 권5 세조 2년(1456) 10월 21일조, "且信沙也文 三甫難灑毛皆除司直而信沙也文 則招來侍衛爲可 請崁上裁."

32) 『세종실록』 권122 세종 30년(1448) 12월 23일조, "乙亥 賜投化倭護軍藤九郎米酒鹽醬魚."

것을 명하고 있다.[33] 또 1469년(성종 원년) 12월 신숙주는 왜인 평무속
(平茂續)이 그의 아버지 때부터 국가에서 해마다 하사(下賜)하는 쌀을 받
았고, 그가 투화하여 온 때에도 쌀을 하사했는데, 지금은 그의 집이 매
우 군핍(窘乏)하므로 쌀과 먹을 것을 하사하여 그에게 우대한다는 뜻을
보이도록 권유하고 있다.[34] 이처럼 조선에서는 투화자에 대해서 조선
내에서의 안정적인 생활까지도 배려하는 조선의 정책이 실시하고 있다.

더구나 1462년(세조 8) 4월 이조(吏曹)에서 투화왜인인 행대호군(行大
護軍) 평순(平順)에게 창원(昌原), 피상의(皮尙宜)에게 동래(東萊)를 본향
으로 내려 주고 있다. 그런데 평순의 아버지인 중추원 부사(中樞院副使)
평원해(平原海)와 피상의(皮尙宜)의 아버지인 부사직(副司直) 피사고(皮
沙古)는 이미 조선으로부터 관직을 하사받은바 있었다. 그리고 이 둘
은 조선에서 나서 태어나고 자라서 3품의 벼슬에 올라 있었다.[35] 이처
럼 2대에 걸쳐서 조선에서 투화한 왜인에게 관직과 본향을 하사하는 경
우가 있었다.

그러나 조선의 입장에서 투화왜인 회유정책에는 부작용이 따르고 있
었다. 우선 1418년(태종 18) 3월 하연(河演)의 상소에서는 투화한 왜인
등이 와서 조선에 의지해서 실기 때문에 이들에게 들어가는 비용이 적
지 않으므로 이제부터 양식을 주지 말도록 건의하고 있다. 그러나 조정

---

33) 『세조실록』 권37 세조 11년(1465) 10월 6일조, "令將家老 藤安吉入閤內進酒 傳曰
此輩格外人也 投化而來 當如是厚遇. 汝等其各誘引種類可任者 投化已來."
34) 『성종실록』 권1 성종 즉위년(1469) 12월 24일조, "癸酉/禮曹兼判書申叔舟啓曰 今
來倭人平茂續 自其父在時 國家歲有賜米. 茂續投化來 其時亦賜米 今無所賜. 臣聞
茂續家甚窘乏 請賜米及食物 以示優待之意. 乃命賜米 豆幷十碩及食物."
35) 『세조실록』 권28 세조 8년(1462) 4월 24일조, "吏曹據投化倭人行大護軍平順等狀
告啓 平順父中樞院副使原海 則去丙子年 皮尙宜父副司直沙古則去己卯年出來 侍
衛身死. 後臣等生長於此 特蒙上恩 官至三品 但無本鄕 至于子孫 以日本稱鄕未便.
乞依梅佑 唐夢璋例賜鄕. 臣等照得平順 尙宜等生于本國 侍衛已久 請賜鄕. 命賜尙
宜東萊 順昌原."

은 평도전(平道全) 등으로 인하여 지금까지 보전할 수 있었으므로 이들
이 아직 조선에서 정착하지 못했을 때에 양식을 주어서 궁핍함을 도와
주는 것을 당연한 일이라고 결정하고 있었다.[36)

그리고 시간이 상당히 흐른 뒤에도 1418년과 같은 투화왜인 지원이
실시되고 있었다. 따라서 1455년(세조 원년) 10월 향화왜인(向化倭人)·
향화야인(向化野人) 등이 받는 월름(月廩)·의전(衣纏)·마료(馬料) 등의 수
량이 지나치게 많다고 보고, 해당 관청으로 하여금 그들이 투화한 시기
가 멀고 가까움과 생계가 넉넉하고 가난함에 따라서 그 접대의 경중(輕
重) 등을 고찰하여 그 수량을 적당히 헤아려 감하도록 건의하고 있다.[37)
또한 북쪽으로는 야인(野人)이 있고 남쪽으로는 왜(倭)가 있어, 투화(投
化)하여 오는 자가 날로 끊이지 않으므로 이를 다 접대하려면 국가재정
이 수요를 응하기 어렵고, 이를 거절하면 변경(邊境)에 근심이 생길 것
을 고민하고 있다.[38)

또한 투화왜인 뿐만 아니라 대(對)일본국교 관계에서 입국하는 사행
의 접대도 커다란 부담이 되었다. 즉 조선에 도항하는 왜인은 통교인이
지만 진상과 회사의 조공무역을 행하고 있었기 때문에, 조선정부는 그

---

36) 『태종실록』 권35 태종 18년(1418) 16년) 3월 20일조, "代言河演啓曰 投化倭人等
　　來居我國 非一二年矣. 而猶賴國家資生 其支費不資 請自今勿復給糧. 敎曰 此人等
　　初來我國 不習家産之時 宜給糧以補乏 旣習我國之事而已成其生, 可以耕田而食也.
　　寄食我國 以爲恒例 則無窮之欲 何時而已乎 近者平道全與弟皮郞書 賊人等造船一
　　百五十隻 欲掠中國 其於往來 邊鄙之患可勝言哉. 我國因平道全等 至今得保 此特
　　權時之意也. 賊等多逞不義 宜當自減. 若不自減 則豺狼之暴 何時而已乎. 儻中國知
　　我國交通而不救中國之患 則非特無事大之誠 其終必有腹心之疾 予以此慮之無已."
37) 『세조실록』 권2 세조 원년(1455) 10월 17일조, "向化倭 野人等 所受月廩 衣纏 馬
　　料之數過多 令該曹考其投化年月久近 活計豐約與夫接待輕重 量減其數."
38) 『세조실록』 권11 세조 4년(1458) 윤2월 25일조, "我國家北有野人 南有島倭 投化
　　糊口者 日加絡繹 盡欲接之 則調度不裕 難以應溪壑之需 欲拒之不納 則非特違招撫
　　之義 或生邊境之虞 將何術以處之."

들이 도항해서 귀환할 때까지의 접대비용을 부담하였다.[39] 이처럼 투화 왜인의 관리와 사행의 접대비부담은 조선정부의 막대한 재정적 부담을 초래하고 있었다. 이처럼 왜인에게 관직을 주고 안정적인 정착과 거주를 돕기 위해서 의복과 식량을 지원해 주는 투화왜인 수용정책은 수십 년간 조선의 재정에 커다란 압박으로 작용하였다. 따라서 국가재정의 부담과 변경의 안정 중에서 어느 것을 선택할 것인가가 조선의 고민이었다.

한편 투화 왜인들의 불법적 약탈이 조선 내에서 자행되고 있었다. 이것은 1494년(성종 25) 2월 정괄(鄭佸)·신종호(申從濩)·허계(許誡)·박원종(朴元宗) 등의 의논에 잘 나타나 있다. 제포(薺浦)의 왜인이 귀화한 지 이미 오래인데, 조선의 국법을 두려워하지 않고 어량(魚梁)을 강탈 점거하고 조선 관리까지 구타하는 행위를 자행하고 있었다.[40] 따라서 조선은 왜인(왜구를 포함해서)의 회유와 동시에 왜인을 통제할 수밖에 없었고, 이것의 조화로운 전략이야말로 조선이 당면한 과제였다.

## 2. 투화왜인의 통제와 피난처로서의 조선

조선은 투화왜인에 대해서 회유와 통제를 병행하고 있었다. 예를 들면 1424년(세종 6) 5월 조선내의 여러 섬에 거주하는 왜인과 일찍이 투화하여 와서 사는 왜인이 자기들끼리 사사로이 소식을 통하는 것은 온당하지 못하다고 판단하고 상호내통을 금지시키고 있다.[41]

당시 조선에는 다수의 흥리(興利)왜인이 밀려 들어왔고 이들의 선박

---

39) 한문종, 「조선전기 倭人統制策과 통교위반자의 처리」, 『日本思想』 7, 2004, 57쪽.
40) 『성종실록』 권287 성종 25년(1494) 2월 27일조, "鄭佸 申從濩 許誡 朴元宗議 薺浦倭人 投化已久 不畏國法 占奪魚梁 以至毆打官差 罪固大矣."
41) 『세종실록』 권24 세종 6년(1424) 5월 14일조, "禮曹啓 人臣義無私交 今諸島住倭人及曾投化來居倭人私通消息 未便 請禮曹呈書外 自中私通消息痛禁 從之."

이 도서 연안의 각 포구에 흩어져 정박하였기 때문에 이것을 제대로 통제하는 일이 여의치 않았다. 따라서 조선은 흥리왜인이 각 포구에 자유롭게 출입하면서 야기되는 몇 가지 문제를 간파하였다. 첫째로는 군사적으로 조선 병선의 허실이 탐지되는 것, 둘째로는 이미 해변 고을에 거주하는 왜인과 일본을 오가던 흥리왜인이 접촉하여 여론이 문란해지는 것이었다.[42]

시기의 차이는 있지만, 1497년(연산군 3) 1월 왜인 승려 설명(雪明)이 일본에 돌아가려 할 때, 예조의 보고에서 8도를 횡행하면서 산천의 험하고 평탄한 것과 민간의 사소한 일까지 두루 알고 있으므로 본토로 도로 들어가는 것은 지극히 이롭지 못하므로 투화인의 예에 따라서 경(京) 안에 살게 하도록 종용하고 있다.[43] 이러한 결정의 배경에는 아직 통교왜인에 대한 제 규정이 정비되지 않아서 흥리왜인들이 해안지방을 왕래하며 마음대로 교역하고, 또한 조선 거주 왜인들과 접촉하여 연해지역에서 군사상의 비밀을 정탐하는 등 많은 치안상·경제상의 폐단을 야기했기 때문이었다.[44]

또한 1468년(세조 8) 4월 투화왜인 평무속(平茂續)이 대마주(對馬州)

---

42) 『태종실록』권14 태종 7년(1407) 7월 27일조. 1407년(태종 7) 7월 경상도 병마절제사 강사덕(姜思德)의 건의는 이미 흥리왜인들이 각 포구에 흩어져 정박하고 있어서 실제로 이들을 통제하는 것이 어려웠으므로 이미 조선에 거주하고 있는 왜인이 본국과 자유롭게 왕래하는 흥리왜인과 접촉하는 것을 그대로 방치할 수 없다고 판단하여 조선 거주 왜인을 육지의 먼 곳으로 옮길 것을 건의하고 있다.

43) 『연산군일기』권21 연산군 3년(1497) 1월 7일조, "禮曹啓 倭僧雪明供云 俺日本國博多島人. 生十四歲時 對馬島居倭而羅時羅入來語俺曰 若往朝鮮 則衣食備給 爵秩亦加. 俺與同類六人 樂聞其言 甲午正月 隨到薺浦. 而羅時羅賣俺及同類人等於恒居倭人 俺憚其奴役 削髮爲僧 遍觀大國諸山 適國法禁僧甚嚴 長髮爲俗 寄寓恒居倭人而羅多羅家 欲還本土. 觀所供之詞 雪明橫行八道 山川險夷 民間細事 無不周知. 還入本土 至爲未便 請依投化人例 俾居京中 從之."

44) 한문종, 「조선 전기 한일관계와 1407년의 의미」, 『지역과 역사』 22, 2008, 18-19쪽 참조.

로부터 돌아왔다는[45] 내용의 『세조실록』에서 보이듯이, 당시 투화왜인
에 대한 출입을 지속적으로 통제 관리하고 있었음을 알 수 있다.

물론 조선은 투화왜인과 마찬가지로 북방의 야인들에게도 회유와 통
제정책을 병행하고 있었다. 1437년(세종 19) 9월 야인이 파저강을 건너
도망쳐 와서 토지, 벼슬, 녹봉을 요구하며 귀화할 길을 열어 달라고 간
청하였으나 되돌려 보내고 있다.[46] 1441년(세종 23) 1월 여진의 어부로
(於夫老)의 아들 권변(權邊)이 귀화하여 부사직(副司直)을 제수하였더니
하직하므로 의복·목화·갓을 내려 주었다는 내용도 보인다.[47] 같은 해
3월 귀화한 우을주(亏乙主) 등 21인에게 종자와 양식을 주어 길주(吉州)
에서 살게 하기도 하였다.[48] 또 11월 오랑합(吾郞哈) 주보비(朱甫非)가
건주(建州)로 투화해 오니, 장가를 보내주고 옷·이불·노비 등을 주어 편
히 생활하도록 해주었다는[49] 기록이 보인다. 심지어는 1466년(세조 12)
11월 야인으로서 투화해 오는 사람은 족속(族屬)의 강약에 따라 3등으로
나누어서 1등은 문음(門蔭) 사대부(士大夫) 집과 2등은 잡직(雜職) 사대
부(士大夫) 집과 3등은 평민(平民) 집과 통혼(通婚)하도록 하자는 대사헌
(大司憲) 양성지(梁誠之)의 상소도 존재한다.[50]

이처럼 조선에서 왜인과 야인 투화자들을 회유하기도 하고 적극적으

---

45) 『세조실록』 권45 세조 14년(1468) 1월 19일조, "庚辰 投化倭人平茂續 自對馬州來"
46) 『세종실록』 권78 세종 19년(1437) 9월 29일조, "自婆猪江逃來投化者頗多. 獻議者云
　　或給土田 及賜爵祿 以開投化之路. 大臣皆以謂 是皆逋逃之人也. 宜從酋長之請 並還
　　本土. 予以爲然 許令還送. 旣而問之 來請者率投化者纔越江 盡射殺之 予乃悔焉."
47) 『세종실록』 권92 세종 23년(1441) 1월 26일조, "先是 女眞指揮於夫老子權邊來投
　　授副司直 至是辭賜衣服靴笠."
48) 『세종실록』 권92 세종 23년(1441) 3월 4일조, "辛丑 投化亏乙主等二十一人 賜種
　　糧 安業于吉州."
49) 『세종실록』 권94 세종 23년(1441) 11월 16일조, "己酉 御勤政門受朝 吾郞哈朱甫
　　非 自建州投化來朝 命娶妻 給衣衿奴婢 以安其生."
50) 『세조실록』 권40 세조 12년(1466) 11월 2일조, "今後野人之投化者 以族屬強弱 分
　　爲三等. 一等於門蔭士大夫家 二等於雜職士夫家 三等於平民家通婚."

로 지원하기도 하였지만, 한편으로는 투화를 거부하거나 통제하는 경우
도 있었다. 따라서 조선의 왜인과 야인에 대한 통제와 관리는 고려의 그
것보다 체계적으로 유지되고 있었다.

그렇다면 왜인이 조선에 투화해 오는 목적은 무엇인가? 첫째, 피난지
로서 조선을 선택하는 경우가 있었다. 1437(세종 19) 3월 종정성(宗貞盛)
이 대마도에서 도망하여 온 사람을 찾아 돌려보내 줄 것을 청하고 있다.
그 내용은 대마도의 백성 마삼랑(馬三郎) 등 26명이 배를 훔쳐 가지고
도망하여 조선의 산달포(山達浦)에 정박하고 있으니 조선에서 속히 돌려
보내 달라는 것이었다.[51]

둘째, 무엇보다도 교역을 통한 '경제적 이익'의 추구였다. 이미 앞에
서 조선에서 실시한 다양한 투화왜인의 지원정책을 열거하였다. 그럼에
도 조선에서 금지한 품목을 밀매하는 투화왜인이 간혹 있었던 것 같다.
투화한 왜인 표사온(表思溫)·표명(表明) 등이 왜인과 사사로이 내통하여
몰래 금(金) 41냥(兩) 1전(錢), 은(銀) 1백 47냥 진주(眞珠) 78매(枚)를 밀
매하다가 의금부에 들통이 난 사건이 그것이다.[52]

따라서 왜인이 조선에 투화하는 목적은 피난처로서 '삶의 터전"의 확
보와 교역을 통한 '경제적 이익'의 추구였다고 생각할 수 있다.

## 3. 삼포에서의 왜인 거주와 생활

그렇다면 조선에서 집단거주 특구라고 할 수 있는 삼포에 거주하는
왜인의 삶은 어떠한가?

---

51) 『세종실록』 권76 세종 19년(1437) 3월 3일조, "宗貞盛請刷還本島逃來人 其書略曰
本島百姓馬三郎等二十六名 去年偸船逃出 到泊山達浦 請速遣還."
52) 『세종실록』 권109 세종 27년(1445) 8월 5일조, "丙午 義禁府啓 投化倭表思溫 表
明等私通倭人 潛相買賣金四十一兩一錢 銀一百四十七兩 眞珠七十八枚 並沒官 從
之 思溫杖死獄中."

우선 삼포에서 왜인의 삶을 알아보기 전에 삼포의 설치시기를 살펴
보아야 할 것 같다. 기존의 연구에서는 부산포와 내이포의 설치시기와
관련해서 몇 가지 설이 주장되었다. 먼저 1407년(태종 7)에 설치되었다
고 보는 설53)과 1409년(태종 9) 설치로 보는 설54)로 크게 대별해 볼 수
가 있다. 그런데 1407년 경상도 병마절제사 강사덕(姜思德)이 각 포소
(浦所)의 사정을 상서하는 내용의 기록을 보도록 하자.

> 흥리 왜선(興利倭船)이 각 포구에 흩어져 정박하여 병선(兵船)의 허실(虛實)
> 을 엿보고 있으니 실로 미편합니다. 지난번에 도절제사(都節制使)가 의정부(議
> 政府)에 보고하여, 좌우도 도만호(左右道都萬戶)가 방어하는 곳에 와서 정박하
> 도록 하였으나, 여러 섬의 왜선에게 두루 알리지 못한 까닭에 전과 같이 각
> 포(各浦)에 흩어져 정박합니다. 청컨대, 각 섬의 거수(渠首)에게 두루 알리고,
> 행장(行狀)을 만들어 발급하여 도만호(都萬戶)가 있는 곳에 와서 정박하게 하
> 여 속이고 위장하는 것을 막고 체통을 세우도록 하소서…55)

여기에서 상서문의 내용을 살펴보면 도절제사(都節制使)가 의정부(議
政府)에 보고한 내용 속에 좌우도 도만호(左右道都萬戶)가 방어하는 곳에
와서 정박하도록 왜선들에게 명령하는 것으로 되어 있다. 이 내용으로는
포소로 정해진 곳이 어느 곳인지 불명확하지만, 이미 1407년 이전부터
부산포와 내이포가 포소로 운영되고 있었을 가능성을 배제할 수가 없다.

---

53) 이현종,『朝鮮前期對日交涉史硏究』, 한국연구원, 1964 ; 김의환,「부산왜관의 변
천과 日本 專管居留地」,『朝鮮近代對日關係史硏究』, 1979 ; 한문종,「조선 전기
한일관계와 1407년의 의미」,『지역과 역사』22, 2008.

54) 나종우,「조선 초기 대일본 통제책에 대한 고찰」,『如山柳炳德博士華甲紀念韓國
哲學宗敎思想史』, 1990 ; 장순순,「조선 전기 왜관의 성립과 조·일외교의 특질」,
『한일관계사연구』15, 2001.

55)『태종실록』권14 태종 7년(1407) 7월 27일조, "興利倭船 於各浦散泊 窺覘兵船虛
實 實爲未便. 前番都節制使報于議政府 使於左右道都萬戶防禦之處到泊 (令)諸島倭
船不能通知其故 依前於各浦散泊. 乞通諭各島 渠首行狀成給 使於都萬戶在處到泊
以防詐僞 以一體統

〈표2〉 조선 초기 삼포개항에 관한 연차별 기록

| 장소 | 내용 | 출처 년대 | 기사 내용 |
|---|---|---|---|
| 富山浦 (釜山浦) | 흥리왜인의 내항과 부산포의 개항 | <u>1407년(태종 7) 7월</u> | 흥리왜선이 左右道 都萬戶가 방어하는 곳에 와서 정박하도록 하였으나… (후략) |
| | | 1412년(태종 12) 8월 | 왜선 17척 富山浦 來泊 |
| | | 1417년(태종 17) 9월 | 富山浦 정박 |
| | | <u>1418년(태종 18) 3월</u> | 일본 客人과 흥리왜선이 이르러 정박 |
| | | <u>1418년(세종 원년) 9월</u> | 왜인이 부산포와 내이포에 모여드니…(후략) |
| | | 1423년(세종 5) 4월 | 왜선 4척 富山浦에서 乃而浦로 돌아가 정박하도록…(후략) |
| | | <u>1423년(세종 5) 10월</u> | 객인이 숙박하는 乃而浦와 富山浦 두 곳에 船軍으로 하여금 館舍와 창고를 더 짓게 하고…(후략) |
| | | 1424년(세종 6) 12월 | 지금 조선이 乃而浦와 富山浦 이외에는 통행하지 못하게 하고…(후략) |
| | | <u>1426년(세종 8) 1월</u> | 내이포와 부산포 이외에 蔚山의 鹽浦에서도 무역을 허가하기로 하였으니…(후략) |
| | | . | . |
| 乃而浦 (薺浦) | 흥리왜인의 내항과 내이포의 개항 | <u>1407년(태종 7) 7월</u> | 흥리왜선이 左右道 都萬戶가 방어하는 곳에 와서 정박하도록 하였으나.. 내이포는 흥리왜선과 倭客의 使船이 항상 정박하니…(후략) |
| | | <u>1418년(세종 원년) 9월</u> | 왜인이 부산포와 내이포에 모여드니…(후략) |
| | | 1420년(세종 2) 11월 | 대마도 상선이 乃而浦에 도착 |
| | | <u>1423년(세종 5) 4월</u> | 왜선 4척 富山浦에서 乃而浦로 돌아가 정박하도록…(후략) |
| | | <u>1423년(세종 5) 10월</u> | 객인이 숙박하는 乃而浦와 富山浦 두 곳에 船軍으로 하여금 館舍와 창고를 더 짓게 하고…(후략) |
| | | 1423년(세종 5) 11월 | 回禮使의 선박이 일본 국왕사의 배 18척과 함께 乃而浦에 도착 정박하였다. |
| | | 1424년(세종 5) 1월 | 京中과 각도에 산재한 왜인 80명을 乃而浦에 모이게 하고…(후략) |
| | | 1424년(세종 6) 12월 | 지금 조선이 乃而浦와 富山浦 이외에는 통행하지 못하게 하고…(후략) |

| | | 1426년(세종 8) 1월 | 내이포와 부산포 이외에 蔚山의 鹽浦에서도 무역을 허가하기로 하였으니…(후략) |
|---|---|---|---|
| | | · · | · · |
| 鹽浦 | 흥리왜인의 내항과 염포의 개항 | 1417년(태종 17) 10월 | 염포는 왜선이 연속하여 정박하는데…(후략) |
| | | 1418년(태종 18) 3월 | 염포와 가배량에 각각 왜관을 설치하여 항거왜인을 나누어 거주하게…(후략) |
| | | 1426년(세종 8) 1월 | 내이포와 부산포 이외에 蔚山의 鹽浦에서도 무역을 허가하기로 하였으니…(후략) |
| | | · · | · · |
| 加背梁 | 흥리왜인의 내항과 가배량의 개항 | 1418년(태종 18) 3월 | 염포와 가배량에 각각 왜관을 설치하여 항거왜인을 나누어 거주하게…(후략) |
| | | 1433년(세종 8) 2월 | 宗貞盛이 加背梁·仇羅梁·豆毛浦·西生浦 내왕하면서 교역을 청하였으나, 이미 富山·乃而浦·鹽浦에서 장사를 허가하였으므로 허락하지 않았다. |
| | | 1435년(세종 10년) 10월 | 加背梁에 왕래하면서 무역하는 것을 금지 |
| | | · · | · · |

그리고 <표 2>에서 보는 바와 같이 1418년(태종 18) 왜인 거주와 흥리왜인의 증가로 염포와 가배량에 왜관을 설치하고 왜인의 집단 거주를 허가하기에 이르렀다. 따라서 1418년이 되면 왜인이 집단거주하고 도항할 수 있는 포소를 부산포·내이포·염포·가배량 등 4곳으로 확대하고 있음을 알 수 있다. 그러나 1419년에 이르면 조선의 대마도 정벌로 대마도와의 외교관계가 단절되었고 포소도 폐쇄되었다. 그런 이후에 1423년(세종 5) 부산포와 내이포가 다시 개항되었고, 1426년(세종 8) 염포도 추가로 개항되면서 이른바 '삼포(三浦)'의 시대가 열리게 되었다. 그러나 삼포의 유지와 운영에 부작용이 지속적으로 나타나고 있었다.

1432년(세종 14년) 삼포에 정박했던 객인들이 수로(水路)를 경유하여 상경할 때, 반드시 상주(尙州)·문경(聞慶)·충주(忠州)·김천강(金遷江)을 경유하기 때문에 각 고을과 각 역의 백성들은 농기를 놓치게 되므로 이탈하여 도망하고 있다는 내용의 보고가 그것이다.56)

또 삼포 왜인의 인원수와 관련해서 정해놓은 수보다 많은 왜인의 거주가 문제로 나타났다. 1436년(세종 18) 3월 대마도 종정성(宗貞盛)이 예조에 서신을 보내서 돌아가기를 원하는 사람은 모두 돌려보내고 그대로 거주하기를 원하는 사람은 조선 백성으로 삼으며, 자신의 관하의 60인에 대해서 특별히 이전처럼 삼포에 거주하게 해 달라고 간청하고 있다. 이때에 조선은 내이포에 거주하는 왜인 253인과 염포에 거주하는 왜인 96인과 부산포에 거주하는 왜인 29인을 찾아 돌려보내고, 종정성이 남겨 두기를 청한 사람과 그대로 머물러 살기를 진정 원하는 206인 만을 그대로 삼포에 거주하도록 허가하고 있다.57) 이처럼 조선은 삼포의 과도한 왜인을 되돌려 보내고 일정한 인원을 유지하기 위해서 신경을 쓰고 있었다.

또 삼포에 입항하는 사송선(使送船)에 식량을 배급하는 문제를 놓고 승선 인원수를 정하고 있다. 1439년(세종 21) 사송선을 대·중·소(大中小)와 소소선(小小船)으로 구분하고, 대선(大船)에는 격인(格人) 40명, 중선 30명, 소선 20명, 소소선 10명으로 승선인원을 정하고 있다. 이것은 삼포에 입항하는 왜인의 수를 정하여 불필요한 경비지출을 막고자 하는 일종의 왜인 거주제한 정책이었다.58)

---

56) 『世宗實錄』 권55 세종 14년(1432) 1월 8일조, "三浦到泊客人 雖由水路上京 必經尙州 聞慶忠州金遷江 故各官各驛之民 奔走失農 漸以流亡."

57) 『世宗實錄』 권71 세종 18년(1436) 3월 29일조, "遂遣敬差官于慶尙道 挨刷以送乃而浦住倭二百五十三人 鹽浦住倭九十六人 富山浦住倭二十九人. 其貞盛請留人及情願仍居二百六人 許令仍留."

58) 『세종실록』 권85 세종 21년(1439) 4월 27일조, "遣敬差官于對馬島 其事目曰 一,

또한 1440년(세종 22) 부첩(符牒)이 없이 각 포소를 무단으로 넘나드는 왜인에 대해서도 통제하고 있었다.[59] 그리고 1443년(세종 25) 도망 중에 있는 도적과 본국에서 죄를 지은 왜인이 성명을 바꾸어 삼포에 은익하고 있으면 찾아내도록 지시하고 있다.[60] 이처럼 조선은 도망자와 도적의 출입을 통제할 목적으로 왜인 통제를 강화하는데 주력하기도 하였다.

그렇다면 조선이 삼포에서 왜인의 거주인원 제한하고 출입을 통제하는 이유는 무엇인가? 1452년(단종 즉위년) 경상도 관찰사가 대마도를 눈앞의 도적이라 규정하고 이들이 삼포에 머물거나 바다를 건널 때 필요한 양곡이 1년에 12,000여석 이상이라고 하소연하고 있다.[61] 여기에는 대마도주에게 하사하는 쌀·콩 200석과 그 밖의 다른 왜인들에게도 매년 하사하는 쌀·콩 2-30석 혹은 4-50석의 식량도 포함되어 있었다.[62] 그리고 반세기가 흐른 1493년(성종 24)에도 그 비용은 3년간 45,000석이 소요된다는 보고가 있다.[63] 따라서 조선에서 왜인에 대한 거주제한과 통

---

使送船分大中小及小小船 大船則格人四十名 中船則三十名 小船則二十名 小小船則十名 定爲常數 一依定數給糧. 其數外人 不許給糧之意開說."

59) 『세종실록』권89 세종 22년(1440) 5월 26일조, "若無符牒下海者 令各浦禁遏 亦勿許過送."

60) 『세종실록』권102 세종 25년(1443) 12월 16일조, "予惟在逃本賊及得罪本國之倭 恐或變名易姓 潛來隱伏. 卿知此意 密諭舊住親信之倭曰 如有潛來者 盡心伺察以告 則國家必厚賞汝矣 多方設計以捕之."

61) 『단종실록』권4 단종 즉위년(1452) 12월 26일조, "慶尙道觀察使啓曰 對馬島實是 門庭之寇 須預儲兵糧 以備緩急 第因倭人等留浦 過海糧及供億浩繁 一年用度 不下 一萬二千餘石."

62) 『단종실록』권12 단종 2년(1454) 12월 7일조, "歲賜島主米豆二百石, 其餘酋長, 亦 各歲賜米豆二三十石、或四五十石, 又汝島之民."

63) 『성종실록』권278 성종 24년(1493) 윤5월 8일조, "廣原君李克墩來啓曰…(중략)… 一, 近年客人出來之數 比前日少減. 然考庚戌 辛亥 壬子三年 三浦所費之數 則大槪 四萬五百餘石 若有凶歉 國家將何以待之."

행 제한을 실시하는 이유는 조선이 부담하는 비용의 문제였던 것으로 생각된다.

반면에 삼포에서 장기 거주하는 왜인에게는 어떤 어려움이 있었을까? 첫째, 삼포에서 살고 있는 왜인에게는 조선에 대한 두려움과 공포가 있었다. 1478년(성종 9) 평국충(平國忠)이 대마도로 돌아가면서 삼포의 왜인들에게 조선 연해의 각 고을에서 무기를 준비하고 있으며 장차 왜인에게 크게 음식 대접을 할 것이라고 유언비어를 유포하였다. 이때에 왜인들이 크게 놀라서 아내와 자식을 이끌고 배에 태워서 변란에 대비하였다는 기록이 전한다.[64] 따라서 1419년 대마도정벌 이후에 삼포에 사는 왜인은 항상 병란에 대한 두려움을 가지고 있었던 것으로 생각된다.

둘째, 삼포 거주 왜인이 부담하는 이중의 세금 부담과 빈곤이었다. 삼포에 사는 왜인은 매년 세금으로 무명을 대마도주에게 바쳤는데, 대호(大戶)는 2필(匹), 소호(小戶)는 1필로서 삼포의 대관(代官)인 국장(國長)이 이것의 징수를 관장하고 있었다.[65] 또한 1494년(성종 25) 2월과 3월에 조선 조정에서 삼포 왜인이 조선의 백성과 다름없으므로 이들에게서 세금을 거두는 것은 타당하다고 논의하고 있다.[66] 당시 실제 삼포 왜인의 삶은 풍년이 들었을 때 일기주(一岐州)와 삼포(三浦)에서 물고기·소금·콩 등을 사서 먹고, 흉년이 들면 상수리 열매와 칡·고사리의 뿌리

---

64) 『성종실록』 권89 성종 9년(1478) 2월 11일조, "三浦居倭常稱限年斯居 深懼兵亂將至 會平國忠自貴國而去 謂倭人曰 沿海各官大備戎器. 且云 將大餉倭人. 倭人聞之大驚 携負妻子 乘船待變".

65) 『성종실록』 권196 성종 17년(1486) 10월 6일조, "三浦居倭 每歲以緜布納貢于島主大戶二匹 小戶一匹 三浦代官國長掌之."

66) 『성종실록』 권287 성종 25년(1494) 2월 25일조, "初量田巡察使尹孝孫啓: "三浦居倭所耕田不收稅, 而我民代納甚苦. 請區別倭所耕田, 勿令收稅."; 『성종실록』 권288 성종 25년(1494) 3월 8일조, "權柱曰 收稅事 不必聽其可否也. 三浦居倭 與本國編氓無異 雖不言於島主 理當收稅也."

로 연명할 정도로 살기가 매우 어려웠다.

그리고 왜인은 삼포에 살면서 본토인 대마도와 어떠한 연락관계를 가지고 있었는가? 1476년(성종 7) 대마도 선위사(對馬島宣慰使) 김자정(金自貞)이 대마도를 돌아보고 보고하는 내용을 정리해 보면 쉽게 알 수 있다. 입석우경량(立石右京亮) 국장(國長)이 대마도주의 명을 받고 김자정을 알현(謁見)하여 자신이 본래 삼포에서 거주하는 왜인들을 총괄하는 '三浦總治者'임을 밝히고 있다.[67) 따라서 삼포에서의 통제권은 조선에게 있었지만, 대마도주에게도 관할권이 있었으므로 삼포에서의 왜인의 삶에는 이중적인 부담을 감수할 수밖에 없었다.

따라서 삼포에서의 왜인의 삶은 고될 수밖에 없었다. 이런 상황에서 삼포 왜인의 행동의 변화를 1510년(중종 5) 4월 경기·충청·강원 3도 관찰사에게 내린 교서(敎書)를 통해서 알 수 있다. 투화왜인은 처음 투화하여 조선의 무육(撫育)하는 은혜를 우러러 보았지만, 마침내 만연히 창궐하여 문득 흉한 짓을 자행하고 있다는 기록이다.[68) 따라서 시간이 흐를수록 조선 내에서의 왜인의 난폭한 행동은 통제불능 상태로 빠져들어 가고 있었다.

---

67) 『성종실록』 권69 성종 7年(1476) 7月 26日조, "欲更待一兩日 見病證受之 殿下特遣官來慰 天威甚邇 敢有他心 辭甚切至. 國長謂臣曰 我本總治三浦居倭 禮當候謁 以島主未會 不敢私見 今則島主有命故來耳."

68) 『중종실록』 권11 중종 5년(1510 ) 4월 16일조, "下敎書于京畿 忠淸 江原三道觀察使曰…(중략)…始投化而來降 仰我撫育之惠 終蔓延而猖獗 輒肆豺虎之凶 處劉我人民, 殺害我邊將."

## Ⅳ. 맺음말

고려 초기에 북쪽으로부터 상당수의 야인 투화세력이 존재하였다. 그리고 고려는 투화해 오는 야인을 적극적으로 수용하는 정책을 실시하였다. 투화야인에게 생활에 필요한 토지를 지급하는 것은 물론이고, 이들을 군제에도 편성하였다, 이처럼 고려는 초기부터 투화야인과 고려인과 공존할 수 있는 집단거주를 허용하는 국제화된 나라였다.

마찬가지로 고려 초기부터 남쪽에서 투화하는 왜인이 존재하였다. 그리고 일본 상인들이 왕래하면서 1056년부터 왜인의 금주(金州) 거주가 시작되었다. 반면에 1260년에는 제주도에 송 상인들과 왜인들이 수시로 왕래하는 것에 대해서 비상사태로 대처하고 있다. 이것은 왜인에 대한 포용뿐만이 아니라 경계가 함께 이루어지고 있었음을 시사한다. 그러나 고려 초기 투화왜인의 수용정책에 대해서 어떠한 원칙이 있었는지 사료의 부재로 확인할 수가 없다.

다만 몽골의 고려와 일본침입으로 한동안 뜸했던 왜인의 집단거주가 1360년대부터 조선 전기까지 자주 등장한다. 이때에 왜인투화의 목적은 임시 거처나 피난처를 구하는데 있었다. 고려의 투화 왜인에 대한 대응은 이들을 분산 거주시키고 임시 거주를 허가하는 정도의 소극적인 배려뿐이었다. 그러나 조선 초기에 접어들면서 투화왜인의 상황이 일변한다. 즉 왜인의 투화 빈도와 그 수가 고려와 비교가 될 수 없을 만큼 한순간에 증가하기 때문이다. 그 이유는 조선의 대(對)투화왜인의 정책과 밀접하게 관련되어 있었다. 조선에서 투화 왜인에게 높은 관직과 재물을 하사할 뿐만 아니라 본향을 하사하는 경우도 있었다. 반면에 여러 섬에 거주하는 왜인과 일찍이 투화한 왜인이 사사롭게 연락하는 것을 금지시키는 견제도 병행하고 있었다.

물론 조선의 입장에서 적극적인 투화왜인 포용정책에는 부작용이 따르고 있었다. 1418년(태종 18) 하연(河演)의 상소에는 투화왜인에게 들어가는 비용이 적지 않으므로 이제부터 양식을 주지 말도록 건의하고 있다. 이처럼 조선 전기 왜인이 끊임없이 투화해 오므로 이를 다 접대하려면 국가재정이 그 수요를 응하기 어렵고, 이를 거절하거나 받아들이지 않으면 변경에서 소란이 생기는 것이라고 고민하고 있었다. 이것이야말로 조선의 고민이며 국가적 난제였다.

그러면 조선 내에서 국가적으로 통제와 관리를 받는 투화왜인이 다수 발생하는 이유는 무엇인가. 첫째는 왜인의 피난처로서 조선을 선택하였기 때문이다. 둘째는 투화왜인들이 얻을 수 있는 경제적 이득 때문이었다. 따라서 삼포에 집단거주하는 왜인의 목표는 '삶의 터전'과 '경제적 이득'을 확보하는 것이었다. 그리고 조선이 이들을 회유하고 포용해야만 했던 이유는 통제 불가능한 왜구를 통제 가능한 왜인으로 만들기 위한 방책이었다. 따라서 조선의 삼포(三浦)는 본국 내의 동조세력과 일족에게는 최상의 인센티브를 제공하는 '삶의 공간'으로 기능하였다. 그리고 삼포에서 왜인들은 본국에서 자치적으로 운영되던 '惣村'의 기능을 응용한 '三浦總治者'를 내세우고 각 포소의 추장을 중심으로 자치적인 행정조직망을 유지해 나갔다. 즉 이들은 본국에서처럼 삼포 내에서도 자신들의 힘을 결집시키는 조직력과 리더십을 유지해 나가고 있었다.

# 5. 年中行事와 儀式으로 본 근세 왜관*

윤 유 숙**

## Ⅰ. 머리말

　　조선후기 조선 내의 일본인 집단거주지에 상당하는 곳을 꼽는다면 현재 부산지역에 설치되었던 '왜관'(두모포왜관, 초량왜관)을 들 수 있을 것이다. 일본인의 조선 內地 왕래나 三浦(부산포, 염포, 제포)지역에서의 거주가 허용되었던 조선전기와는 달리 일본인의 입항지가 부산 왜관 한 곳으로 한정된 조선후기에는 왜관 주변지역에서의 거주 자체가 금지되었다. 뿐만 아니라 왜관을 중심으로 한 일정지역을 벗어나 여타 지역으로 이동하거나 배회하는 행위 역시 엄격히 금지되어 있었다.

　　왜관은 본래 조선전기부터 조선에 도항해온 일본인을 수용하고 접대하기 위하여 조선정부가 객관(客館)으로 설치한 것이지 일본인의 정주를 위한 시설은 아니었다. 조선후기가 되어서도 왜관의 본질적인 성격에는

---

* 『일본연구』 15(2011년)에 기게재됨
** 동북아역사재단 연구위원

변함이 없다. 오히려 왜관 체재자에 대한 관리와 통제라는 측면에서는 조선정부의 정책이 전기에 비해 강화된 면이 없지 않다. 그러나 對조선 무역과 외교업무를 수행하기 위해 건너온 일본인(대마도인)들이 일정기간 체재하는 유일한 공간이었다는 점에서 형태상 조선내의 '일본인 집단거주지'로 규정할 수 있을 것이다.

조선후기 왜관에 건너오는 일본인의 체재기간은 각 개인의 도항목적, 임무에 따라 짧게는 수개월에서 수년에 이르는 등 다양했으며 전체 체류인원은 평균 400~500명 정도였다. 그들은 衣食住 측면에서는 기본적으로 일본식 생활을 영위하면서 請負商人 등을 통해 본국으로부터 일상생활에 필요한 물품을 조달하여 사용했다. 예를 들어 야채, 생선과 같은 식재료는 매일 아침 왜관의 守門 앞에서 열리는 朝市를 통해 인근 마을에서 모여든 조선인들로부터 구입하여 해결했다.

또한 조선과의 공식적인 외교, 무역업무 이외에 일상생활은 일본식으로 영위되었으므로 왜관 내에서는 館守의 지휘 하에 당시 일본사회 또는 대마번이라는 지역사회에서 행해지던 각종 행사나 의식(儀式)이 재연되었으리라 짐작된다. 그간 선학의 연구를 통해 왜관 체재자의 식생활이나 조선의 식문화와의 교류실태 등 왜관 체재자의 생활양태가 일부 밝혀졌다.[1] 그러나 왜관에서 열리던 각종 행사, 의식에 관해서는 '일본

---

1) 조선후기 조선내의 일본인 집주지에 상당하는 왜관에 관해서는 다양한 시각의 연구 성과가 확인된다. 조선정부의 두모포왜관·초량왜관에 관한 전반적인 통제정책, 대마번의 왜관 통제정책을 비롯하여 규약위반시의 법적인 처리, 문화·생활양태적인 측면의 교류, 왜관의 존재가 왜관주변의 조선 지역사회에 끼친 문화적인 영향, 왜관 건축물의 유지와 관리 등을 다룬 연구가 있다. 특히 왜관에 초점을 맞추어 문화, 생활양태적인 측면의 교류에 관해 다룬 대표적인 논고로는 田代和生, 『倭館-鎖國時代の日本人町-』文藝春秋, 2002 ; 田代和生, 「近世倭館の食生活」『季刊ヴェスタ』26, 1996 ; 金聲振, 「釜山倭館과 韓日間文化交流」『한국문학논총』22輯, 한국문학회, 1998 ; 金東哲, 「十七~十九世紀の釜山倭館周辺地域民の生活相」『年報都市史研究 9 東アジアの伝統都市』, 山川出版社, 2001 등이 있다. 그 외에 왜관에 체재하는

에서와 거의 다를 바 없이 歲時行事가 행해졌다'는 정도에 그치고 있어
서 구체적인 실태 연구는 아직 미흡한 감이 없지 않다.

따라서 본고는 왜관에서는 어떠한 연중행사와 의식이 행하여졌는가
하는 점을 왜관 체재자들의 일상적인 생활상이라는 시각에서 검토하고
자 한다. 여기에서 검토하는 행사와 의식이란 매년 반복되는 연중행사
(세시행사)를 비롯하여 喪事와 같은 慶弔事, 처형의식 등을 포함한다. 연
례송사(年例送使)와 차왜(差倭) 같은 사절을 대상으로 한 공식적인 외교
의례, 이를테면 각종 宴享 중에서도 세시행사와 무관한 의식은 금번 검
토의 범주에서 제외하였다. 본고는 왜관의 연중행사, 각종 의식, 祭禮 등
에는 어떠한 것이 있었는지를 살펴봄으로써 왜관 일본인들의 실질적,
구체적인 생활상에 접근해보고자 한다.


## Ⅱ. 왜관의 年中行事

### 1. 私的 증답품의 교환

조선후기 조일통교에서는 對馬藩이 파견한 외교사절인 연례송사와
차왜, 그리고 관수(館守)·재판(裁判)과 같은 役員이 왜관에 체재하는 동
안 소정의 외교의례를 치르도록 되어 있었다. 大差倭는 예조참판·예조
참의·동래부사·부산첨사, 小差倭는 예조참의·동래부사·부산첨사 앞으
로 보내는 書契와 別幅(예단목록)을 지참하고 도해하였고, 연례송사 역
시 送使 별로 별폭의 내용은 각각 다르게 설정되어 있었다. 조선은 이에
대해 答書와 回賜品(답례예단)을 지급하였다. 이처럼 양측이 사절별로

---

일본 측 사신에 대한 조선의 음식 접대양상을 다룬 논고로 沈珉廷, 「18세기 倭館
에서의 倭使 접대음식 준비와 양상」『역사와 경계』66, 2008이 있다.

정해진 종류와 수량의 예단물품을 교환하는 것이 이른바 공식적인 외교
의례의 절차였다.

그런데 사절의 명목으로 혹은 역원의 임무를 띠고 왜관에 도해한 대
마번 사람들과 그들을 접대하는 조선의 관리들 사이에는 규정상의 예단
교환 외에 사적(私的)으로 선물을 교환하는 예가 적지 않았다. 예를 들
어 1629년 宣慰使(후의 接慰官)로 동래에 내려온 정홍명(鄭弘溟)의 『음
빙행기(飮氷行記)』에 의하면 그는 한 달 정도 머무는 동안 공식예단 외
에 일본국왕사(日本國王使) 사절단의 일원과 수차례나 사적인 선물을 교
환했다. 4월15일에 正官 겐포(玄方)로부터 귤·유자·설탕 2그릇, 副官 스
기무라 우네메(杉村采女)로부터 南都釀 1동이·말린 저육 2脚을 받았고,
閏 4월21일에는 겐포로부터 佛書 10권·거울 1개, 副官 스기무라로부터
偃月長刀 1자루를 받았다. 정홍명은 4월16일에 겐포에게 붓·먹·부용향·
감·밤 약간과 스기무라에게 닭·생선·감·밤 등을 보냈다.[2] 상호 간에 사
적인 선물교환이 매우 일찍부터 행해지고 있었다는 것을 알 수 있다.

또한 관수·재판·차왜 등은 새해 정초와 명절이 되면 동래부사, 부산
첨사, 훈도·별차 등과 정식으로 축하 인사를 나누고 증답품을 주고받는
것이 상례였다. 1693년(元祿6) 말에 관수로 부임한 幾度六右衛門은 동래
훈도, 부산별차, 그리고 朴同知, 韓僉知에게 각각 1인당 5~6종류의 물
품을 이른바 '부임 기념선물(着船の音物)'로 증여했다. 그 목록을 보면
품목은 벼루(花繪中硯), 거울(鏡), 그릇(染附中皿), 종이(紋紙), 조개(靑貝:
나전[螺鈿]의 재료로 쓰임) 등으로 구성되어 있었다.[3]

宗家記錄의 차왜 관련 문헌 중의 하나인 『給假使記錄』에 의하면

---

2) 양흥숙, 『조선후기 東萊지역과 지역민 동향-倭館교류를 중심으로-』, 부산대학교대
학원 박사학위논문, 2009, 162쪽.
3) 『館守每日記』 元祿 6년(1693) 12월18일조. 전 품목의 금액은 銀540目으로 기록되
어 있다.

1834년 동래부사가 왜관에 체재 중이던 급가사(給假使)[4] 일행에게 중양절(重陽節:음력9월9일) 선물을 보냈고, 연말이 되자 역관들(兩譯)이 세모(歲暮) 선물을 보냈다.[5] 그리고『給假使記錄』의 가장 뒷부분에는 급가사가 왜관에 체재하는 동안 동래부사·부산첨사·역관들에게 보낸 선물(贈物) 목록들이 첨부되어 있다.

재판을 역임한 바 있는 아메노모리 호슈(雨森芳洲)도 1729~1730년의 기간 동안 접위관, 동래부사, 훈도, 별차 등과 선물을 교환했다. 조선측 관리가 中元(음력 7월 보름)과 세모에 왜관으로 보낸 선물은 쌀을 비롯해서 떡, 야채, 어패류, 건육(乾肉), 주류(酒類), 기름, 살아있는 닭과 꿩에 이르기까지 그야말로 다채로웠다.[6]

특징적인 점은 일본 측이 선물하는 물품은 주로 사치품이나 생활용품인데 비해 조선 측의 선물은 대부분이 식재료였다는 점이다. 식재료를 선물한 것은 제한된 공간에서 생활하는 탓에 다양한 재료를 입수하는 데 불편함을 겪기 쉬운 재관자의 상황을 고려해서가 아니었을까. 재관자들은 매일 아침 守門 앞에서 열리는 朝市를 통해 인근 촌락에 거주하는 조선의 주민들로부터 식재료를 구입하거나 또는 식료품을 취급하는 대마번의 請負商人[7]으로부터 식재료를 구입하곤 했다.[8] 따라서 특별

---

4) 給假使는 1833년 대마번주 소오 요시가타(宗義質:1801~1838)의 아들이자 후계자인 소오 요시아야(宗義章:1817~1842)가 에도에서 생활하다 대마도로 처음 귀향한 사실을 조선에 알리기 위해 도해한 차왜이다. 급가사의 도해배경 및 조선과의 외교교섭에 관해서는 윤유숙,「근세 朝日통교와 非定例 差倭의 조선도해」『사총』70, 2010, 138-141쪽 참조.

5) 宗家記錄『給假使記錄』1834년 10월4일조·1834년 12월26일조(국사편찬위원회소장, 기록류 No. 3947).

6) 앞의 책『倭館－鎖國時代の日本人町－』, 175-176쪽.

7) 請負屋이라고도 한다. 請負屋이란 특정 품목을 藩과 계약하고 운반하거나 때로는 왜관에서 제조 기술을 제공하는 일종의 청부업자를 말한다. 대개 번의 허가가 떨어지면 그들은 請負札이라는 것을 도항증으로 지급받았다. 이 請負札의 종류와 발

한 명절이나 연말연시를 맞아 조선의 관리로부터 받는 이러한 식재료들은 왜관 내에서 생활하는 在館者들의 세시명절 식단을 한층 풍요롭게 하는 데 일조했으리라 짐작된다.

이러한 상호간 선물 수수행위는 사실상 조선의 통교정식에는 규정되어 있지 않지만 양국의 통교가 진전되면서 자연스럽게 하나의 관례로 정착되었을 것이다. 또한 다른 각도에서 볼 때 이것은 공식적인 무역행위나 공식적인 외교의례와는 별개의 형태로 조일양국의 생산품이 교환되는 것을 의미하기도 했다. 즉 이러한 선물 수수행위는 결과적으로 조선의 물품이 대마도에 전해지고 반대로 일본산 생활필수품이 조선 내에서 사용되거나 유통되는 하나의 요인으로 작용했을 것이다.

실제로 19세기 초 김해를 비롯한 왜관 인근 지역에서는 勝歌妓(스키야키), 대마도 밀감, 일본 국수를 먹는 문화가 실생활에 도입되어 있었다. 뿐만 아니라 日本刀, 美濃紙(미노가미: 일본산 종이), 자기(瓷器), 모기장, 접시, 술병 등의 일본제품이 심심치 않게 사용되었고, 김해의 5일 장에서는 자기로 만든 일본제 벼루와 거울 등이 매매되고 있었다는 사실9)에 주목할 필요가 있을 것이다.

---

행수를 보면 왜관에서 부족했던 물품의 종류와 수량을 어느 정도 추정할 수 있다.
8) 관수나 재판처럼 신분이 높은 관리들은 전속 요리사가 식사를 만들어 주었다. 대마번의 요리사는 '유미노모노(弓の者)'와 동격(同格) 즉 아시가루(足輕) 신분이다. 때로는 교토나 오사카지역에서 고용되거나 요리수행을 위해 대마도인을 가미가타(上方)에 보내기도 했다. 그들은 이른바 정식 일본요리(本膳料理)를 해낼 수 있는 프로들이었다. 그 외 중간급 관리들은 관(館) 별로, 또는 직책별로 고용한 자를 통해 요리, 청소, 세탁 등을 해결했지만 하급무사나 경제적으로 여유가 없는 상공업자들은 스스로 해결했다고 한다. 앞의 책『倭館-鎖國時代の日本人町-』, 152쪽·177쪽.
9) 김성진, 「朝鮮後期 金海의 生活相에 미친 日本文物」『인문논총』52, 부산대학교 인문학연구소, 1998, 305-306쪽.

## 2. 주된 연중행사

전통 일본사회에서도 한국과 마찬가지로 일 년을 통해 이른바 '歲時 行事'라고 불리는 연중행사가 행해졌다. 연중행사란 우리의 세시풍속을 뜻하는데 이는 과거 일본의 제도권에서 통용되던 용어로써 조정 및 일 부 귀족층을 중심으로 사용되었으나 점차 민간에 보급되었다는 것이 보 편적인 견해이다.

일본의 세시일은 독자적으로 설정된 것이 아니라 대부분 중국의 습 속을 도입하였다. 기후조건, 종교문화의 전통, 시간인식의 차이 등으로 인해 세시일의 비중이 달라지기도 하고 그 나라만의 독자적인 세시일이 생성되기도 하지만 한국, 중국, 일본은 태음력 및 거기에 기초한 사상적 배경(음양론)을 공유하고 있던 까닭에 세시일은 거의 동일하게 전개되었 다. 더구나 일본의 연중행사는 역(曆)을 토대로 1년 주기의 반복성을 가 진다는 점, 농경생활과 밀접한 관련성을 지니는 점, 의례를 포함한 각종 주술행위가 수반된다는 점, 특별한 음식(세시음식)을 마련한다는 점 등 에서 한국의 그것과 크게 상이하지 않다.[10]

일본의 연중행사에 관한 한국학계의 연구는 주로 민속학 분야에서 추진되고 있다. 특히 대마도의 연중행사에 관한 연구는 한국문화와의 授受관계를 검증하려는 의도 하에 비교민속학적인 시점에서 접근하는 경향이 강하다.[11] 그런데 이러한 성과들은 대부분 최근 수십 년간 행해

---

10) 김미영, 「일본 세시풍속 연구의 동향과 전망」 『비교민속학』 37집, 2008, 48-49쪽. 일본은 古代 헤이안 시대에 1년 단위의 국가행사를 기록한 후 '연중행사어장자문 (年中行事御障子文)'이라는 제목을 붙여 공개했는데, 이를 효시로 간주하고 있다.

11) 대마도의 연중행사에 관해서는 對馬觀光物産協會, 『つしま百科』, 昭和堂, 2002 ; 對馬敎育會編, 『增訂對馬島誌』, 名著出版, 1973; 임동권, 『日本對馬·壹岐島 綜合 學術調査報告書』, 서울신문사, 1985; 강남주, 「한국 남해 도서와 일본 대마도의 민속문화와 문학에 관한 연구」 『비교민속학』13, 1996 참조.

진 대마도의 연중행사를 조사 대상으로 한 결과물이어서 에도시대 연중
행사와의 상이점 내지는 계속성을 추출해내기가 용이하지 않다. 따라서
본고는 왜관과 관련된 宗家記錄을 중점적으로 활용하여 과연 에도시대
일본사회에서 중시되던 연중행사가 왜관에서는 어떻게 영위되었는지를
추적하여 이를 가능한 상세하게 재현할 것이다.

역대 관수의 업무일지에 해당하는 『館守每日記』를 살펴보면, 정월 초
부분에서 거의 어김없이 등장하는 것이 '年始(넨시)'에 관한 기술이다.
일본에서 '年始'(年賀, 年禮)란 본래 본가(本家)나 신세를 진 집안에 예의
를 갖추어 정초 인사 하러가는 것을 말한다. 年始는 한국의 신년 '세배'
에 해당하는 셈이다.

그런데 에도시대 年始는 公家의 귀족과 武家, 에도의 상인계급에 따
라 각기 그 취지가 달랐다. 殿中儀禮로서의 年始는 쇼군에 대한 배알행
위로 편성되어 있었다는 점이 특징이어서, 쇼군이 다이묘(大名), 하타모
토(旗本), 寺社, 초닌(町人), 藝能人 등으로부터 年賀의 축하를 받는 형태
를 취하였다. 즉 도쿠가와 가문을 쇼군으로 섬기는 무가사회에서는 1일,
2일, 3일에 다이묘, 신분상 쇼군알현을 허가받은 관리들, 番士[12], 醫師,
交代寄合[13], 表高家寄合,[14] 5百石 이상의 小普請들이 새해 축하 인사를

---

올리기 위해 에도성(江戶城)에 등성했다. 하지만 초닌 특히 商家의 경우
는 달랐다. 12월 末日(오오미소카, 大晦日)에는 밤을 새우지만 '寢正月
(네쇼가츠)'라고 하여 아무데도 가지 않고 자면서 지내고, 2일부터를 신
년으로 始動하는 것이 보통이었다.[15]

한편 왜관에서도 매년 정월 초에는 '年始'라고 하여 한해의 시작을
축하하는 의례를 행하였다. 『館守每日記』에서는 '年始 축사(祝詞)를 하
기 위해 재관자(在館者)가 빠짐없이 나왔다', 또는 '元日(1일)을 축하하
기 위해 재관자가 모두 나왔다'는 기록을 거의 매년 찾아볼 수 있다. 재
관자 전원이 각자의 숙소에서 나와 관수에게 새해인사를 하고 제각기
서로 새해인사를 나눈 것으로 보인다. 그리고 대개 2일이나 3일 무렵이
되면 훈도와 별차 등 조선의 역관이 왜관에 들어와 관수와 새해인사를
나누고 돌아가곤 했다. 본래 年始는 1일을 제외하고 2일부터 7일까지
하는 것이 보통이었다고 하나 왜관에서는 1일에 年始가 행해졌다는 기
록이 적지 않다.

또한 정초가 되면 '年始의 御祝儀(고슈기)'라고 해서 대마번청이 왜관
에 체재하고 있는 사람에게 새해를 축하하는 뜻으로 금품을 하사하기도
했다. 예를 들어 대마번청은 1757년 왜관에 있던 차왜 報情使의 正官 다
다 켄모츠(多田監物)에게 御直書(번주의 親書로 추정됨)와 樽代(다루다
이. 축하주 대신 보내는 돈) 金2束을 하사했다.[16]

그러면 한해를 年始로 시작한 왜관에서는 일 년을 통해 어떤 연중행

---

쇼구(日光東照宮)에의 代參, 勅使 접대, 조정과의 사이에 諸禮를 담당했던 가문이
다. 무로마치 이래의 名家인 大澤, 武田, 畠山, 大友, 吉良 등 26개 가문이 세습했
다. 오쿠코오케(奧高家)라고도 하며 관위가 없는 고케를 오모테코오케(表高家)라
했다.
15) 小野武雄, 『江戶の歲事風俗誌』, 株式會社講談社, 2002, 12~14쪽.
16) 宗家記錄『報情參判使往復書狀』寶曆7년(1757) 정월2일자 書狀(국사편찬위원회소
장, 기록류 No. 3072).

사가 행해졌을까. 에도시대에 일반적으로 중시되던 세시는 오절구(五節句)였다. 오절구란 3월3일(上巳, 桃の節句), 5월5일(端午), 5월7일(人日, 若菜の節會), 7월7일(七夕), 9월9일(重陽)을 총칭하는 말이다. 이 날들이 祝日로 취급된 것은 중세에도 확인이 되지만 이들을 하나로 묶어서 오절구라고 칭하지는 않았다. 아마도 계절감을 느낄 수 있고 동일한 숫자가 연속하는 등 친숙한 축일이라는 점 때문에 에도시대에 정착된 것으로 추정된다.[17]

본래 오절구와 같은 축일에는 다이묘, 하타모토가 에도성에 등성하여 쇼군을 배알하는 것이 의무였고, 각 藩內에서도 家臣들이 다이묘에게 축하의 인사를 올리는 의식이 행해졌다.[18] 그러나 조선에 위치한 왜관에서는 그러한 의식이 불가능했으므로 재관자들이 서로 節季 인사를 나누는 한편, 앞서 언급했듯이 주로 5월 단오(端午)와 9월 중양(重陽)에 관수·재판·차왜 등이 통교업무 상 상대해야 하는 조선 측 관리와 명절 축하선물을 교환하는 정도였다. 7월을 제외하고 오절구의 축일에 왜관에서 특별한 행사나 회합 등을 가졌다는 기록은 찾아보기 어렵다.

이 오절구를 기준으로 해서 볼 때 왜관에서 연중행사가 가장 풍부하게 행해진 것은 7월이었다. 7월은 七夕祭(다나바타마츠리)를 비롯하여 연중행사가 풍부한 달에 속한다. 7월은 文月(후미즈키, 후즈키), 涼月(료게츠), 七夕月(다나바타즈키), 蘭月(란게츠), 親月(오야즈키), 初秋月(하츠아키즈키)이라고 불리기도 한다. 7월의 대표적인 행사는 七夕祭(다나바

---

17) 앞의 책 『德川幕府事典』, 85쪽.
18) 오절구 등 쇼군 배알은 기본적으로 쇼군의 無事를 축하하는 장이자 쇼군이 節季의 축하를 받는 장으로 구성되어 있어서 君臣이 서로 상대방을 축하하는 것은 아니었다. 節季의 축하를 행하는 장은 상위자가 하위자의 축하를 받는 형식을 취하여 중층적으로 편성되어 있었기 때문에 藩內에서도 다이묘가 가신들로부터 축하를 받았으며 規式의 장은 세심한 주의를 기울여 준비되었다. 앞의 책 『德川幕府事典』, 85쪽.

타마츠리)와 お盆(오본)이다. 일본에서는 七夕을 '다나바타'라고 하는데 어원적으로 보면 '다나'는 제단을 의미하는 '棚'이고, '바타'는 베짜는 기계인 '하타'가 연탁(連濁)이 되어 이루어진 말이다.

일본의 칠석은 다음과 같은 의미를 갖는다. 첫째, 중국에서 유래된 것으로 걸교전(乞巧奠)의 성격을 띠고 있다. 대표적인 예로 금은제의 바늘을 바치고 詩와 소원을 적은 것을 대나무에 매어놓고 여성은 봉재솜씨가 좋아지기를, 남성은 文才가 늘기를 기원했던 것을 들 수 있다. 둘째, 농업노동과 관련하여 풍작기원과 노동력 확보라는 두 가지 측면을 지닌다. 풍작을 기원하기 위하여 농신(農神)과 수신(水神)인 七夕神에게 팥밥을 바치고 병으로부터 농작물을 보호하기 위해 애쓴 것이 전자이고 칠석기간이 바쁜 시기임에도 불구하고 추수기의 노동력을 감안하여 휴식을 취한 것이 후자이다. 셋째, 조상숭배와의 관련성이다. 이 날을 '나누카본(七日盆)' 또는 '초본(盆はじめ)'이라고 해서 조상의 영령이 찾아오는 오본(お盆) 준비에 들어간다는 점이다. 그래서 불구(佛具)를 씻고 불단(佛壇)을 청소하고 본다나(盆棚)에 장식할 꽃을 따오기도 하고 묘지를 청소하기도 한다. 이 같은 의미에서 일본의 칠석은 오본으로 이어지는 행사 중의 하나일 가능성도 크다.[19)]

칠석의 행사인 七夕祭는 공무(公武) 연중행사의 하나로, 왕조시대에는 상당히 정성을 들여서 행사를 거행했으나 에도시대에는 오절구의 하나로 상하 일반인이 이를 축하했다. 막부에서는 6일에 고산케(御三家)를 비롯하여 다이묘들이 使者를 보내 칠석을 축하하는 선물로 鯖代(사바다이)를 헌상했다. 7일 당일에는 殿中(쇼군이 있는 곳)에 출사(出仕)하는 사람들이 예복차림으로 축하인사를 했다.

에도시대의 서민들은 7월7일 밤 견우와 직녀 두 별이 아마노가와(天の

---

19) 강진문, 「일본의 세시풍속-연중행사를 중심으로-」『아태연구』2, 2003, 234-235쪽.

川)를 건너 1년에 한번 만나는 것을 축복하여 여자가 작은 대나무에 五
色의 단자쿠(短册)[20]을 묶어 꾸지나무(梶) 잎에 詩歌를 적고 소원의 실을
걸어 하늘 높이 띄웠다. 이것은 文書와 재봉(裁縫)이 능숙해지기를 기원
하는 의미이기도 하고 소원의 실은 사랑을 이루려는 주문이기도 했다.[21]

왜관의 경우 7일 당일에 특별한 행사를 치루었다는 기록은 거의 보
이지 않고 '재관자가 모여 서로 칠석의 축사(祝詞)를 나누었다'고 되어
있다.[22] 왜관의 7월 연중행사로 빼놓지 않고 행해진 것은 盂蘭盆會(우라
본에, 우란본)이다. 盂蘭盆은 음력 7월15일로, 이 날은 백중(百中 또는
百衆)·백종(百種)·망혼일(亡魂日)·중원(中元)이라고도 한다. 이 무렵에
갖가지 과일과 채소가 많아 100가지 곡식의 씨앗을 갖추어 놓았다고 하
여 생긴 이름이다. 또한 돌아가신 조상의 혼을 위로하기 위하여 음식·과
일·술을 차려놓고 천신(薦新: 햇곡식, 해산물을 조상신에게 먼저 올리는
의례)을 하였으므로 '망혼일'이란 이름으로 불리기도 하였다. 백중은 예
로부터 성대하게 치러지던 명절이었지만 현재 한국에서는 풍습이 많이
소멸된 반면 아직도 중국과 일본에서는 비교적 백중을 성대하게 지내는
관습이 있다.

盂蘭盆會는 음력 7월15일 백중날 불교사원에서『佛說盂蘭盆會經』에
의거하여 거행하던 법회이다. 盂蘭盆은 범어(梵語) '우라무바나'로, 도현
(倒懸)[23]이라고 번역하며 그 유래는 불교와 관련이 깊다. 석가모니의 제
자 目連이 法眼으로 자신의 亡母가 지옥의 아귀도(餓鬼道)에서 거꾸로
매달려 고통스러워하는 모습을 보고 슬퍼하여 이를 구하고 싶다고 석가
에게 청하였다.[24] 그 가르침에 의해 아귀에게 베푸는 마음으로 7월15일

---

20) 와카(和歌)를 적는 데 사용하는 料紙.
21) 앞의 책『江戶の歲事風俗誌』, 146~150쪽.
22)『館守每日記』元祿8년 7월7일조.
23) 손발을 묶어서 거꾸로 매다는 것. '엄청난 고통'을 비유한다.

각종 진미 음식을 준비하여 衆僧에게 공양함으로써 어머니의 도현(倒懸)을 풀고자 했다는 유래를 지닌다. 『佛說盂蘭盆會經』에 의하면 4월15일부터 夏安居(게안고)[25]를 계속한 自恣僧(지시소)에게 百味의 공양을 하면 아귀도에 있는 양친이나 조부모가 겪는 기갈의 고통을 제거할 수 있다고 한다.

일본에서는 7세기 중엽 사이메이(齊明)천황 재위시기 슈미센(須彌山)을 아스카데라(飛鳥寺)[26]의 서쪽에 만들고 盂蘭盆會를 열었다고 전해진다. 쇼무(聖武)천황 재위기인 733년 7월6일 처음으로 大膳(다이젠:율령제하에서 궁중의 會食요리 등을 담당한 관청)으로 하여금 우란본의 공양을 준비하게 한 이후 항례적인 궁중행사가 된 듯하다. 가마쿠라 시대에 들어서면서 新佛敎가 말법(末法)을 극복하자 盂蘭盆會 행사도 폐지되었지만 自恣僧에게 백미 공양을 하는 관습은 남았다. 가마쿠라 시대 말에는 이것도 없어지고 집에서 조상에게 음식을 바치는 날이 되었다. 盂蘭盆會가 조상에게 제사하는 날이 된 것이다. 불교사원에서의 盂蘭盆會가 없어지자 서민들은 음식을 사원으로 운반하던 14일을 盂蘭盆會의 날

---

24) 법안(法眼)이란 불교에서 말하는 五眼 중의 하나이다. 五眼이란 인간의 肉眼, 天人의 天眼, 聲聞·緣覺의 慧眼, 보살의 法眼, 부처의 佛眼을 말한다. 보살은 法眼으로 諸法의 진상(眞相)을 알아서 중생을 제도한다고 한다. 또한 불교에서는 惡業으로 인해 아귀도(餓鬼道)에 떨어진 亡者를 아귀(餓鬼)라 한다. 몸은 마르고 목구멍이 가늘어서 음식을 먹을 수 없어 항상 기갈(飢渴)로 고통스러워한다.

25) 승려가 일정기간 외출하지 않고 일실에 틀어박혀 수행하는 것을 말한다. 보통 음력 4월16일에 시작해서 7월15일에 끝난다. 禪宗에서는 겨울에도 안거를 한다(冬安居).

26) 슈미센(須彌山)이란 불교의 世界說에서 세계의 중심에 위치한다는 高山. 海中에 있으며 정상(忉利天)에 帝釋天이 살고 중턱에 四天王이 산다. 須弥山은 九山八海에 둘러싸여 日月星辰이 산 주위를 회전한다. 나라현(奈良縣) 明日香村에 위치하는 아스카데라(飛鳥寺)는 596년 소가노우마코(蘇我馬子)가 창건한 일본 최초의 본격적인 사원이다. 호코지(法興寺)라고도 하며 현재는 舊地에 飛鳥大佛을 본존으로 하는 진언종 安居院(안고인)이 있다.

로 의식하고 기억하게 되었다고 한다.[27]

　에도시대에는 13일부터 16일까지를 盂蘭盆이라고 하여, 우선 12일에 盂蘭盆에 바치는 물품 일습을 판매하는 시장인 草市(구사이치, 盆市)가 서고 精靈祭(쇼료마츠리)에 사용하는 精靈棚(쇼료다나)와 장식물을 판매했다. 精靈棚(쇼료다나)는 조상의 정령을 맞아들이기 위해 설치하는 제단으로써 魂棚(다마다나)라고도 한다. 13일에는 귀천에 상관없이 精靈棚을 만들었다. 제단에는 거적(眞菰 : 마코모)을 깔고 정면 좌우에 대나무를 세워 기둥을 만들었으며 위에는 끈으로 소면(素麵)을 물결무늬로 장식하여 승려가 독경하는 가운데 조상의 영혼을 위로했다. 精靈祭가 진행되는 사이 사람들은 조상의 묘에 성묘했다.[28]

　왜관에서는 대개 7월 초순에 세가키(施餓鬼)가 행해지곤 했다. 1694년(元祿7)의 경우 세가키는 7월3일에 행해졌다.[29] 세가키란 기아에 고통받아서 재앙을 일으키는 鬼衆이나 무연망자(無緣亡者) 즉 죽음을 애도하여 줄 사람이 없는 亡者의 영혼에 음식을 베풀어 명복을 빌고, 그 공덕으로 조상의 追善을 하는 법회를 말한다. 음력 7월13일에서 15일을 중심으로 행해지며 지방에 따라서는 양력 7월, 8월 등에 행하기도 한다.

　1695년(元祿8) 7월 『館守每日記』에 의하면 '최근 和館 御寺가 勘略하여 御施餓鬼料가 줄어들어 주지승이 자기비용으로 매년 御施餓鬼를 지냈으나 元祿8년에는 靈光院의 서거 후 첫 御施餓鬼이기 때문에 裁判 高勢八右衛門과 一代官 樋口太郎兵衛 등이 상담하여 御施餓鬼料 白米2俵를 東向寺에 보냈다'[30]는 구절이 보인다.

　왜관의 동향사에서 지내는 세가키 법회 비용을 주지승이 염출해 왔

---

27) 福田アジオ 外編, 『日本民俗大辭典』, 吉川弘文館, 1999.
28) 앞의 책 『江戶の歲事風俗誌』, 151∼160쪽.
29) 『館守每日記』 元祿7년(1694) 7월3일조.
30) 『館守每日記』 元祿8년 (1695) 7월3일조.

으나 1695년의 세가키는 靈光院 즉 번주 소오 요시츠구(宗義倫)가 1694
년 9월 서거한 후 처음으로 맞는 세가키이므로, 법회가 초라해지지 않도
록 관수와 재판이 一代官과 상의하여 동향사에 행사 비용을 전달했다는
내용이다. 이튿날 7월4일 동향사에서 법회가 거행되었다.[31]

세가키는 1757년 7월 5일에도 실시되었다. 당시의 관수 多田主計는
香奠(향전. 망자의 영전에 香 대신 바치는 금전)으로 銀1匁과 菓子를 헌
납하였고 그 외의 참석자들도 제각기 향전을 헌납하였다. 동향사에서는
오전 7시 무렵부터 독경이 시작되어 약 1시간 정도 진행하고, 배례가 끝
난 후 주지승이 참석자들에게 간단한 음식을 제공했다. 이 때 왜관 내에
水棚(미즈다나, 餓鬼棚[가키다나])가 설치되기도 했다. 미즈다나란 盂蘭
盆에 無緣佛(무엔보토케 : 조문해 줄 연고자가 없는 亡者)을 위해 만드
는 제단을 말한다. 조상을 제사하기 위한 精靈棚과 별도로 만든다. 이는
자손이 없는 사람은 아귀도에 거꾸로 매달려 욕을 당한다는 고대 인도
의 사고방식에서 유래된 관습으로 추정된다.

그리고 7월의 왜관 행사로 주요한 것에 古館 묘소참배가 있다. 1678
년 두모포왜관에서 초량왜관으로 이전한 후 왜관에서는 두모포왜관을
'古館', 초량왜관을 '新館'이라 부르기도 했다. 두모포왜관에는 왜관에서
사망한 사람들의 묘소가 마련되어 있었는데 초량왜관으로 이전한 후에
도 묘소는 두모포왜관에 그대로 잔존해 있었다. 그들의 후손이나 관련
자가 참배하기를 원하면 봄, 가을의 彼岸(춘분, 추분을 기준으로 해서
전후 7일간)과 盂蘭盆에 관수에게 미리 요청을 하고 두모포로 가서 묘소
에 참배할 수 있었다.

彼岸과 盂蘭盆에 두모포 舊倭館地에 참배하러 가는 것은 조선정부가
공식적으로 허가한 것이기도 했다. 단 조선정부는 묘소참배를 위해 일

---

31) 『館守每日記』 元祿8년 (1695) 7월4일조.

본인들이 초량왜관에서 10리 정도 떨어진 두모포까지 이동할 시에 조선과 대마번 측의 관리가 동행하도록 조처했다.[32) 이것은 물론 일본인들이 이동하는 도중 조선의 민가에 난입한다거나 대오를 이탈하여 배회하는 것을 방지하기 위해서였다.

사례에 의하면 대개 두모포 묘소참배는 매년 7월13일에서 16일 사이에 이루어졌다. 묘소참배를 희망하는 사람은 관내에서 札(통행증명서?)을 발급받아 요코메(橫目), 구미요코메(組橫目)의 동행 하에 古館으로 이동했다. 1695년에도 7월13일에서 16일까지 古館 방문이 이루어졌다. 이는 연례적인 것이었는데 관수는 13일 이전에 미리 古館 방문에 관해 관내에 공지를 했고 불미스러운 일이 발생하지 않도록 주의를 기울였다.[33) 이해에는 13일 당일이 되자 동래부사와 부산첨사가 '盂蘭盆의 祝詞'라는 명목으로 관수에게 선물을 보냈다.[34) 그리고 이튿날인 14일에는 재관자 전원이 '盂蘭盆의 祝詞'를 나누었고 훈도와 별차도 선물을 보내왔다.[35)

이처럼 일본은 과거에 장례식뿐만 아니라 세시 연중행사가 불교식으로 행해지는 경우가 많았기 때문에 왜관 내에서 그러한 의식, 행사와 관련된 동향사의 역할이 상당히 컸을 것으로 추정된다. 동향사에서는 역

---

32) 『增正交隣志』 卷4, 約條 所收 「館守倭又請申約條」 (1683년) 말미에 조선정부가 두모포왜관 묘소참배를 허가하는 기사가 다음과 같이 기재되어 있다.
許春秋社日及百種節日倭人省墓、因府使蘇斗山狀啓
一　 旧館時倭人身死埋葬者甚多、其子孫之來留新館者、願以春秋社日及百種節日往省、事關情理許之
一　 社日則各七日、百種則四日定式、自新館距旧館十里之路、人家連絡而倭人往來之際、任意闌入、民不勝苦、正宗九年乙巳、別差金健瑞責諭館守倭、一直大路外、俾不得橫走一步

33) 『館守毎日記』 元祿8년 (1695) 7월11일조.
34) 『館守毎日記』 元祿8년 (1695) 7월13일조.
35) 『館守毎日記』 元祿8년 (1695) 7월14일조.

대 번주 내지는 번주의 부인, 가족들의 神位를 모셔놓고 法事를 행했던 것 같다. 1695년 관수가 '養玉院樣 御靈粖料의 명목으로 白米1俵를 동향사에 보냈다'는 기록이 보이기 때문이다. 종래 동향사의 기능에 대한 관심은 외교문서의 검토 및 작성이라는 부분에만 집중되어 왜관 내의 각종 祭禮, 의식의 수행이라는 기능은 거의 도외시되어 왔다고 해도 과언이 아니다. 동향사의 유래, 승려의 파견실태 등을 포함한 포괄적인 기능에 관해서는 향후 한층 구체적인 연구가 필요할 것으로 생각된다.

마지막으로 연중행사와 관련된 연회인 '名日宴'에 관해 살펴보겠다. 『春官志』에 의하면 '일본의 풍속에 1월1일, 3월3일, 5월5일, 6월15일, 7월7일, 7월15일, 8월1일, 9월9일, 10월 해일(亥日)을 명일(名日)로 삼고 있는 바, 이때 베풀어 주는 연회를 名日宴이라 한다'고 기록하고 있다.

다시 말해 명일연은 조선에 도해하는 외교사절 즉 연례송사와 차왜에 대하여 조선정부가 치르는 정식 접대의례 중의 하나이다. 외교사절이 부산에 입항하여 出船하기까지 조선이 제공하는 접대에는 크게 다례(茶禮)·연향(宴享)·지공(支供) 등이 있는데 연향은 하선연·별연·노차연·명일연·상선연 등으로 분류될 수 있다. 주지하는 바와 같이 조선은 사절의 외교적 역할이 차지하는 중요성을 고려하여 사절의 인원수, 체재기간 등 접대에 차등을 두었는데 명일연의 횟수도 사절에 따라 달랐다. 명일연은 연례송사 중 1특송사와 부특송사(副特送使)가 4회로 가장 많았고, 차왜 중에서는 통신사호행차왜(通信使護行差倭)와 재판이 4회로 여타의 차왜 3회보다 많았다.[36]

이처럼 명일연은 정식 접대의례로 설정되어 있었기 때문에 일견 연중행사라든가 세시와는 무관하게 보일 수 있다. 그러나 그 유래를 살펴

---

36) 沈珉廷, 「18세기 倭館에서의 倭使 접대음식 준비와 양상」(전게논문), 96쪽. 각 送使의 명일연 횟수에 관해서는 『增正交隣志』 卷1, 年例送使를 참조.

보면 일본인이 중시하는 세시일, 축일에 공식적인 연회를 베풀어 줌으
로써 일본의 풍속을 접대의식에 도입하여 외교의례화한 것이 명일연이
아닐까 생각된다.


## Ⅲ. 왜관의 특별한 儀式들


왜관에는 연중행사와는 상관이 없지만 이른바 '형식을 갖추어 행해
지는 儀式'이 몇 가지 있었다. 그러한 의식의 첫 번째로 관수가 '벽서(壁
書, 가베가키)'라는 것을 재관자들 앞에서 낭독하는 의식을 들 수 있다.
벽서란 대마번이 왜관 체류자들의 행동을 통제하기 위해 만든 규정으
로, 재관자들이 준수해야 할 일종의 관내규약이었다. 재관자가 준수해야
할 사항이란 곧 재관자에게 금지된 행위들을 의미하는데, 이를테면 도
박, 음주과 관련된 추태, 언쟁과 다툼, 조선인과의 사사로운 서신교환,
일본에 관한 정보유출, 조선인에 대한 日本製 무기판매 등 총 26개 조항
으로 이루어져 있었다. 요컨대 벽서는 왜관에 체재하는 대마번 사람들
이 준수해야 업무지침인 동시에 행동지침적인 성격을 띠고 있었다.

왜관벽서는 1671년 3월19일, 제15대 관수 唐坊忠左衛門 때부터 시작
되어 관수가 교체될 때에 통달되었다. 최초의 벽서는 19개조로 이루어
졌다. 옛날 법령을 직접 벽에 쓰거나 판에 써서 벽에 게시했던 연유로
벽서라고 불리게 되었는데 왜관의 벽서는 종이에 기록되었다. 대마번은
신임관수를 임명할 때 조선도해에 앞서 관수에게 벽서를 들려주고 규율
을 준수할 것을 서약하도록 했다.[37]

---

37) 앞의 책 『倭館－鎖國時代の日本人町－』, 135쪽.

벽서를 낭독할 때 관수는 벽서낭독이 있을 것이라는 사실을 이치다 이간(一代官), 요코메(橫目) 등을 통해 모든 재관자에게 미리 알려서 특정 시각에 館守屋에 모이도록 했다.[38] 벽서 낭독에는 신분과 지위를 막론하고 僉官, 代官, 諸請負, 馬乘中, 船頭水夫에 이르기까지 모두가 참석했다.

겐로쿠(元祿) 시대 즉 17세기 말에는 벽서만 낭독했으나 호레키(寶曆) 시대로 내려오자 관수는 벽서 이외에 朝鮮御支配가 보낸 문서, 交奸문서 등을 포함하여 총 세 종류의 문서를 낭독하게 되었다.[39] 그것은 1711년 辛卯約條(交奸約條)가 체결된 것을 계기로 하여 교간에 관한 번청의 지시사항이 추가되었기 때문일 것이다. 대마번청은 교호(享保)연간부터 '壁書' '隣交書付'와 더불어 '交奸の書付'라는 것을 신임관수에게 교부하였는데, 이것으로 미루어 교간약조의 성립과 때를 같이 하여 재관자를 상대로 한 '交奸嚴禁의 喚起'가 관수의 공식적인 임무에 추가된 것으로 보인다. 이는 곧 대마번이 교간약조의 준수를 의식하여 재관자의 교간을 사전에 방지, 통제하는 데에 번청 차원의 노력을 기울이게 되었음을 의미할 것이다.[40]

낭독하는 관수나 듣는 재관자 모두 의복을 갖추어 입고 참석한[41] 것으로 보아, 벽서의 낭독이 왜관에서는 진지한 분위기 속에서 행해지는 상당히 중요한 의식이었음을 알 수 있다. 벽서 낭독이 일 년에 몇 번 행해졌는지는 정확하지 않지만 겐로쿠 연간에는 대체로 연말에 한 번 있었고 호레키 연간에는 5월에 행해졌다.

---

38) 『館守每日記』 元祿8년 11월4일조.
39) 『館守每日記』 元祿8년 11월5일조.
40) 윤유숙, 「17세기 후반~18세기 초두 왜관통제와 한일교섭」 『한일관계사 연구논집 6 통신사·왜관과 한일관계』경인문화사, 2005, 150-151쪽.
41) 『館守每日記』 寶曆7년 5월5일, 6일조. 侍中은 綵子, 肩衣를 입고 참석했다고 한다.

둘째 왜관에서는 매달 초하루가 되면 거의 어김없이 '當日의 祝詞(슈시)'라고 하여 '僉官, 橫目, 代官, 東館에 기거하는 役人 전원이 모여 대면하고 請負商人과 馬乘들은 寄附帳에 기재하였다'는 기록이 나온다. 그런데 이처럼 매달 초가 되면 거의 전원이 집합해서 대면하는 목적이 무엇이었는지 『館守每日記』에는 기재되어 있지 않다. 집합하던 장소도 알수 없다. 어디까지나 추측에 지나지 않지만 오늘날의 '전체 인원확인' 내지는 '전체 안부확인' 정도의 의미를 지니고 있지 않았을까.

세 번째로 번주나 번주 가족의 慶弔事로 인한 의식, 祭禮를 꼽을 수 있다. 1694년 11월15일, 에도에 체재 중이던 번주 요시츠구(義倫)가 서거했다는 소식이 飛船으로 왜관에 전해졌다. 요시츠구는 요시자네(義眞)의 아들로 1694년 9월 말에 사망했다. 그러자 왜관에서는 먼저 왜관 안으로 '魚鳥'를 들이지 못하도록 하고 문에는 경비 무사를 세워서 이를 감시하게 했다. 또한 이 때 관내에서는 갖가지 금지사항이 재관자에게 전달되었다. 우선 서거 소식이 전해진 날로부터 50일 동안 '쯔키시로(月代)[42]', 난무(亂舞), 토목공사(普請)를 하지 못하도록 금지하고, 거래용 물품을 관내로 반입하는 것을 금하였다.[43] 조선 측에도 왜관 수문 앞에서 열리는 朝市에 모여드는 조선인들에게 魚鳥의 지참을 금해달라고 통보했다.[44]

이처럼 번주의 서거 후 일정기간 동안 난무, 토목공사, 鳥魚의 매매 등을 금지하는 관습은 '鳴物停止令(나리모노초지레이)'와 관련이 있다. 에도시대에는 쇼군과 같이 고귀한 신분의 사람이 사망하면 '鳴物停止

---

42) 月額. 남성의 이마 쪽 머리를 머리의 중앙에 걸쳐 반월형으로 깎는 것을 말한다. 원래는 冠의 아래에 해당하는 부분을 깎았다고 한다. 오닌의 난(應仁의 亂) 후에는 무사가 氣의 역상(逆上)을 막기 위해 깎았다고도 하며 에도시대에는 서민들 사이에서도 행해져 성인(成人)의 표식이 되었다.

43) 『館守每日記』 元祿7년 11월15일조.

44) 『館守每日記』 元祿7년 11월16일조.

令'이라는 명이 발포되어 일정기간 정숙, 근신할 것이 강제되었다. 에도 시대의 鳴物停止令에는 토목공사금지(普請停止), 漁獵停止 등도 포함되어 있어서 살생을 자제하고, 공사 소음, 遊藝 소리, 사람들이 모여들어서 발생하는 소음 등을 금지해서 정숙한 가운데 死者를 애도하도록 강요되었다. 鳴物停止 기간은 死者의 지위에 따라 그리고 지역에 따라 달랐다. 鳴物停止令이 발포되는 경우는 막부 쪽에서는 쇼군과 그 일족, 로주(老中)가 사망했을 때이고 조정 쪽에서는 천황, 상황, 뇨인(女院)45) 등이 사망했을 때이다.46)

예를 들면 막부의 10대 쇼군 이에하루(家治)가 1786년 9월8일 사망하자 전국적인 服喪이 강제되었다. 그 일환으로 10일간의 漁獵禁止令이 발포되어 시중에 나도는 어류의 양이 현격하게 감소했고 魚采類 시장까지 금지시켰다. 막부의 입장은 시장이 서서 많은 사람들이 운집하면 소란스러워지고, 그것은 곧 鳴物停止令으로 상징되는 '정숙함을 유지하여 쇼군의 죽음을 애도한다'는 취지에 반하기 때문이라는 것이었다.47)

왜관에서는 번주 요시츠구의 서거 소식이 도착한 이튿날인 16일부터 '이치시치니치(一七日, 히토나누카)'48)가 동향사에서 행해졌고 재관자 일동이 분향하였다. 또한 이 소식은 역관을 통해 동래부사와 부산첨사, 중앙의 조정에도 보고되었고, 역관이 이치시치니치인 22일에 상복 차림

---

45) 천황의 어머니, 三后, 內親王에게 조정이 부여한 존칭.
46) 에도시대 중기까지의 鳴物停止令 기간을 살펴보면, 일수의 변동은 있지만 대체로 쇼군, 오고쇼(大御所)는 49~77일, 쇼군의 어머니가 14일, 쇼군의 아내가 5~10일, 쇼군의 자식이 3~7일, 고산케가 3~7일, 로주가 3일이다. 조정관계에서는 천황·상황이 3~7일이다. 鳴物停止令의 일수만으로 따지면 천황과 상황의 사망이 쇼군, 오고쇼에 비해 상당히 가볍게 취급된 셈이다. 메이지 시대 이후에는 '鳴物'이 '歌舞音曲'으로 해석되어 演藝, 遊藝의 三味線, 太鼓 등의 '音'으로 상징되었다. 藤田覺, 『幕末の天皇』講談社, 1994, 30~31쪽.
47) 앞의 책 『幕末の天皇』, 89~90쪽.
48) 사후(死後) 칠 일째 되는 날. 또는 칠 일간.

으로 동향사 佛事에 참가하여 조의를 표했다.[49]

정월 5일까지가 추도기간이라는 이유를 들어 신년을 맞아 세신(歲神)을 맞이하기 위해 집의 문 앞에 세워두는 송나무 장식도 정월 6일부터 장식하도록 했다.[50] 뿐만 아니라 정월 초하루에 행해지던 '元日祝事'도 7일로 미루어졌다.[51] 이듬해 3월 초순 무렵 幾度伊右衛門이 번주의 서거를 알리는 使者인 '島主身死告訃差倭(弔禮差倭:小差倭)'로 왜관에 도해하였다.[52] 1696년(元祿9) 3월27일, 요시츠구의 一回忌를 맞아 대마도에서 法事가 거행되었고 동향사에서도 추모의식이 행해졌다. 재관자 전원이 동향사를 방문하여 분향하였고 관수 內野權兵衛는 一代官에게 '御靈粽料' 명목으로 白米1俵를 동향사에 보내도록 했다.[53]

한편 요시츠구의 뒤를 이어 번주에 취임한 것은 소오 요시미치(宗義方, 재임기간 1694~1718)이다. 그러나 요시미치의 나이가 아홉 살로 연소한 탓에 요시미치의 親父이자 앞서 번주를 역임한 바 있는 요시자네(義眞)가 섭정을 맡게 되었다. 이에 요시미치가 취임한 이듬해인 1695년 制札6枚가 왜관에 전달되었다. 제찰은 '公儀의 制札' 3매, '藩主의 制札' 3매로, 번주의 교체를 계기로 하여 막부와 번주 소오씨의 지시사항이 왜

---

49) 『館守每日記』 元祿7년 11월17일조, 22일조.
50) 『館守每日記』 元祿7년 12월27일조. 이 때 송나무 장식은 요리시로(依代)의 의미를 지닌다. 요리시로란 神靈을 맞아들여 그것이 빙의되는 것을 말한다. 수목, 암석, 인형과 같은 유체물(有體物)을 요리시로로 삼아 이를 신령의 대체물이라 여겼다.
51) 『館守每日記』 元祿8년 正月元日조.
52) 『邊例集要』 권1, 別差倭, 乙亥年(1695) 3月條. 이 때 幾度伊右衛門은 예조참의·동래부사·부산첨사에게 보내는 서계와 답서, 그리고 요시츠구가 죽음에 임해서 남긴 서계(遺書)와 별폭을 지참하고 왔다. 『同文彙考』附編 권6, 告訃에 차왜 幾度伊右衛門가 지참하고 온 서계와 유서가 게재되어 있다.
53) 『館守每日記』 元祿9년 3月27日조. 요시츠구는 1694년 9월에 사망했으므로 1695년 9월이 사후 일 년에 해당되지만 어떤 이유에서인지 『館守每日記』에는 1696년 3월에 一回忌 의식이 행해졌다고 기록되어 있다. 본문에서는 이를 그대로 인용하였다.

관에 전달되었고, 관수는 왜관의 制札場에 있던 기존의 제찰과 이것을 교체하여 세워놓았다고 전해진다.[54]

넷째 대마도인의 처형의식을 들 수 있다. 왜관이 소재하는 부산지역에서 볼 수 있었던 진풍경 중의 하나는 범법행위를 저지른 대마번 사람이 왜관으로 보내져 사형에 처해지는 것이었다. 대마번은 17세기에 후반부터 밀무역과 같이 조선인과 공모하여 불법행위를 한 대마도인을 왜관 근처에서 공식적으로 처형하는 일이 간혹 있었다.[55] 물론 이것은 대마번청의 결정에 의거하여 거행되었고 대마번은 형을 집행하기 전 조선정부에 정식으로 통보하기도 했다. 刑 집행이 이루어진 장소는 왜관 근처의 '二嶽'이라는 곳으로 그 근처를 '營纏峠(영전고개)'라고도 한다.[56]

조선정부는 밀무역과 같은 사건의 처리에 관해 대마번과 의견이 일치하지 않은 경우 일본인을 조선에서 처형하는 처사에 반대하는 입장을 보이기도 했다. 그러나 막상 실제로 刑 집행이 결정되면 대개는 조선의 역관 등이 二嶽의 형장에까지 나아가 양국 관리의 입회하에 형이 집행되는 것이 상례였다. 亡者의 시신은 소금에 채워져 대마도로 이송되곤 했다. 대마번 입장에서는 조선인들이 衆人環視하는 가운데 이른바 '본보기적인 처형'을 감행함으로써 왜관에 체재하는 대마번 사람들에게 경각심을 심어주려는 의도가 작용했을 것이다.

---

54) 『館守毎日記』 元禄8년 9월朔日조.

55) 尹裕淑, 「近世癸亥約條の運用實態について―潛商・闌出を中心に―」 『朝鮮學報』164號, 1997 참조.

56) 宗家記錄에는 '二嶽', '二ノ嶽', '二ッ嶽'로 기재되어 있다. 營纏이란 왜관에서 소비하는 柴炭을 보관하는 곳으로, 柴炭庫・炭小屋・炭幕 등으로 불리어 왜관의 북쪽에 있는 營纏峠의 맞은편 碁石浜에 위치하고 있었다. 조선은 왜관에 체재하고 있는 사람들에게 체재기간 중에 필요한 연료용으로 시탄을 무상으로 지급했다. 왜관에의 시탄지급은 부산진(釜山鎭)의 소관이었고, 시탄은 부산진이 관리하는 보관소(炭幕)에 집적되었다가 매달 일정량이 왜관으로 운반되었다.

그런데 대마번 사람을 일부러 조선까지 보내어 처형하는 사례가 비단 밀무역이나 상해와 같은 경우뿐만 아니라 적용의 범위가 좀 더 넓었다는 사실이 확인된다. 예를 들어 1694년(元禄7) 대마도인 3명(八助·平兵衛·長吉)이 대마도에서 도망쳐 나와 조선에 와서는 마치 나가토(長門. 현재의 야마구치현) 지역에서 표류해 온 '漂民'인양 거짓행세를 했다. 조선정부는 그들을 표류민으로 파악하여 표류민에게 합당한 보호와 접대를 제공했다. 그러던 중 그들은 조선의 선박을 탈취하여 도망치다가 다시 대마도에 표착하고 말았다. 그러자 대마번은 이 일을 조선 측에 통보하고 같은 해 8월 二嶽에서 당사자들을 사형에 처했다.[57]

대마도에서 도망쳐 나온 것은 일견 대마번 내부의 일이기 때문에 내부적으로 처리되어야 할 사안으로 보이는 것도 사실이다. 그러나 당시 대마번은 이 사건의 주인공들이 스스로를 일본인 표류자로 위장하여 조선정부의 보호조치를 받았던 점, 게다가 조선의 선박을 훔쳐 달아나는 바람에 '조선의 관리를 곤란에 빠뜨렸다'는 사실을 강하게 의식한 것 같다. 이것은 내부적인 문제로만 그치는 것이 아니라 '표류민의 보호에 관한 양국통교 상의 관례'를 악용한 행태라고 판단한 것이 아니었을까. 결국 사례들을 종합해보면 대마번이 대마번 사람을 조선에서 처형한 경우는 다양한 케이스에 걸쳐 있었다는 것을 알 수 있다.

그리고 이 사례에서 한 가지 더 주목되는 점은 처형이 감행된 '시기'이다. 필자가 파악하고 있는 범위에 의하면 1698년 밀무역 사건에 대한 처벌로 대마번의 白水與兵衛라는 인물이 二嶽에서 처형된 것이 가장 이른 사례로 알려져 왔다. 그러나 전술한 위장 표류민 사건은 1694년에 처리되었으므로 조선에서의 처형은 더 이른 시기부터 시작된 셈이다. 이 같은 조치가 과연 언제부터 어떻게 시작되었는지를 규명하기 위해서

---

57) 『館守每日記』元禄7년 8월21일조.

는 좀 더 폭넓은 사례연구가 필요할 것으로 생각된다.

마지막으로 宗家記錄에서 종종 보이는 '조선인의 왜관구경'에 관해 소개하고자 한다. 물론 본고는 이것을 의식으로 규정하려는 것은 아니다. 이는 오히려 왜관이 조선시대에 유일한 '외국인 체재구역'이었음을 실감케 하는 장면이며, 조선 측의 문헌에서는 거의 찾아보기 어려운 왜관의 일면이라는 점에서도 흥미롭다. 『館守每日記』에 따르면 이따금씩 조선인들이 역관과 함께 입관하여 관내를 구경하는 일이 있었다. 그럴 때면 통상 역관들은 관수에게 양해를 구하고 조선인과 왜관을 둘러본 뒤 돌아가곤 했다.[58] 왜관 업무에 관여하는 사람 이외에 일본인과 일상적인 접촉이 차단되어 있던 당시 대다수의 조선인에게 왜관은 필시 '倭人의 공간'으로 인지되었을 것이고, 그런 왜관의 풍경에 호기심을 가진 사람들이 역관에게 안내를 부탁했으리라 짐작된다. 이렇게 보면 왜관 체재자들이 본인의 의사와는 관계없이 조선인의 '구경의 대상'이 되곤 했던 것도 그들의 일상적인 생활의 일부였던 셈이다.


## Ⅳ. 맺음말


본고는 근세 왜관에서 행해지던 연중행사와 각종 의식을 검토하여 재관(在館) 일본인들의 생활상을 규명하고자 하였다.

연중행사의 실태는 두 가지 측면에서 접근해 보았다. 첫째 연중행사를 계기로 해서 조일 간에는 사적인 증답품의 수수가 이루어졌다는 사실이다. 사절의 명목으로 혹은 역원의 임무를 띠고 왜관에 도해한 대마

---

58) 『館守每日記』寶曆7년 5월2일조, 寶曆7년 9월21일조.

번 사람들과 그들을 접대하는 조선의 관리들 사이에는 세시명절을 축하하는 뜻에서 사적인 선물이 교환되었다. 선물 수수행위는 조선의 통교 정식에는 규정되어 있지 않지만 자연스럽게 하나의 관례로 정착되었다고 추정된다. 이는 동시에 공식적인 통교행위와는 별개의 형태로 조일 양국의 생산품이 교환되어 사용, 유통되는 요인으로 작용했을 것이다.

둘째 에도시대 일본의 주요 축일인 오절구를 기준으로 해서 볼 때 왜 관에서 연중행사가 가장 풍부하게 행해진 것은 7월이었다. 왜관에서는 대개 盂蘭盆과 관련하여 7월 초순에 동향사에서 세가키(施餓鬼)를 거행하여 조상의 영혼을 위로하곤 했다. 세가키는 시기에 따라서는 관수를 비롯한 왜관의 관리들이 행사의 외관에 신경을 쓸 정도로 중시되던 법회였다. 또한 이 시기에 재관자들의 두모포왜관 묘소 참배도 매년 행해 졌다.

왜관에서 정기적 혹은 비정기적으로 행해지는 의식으로 네 가지를 검토하였다. 왜관의 관수가 재관자들이 준수해야 할 일종의 관내규약인 壁書를 재관자들 앞에서 낭독하는 의식이 그 중 하나이다. 17세기 말에는 벽서만 낭독했으나 寶曆시대로 내려오면 壁書, 朝鮮御支配가 보낸 문서, 交奸문서 등 총 세 종류의 문서를 낭독했던 것이 확인된다. 둘째 왜관에서는 매달 초하루가 되면 재관자 전원이 모여 '當日의 祝詞'를 교환하였는데 추측컨대 '전체 인원확인' 내지는 '전체 안부확인'의 의미를 지니고 있지 않았을까 생각된다. 셋째 왜관에서는 번주나 번주 가족의 慶弔事로 인한 의식, 祭禮 등이 동향사에서 불교의식으로 거행되곤 했다. 특히 번 주가 사거한 경우 재관자에게는 일정기간 동안 정숙, 근신할 것이 요구되었고 조선의 역관 등도 입관하여 조의를 표했다. 넷째 대마번은 밀무역, 위장 표류민과 같은 불법행위를 한 대마번 사람을 왜관으로 송치하여 왜관 근처(二嶽)에서 처형하는, 형(刑) 집행관습을 갖고 있었다.

# 6. 한국병합 전후 서울의 '재한일본인' 사회와 식민권력*

방 광 석**

## Ⅰ. 머리말

1945년 이전 한국에 거주한 일본인들의 집단거주지는 1910년 일본의 한국병합을 전후로 해서 그 성격을 달리한다. 1910년, 정확히는 1914년 조선총독부의 외국인거류지 해체조치에 따라 일본인 거류지도 해체되어 한반도 어디에서나 거주가 자유로워지기 전까지 일본인의 한국 거주는 조약에 근거한 개항장과 서울의 거류지로 한정되었다.

한국병합 이전의 일본인 거류지는 치외법권이 인정되는 한국 내의 '외국'으로, 그곳에 거주하는 일본인은 본국의 지시를 받는 영사를 통한 규제 아래에 자신들의 사회를 만들어갔다. 주요 일본인 거류지는 대개

---

* 『역사와 담론』 56(2010년)에 기 게재됨
** 인천대학교 학술연구교수

유사한 형태의 구조와 발전 양상을 보이고 있다. 거류민의 인구 증가에 따라 1880년대 중반 모든 거류지에서는 영사의 인가 아래 '거류지규칙'을 제정함으로써 거류지를 규제할 유사 법제를 갖게 된다. 이 '거류지규칙'에 의해 거류지는 일종의 지방 의회에 해당되는 거류민회를 갖게 되고, 재정을 위한 稅制도 마련한다. 이로써 일본인 거류지는 행정기관인 居留民役所와 거류민회를 갖춘 자치단체적 외형을 갖추게 되었다.

일본인 거류지는 점차 규모가 확장됨에 따라 상업회의소, 소학교, 유치원, 병원, 화장장, 묘지, 신사, 공원 등 공공시설이 갖추어져 마치 일본 본국의 한 도시를 그대로 축소해 옮겨 놓은 듯했다. 이러한 거류지의 발전을 토대로 일본인 거류민들은 본국에 대해 거류지단체를 본국의 지방자치단체인 市·町·村과 동일하게 법인화 해달라고 요청하게 된다. 그들의 운동은 마침내 1905년 거류민단법의 성립으로 결실을 맺게 되고, 이로써 한국 내의 일본인 거류지는 본국과 마찬가지로 지방자치단체로서의 효력을 갖게 되었다.

그런데 거류민단법을 둘러싼 일본정부와 현지 거류민 사이의 논의 과정에서는 여러 가지 논점이 표출되었다. 우선 외국 내의 일본인 특수 거류지역에 일본과 동일한 법을 적용해도 될 것인가 하는 문제이다. 이는 한국병합 후 일본 본국의 법제를 식민지에 어디까지 적용할 것인가 하는 '제국'과 '식민지' 사이의 法域 연장문제로 이어지는 것이기도 하다. 둘째 논의과정에서 일본정부 및 정치가들의 의식과 거류민들의 의식 사이에 상당한 격차가 존재하고 있었다는 점이다. 일본인 거류민들은 일본제국의 대륙발전의 첨병으로서 자신들의 기여와, 본국인들과 차이 없는 자신들의 자치능력에 대한 정부의 인정을 요구한 반면, 정부 측에서는 일본 본국에서 하층에 속했던 자들이 재한 거류민의 다수를 이룬다는 점에서 그들의 '문명도'에 의문을 제기하며 부정적이었다. 이런

의식의 격차는 일본거류민들의 통감부 정치에 대한 불만으로 표출되기
도 했다. 그럼에도 불구하고 1905년 한국을 보호국화 하는 것과 거의
동시에 거류민단법을 성립시켰다는 것은 보호국에 대한 일본정부의 인
식의 일부를 나타내는 것이기도 하다.

개항 후 한국 내 일본인 거류지에 대한 선행연구는 개항기 일본인 거
류지 설치문제에 관한 연구(藤村道生, 高秉雲),[1] 사회경제사적 관점에서
재한일본인 사회를 실증적으로 검토한 연구(孫禎睦),[2] 식민지화의 기반
으로 일본인 거류지를 파악한 연구(李鉉淙, 梶村秀樹),[3] 거류민 자치기
구의 양대와 성격을 밝힌 연구(木村健二)[4] 등으로 대별할 수 있다. 특히
기무라(木村)의 연구는 한국과 중국의 거류민사회를 구체적으로 분석하
고 거류민 자치기구의 자치권과 일본정부 사이에서 나타난 갈등에 초점
을 맞추고 있다. 최근에는 '아래로부터' 구체적인 재한일본인의 활동을
조망하거나,[5] 통감부 시기 일본정부의 정책과 거류민의 인식 차이를 밝
힌 연구[6] 등이 이루어졌다.

본고에서는 서울[7]의 일본인 거류지를 대상으로 '거류지규칙'(1887)이
제정되는 초기 거류지 사회의 발전 양태를 고찰하고, 이를 토대로 요구
되는 '거류민단법'(1905)의 형성과 1914년 거류민단의 해체에 이르는 시

---

1) 藤村道生,「朝鮮における日本特別居留地の起源」,『名古屋大學文學部硏究論集』35,
   1965 ; 高秉雲,『近代朝鮮租界史の硏究』, 雄山閣出版, 1987.
2) 손정목,『한국개항기 도시변화과정 연구-開港場·開市場·租界·居留地』, 일지사,
   1982 ; 同,『한국개항기 도시사회경제사연구』, 일지사, 1982.
3) 李鉉淙,『韓國開港場硏究』, 一朝閣, 1975 ; 梶村秀樹,『朝鮮人と日本人』(梶村秀樹
   著作集1), 明石書店, 1992.
4) 木村健二,『在朝日本人の社會史』, 未來社, 1989.
5) 高崎宗司,『植民地朝鮮の日本人』, 岩波書店, 2002(다카사키 소지/이규수 역,『식민
   지조선의 일본인들』, 역사비평사, 2006).
6) 박양신,「통감정치와 재한 일본인」,『歷史教育』90, 2004.
7) 개항기 이후 식민지 시기까지 서울은 漢城, 漢陽 혹은 京城 등 다양한 명칭으로
   불렸으나 본고에서는 '서울'로 통일해 서술한다.

기 일본공사관, 통감부, 총독부와 '재한일본인' 사회의 교섭과정을 분석함으로써 일본의 한국식민지화 과정에서 빚어지는 식민권력과 거류민 사이의 협력과 대항의 구조를 해명하고자 한다.

이를 위해 첫째, 일본인의 서울 거주가 법적으로 허락되는 1885년 이후 서울 거주 '재한일본인' 사회의 형성과정과 居留民總代役場(1885), 居留民役所(1901), 民團役所(1905)로 이어지는 거류지 자치기구의 구성과 운용에 대해 살펴본다. 둘째, 러일전쟁 이후 '재한일본인' 사회가 급격히 팽창되는 과정과 자치기구의 법인화운동을 통한 거류민단법의 성립과정을 추적한다. 셋째 일본의 한국병합 이후 거류민단이 폐지되는 과정에서 나타난 '재한일본인' 사회와 식민권력의 갈등과정을 살펴보겠다.

## Ⅱ. '재한일본인' 사회의 형성

조선에 거주하는 일본인수는 개항 초기 완만하게 증가하다 청일전쟁 이후 급증했다. 1876년 54명에서 원산 개항 직후인 1881년 3,417명, 1883년 인천 개항 이후 4,000여 명이었던 것이 청일전쟁이 끝난 후인 1895년 말에는 12,303명으로 증가했고, 1903년 말의 18,154명에서 전쟁 중인 1905년 4월에 43,171명, 전쟁이 끝난 후인 1906년 4월에는 56,339명으로 급증했다. 그리고 1910년 한일합병 즈음에는 17만 명이 넘는 일본인이 조선에 체류하게 되었다.[8]

서울의 일본인 거류지는 일본영사관의 잡무와 일본정부의 위탁통상을 맡은 일부 상인들에 의해 형성되었다고 할 수 있다. 일본인의 서울

---

8) 『朝鮮における內地人』(朝鮮總督府調査資料 第2輯), 1923.

거주가 법적으로 허락된 것은 1885년이었다. 1882년 10월 체결된 朝淸
상민수륙무역장정에서 청국 상인에게 서울 거주와 통상권이 허용되었는
데 이것이 각국에 알려지면서 最惠國條款이 적용되어 서울이 개방되었
다.9) 일본은 1880년 4월 서울에 일본공사관이 설치하였고 12월 전권공
사 하나부사 요시모토(花房義質)가 30여 명의 관원을 이끌고 한성에 들
어와 서대문 밖에 공사관을 정했으나 민간인은 없었다. 1881년 5월 조
선정부가 신식군대를 훈련시키기 위해 육군 소위 호리모토 레이조(堀本
禮造)를 초빙했고, 임오군란의 사후 처리로 체결된 제물포조약에 의거해
1882년 8월부터 일본 군인이 서울에 주둔하게 되었으나 민간인의 서울
거주는 쉽게 이루어지지 않았다.10) 개항장에 거류하는 일본 민간인이
서울에 입경하고자 할 때는 먼저 인천 주재 일본영사로부터 入京票를
받아야 했으며 그 표를 일본공사관에 제시한 후에 여인숙에 숙박하면서
일본군의 用達도 하고 行商도 하는 형태였다.11)

　이미 청국인에게 서울 거주를 허락했다 해도 1876년 체결된 朝日修
好條規에는 최혜국조관이 없어 일본인에게 동일한 대우를 요구할 수 없
었다. 그러나 1882년 4월에 조인된 朝美수호조약과 5월의 朝英, 朝獨수
호조약에서 최혜국조관이 규정되자 일본도 최혜국조관을 획득하기 위해
끈질긴 노력을 하였다. 이듬해 朝英수호조약에서 한성을 개방해 영국인
의 雜居가 인정한다는 조약이 체결되자 韓日통상장정 및 해관세칙을 체
결하는데 성공함으로써 그 42조에 규정된 최혜국조관을 앞세워 1885년
2월부터 민간일본인의 서울 거주를 허가받기에 이르렀다.12) 서울이 개

---

9) 서울 개방과정에 관해서는 손정목, 『한국개항기 도시변화과정연구』 제5장 「한성
　　내 외국인 거류 경위」 참조.
10) 다카사키 소지/이규수 역, 앞의 책, 31~33쪽.
11) 京城居留民團役所編, 『京城發達史』, 日韓圖書印刷株式會社, 1912, 273~274쪽.
12) 위의 책, 239~240쪽.

방되자 인천, 원산, 부산에 거주하던 일본인과 규슈(九州)와 주고쿠(中國) 등 일본 각지에서 일본인이 서울로 유입되었다. 그들은 주로 일확천금을 노리는 자들로 무역을 하거나 상점, 전당포 등을 경영했다.13)

일본인 거류지는 조선정부, 청국과 협의한 결과 남산 밑의 잡거지인 진고개[泥峴]로 정해졌다. 진고개 일대를 일본인 거류지역으로 정한 이유는 1884년에 건축했던 慶雲洞의 일본공사관이 갑신정변으로 소실되어 남산 밑으로 이전했기 때문에 거류민 보호의 입장에서 일본 측이 이지역을 선정했고, 조선정부로서도 진고개가 도성에서 멀리 떨어진 서울의 남쪽 지역이며 진흙길 지대로 거주환경이 나빴기 때문에 쉽게 응낙한 것으로 보인다.14)

이후 서울의 일본인수는 1886년에 163명, 1889년에는 527명으로 계속 증가했지만 증가율은 미미했다. 그리고 남대문 일대와 수표교 부근에 자리잡고 있던 청국 상인이 경제면에서 압도적인 세력을 형성하고 있었기 때문에 청일전쟁 이전까지는 일본인 상인이 서울에 상권을 크게 확대하지는 못하였다. 청일전쟁 이후에 들어 일본인 상인이 본격적으로 서울의 상권을 장악하면서 남대문, 충무로 지역으로 거류지가 확장되었고 일본영사관, 제일은행, 거류민 사무소, 상업회의소가 충무로 입구로 자리를 옮겼다.15)

청일전쟁을 계기로 조선 거류 일본인수는 크게 증가했다. 1894년 말 9,354명에서 1895년 말 12,303명으로 늘어났고 특히 서울에서는 848명에서 1,839명으로 두 배 이상 증가했다. 이전부터 일본인이 거주하던 진고개 지역 외에 남대문을 비롯한 기타 지역에도 일본인의 가옥이 연이어 세워졌고 공사관에서도 상업상 가장 편리한 남대문 거리에 개점하도

---

13) 이현종, 앞의 책, 186~191쪽.
14) 京城府, 『京城府史』제2권, 京城府, 1934, 552~553쪽.
15) 『京城發達史』, 86~91쪽.

록 권유하였다.[16] 또 서울의 일본인이 시 외곽으로도 진출함에 따라 교외인 용산에도 일본인이 조금씩 늘어나 1895년 11월에는 총대사무소가 설치되었고 1897년 말에 35명이던 일본인수는 러일전쟁이 발발한 1904년에는 350명, 1910년에는 10,638명으로 증가했다.[17]

청일전쟁이 일어난 1894년 3월 서울을 방문한 영국인 이사벨라 비숍은 당시 일본인 거류지역을 다음과 같이 묘사하고 있다.

> 남산 기슭에는 일본공사관의 흰 목조건물들이 단순하고 소박한 모습을 드러내고 있다. 그 아래로 5천 명에 육박하는 일본 거류지[colony, 번역서에서는 租界]는 찻집, 극장 기타 일본식 생활에 필요한 다양한 설비들을 갖추고 살고 있다. 그 구역은 한국적인 모든 것과 대조적으로 청결과 우아함, 그리고 검약이 돋보이는 집과 상점들로 거리를 메우고 있다. 쓰개치마를 입지 않은 여인들과 후드 달린 오버코트를 입은 신사들이 일본에 있는 것처럼 자유롭게 거리를 활보한다. 그 거리에는 놀라울 정도로 잘 운영되고 있는 일본 은행과 우편 연락소가 있다. 또 군기 엄정한 군인들과 무장한 경찰대들, 일정한 시차를 두고 교대되는 칼을 찬 헌병들도 보인다. 한국에서 면면히 이어져온 일본에 대한 증오감을 생각하면 이 같은 경계 조치는 필수불가결한 것이리라.[18]

이렇게 일본인 거류지가 확장되는 과정에서 거류민 자치기구 등의 조직도 만들어졌다. 1887년 2월 결성된 서울 商業議會(1892년 4월 京城日本人商業會議所로 개칭)는 在留經營者盟約規則을 제정하여 일본인 상인 사이의 경쟁을 피하고 서울을 중심으로 한 상품시장을 확보하기 위해 상인을 단속하고 거류민 상권의 육성을 꾀했다. 상업회의소의 의원은 거류민회 의원이 겸임하는 경우나 동업자조직의 대표자가 맡는 경우

---

16) 다카사키 소지, 앞의 책, 64쪽.
17) 『京城發達史』, 385~387쪽.
18) I. B. Bishop, *Korea and her Neighbours*(이인화 역, 『한국과 그 이웃나라들』 살림, 1994, 58쪽).

가 많았다. 따라서 일본인 상업계는 동업자들 사이의 협력이 활발했고 신분적 위치 상승에 대한 욕구가 많이 나타났다. 이러한 현상은 거류지에서의 성공이 신분이나 家門의 배경이 필요 없고 금전이 성공을 증명하는 유일한 수단이기 때문에 나타난 것이다. 따라서 배금주의가 거류민사회의 특이한 분위기를 형성했다.[19]

한편으로 거류민사회에서는 본국 내 출신지별로 다수의 縣人會가 조직되었다. 현인회는 같은 출신지에서 도한한 일본인들에게 상업적인 측면에서 도움을 주기도 하고 정보를 제공해주는 상호부조적 성격의 단체였다. 초기에는 쓰시마(對馬島)를 포함한 나가사키현(長崎縣) 출신자가 많아 정보량과 인원수 면에서 거류민사회의 주도권을 쥐고 있었다. 그러나 후기에는 구마모토(熊本), 사가(佐賀)현인회가 언론활동을 통해 주도권을 장악했다. 사가현과 구마모토현에는 縣費 파견 유학생제도가 있었는데 이것은 한국에서 상업 방면으로 진출하기 위해서는 인재를 육성할 필요가 있다는 입장에서 설립된 것이다. 특히 구마모토현 國權黨에 기반을 둔 漢城新報 간부들은 거류지에서 주도적인 존재가 되어 거류민들에게 사상적으로 큰 영향을 주었다. 야마구치(山口)현인회는 일본정부 내에 조슈(長州) 파벌이 많았던 영향도 있어 비교적 우월한 위치에 있었다. 각 현인회의 중심인물들은 거류민회 의원으로 선출되었기 때문에 이들 사이에는 거류민사회의 주도권을 둘러싸고 갈등과 대립이 일기도 했다. 특히 현인회의 중심인물이 상업회의소 혹은 거류민회 의원이 되면 거류지에서 이익을 얻는데 유리했으므로 거류민회 선거 때마다 각 현인회가 겨루는 양상을 보였다.[20]

한편 서울 거주 일본인을 보호 감독할 임무를 지닌 영사관은 1884년

---

19) 山中麻衣, 「서울 거주 일본인 자치기구 연구」, 가톨릭대학교 대학원 석사학위논문, 2001, 7~8쪽.
20) 川端源太郎, 『京城と內地人』, 日韓書房, 1910; 山中麻衣, 위의 논문, 참조.

10월 18일 校洞의 일본공사관 안에 설치되었다. 영사관은 거류민사회를 효과적으로 통제하기 위해 거류민 자치기구의 구성을 적극적으로 장려했다. 거류민 자치기구는 영사관이 임의로 설치한 민간단체에서 출발하여 해체에 이르기까지 영사관의 종속기관과 거류민의 대표기관이라는 양면적인 성격을 지니고 있었다. 거류민 자치기구는 1885년의 居留民總代役場가 만들어진 이후 1901년 居留民役所, 1905년 民團役所, 1906년 居留民團으로 바뀌었다. 거류지의 조직에 관한 규정은 1886년 總代假規則을 거쳐 1887년 6월에는 인천, 서울, 원산의 각 영사가 居留地規則을 발포하였다. 거류지규칙은 총 6장 36조로 구성되어 있는데 總代와 거류지회 의원의 선출방법, 직무권한이 명시되었고 경비의 부담기준도 정해졌다.[21]

이어서 1888년 거류지 행정에 관한 의결기관인 居留地會(1896년부터는 거류민회로 명칭 변경)가 만들어짐으로써 거류민 자치기구는 거류지회 의원으로 구성되는 의결기관인 거류지회와 거류지회 의원에 의해 추천을 받아 거류지를 통괄하는 집행기관 總代를 중심으로 운영되게 되었다. 총대 및 거류지회 의원은 公選하게 되어 있어 어느 정도 '자치'가 인정되었다고 할 수 있지만, 제20조에 "만일 거류지회가 법을 어겼다고 영사가 인정할 경우에는 이를 중지 또는 해산하고 改選하게 할 수 있다"고 되어 있듯이 영사의 권한이 매우 강했다.[22] 거류지규칙은 1896년에는 帝國居留民規則(5장 61조)으로 개정됨으로써 總代는 임기 2년의 유급 役員이 되었고 집행기관장으로 總代役場 사무관을 고용하여 집행기관을 담당하게 했다. 또 영사관은 거류민 자치기구에 대한 구속을 완화해 그 발언권을 인정했다.[23] 이것은 영사관이 거류민사회의 발전에

21) 居留地規則案(仁川)『京城府史』제2권, 583~588쪽.
22) 木村健二, 앞의 책, 1989, 75쪽.
23)『京城府史』제2권, 651~660쪽.

따라 자치기구의 자치권을 어느 정도 인정한 것이라고 볼 수 있다.[24]

거류민회 의원이나 總代에 선출되는 것은 거류지에서의 성공과 명예를 상징하는 것이었다. 따라서 거류민회 의원 선거는 치열했다. 總代나 거류민장(1901년 4월부터)의 임기는 4개월에서 4년까지 편차가 컸다. 그 것은 거류민의 세력다툼으로 그 기능이 불안정했음을 보여준다.[25] 거류민회 의원은 나가사키현, 가고시마(鹿兒島)현, 야마구치(山口)현 출신 일반상인이 다수를 차지했다.[26]

거류민 자치기구의 주요 업무는 영사관의 위탁을 받아 서울-인천간 왕래자와 거류지 내의 토지를 관리하는 것 등이었다. 그 후 거류지가 발전함에 따라 업무내용도 늘어나고 체제도 정비되어 갔다. 總代 또는 거류민장은 1년에 두 번 거류민회에 예산표와 결산표를 제출했고 거류민회는 예산안을 의결하고 세금징수 등에 관해 건의했다. 거류지 자치기구의 주된 공공사업은 소학교 건축과 교사 장려, 도로정비와 수도공사, 병원, 소방서, 神社의 관리였는데 이들 사업은 거류민에게서 걷는 세금으로 운영되었다. 거류민세는 초기에는 인두세와 가옥세의 징수하다가 1890년에는 토지가옥세와 영업세를 도입했다.[27] 청일전쟁 이후 거류민이 증가하고 공공시설의 필요성이 늘어남에 따라 세금징수와 공공수수료의 범위를 확대시켜 운영자금을 확보하려 하였다. 세금을 징수하는 범위를 60세까지 확장하고 일시체류자에게도 세금을 부과했다. 그러나 거류민 자치기구는 민간단체였기 때문에 세금징수를 위한 법적 근거가 없어서 미납세자가 계속 증가했다.[28]

---

24) 木村健二, 앞의 책, 76쪽.
25) 거류민총대, 거류민장, 거류민단장의 명단 및 재임기간은 『京城府史』제2권, 968~969쪽.
26) 거류민회 의원 명단은 『京城府史』제2권, 970~977쪽에 실려 있다.
27) 『京城發達史』, 48쪽.
28) 『京城發達史』, 116쪽.

한편 거류민이 증가하면서 무직자나 거처가 없는 사람들이 늘어나고 상행위 등으로 거류지를 혼란시키는 자들이 생겨났다. 따라서 일본영사관에서는 1885년 退韓令(재한금지령),[29] 1887년 違警罪目,[30] 1892년 諸興行遊技場取締規則[31] 등 거류민 통제하는 단속법 만들어나갔다. 거류민에 대한 단속은 일본 국민의 체면을 손상시키고 양국간 무역에 방해가 되는 사람들을 대상을 시작되었으나 청일전쟁 이후 '無宿無職者' 및 '浪人'이 대거 유입됨에 따라 치안유지를 위해 단속이 강화되었다. 일본영사관은 일본의 국익을 위하고 한국에 대해 우월한 입장을 취하기 위해 단속을 벌였지만, 대부분의 거류민은 국가적 이해관계 보다는 눈앞의 이익을 좇아 일확천금을 노리는 자들이 많아 영사관의 단속에 반발했다. 일본의 국익과 거류민의 개별 이해관계에서 생긴 격차가 양자의 갈등을 심화시켜나갔다고 할 수 있다.

## III. '재한일본인' 사회의 팽창과 자치기구 법인화

'재한일본인'은 1880~1990년대를 거쳐 점진적으로 증가하다가 1904

---

29) 퇴한령은 1883년 3월 포고된 「淸國及朝鮮在留日本人取締規則」제1조를 개정한 것으로 그 내용은 다음과 같다. "청국 및 조선 주재 영사는 재류 일본인이 해당 지방의 안녕을 방해 하려 하거나 풍속을 파괴, 혼란시키려는 자, 또는 그 행위로 인해 해당 지방의 안녕을 방해하고 풍속을 파괴, 혼란시키는 자로 인정될 경우 1년 이상 3년 이하 재류를 금지한다(후략)"(『京城府史』제2권, 578~579쪽).

30) 이는 서울로 轉居, 同居를 신고하는 의무와 영업규칙의 위반자, 안녕을 방해, 풍속을 壞亂하는 자에게 1일 이상, 15일 이하의 구류 혹은 5전 이상 1원 95전 이하의 벌금을 부과할 수 있다는 규정이다(『京城府史』제2권, 590~592쪽). 違警罪目은 1893년 3월 개정되어 신체노출, 복장, 소란 등도 통제했다(『京城府史』제2권, 622쪽).

31) 『京城府史』제2권, 612쪽.

~1905년의 러일전쟁을 통해 그 수가 급격히 팽창했다. 이것은 일본정
부가 일본 국내의 식량문제 등을 해결하기 위해 한국으로 이민을 적극
적으로 장려하고 이민 절차를 간소화했기 때문이다. 1899년에는 여권제
도가 개정되어 일반거류민에 대해 여권 휴대 의무를 없앴다.[32] 서울 거
주 일본인 인구의 추이를 보면 다음 표와 같다.

| 연도 | 호수 | 인구수 | 연도 | 호수 | 인구수 |
|---|---|---|---|---|---|
| 1885 | 19 | 88 | 1898 | 480 | 1,734 |
| 1886 | 34 | 163 | 1899 | 525 | 1,985 |
| 1887 | 65 | 245 | 1900 | 549 | 2,115 |
| 1888 | 86 | 348 | 1901 | 639 | 2,490 |
| 1889 | 130 | 527 | 1902 | 797 | 3,034 |
| 1890 | 137 | 522 | 1903 | 902 | 3,673 |
| 1891 | 157 | 698 | 1904 | 1,350 | 5,323 |
| 1892 | 169 | 715 | 1905 | 1,986 | 7,677 |
| 1893 | 234 | 779 | 1906 | 3,216 | 11,724 |
| 1894 | 266 | 848 | 1907 | 4,300 | 14,829 |
| 1895 | 500 | 1,839 | 1908 | 6,437 | 21,789 |
| 1896 | 479 | 1,749 | 1909 | 7,745 | 28,788 |
| 1897 | 471 | 1,588 | 1910.9 | 8,794 | 34,468 |

출전: 京城居留民團役所編, 『京城發達史』, 日韓印刷株式會社, 1912, 422~423쪽.

서울 거주 일본인의 인구증가로 거류지 내의 직업도 세분화 되었다.
청일전쟁이 벌어진 1894년과 러일전쟁이 끝난 1905년을 비교하면 직업
의 종류가 31종에서 55종으로 다양화되었다. 주요 구성원 가운데 가장
많은 것은 상인으로 시장 상인이 43명에서 98명으로, 행상은 16명에서
81명, 잡화상은 61명에서 120명으로 두 배 또는 그 이상 증가하였다. 또

---

32) 木村健二, 앞의 책, 19~26쪽.

이 시기 제조업이 증가해 생활필수품을 수입에 의존하지 않고 거류지 내에서 구하려는 경향이 생겨 가구제작 목공이 8명에서 123명으로 폭증하고 금속가공, 목수, 주택수리업자 등이 늘었다. 음식점도 크게 늘었으며 酌婦와 藝妓 등 이전에는 없던 서비스업 종사자가 새롭게 활동하기 시작했다.[33]

그리고 러일전쟁 후에는 도쿄 출신자, 자본력과 조직력이 있는 기업가와 군인, 관리들이 대거 渡韓했다. 이들은 가족단위로 이민해 와서 한국인 사회와 격리된 일본인 사회를 형성하였다. 원래 거류민 중에서 경제력이 있는 자들은 거류지내 실적과 경험을 이용해서 대기업을 설립하거나 새로운 합자회사를 설립하였다.[34] 그리고 러일전쟁으로 군대가 서울에 들어오자 거류민 인구가 급증했고 군대에 대한 용달업을 통해 이익을 얻는 자가 많았다.

또한 일반 거류민과 달리 러일전쟁을 전후하여 많은 대륙낭인이 개인적으로 또는 집단적으로 도한해 서울에 머물렀다. 대륙낭인은 일반 거류민과 달리 일본의 국익과 개인적 공명심을 위해 한국으로 건너왔는데 인맥과 학력을 이용해서 거류지의 중심세력을 형성해 '재한조선인' 사회의 여론을 주도하게 되었다.[35] 1904년 러일전쟁이 발발하자 한국 거주 일본인은 군에 협력했다. 특히 구마모토(熊本)현에서 건너온 삿사 마사유키(佐佐正之)는 자신이 운영하던 조선어학숙 낙천굴(樂天窟) 학생 전원을 통역으로 종군하게 했다.[36]

거류민의 증가와 다양화는 거류민 자치기구에 변화를 가져왔다. 즉

---

33) '明治二十七八年京城居留民營業種別表' 『京城府史』제2권, 641~644쪽.
34) 京城十友合資會社, 京城起業株式會社 등이 그것이다(川端源太郎, 『京城と內地人』, 170~172, 214쪽)
35) 山中麻衣, 앞의 논문, 18쪽.
36) 『京城府史』제1권, 714~723쪽.

거류민사회의 팽창에 따라 거류민장의 사무가 증가하여 거류민회는 전임민장을 두기로 하였다. 거류민회는 6개월 이상의 거주 조건도 없애 외부인의 거류민장 취임이 가능해졌다. 초대 전임민장에 임명된 사람은 나카이 기타로(中井喜太郎)인데 그는 對露同志會의 멤버로 대외강경파이자 팽창주의자였다. 그가 1903년 10월 거류민장에 당선된 데에는 하야시 곤스케(林權助) 주한공사의 영향이 강하게 작용했다. 하야시는 한국 내에서 러일전쟁에 대한 거류민들의 여론을 강경한 방향으로 통일하기 위해 나카이를 불러들였는데 그는 거류민의 활동을 확대함과 동시에 영사관에 대한 거류민 자치기구의 지위를 상승시켰다.[37]

'재한조선인' 사회의 다양화와 인구증가는 거류민회 의원의 세대교체를 가져왔다. 거류민회 의원은 러일전쟁 이후 새로 도한한 젊은 세대로 교체되었고 고학력자가 늘어났다. 이 세대교체는 나카이 민장이 자신의 세력기반을 확대하기 위해 선거에 간섭한 결과이기도 하다.[38]

'재한조선인' 사회의 팽창과 다양화로 거류민회는 운영 범위를 넓혀 갔다. 도로개수, 소학교, 병원, 공원, 묘지의 확충 등 공공사업이 추진되었다. 나카이 민장은 1905년도 예산을 러일전쟁 이전인 1903년에 비해 6배로 대폭 증액하였고 거류민회에서 가결되었다. 거류지의 필요에 따라서 공채를 발행하고 거류민역소 소유의 토지 및 가옥을 매각한 돈으로 거류지 시설을 개선하고 새로운 사업을 시작했다. 이것으로 거류민 자치기구는 자체의 소유재산으로 고정적인 수입을 얻을 수 있는 강한 조직이 되었다. 그 후에는 거류민 자치기구의 재산인 학교시설, 어시장, 병원시설 등을 만들었고 자치기구의 재원을 확보하기 위해 유흥지대를 설정하기도 했다.[39]

---

37) 『京城發達史』, 118쪽; 中井錦城, 『朝鮮回顧錄』糖業研究會出版部, 1915, 69~71쪽.
38) 나카이 민장은 원로층이 사용한 투표용지가 규정에 맞지 않는다고 무효처리했다
  (中井錦城, 『朝鮮回顧錄』, 71~73쪽).

　이러한 상황 속에서 거류민 자치기구의 법인화가 이루어졌다. 1905년 3월에 열린 제21회 제국의회에서 거류민단법안이 가결되고 1906년 7월 거류민단법 시행규칙이 공포됨으로써 거류민단이 설립되었다. 이를 통해 영사의 임의적 자치기구였던 거류민 자치기구는 법적 자치기구가 되었고 통감부는 거류민단을 통해 한국에 속인적 법제를 시행할 수 있게 되었다. 거류민 자치기구의 법인화는 외국인으로서 거류민에 대한 한국정부의 통치권을 제한하고 한국에서 일본 본국의 지방자치체와 같은 자치권을 거류민에게 인정한 것이다.

　또한 거류민단의 법인화는 치외법권이라는 특권을 행정적인 측면에서 강화한 것으로 외국인으로서 요구할 수 있는 권한을 넘어선 것이다. 따라서 거류민단법은 1904년 12월 미국인 스티븐스가 한국정부의 외교고문으로 임명되어 일본정부가 한국의 외교권을 장악하고 나서야 가결될 수 있었다. 그리고 거류민단법 시행규칙은 외교상 문제가 발생될 것을 우려해 일본이 한국의 외교권을 장악하는 '을사조약(제2차 한일협약)' 이후에 공포됐다. 즉, 일본의 한국 식민화과정이 진행되고 나서야 시행될 수 있었던 것이다.

　원래 거류민 자치기구의 법인화운동은 재정문제로 인해 1890년대 말에 시작되었다. 당시의 인천민장 도미타 고지(富田耕司)는 거류민역소가 부과금을 징수하고 공채를 모집할 때 강제성이 없어 재원조달에 큰 어려움이 있다며 거류민 자치기구의 원활한 운영을 위해 법인으로 인정해 줄 것을 일본정부에 요청했다.[40] 거류민규칙은 영사가 정한 규칙에 불

---

39) 1904년 서울 거류민회는 높은 이자의 차입금 만 6천 원을 안고 있었는데 나카이 민장은 저리로 7만 원을 빌려 차입금을 충당하고 나머지는 유곽 건설과 학교 건축비 등으로 충당하기로 했다. 그 돈으로 쌍림동의 7천 평을 매입해 신마치(新町)로 이름을 바꾸어 '특별요리점' 영업장소로 지정한 다음 토지 임대료와 영업세를 통해 고정수입을 확보하였다(『京城發達史』, 140~145쪽).

40) 仁川府, 『仁川府史』上, 仁川府廳, 1933, 170~171쪽.

과했고 거류민역소는 민간 공동조합으로 규정되어 부과금 징수와 공채를 모집할 법적 근거를 갖지 못했기 때문이다. 이러한 불편을 해소하기 위해 자치제를 시행하자는 운동이 시작됐고 법인화하지 않으면 공공사업 경비 면에서 불편이 생긴다는 주장이 일었다.[41] 그러나 당시 일본정부[제3차 이토(伊藤) 내각]는 일본 국내에 없는 법률을 외국에서 시행하는 것은 부적절하다며 법인화문제를 유보했다.[42]

거류지 자치기구의 법인화운동은 러일전쟁 때 다시 일어났다. 1904년 4월 24일 인천에서 제1회 재한거류민장회의가 열렸다. 서울과 인천, 목포의 거류민장은 13개항의 건의서와 이유서를 주무대신에게 제출했다. 주요 내용은 교육 충실, 청결법 시행, 풍기단속 강화, 공사관원과 군인, 군속을 제외하고 각 거류지 재류민은 관민의 구별 없이 공비를 분담, 거류지 간의 정보교환, 자치제의 시행 등이었는데 그 가운데 핵심 내용은 거류지의 자치제였다.[43]

이러한 과정을 거쳐 거류민단법안은 나카이 서울 민장이 외무성에 청원하여 제21회 제국의회에서 1905년 3월 8일 반대 없이 가결되어 성립되었다.[44] 이는 나카이 민장이 도쿄로 건너가 거류민에 관한 관심을 불러일으키기 위해 인맥과 언론을 활용한 결과이며,[45] 동시에 당시 외무차관이었던 진다 스테미(珍田捨巳)가 "청한 양국에 있어서 우리 거류민이 근래에 들어 인구 면에서도 이익관계 면에서도 매우 현저한 진보와 발달을 거두었다. 이러한 사실을 회고한다면 이번에 본안과 같은 제

---

41) 「在韓國帝國居留地に自治制を行ふべし」,≪東京經濟雜誌≫42-1040, 1900.7.28; 「在外居留地を法人と爲すの必要」≪東京經濟雜誌≫46-1152, 1902.10.4.

42) 中井喜太郎, 「韓國に於ける日本人居留地」,≪東京經濟雜誌≫51-1271, 1905.2.4.

43) 참석자는 高根信禮 목포민장, 富田耕司 인천민장, 中井喜太郎 경성민장 세 명뿐이었다(『京城發達史』, 133~135쪽).

44) 거류민단법의 성립과정에서 관해서는 박양신, 앞의 논문, 7~9쪽 참조.

45) 中井喜太郎, 앞의 책, 146~148쪽.

도를 설치하는 것은 거류민 단체의 이익을 현재에 보호하고 이를 진척
시키기 위함과 동시에 그 발달을 장래에 기하기 위해 매우 적절한 조
치"46)라고 제안 이유를 설명했듯이 일본정부 및 의회가 거류민의 진보
와 발달을 인정하고 그 이익을 장래에 걸쳐 보장하는 조치로 받아들였
기 때문이다.

거류민단법의 성립으로 거류민단은 법인단체로 인정되었고 일본 국
내법으로 인정된 권한을 한국에서 갖게 되었다. 거류민 자치기구는 거
류민단이 됨으로서 재정적 기반을 확보할 수 있게 되었다. 법인단체로
국비에 의한 운영보조가 보장되었고 세금징수에 관해 권력을 행사할 수
있었으며 국세징수법에 의한 처분도 적용할 수 있게 되었다. 거류민단
법의 전문은 다음과 같다.

제1조 전관거류지, 각국거류지, 잡거지 기타 지역에 거주하는 제국신민의 상
태에 따라 외무대신이 필요하다고 인정할 때는 지구를 정해 그 지구
안에 거주하는 제국신민으로 구성하는 거류민단을 설립할 수 있다.
거류민단의 廢置와 分合 또는 지구의 변경에 관한 사항은 명령으로
정한다.
제2조 거류민단은 법인으로 삼고 官의 감독을 받아 법령 또는 조약의 범위
내에서 공공사무, 법령조약 또는 관례에 따라 이에 속하는 사무를 처
리한다.
제3조 거류민단에 관원 및 거류민회를 둔다.
제4조 거류민회의 조직, 거류민단 관원  또는 거류민회 의원의 임면, 선거,
임기, 급여 및 직무권한 등에 관한 사항, 그리고 거류민단의 재산,
부채, 조영물, 경비의 부과징수 및 회계에 관한 사항은 명령으로 이
를 정한다.
제5조 거류민단은 영사, 공사 및 외무대신이 순차적으로 이를 감독한다.
단, 토지의 정황에 의해 제2차 감독을 생략할 수 있다.
전항 감독에 관해 필요한 사항은 명령으로 정한다.

---

46) ≪大日本帝國議會誌≫제6권, 339쪽.

> 제6조 거류민단 설립 때 그 지구 내에 거주하는 제국신민의 공동재산 및
> 부채의 처분 그밖에 이 법의 시행에 관해 필요한 사항은 명령으로
> 정한다.[47]

위의 각 조항을 통해 알 수 있듯이 거류민단은 거류민단법에 의해 자치권을 위한 법적 근거를 확보하고 재정 면에서 보증을 받게 되었지만 한편으로 통감부의 통치법제 아래에 놓이게 되었다는 점에 주목할 필요가 있다.[48] 거류민단법의 성립으로 통감부는 민간 자치단체로 각지에 분산되어 있었던 거류민의 지방조직을 통감부를 정점으로 한 권력 기구로 편제할 수 있는 법적 권한을 갖게 되었던 것이다.

그 후 거류민단법 시행세칙은 통감부령으로 1906년 7월에 시행되었다. 총 6장 59조로 구성된 시행세칙의 내용은 거류민단 직원과 거류민회의 권한과 활동내용, 회계에 관한 것이다. 특히 제6장에는 '거류민단 행정의 감독'이라는 규정이 있어 이사관은 거류민회의 의결 또는 선거를 취소하고 민회를 해산시킬 수 있는 권리와 거류민단 직원을 징계할 수 있는 권리를 갖고 있었다.[49] 이처럼 거류민 자치기구가 통감부의 통제를 받게 된 것은 거류지 자치기구의 기반을 공고하게 한 반면, 이후 '자치'를 지향하는 거류민과 이를 통제하려는 통감부의 갈등 요인으로도 작용하였다.

---

47) 『京城府史』제2권, 750~751쪽.
48) 木村健二, 앞의 책, 77쪽.
49) 『京城府史』제2권, 751~763쪽.

## Ⅳ. 식민권력과 '재한일본인' 사회의 갈등

거류민단법 성립 이후 통감부는 일본인의 한국 이민을 장려하여 거류민은 급속히 늘어났다. 1906년 서울 거주 일본인수가 만 명을 넘어섰고 한국병합이 이루어진 1910년 9월 시점에는 3만 4천여 명에 달했다. 거류민의 계층도 다양해서 기존의 일확천금을 노리는 상인 등과 달리 통감부 관리, 교원, 대기업 자본가 등 엘리트가 새로운 사회층을 형성했다. 藝妓와 무직자, 노동자도 큰 비중을 차지했다. 관리가 2,134명으로 가장 많고 상점원 1,478명, 고용원 1,269명, 목수 961명, 회사원 739명 순이다.[50]

그런데 한국에 이주한 많은 일본인이 거칠고 폭력적인 행동을 해 반일감정이 커짐에 따라 통감부는 민족간의 마찰을 피하고 치안을 유지하기 위해서 불량 일본인들을 단속하기 시작했다. 거류지에서 나타나는 거류민의 퇴폐적인 풍속을 개선시켜 통감부의 한국통치를 원활히 하고 자신들의 권위를 확보하기 위한 정책이었다.

거류민 단속과정에서 주된 통제대상은 난폭한 행동을 해서 국내외에서 일본의 위신을 떨어뜨리는 거류민과 통감부 통치방식에 반대하는 대륙낭인이었다. 대륙낭인 가운데 한국인 망명자를 적극적으로 지원하는 자, 군사기밀을 탐색하는 자, 한국정부를 정복할 계획을 지닌 자 등 과격한 정치활동으로 통감부의 시정을 방해할 가능성이 있는 자들이 단속대상이었다.[51] 이들에 대해 통감부는 신문발행을 금지시키고 발행자에

---

50) 『京城發達史』, 430~435쪽.

51) 「渡韓者に關する注意の件」(1901.12.6), 『駐韓日本公使館記錄』17, 106쪽; 「渡韓せし 萱野長知外二名の性行に關する內偵報告書送付件」(1903.5.29), 『駐韓日本公使館記錄』20, 309쪽; 「渡韓禁止の緊急勅令」, ≪東京經濟雜誌≫39-984(1899.6.24).

대해 退韓令을 내려서 사상적 안녕을 유지하고 한국에 있는 일본인이
노골적으로 한국을 멸시하는 것을 표면적으로는 억압하려고 했다.[52] 이
것은 한국인을 중시하려는 정책이 아니라 한국에 대한 통치기반을 형성
하기 위해서 거류민에 대한 통제를 한 것이라 할 수 있다.

'재한일본인' 사회는 통감부의 조치에 강하게 반발했다. 이러한 움직
임은 통감부의 한국지배정책에 반대해오던 잡지 ≪朝鮮≫, ≪朝鮮及滿
洲≫[53]를 중심으로 전개되었으며 이 논리를 받아들인 한국통 국회의원
을 통해 제국의회에서도 나타났다.[54] 그들이 주장하는 요점은 통감부의
지배정책이 한국인 위주로 치우쳐 '재한일본인' 사회의 발전을 가로막
는다는 것이다.

법인화 이후 통감부의 재정지원을 받는 자치기관이 된 거류민단의
주된 운영사업은 교육과 토목, 위생 사업이었는데 수도인 서울에서는
다른 거류지와 달리 막대한 재정이 필요했다. 도로공사, 공원정비, 학교
건설, 병원건축 등 공공토목사업이 요구되었고 위생 면에서 한성병원의
의료설비를 개선할 필요가 있었다. 또한 소학교뿐만 아니라 중학교, 고
등학교, 고등여학교 등 고등교육시설의 설립이 긴급히 요청되었다. 그러
나 거류민단 사무소의 설비와 병원 설비를 유지하는 데 비용이 많이 들
어 거류지에 필요한 충분한 공공사업을 진행할 수가 없었다. 더욱이 납
세체납자가 속출했기 때문에 거류민단의 운영은 공채 발행으로 재정을
보충해 나갔다. 이에 대해 식민권력은 거류민단의 공공사업 가운데 위
생과 관련된 것을 단계적으로 다른 부서로 이전시킴으로써 거류민단의

---

52) 小森德治, 『明石元二郎』上, 臺灣日日新報社, 1928, 467~472쪽.
53) ≪朝鮮及滿洲≫를 발행한 釋尾旭邦은 이 시기 가장 활발한 언론활동을 펼쳤는데
    통감부 정치에 대한 적극적인 반대 입장이었다. 釋尾에 관해서는 최혜주, 「한말
    일제하 샤쿠오(釋尾旭邦)의 내한활동과 조선인식」, 『한국독립운동사연구』45, 2005.
    참조.
54) 한국통 의원은 大竹貫一, 大內暢三, 金尾稜嚴 등을 가리킨다.

업무를 감소시켰다.55)

한편 통감부는 장기적으로 거류민단을 해체하기로 하고 그 전단계로 거류민장의 관선화를 추진했다. 민장 관선화는 1908년 거류민단법 시행세칙이 일부 개정됨으로써 실시되었다. 그 내용은 거류민단의 자치 발전을 위해서 "일반 관리에게 議員 피선거권을 주고 민장을 관선하는 것"이다.56) 통감부는 지방의 자치기구화 되어 있는 거류민단의 대표를 관리가 맡아 경비를 절감하고 사무를 원활히 함으로써 자치의 발전을 꾀하려는 것이라고 민장 관선화의 이유를 내세웠지만 실제로는 '재한일본인' 사회에 대한 통제력을 강화하려는 의도가 있었다. 결국 거류민단의 자치권은 크게 약화되지 않을 수 없었다.

이러한 거류민장의 관선화에 대해 각지의 거류민단과 ≪朝鮮≫ 등 언론에서는 일제히 반발했다. 서울 거류민단은 관선민장제 철회를 청원했다 받아들여지지 않자 의원들이 사직했다.57) 지금까지 일구어온 거류민의 자치 역사가 무너질 수 있으며 거류민단 발전에 장애가 된다는 것이 이유였다. 거류민단의 자치적 운영이 한국에서 일본의 세력권 유지와 장래 발전에 도움이 된다는 주장이었다. 또 관선민장에 대한 반대는 통감부가 각 거류민단을 자치능력이 없는 단체로 본 데 대한 반발이기도 했다.58)

매스컴을 통한 거류민의 반발에 대해 이사청은 출판법이라는 권력을 행사해 운동을 저지했다. 반대 여론을 고취하던 ≪大韓日報≫, ≪朝鮮日日新聞≫은 발행정지 당했다.59) 한편으로 ≪公報≫를 통해 일본의 한

---

55) 『京城發達史』, 223~228쪽.
56) 『京城府史』제2권, 763-764쪽.
57) 『京城府史』제2권, 894~901쪽.
58) 「韓國居留民團民長の官選」, ≪東京經濟雜誌≫ 58 -1452, 1908.8.15. 민장관선화에 대한 '재한일본인' 사회의 반발에 관해서는 박양신, 앞의 논문, 19~22쪽 참조.
59) 木村健二, 앞의 책, 78쪽.

국정책을 원활하게 운영하기 위해 관선민장이 필요하다고 거류민에게 양해를 구했다.[60] 또한 관선민장 제도는 민장에 대한 경비를 줄이고 선거비용을 절약하는 실질적인 제도라며 거류민을 설득하려 했다. 결국 1909년 11월 3일부터 통감부와 거류민 사이의 타협이 시작되어 거류민회 의원이 선출한 세 명의 후보자 가운데 한 명을 이사청이 통감부에 추천하는 방법에 의해 민장이 선출되었다.[61] 그러나 관선 거류민장과 관선 거류민회 의원은 이 때 한 번만 시행되고 더 이상 시행되지 않았다.

1910년 한국강제병합이 이루어지자 조선총독부는 거류민단을 해체시켜 지방행정기관인 府制에 편입하기로 방침을 정했다. 이에 대해 '재한 일본인' 사회는 거세게 반대했다. 서울[京城] 거류민단은 1912년 6월 자치제 옹호운동을 일으켜 내각총리대신 등에게 진정서를 제출했다. 그것은 서울의 거류민단 자치의 역사는 오래됐고 거류민들 스스로가 그 기반을 만들었다, 일본인에 대한 자치제도의 폐지는 행정사상 지방제도의 퇴보를 의미하고 대륙으로의 발전을 저해하게 될 것이라는 내용이다.[62] 9월에는 전국 11개 지역의 민단 의원이 참석한 가운데 조선각지 거류민단의원연합협의회를 서울에서 개최해 "민단 소재 지역에 있는 내지인에 대해 현행 민단제 이상의 완전한 자치제도를 존속, 시행한다"고 결의한 다음 총독에게 결의문을 제출했다. 11월에는 일본 의회에 진정서를 제출하고 1913년 9월에는 건의서를 제출하는 등 자치제도 존속을 끈질기게 주장했다. 그러나 총독부는 1913년 10월 府制를 공포하고 1914년 3월 결국 거류민단을 해체하고 말았다.

거류민단의 해체는 한국과 일본에 관한 문제만이 아니라 다른 서양

---

60) 《公報》65, 1908.9.12.
61) 이 방식으로 서울 民長에 임명된 사람이 고조 간도(古城管堂: 1857-1934)이다(「京城の民長問題」, 『朝鮮』4-4, 1909.12.1).
62) 『京城府史』제2권, 894~896쪽.

국가들과의 이해관계가 걸려있는 문제였다. 일본의 외교정책은 한국에 있는 외국인거류지를 폐지함으로써 한국에서 외국인의 대우를 일본과 동일화하려는 것이었다. 일본에서는 조약개정을 통해 외국인거류지가 1899년 폐지됐기 때문에 한국병합을 시행한 상태에서 외교정책상 한국에 거류지를 남겨둘 수 없었다. 이것은 한국이 외국과 체결한 조약이나 관세문제와도 직결되는 것이었기 때문에 일본인 거류민단만을 예외로 인정할 수는 없었다. 일본정부는 한국병합 후 한국에 거주하는 외국인은 일본 법제 하에 있었기 때문에 일본에서와 동등한 권리와 특권을 가지며 기득권을 보장한다고 밝혔다. 결국 청국과 서양 국가의 거류지가 모두 폐지되었고 일본인 거류민단도 더 이상 남겨둘 수 없었다.[63]

또한 거류민단의 존재는 거류민을 통해서 일본 중앙정부가 총독부 정책에 개입하는 명분을 줄 수 있었던 점도 고려되었다. 거류민단을 해체하여야만 한국에서 일본 중앙정부의 개입을 방지하고 총독부가 절대권을 갖고 독재체제를 확립할 수 있었다. 총독부로서는 한국에 거주하는 일본인과 한국인을 구분하지 않고 권리를 박탈한 상태에서 지배하는 것이 편리했던 것이다. 이른바 한국에 거주하는 일본인에 대한 속지적 통제법이 시작된 것이다. 한국에 거주하는 일본인과 한국인에게 제도상 같은 법제를 적용시킴으로써 한국인의 불만을 완화시키고 식민권력에 대한 비판을 감소시키려는 의도도 포함되어 있었다고 할 수 있다.

거류민단을 해체하려는 총독부의 방침에 거류민들은 강하게 반발했다. 거류민단 해체 후 거류민단이 소유하고 있던 공공재산이 경성부와 학교조합으로 넘어갔는데 이를 통해 거류민들은 자신들이 이룬 성과와 장래의 이익에 피해를 보았다고 생각했다.[64] 거류민단 해체 당시의 거

---

63) 각국 거류지의 철폐과정에 관해서는 이현종, 앞의 책, 제10장 참조.

64) 『京城府史』제2권, 946-959쪽.

류민단의 재정은 공채에 의지해 경영난을 보이고 있었으나 자체의 자산으로 얻은 수입은 일정한 수익을 올리고 있었기 때문이다. 또한 기존의 특권을 상실한 데 따른 불만도 컸다. 거류민은 자신들이 한국에 대한 지배기반을 형성하는데 공헌했다는 자부심을 갖고 있었기 때문에 특권을 유지해야 한다고 생각했다.[65] 거류민들의 이러한 의식은 스스로를 문명인이라 생각하는 것으로 그들의 주장은 일본인으로서의 권리를 유지하기 위한 것이었다.[66] 잡지 ≪朝鮮≫ 등에 나타난 주장을 보면 식민권력에 대해 과격하게 비판하면서도 한국인에 대해서는 서구문명을 기준으로 국가개념과 경제개념이 부족한 열등한 민족이라는 차별의식이 있었다. 그러한 열등민족과 같은 지배를 받는 것은 자신들이 권리에 대한 침해라고 생각했다.[67] 그러나 결국 그들의 주장은 받아들여지지 않았고 거류민단은 해체되어 총독부에 의한 지배가 시작됐으며 거류민의 자치권은 교육기관에 대한 운영으로 제한되게 되었다.

## V. 맺음말

이상의 검토를 통해 서울에서 일본인의 거주가 법적으로 허락된 1885년 이후 서울의 일본인 거류지 및 자치기구의 변모와 일본의 한국 식민지화 과정에서 빚어진 식민권력과 '재일조선인' 사회의 협력과 갈등과정을 살펴보았다.

서울의 '재한일본인' 사회는 다른 지역과 마찬가지로 거류지가 확장

---

65) 山中麻衣, 앞의 논문, 36쪽.
66) 木村健二, 앞의 책, 80~81쪽.
67) 古城管堂, 「民團撤廢に對して現はれたる新制度を如何に見るか」, ≪朝鮮及滿洲≫77, 1913.12; 小熊英二, 『<日本人>の境界』, 新曜社, 1998, 204~208쪽.

되어가는 과정에서 자치기구가 형성 발전되었다. 일본영사관은 거류민 사회를 효과적으로 통제하기 위해 거류민 자치기구의 구성을 적극적으로 장려했다. 1880년대 후반 거류지의 조직에 관한 규정이 마련되었고 거류지 행정에 관한 의결기관인 거류민회도 조직되었다. 초기 거류지 자치기구의 주된 공공사업은 소학교 건축과 교사 장려, 도로정비와 수도공사, 병원, 소방서, 신사 등의 관리였으며 거류민에게서 걷는 세금으로 운영되었다. 그러나 거류민 자치기구는 민간단체였으므로 세금징수가 원활히 이루어지지 않았고 청일전쟁 이후 무직자나 낭인들이 유입됨에 따라 치안유지를 위한 단속이 강화됨으로써 개인적 이해관계를 우선시하는 거류민과 영사관 사이의 갈등이 두드러졌다.

러일전쟁 이후 서울 거주 일본인이 급격히 증가해 1906년 만 명을 넘어섰다. 일본정부가 한국으로의 이민을 적극적으로 장려한 결과이다. 이에 따라 자본력과 조직력을 지닌 기업가와 군인, 관리, 대륙낭인 등이 대거 도한했고 거류민의 직업도 다양해졌다. 거류지의 구조변화와 거류민사회의 팽창으로 거류민회는 운영 범위를 넓혀 예산을 늘리고 도로개수, 소학교, 병원, 시장, 공원, 묘지 등의 공공시설 신축, 개선사업을 적극적으로 추진했다. 이러한 상황 속에서 거류민 자치기구를 법인화하는 거류민단법안이 일본 의회에서 가결되었다. 거류민 자치기구의 법인화는 일본의 행정권력을 합법적으로 한국에 강제 적용해 거류민에게 일본 국내와 같은 권리를 보장한 것이다. 이를 통해 거류민단은 법인단체로 국비에 의한 운영보조, 세금의 강제적 징수 등이 가능해져 재정적 기반을 확보할 수 있었다. 그러나 한편으로 통감부의 직접적 통제 아래에 놓이게 되었기 때문에 '자치'를 지향하는 '재한일본인' 사회는 통감부와 대립을 심화하게 되었다.

통감부는 한국통치를 원활히 하고 통감부의 권위를 확보하기 위해 거류 일본인을 단속했다. 주된 통제대상은 난폭한 행동으로 일본의 위신을 떨어뜨리는 거류민과 통감부 통치방식에 반대하는 대륙낭인이었다. 한편 거류민단이 통감부의 재정지원을 받는 자치기관이 되자 통감부는 거류민단의 사업을 단계적으로 부서로 이전시키고 업무를 감소시켰고 민장의 관선화를 추진했다. 나아가 1910년 한국병합이 이루어지자 총독부는 거류민단을 해체시켜 지방행정기관에 편입하기로 결정했다. 서양 국가들의 거류지를 폐지하는 것과 맞물려 일본의 거류민단도 더 이상 남겨둘 수 없었으며 한국 거주 일본인에게 한국인과 같은 법제를 적용시킴으로써 식민통치에 대한 비판을 희석시키려는 의도도 포함되어 있었다. 물론 거류민단의 해체로 공공재산을 몰수당하고 기존의 특권을 잃게 되는 거류민들은 거세게 반발했다. 그러나 한반도에 특권적 거류지를 인정하지 않겠다는 식민정책 앞에 그들의 주장은 받아들여지지 않았고 결국 1914년 거류민단은 해체되고 말았다.

본고에서는 개항기 이후 '재한일본인' 사회를 자치기구의 변모와 식민권력과의 관계에 중점을 두어 살펴보았다. 따라서 권력 측과 현지 식민자의 협력과 갈등의 측면이 주로 부각되었고 한국인과 일본인 사이의 교류와 공존의 양상을 조망하지 못했다. 또한 동시기에 존재했던 중국인 거류지나 서양국가 거류민과의 비교 검토도 이루어지지 못했다. 이러한 측면에 대한 해명은 추후의 과제로 삼고자 한다.

# 찾아보기

# 저자 소개

## 김현구(金鉉球)(고려대학교 명예교수)

고려대학교 사학과 졸업
일본 와세다대학 석사 수료
일본 와세다대학 박사 수료(문학박사)
동북아역사재단 이사
전공: 일본 고대사
대표논저 : 『임나일본부설은 허구인가』(2010)
　　　　　『고대 한일교섭사의 제문제』(2009)
　　　　　『임나일본부연구』(1993)
　　　　　『大和政權の對外關係研究』(1985)
　　　　　「5세기 한반도 남부에서 활략한 왜의 실체」(『일본역사연구』29, 2009)
　　　　　「백제의 木滿致와 蘇我滿智」(『일본역사연구』25, 2007)
　　　　　「백제의 가야진출에 관한 일고찰」(『동양사학연구』70, 2000)


## 서보경(徐甫京)(고려대학교 동아시아문화교류연구소 연구교수)

부산대학교 역사교육과 졸업
고려대학교 대학원 석사 수료
고려대학교 대학원 박사 수료(문학박사)
전공: 일본 고대사
대표저서 : 「百濟의 同盟 形成과 管理-'宋書'에 보이는 倭王의 都督百濟軍事號 요청과 관련
　　　　　하여-」(『日本研究』35, 2008)
　　　　　「百濟を媒介とする高句麗と倭との交渉」(『東京大學史料編纂所研究紀要』18, 2008)
　　　　　「5세기의 高句麗와 倭國-宋書 倭國傳의 倭王武 上表文에 나타난 '고구려정토'문제
　　　　　를 중심으로-」(『百濟研究』43, 2006)
　　　　　7세기 후반~8세기 전반의 신라와 일본 관계」(『日本研究』32, 2007)

**박찬흥**(朴贊興)(고려대학교 아세아문제연구소 연구교수)

고려대학교 사학과 졸업
고려대학교 대학원 석사 수료
고려대학교 대학원 박사수료(문학박사)
전공: 한국 고대사
대표논저 :「고대 한국과 일본의 양전제 비교 고찰」(『韓國史學報』41, 2010)
　　　　　「『朝鮮史』(朝鮮史編修會 編)의 편찬체제와 성격」(『史學研究』99, 2010)
　　　　　「白鳥庫吉와 ‘滿鮮史學’의 성립」(『東北亞歷史論叢』26, 2009)
　　　　　「滿鮮史觀에서의 고구려사 인식 연구」(『北方史論叢』8, 2008)
　　　　　「新羅의 烟受有田·畓과 孔烟」(『韓國史研究』116, 2002)


**송완범**(宋浣範)(고려대학교 일본연구센터 HK교수)

고려대학교 사학과 졸업
일본 도쿄대학 석사 수료
일본 도쿄대학 박사 수료(문학박사)
전공: 일본 고대사
대표논저 :『교양으로 읽는 일본사상사』(2010)(공역)
　　　　　『고대 동아시아 재편과 한일관계』(2010)(공저)
　　　　　『동아시아 속의 한일관계사(상·하)』(2010)(공저)
　　　　　『일본문화사전』(2010)(공저)
　　　　　『동아시아 국제교류관계사』(2010)(공저)
　　　　　「桓武天皇과 百済王氏」(『일본역사연구』31, 2010)
　　　　　「일본 율령국가의 변용에 대한 일고찰」(『일본학연구』31, 2010)


**김보한**(金普漢)(단국대학교 교양학부 교수)

단국대학교 역사학과 졸업
단국대학교 대학원 석사 수료
단국대학교 대학원 박사 수료(문학박사)
전공: 일본 중세사

대표논저 : 『동아시아속의 한일관계사(상·하)』(2010)(공저)

　　　　　　『중·근세 동아시아 해역 세계와 한일관계』(한일관계사연구논집14)(2010)(공저)

　　　　　　『역사 속의 한일관계』(2009)(공저)

　　　　　　『동아시아 세계의 일본사상』(2009)(공저)

　　　　　　『일본의 대외위기론과 팽창의 역사적 구조』(2008)(공저)

　　　　　　「해적과 약탈경제 - 중세 일본 해적을 중심으로-」(『동북아문화연구』20, 2009)

　　　　　　「동아시아 해역의 아웃로(Outlaw)」(『일본역사연구』24, 2006)

### 윤유숙(尹裕淑)(동북아역사재단 연구위원)

고려대학교 사학과 졸업

와세다대학 석사 수료

와세다대학 박사 수료(문학박사)

전공: 일본 근세사

대표저서 : 「근세초 西日本 지역 '조선인 집단거주지'」(『사총』 68, 2009)

　　　　　　「近世倭館-朝日接觸と密貿易」, 北島万次編著 『日朝交流と相克の歷史』, (2009)

　　　　　　「조선후기 한일통교관계와 己巳約條(1809년)」(『일본역사연구』24, 2006)

　　　　　　「도요토미 히데요시의 조선침략 발발전 한일교섭 실태」(『일본학보』 70, 2007)

### 방광석(方光錫)(인천대학교 일본문화연구소 학술연구교수)

연세대학교 사학과 졸업

연세대학교 대학원 석사 수료

릿쿄(立敎)대학 박사 수료(문학박사)

전공: 일본 근대사

대표저서 : 『근대일본의 국가체제 확립과정-이토 히로부미와 '제국헌법체제'』(2008)

　　　　　　『동아시아 역사 속의 여행』(2008)(공저)

　　　　　　「'제국헌법'과 明治天皇」(『일본역사연구』26, 2007)

　　　　　　「德富蘇峰의 동아시아 인식-청일전쟁부터 한국병합 시기를 중심으로」(『동북아 역사논총』27, 2010)

　　　　　　「일본의 한국침략정책과 伊藤博文-통감부 시기를 중심으로」(『일본역사연구』32, 2010)

# 한·일 상호간 集團居住地의 역사적 연구

## - 미래 지향적 한일관계의 提言 -

초판 인쇄  2011년 7월 25일
초판 발행  2011년 7월 30일

저    자  김현구, 서보경, 박찬홍, 송완범, 김보한, 윤유숙, 방광석
발 행 인  한정희
발 행 처  경인문화사
등록번호  제10-18호(1973년 11월 8일)
편    집  신학태 김지선 문영주 안상준 김송이 맹수지
영    업  이화표 최지현
관    리  하재일
주    소  서울특별시 마포구 마포동 324-3
전    화  718-4831~2
팩    스  703-9711
홈페이지  www.kyunginp.co.kr
이 메 일  kyunginp@chol.com

ISBN   978-89-499-0797-0  93910
값  26,000원